Hannes Leidinger | Verena Moritz
Karin Moser | Wolfram Dornik

Habsburgs schmutziger Krieg

Den Opfern, die in Vergessenheit geraten sind …

INHALT

VORBEMERKUNGEN

HISTORISCHES GEDÄCHTNIS IM WANDEL

Seit den 1980er-Jahren hat sich die Erinnerungskultur Österreichs erheblich verändert. Eher am Rande und durch die Fokussierung auf die Verbrechen des Nationalsozialismus beinahe unbemerkt, stellte sich dabei auch die Frage, wie mit weiter zurückliegenden Epochen umzugehen sei. Erste Arbeiten dazu ließen erahnen, dass es sich um eine »erbarmungslose Abrechnung« mit der eigenen Geschichte handeln könnte. Diese sei, wurde angemerkt, wesentlich von zerstörerischen Kräften, von Feindbildern und Gewaltbereitschaft, geprägt.[1]

Speziell die Donaumonarchie, die oft milde beurteilt und einer breiteren Öffentlichkeit lediglich in Form karikierender Verharmlosungen oder nostalgischer Verkitschungen präsentiert worden war, geriet nun in das Fadenkreuz der Kritiker. Ausländische Beobachter registrieren seither mit mehr oder minder guter Kenntnis der kollektiven Befindlichkeiten in der Alpenrepublik eine Art Wetteifern mit den Deutschen, wenn es darum geht, historische »Schuld« auf sich zu nehmen. Ob dem tatsächlich so ist, sei dahingestellt. Dass eine selbstkritische Auseinandersetzung mit der eigenen Historie, speziell in Bezug auf die Terrorherrschaft des »Dritten Reiches«, auf die »Verbrechen der Wehrmacht« und auf den Holocaust, jedenfalls mehr als notwendig und angebracht war beziehungsweise immer noch ist, gilt heute weitgehend als Konsens, teilweise sogar unter jenen, die mit dieser Art von »Vergangenheitsbewältigung« lange ihre Probleme hatten.[2]

Darüber hinaus wird jedoch mit dem Hinweis auf langfristige Entwicklungen mindestens seit dem 19. Jahrhundert eine Tendenz erkennbar, wenigstens den »Tod des Doppeladlers« in den Jahren 1914 bis 1918 unter dem Gesichtspunkt einer neuen historischen Schwerpunktsetzung zu betrachten: Hatte man nach dem »braunen Albdruck« und den

Gewaltexzessen von 1938 bis 1945 die wiedererstandene Alpenrepublik und ihre Bewohner zu Opfern fremder Aggression stilisiert, so wird vor allem unter jenen, die sich mit zeitgeschichtlichen Fragestellungen näher befassen, ein gegenteiliges Phänomen ausgemacht: der Trend zu einer Selbstbeschreibung, welche zunächst vorrangig in Bezug auf die österreichische Geschichte im 20. Jahrhundert von der Betonung der »Opfergesellschaft« zur Hervorhebung der »Tätergesellschaft« übergeht.[3]

Die Frage führt zur Gestaltung der »Gedächtnisräume«.[4] Auch Wissenschaftler, denen gewiss keine Affinität zu monarchistischen Überzeugungen oder gar zu NS-Positionen vorgeworfen werden kann, geben etwa zu bedenken, dass man mit einer Beseitigung von »verdächtigen« Denkmälern und Straßennamen im Sinne einer »Überschreibung« des Geschehenen Geschichte mitunter eher auslöscht als bewusst macht. Behutsamkeit wird eingefordert: Einzelfälle sind zu prüfen, einer reflexartigen »Umbenennungswut« ist mit detaillierten Untersuchungen und ausgewogenen Erläuterungen zu begegnen.[5]

GEFAHREN DER VEREINFACHUNG UND POLARISIERUNG

Speziell im Hinblick auf das Habsburgerreich ist in diesem Zusammenhang Sensibilität gefordert – umso mehr, als diesbezüglich mit Recht ein simples Gleichsetzen von Gräueltaten und Rechtsbrüchen im Ersten und Zweiten Weltkrieg, in totalitären Diktaturen und in den militarisierten Gesellschaften der »alten« Monarchien, fraglos unangebracht ist und in der ernst zu nehmenden Fachliteratur auch entsprechend zurückgewiesen wird.[6]

Freilich geht für manche Kommentatoren aber schon diese vorsichtigere Herangehensweise zu weit. Es handelt sich um nicht mehr und nicht weniger »als um die Dämonisierung und den Versuch, unsere alte k.u.k. Armee mehrheitlich als Kriegstreiber und Kriegsverbrecher zu brandmarken«, heißt es etwa in der vom österreichischen Bundesministerium für Landesverteidigung herausgegebenen Zeitschrift »Truppendienst«. Und weiter: »Beispiele für diese verschiedentlich unglaublichen Taten gibt es genug. Dem ehemaligen Generalstabschef der Monarchie, Conrad von Hötzendorf, wurde sein Ehrengrab auf dem Hietzinger Friedhof aberkannt. Der Vorwurf: mögliche Kriegsverbrechen seiner Soldaten in Serbien und Planung eines Angriffskrieges. In Salzburg wird diskutiert, eine Straße, benannt nach dem ehemaligen Feldmarschall der k.u.k. Armee, Freiherr von Böhm-Ermolli, umzubenennen. Der Vorwurf: seine Rolle als Besatzungschef in der Ukraine. Der ehemalige Direktor der Wiener Staatsoper erhebt die Forderung, am Schluss des weltbekannten Neujahrskonzertes das traditionelle Spielen des Radetzky-Marsches zu unterlassen. Seine Argumente: Radetzky war für Kriegsverbrechen der Österreicher 1848 in Italien verantwortlich! Seit Langem wird darüber diskutiert, die unzähligen Kriegsgräber in den Gemeinden des Landes aufzulassen oder zumindest zu verändern, weil sie der ›Kriegsverherrlichung‹ dienen. Stichwort: Kameradschaftsbünde.«[7]

Der Auflistung sind noch weitere »Fälle« hinzuzufügen. Liegenschaften in unmittelbarer Verwaltung des Verteidigungsministeriums sollen nicht länger der »Verehrung« von zweifelhaften k.u.k. Feldherren dienen. Das Nachrichtenmagazin »profil« notierte diesbezüglich im Jänner 2014: »In Graz hat sich jetzt« eine »Initiative zur Umbenennung der Conrad-von-Hötzendorf-Straße gebildet. Deren Namensgeber, k.u.k. Generalstabschef Franz Conrad, hatte schon vor dem Sarajevo-Attentat auf einen Präventivschlag gegen Serbien gedrängt«. Nach Kriegsbeginn, heißt es im »profil« weiter, ließ Conrad »in Thalerhof im Süden der Stadt ein Internierungslager für ›russenfreundliche‹ Ruthenen (Ukrainer) und russische Kriegsgefangene anlegen, in dem entsetzliche sanitäre Zustände herrschten«.[8]

Wenige Wochen später ist auf der Titelseite der »Presse am Sonntag« vom »Wiener Kriegstreiber« Hötzendorf die Rede.[9] Durchaus seriöse Darstellungen kratzen indes nicht nur am Image hoher Militärs, die beträchtliche Mitverantwortung des »guten alten Kaisers« an der »Entfesselung eines Weltbrandes« ist zu konstatieren.[10] Vor dem Hintergrund einer Debatte, die speziell nach 1918 auch die Auslösung einer bewaffneten Auseinandersetzung kriegs- beziehungsweise völkerrechtlich anzuprangern versucht, drängt sich bisweilen ein hartes Urteil auf: Franz Joseph – ein Kriegsverbrecher. Journalisten und Künstler verfestigen das Bild der k.u.k. Tätergesellschaft: Schwankend zwischen historisch Belegbarem und »kreativen« Erzählungen werden – beispielsweise in dem von Regisseur Andreas Prochaska gedrehten Fernsehfilm »Das Attentat – Sarajevo 1914« – Interpretationsfreiräume geschaffen, um zu zeigen, wie es (auch) gewesen sein könnte. Hinter dem Anschlag auf das österreichisch-ungarische Thronfolgerpaar tauchen solcherart dunkle

Gestalten aus den Imperien der Hohenzollern und der Habsburger auf, die den Mord am Kronprinzen Franz Ferdinand nicht mehr nur für »ihren« Schlag gegen Serbien nutzen wollen, sondern den Boden für das Gelingen des Attentates bereiten und als eigentliche Drahtzieher hinter dem Anschlag vom 28. Juni 1914 erscheinen. Kann der historisch weniger informierte Zuseher hier noch zwischen Fiktion, Verschwörungstheorie und wissenschaftlicher Erkenntnis unterscheiden? Vor allem dann, wenn er zugleich in TV-Dokumentationen und Bildbänden mit Fotografien von Hinrichtungen konfrontiert wird, die emotionalisieren, aber auch »verführen«, das Umfeld ausblenden und vor allem bis 1918 mitunter als »Feindpropaganda« Verwendung fanden?[11]

Qualitativ wie quantitativ besteht gegenüber den Darstellungen und vorgelegten Fakten jedenfalls ein beträchtliches Maß an Skepsis. Einzelne Begebenheiten werden immer wieder genannt, aber selten im Kontext analysiert. Arbeiten über verschiedene Fragestellungen oder Überblicksdarstellungen zur Donaumonarchie im Ersten Weltkrieg befassen sich lediglich unter anderem oder nur am Rande mit der Thematik. Eine gründliche Analyse der betreffenden Archivmaterialien fehlt fast vollständig, umfangreichere Spezialliteratur lässt sich kaum finden. In Bezug auf vermeintliche oder tatsächliche Grausamkeiten beziehungsweise Kriegsverbrechen der Habsburgerarmee im Ersten Weltkrieg existiert bislang nur eine überschaubare Zahl an Veröffentlichungen. Meist sind es zweifellos verdienstvolle Beiträge in Fachzeitschriften und Aufsätze in Sammelbänden, deren Autoren gelegentlich an den bisherigen Befunden einiger weniger interessierter Forscher zweifeln.[12] Bis dato werden darüber hinaus diesbezüglich relevante Forschungsfragen vielfach eher gestellt als erschöpfend beantwortet.

NEUE UND ALTE PERSPEKTIVEN

Einen wichtigen Stellenwert bei der Beschäftigung mit der Thematik nehmen Werke ein, die hauptsächlich in der letzten Dekade zur Dynamik und Eskalation von Gewaltformen allgemein und speziell im 20. Jahrhundert, zur Ethnisierung bewaffneter Konflikte, zur Untersuchung von Genoziden generell, zum Völkermord an den Armeniern beziehungsweise zu Gräueltaten während des Ersten Weltkrieges insbesondere in Belgien und auch an der Ostfront Stellung genommen haben.[13]

An diesen Studien hat sich gleichfalls das vorliegende Buch orientiert, um darauf aufbauend eine quellennahe Darstellung und Analyse bestimmter Fragestellungen zur k.u.k. Kriegsführung zu wagen und mit ihrer Hilfe weder simplifizierenden »Verteufelungen« des »Kriegs der (Ur-)Großväter« noch einer lange Zeit vorherrschenden Verharmlosung oder sogar Glorifizierung insbesondere der »altösterreichischen Wehrmacht« Vorschub zu leisten.[14]

Dieser Zugang verlangt von den Autorinnen und Autoren freilich auch, die »Verhandlung« zwischen Geschichte und Gegenwart, die von Forschern wiederholt als eigentliche »raison d'être« der Historiographie angesehen wurde und wird, im Auge zu behalten und seinen eigenen Beobachtungsstandort sowie den Blickwinkel seiner Zeitgenossen mitzuberücksichtigen. Demgemäß mag unter Verweis auf den Kommentar in der Zeitschrift »Truppendienst« auch die Frage erlaubt sein, ob speziell jüngere Generationen Österreichs, die – glücklicherweise – lange nach dem »Katastrophenzeitalter« in der ersten Hälfte des 20. Jahrhunderts in völlig andere gesellschaftliche und politische Verhältnisse geboren wurden, immer noch von »unserer« alten k.u.k. Armee sprechen sollten. Und nicht nur in Österreich, sondern auch im Ausland generell und insbesondere in den Nachbarstaaten, deren Territorien einst teilweise oder zur Gänze zum Habsburgerreich gehörten, darf man wenigstens in bestimmten Kreisen und wohl nicht zuletzt unter jüngeren Wissenschaftlern mit Irritationen rechnen, wenn man etwa auf die Aufforderung stößt, der in »Mode gekommenen« Diskreditierung der »Führung der Monarchie« und dem Bestreben, »heute Stück für Stück« Österreichs Besinnung auf die Geschichte der k.u.k. Armee abzubauen und zu »verleugnen«, »energisch entgegenzutreten«.[15]

Der Ansatz, »kritische Habsburggeschichte« nicht zum Minenfeld von Polemiken, Vermutungen und übertriebenen Anklagen verkommen zu lassen, schließt freilich gleichermaßen mit ein, gängige Deutungsmuster, Urteile und Erwartungshorizonte zwar nicht rundweg und vor allem unbegründet abzulehnen, aber eben auch zu hinterfragen, vor allem wenn ernsthafte nationale und internationale Forschungsarbeit zum Umdenken rät. Verantwortliche Kreise des österreichischen Bundesheeres – dessen sind sich die Verfasserinnen und Verfasser dieses Buches sicher[16] – stehen einer entsprechend kritischen Reflexion der »Traditionspflege« keinesfalls im Wege: Schließlich kann der »Waffenträger« der Republik nicht darauf ausgerichtet sein, einer untergegangenen Welt mit ihren gekrönten Häuptern, Herrscherdynastien, Geburtsrechten, epochenspezifischen Werthaltungen und Entscheidungen sowie mehr oder weniger vorhandenen Standesdünkeln und Prestigevorstellungen »Ehre« zu erweisen. Der fraglos einzufordernde respektvolle Umgang mit der Vergangenheit hat gerade hier – im Bereich von Regierungszuständigkeiten – auf Reibungsflächen mit der Verfassungswirklichkeit und den relevanten gesellschaftlichen Strömungen der Gegenwart sensibel zu reagieren. Zudem sind die Eliten von einst und jetzt an ihren eigenen Maßstäben zu messen. Immerhin trachteten und trachten sie nach Vorrechten, Privilegien, Besitz, Positionen und den damit verbundenen Handlungsspielräumen. Ihr erweiterter Aktionsradius wies und weist sie nach eigenem Verständnis und Auftreten als Entscheidungsträger und Verantwortliche aus. Die Beurteilungskriterien des Historikers sollten nicht zuletzt auch darauf ausgerichtet werden – einmal abgesehen von der demokratiepolitischen Notwendigkeit, Macht zu kontrollieren, Mitsprache zu sichern und demgemäß nach Möglichkeit zu verhindern, dass eine kleine Gruppe von Eingeweihten und »Staatslenkern« über das Schicksal, ja sogar über das Leben und den Tod von Millionen bestimmt.

ZUGÄNGE

Im Wissen um augenblickliche Krisen und blutige Konfrontationen, den Streit in Bezug auf die (globale) Verteilung von Einfluss und Vermögen sowie die Diskussionen über das Eintreten in ein »postdemokratisches« Zeitalter stellt eine entsprechende herrschaftskritische Historiographie anlässlich des hundertjährigen Gedenkens an den Ausbruch des Ersten Weltkrieges folglich ein weiteres Beispiel für die Intervention geschichtswissenschaftlicher Tätigkeiten im »öffentlichen Raum« dar. Das scheint gleichfalls eine »raison d'être« der Historiographie zu sein, ungeachtet ihrer Eigengesetzlichkeiten als autonomer »Denkraum« und Teil wissenschaftlicher Institutionalisierung.[17]

Hier, ebenso wie in den Debatten über die Zukunft demokratisch-parlamentarischer Gemeinwesen, macht sich dabei ein sozusagen »systemimmanenter Wertrelativismus« breit, der Ausdruck von begrüßenswerten Liberalisierungstrends ist, aber zudem das Gefühl der Orientierungslosigkeit schafft. Die Geschichtsforschung ist mit ihrer aktuellen Multiperspektivität, mit ihrer Analyse von Identitäts- und

Vergangenheitskonstruktionen, mit ihrem Prozess der permanenten Überarbeitungen von Wissens- und Deutungshorizonten und immer wiederkehrenden Auseinandersetzungen mit verschiedenen »turns« hierfür ein gutes Beispiel. Das Unbehagen angesichts ständiger Transformationen, Neuorientierungen und -formulierungen, vornehmlich aber der Glaube an Wahrheit(en) beziehungsweise letztgültige Erkenntnisse oder auch nur ein übermäßiger Optimismus gegenüber »Objektivierungsbemühungen« stellen sich in diesem Zusammenhang jedoch als unbefriedigende und problematische »Antworten« dar.[18] Gleichfalls wird nicht immer und ohne Weiteres zu eruieren sein, was gerade unter Historikern als Rück- oder Fortschritt im Forschungsdiskurs gelten darf. Tendenzen sind freilich erkennbar – zum Beispiel in Bezug auf eine wenigstens unterschwellige Abwertung von Nationalhistoriographien gerade in Verbindung mit dem Ersten Weltkrieg. Sie erscheinen mitunter als vermeintlich rückschrittliche Relikte einer sich ebenso vermeintlich gegenüber größeren Zusammenhängen verweigernden Forschung, die sich der Untersuchung von Entwicklungen in einzelnen Ländern zuwendet. Anders formuliert: Wer sich beispielsweise auf die Geschichte Russlands, Deutschlands oder Österreich-Ungarns in den Jahren 1914 bis 1918 konzentriert, muss nicht zwangsläufig einen europäischen oder aber globalen Kontext ausblenden.[19] Der eingeforderte »multilaterale Blick«, der sich einer nationalstaatlichen »Nabelschau« entschlägt, ist nicht unbedingt ein Vorzug allein »weltgeschichtlicher Betrachtungsweisen«, die sich im Übrigen der Bausteine unterschiedlicher Nationalhistoriographien bedienen. Gerade in den Diskussionen über die aktuelle Geschichtsschreibung des »Großen Krieges« wird bisweilen postuliert oder aber hervorgehoben, was mehrheitlich ohnehin üblich ist oder sein sollte.[20]

Die Autorinnen und Autoren dieses Buches, ebenso wie dessen Leserinnen und Leser, sind gefordert, solchen Überlegungen Rechnung zu tragen, umso mehr, als die Forschungsarbeit von Zersplitterungs-, Fragmentierungs- beziehungsweise Spezialisierungstendenzen geprägt ist, bei gleichzeitigen Bemühungen, Untersuchungsfelder zu entgrenzen, Zwischenräume und »Hybriditäten« zu entdecken sowie Verknüpfungen und Wechselwirkungen nicht zuletzt aus transnationaler Perspektive zu begreifen. Für die Untersuchung der Verhaltensweisen österreichisch-ungarischer Truppen im Ersten Weltkrieg sind daher immer wieder allgemeine, »grenzüberschreitende« Trends, Entwicklungsprozesse oder

Gesellschaftsmechanismen zu beachten und Vergleiche zu anderen Regionen und Staaten anzustellen. Gleichzeitig setzt sich der Diskurs um unterschiedliche »Realitätsvorstellungen« fort, der sich gegen einen hemdsärmeligen Pragmatismus des Sammelns, Darstellens, Deutens oder Erzählens wendet, aber auch danach fragt, in welchem Ausmaß historische Ereignisse und Kausalitäten nicht erst von den Geschichtsschreibern geschaffen worden sind, sondern bereits unabhängig von Narration und Fiktion existieren.[21]

Solche Überlegungen sind gerade dann kein akademisches Denkspiel in angeblich weiter Distanz zu den gesellschaftlichen Alltagserfordernissen und -erfahrungen, wenn es um Verantwortungen für Fehlentwicklungen, Normübertretungen beziehungsweise Rechtsbrüche oder gar Verbrechen gegen die Menschlichkeit geht. Hinsichtlich dessen darf auch auf ältere theoretische Erwägungen hingewiesen werden, wie etwa auf die Ausführungen des französischen Historikers Georges Duby, der gerne eingestand, dass das, was er schrieb, »seine« Geschichte war, gewissermaßen als Ausfluss seiner Subjektivität, eines »Traumes«, so Duby weiter, »der allerdings nicht vollkommen frei zusammengestellt« sei, »sondern auf Spuren« beruhe, »materiellen Gegenständen«, Aussagen beziehungsweise Schriften der Zeitzeugen, »Worten, aneinander gereihten Zeichen, Sätzen«.[22]

EINGRENZUNGEN UND THEMENSCHWERPUNKTE

Geschichtliche Konstruktion ist demgemäß vor allem dann nicht »Erfindung«, wenn sie trotz einer gerade vor beziehungsweise während und ab dem Ersten Weltkrieg verstärkten Infragestellung von Rationalität und Empirie möglichst quellennahe argumentiert und die Forschungsfelder speziell bei der Vielzahl von Dokumenten zu den Geschehnissen von 1914 bis 1918 einschränkt beziehungsweise durch Schwerpunktsetzungen und Fragestellungen entsprechend präzisiert. Die hier präsentierten Dokumente, belegbaren Äußerungen und daraus gezogenen Rückschlüsse sollen dementsprechend – bei fortgesetzter und vertiefter Skepsis – Bewertungsmöglichkeiten schaffen, die anstelle beliebiger Wertungen zumindest Grundlagen für die Revidierung bezogener Standpunkte anbieten. Aufgrund des gewählten Themas und der damit verknüpften

Problematik von »Schuld und Verantwortung« scheint dies – es sei noch einmal ausdrücklich betont – umso notwendiger und dringlicher. Die »Beweismittel«, die gesammelt wurden, beziehen sich dabei auf Untersuchungsfelder, die von den Autoren seit längerer Zeit vor allem auch anhand einer Vielzahl von Archivalien behandelt wurden.[23]

Zugleich bilden Titel und Untertitel ein untrennbares Ganzes. Gemeinsam verweisen sie auf das Bestreben, vorliegende Ermittlungsergebnisse zur genannten Thematik anzubieten und Resultate von Forschungen zu präsentieren, die keineswegs als abgeschlossen zu betrachten sind, sondern weitergeführt werden – von den beteiligten Autorinnen und Autoren, aber auch von vielen anderen Forschern. Nicht die Kriegsführung der Donaumonarchie in ihrer Gesamtheit und unter Einbeziehung aller militärischen und zivilen Maßnahmen wird behandelt, ebenso wenig die Perspektive der Feldherren oder eine Militärgeschichte im »klassischen« Sinn, beispielsweise anhand der Misserfolge österreichisch-ungarischer Truppenverbände seit dem Kriegsausbruch 1914. Dabei könnte die Weltkriegsforschung hierzu viel Anschauungsmaterial liefern: Nicht erst aktuelle Studien heben die Niederlagen und die exorbitanten Verluste der Habsburgerarmee, speziell bei den Anfangsoffensiven und Feldzügen 1914/15, hervor. Hinzu kommen unter anderem kritische Kommentare der Experten in Bezug auf die Zerwürfnisse zwischen den verschiedenen Führungsinstanzen des Habsburgerreiches, auf den schwindenden Einfluss Österreich-Ungarns gegenüber den verbündeten Deutschen sowie auf die letztlich sinnlosen Siege und Eroberungen der Mittelmächte ab 1915 vor dem Hintergrund einer zunehmenden, sich zur Versorgungskatastrophe steigernden Ressourcenknappheit.[24]

Lediglich am Rande finden Regelverstöße wie die Verwendung verbotener Waffen beziehungsweise Kampfstoffe Erwähnung. Fokussiert werden vielmehr das Verschwimmen der Grenzen zwischen dem Operationsradius der Streitkräfte und den Lebensbereichen der Zivilbevölkerung und somit die Konsequenzen einer nahezu alle Nichtkombattanten miteinbeziehenden Totalisierung und teilweisen Ethnisierung der bewaffneten Auseinandersetzungen. Angesichts dessen geht es um Themen wie die Verstärkung von Feindbildern und die Dynamik von Gewalteskalationen bis hin zu Massenexekutionen, Zwangsdeportationen und -internierungen, um Klein- und Guerillakriege sowie allgemein um die Vorgehensweise der k.u.k. Streitkräfte und diverser Verwaltungsinstanzen Österreich-Ungarns insbesondere am Balkan und an der Ostfront. In den

Mittelpunkt der Betrachtungen rücken dabei speziell Serbien, Galizien und die angrenzenden ukrainischen Gebiete beziehungsweise die von der Habsburgerarmee okkupierten Territorien. Aufgrund der Bedeutung des Misstrauens gegenüber vielen eigenen Staatsbürgern, das deren Verhaftung und Unterbringung in diversen Lagern zur Folge hatte, werden außerdem – in Form skizzenhafter Überblickstexte – vergleichbare Entwicklungen im Flüchtlings- und Kriegsgefangenenwesen behandelt.[25]

Das Verschmelzen von zivilen und militärischen Sphären, das Ineinandergreifen von regulären und irregulären Formen der Gefechte, vom Kräftemessen an der Front und von Aufständen beziehungsweise blutigen Konfrontationen in okkupierten Landstrichen, im Etappenraum oder im Hinterland lassen es schließlich auch angebracht erscheinen, bei der Begriffswahl gewaltgeschichtlicher, kriegs- beziehungsweise völkerrechtlicher Analysen Anleihe zu nehmen. Demgemäß ist von einem »schmutzigen«, die einzelnen Aktionsfelder kaum mehr trennenden und dabei zahlreiche Richtlinien des »Ius in Bello« verletzenden Krieg zu sprechen. Die Bezeichnung »Schmutziger« oder »Dreckiger Krieg« verwies zwar zunächst vor allem auf Menschenrechtsverletzungen staatlicher Organe vornehmlich autoritärer Regime gegenüber vermeintlichen und tatsächlichen inneren Gegnern während des Ost-West-Gegensatzes, speziell in sogenannten »Stellvertreterkonflikten« und »Guerillakämpfen«, bei »Antiterrormaßnahmen« und »verdeckten Operationen« bis zu den 1980er-Jahren. Die Tatsache, dass sich solche Geschehnisse keineswegs allein etwa mit dem Vorgehen von Diktaturen im Kalten Krieg, mit der Existenz massiver illegaler Repressalien in nicht klar definierten Waffengängen oft ungleicher Kontrahenten oder mit »Kampfbegriffen« in journalistischen Veröffentlichungen und Darlegungen von Menschenrechtsverletzungen gleichsetzen lassen, ist dabei aber ebenso zu berücksichtigen. Anwendung findet nämlich der Ausdruck »Schmutziger Krieg« speziell in der Geschichtswissenschaft des angelsächsischen Raumes gleichfalls bei Fehlverhalten liberalerer Herrschaftssysteme und sogar demokratischer Staaten, bei konventionellen militärischen Auseinandersetzungen beziehungsweise generell bei Brutalitäten gegenüber der Zivilbevölkerung zumindest seitens einer der Streitparteien.[26]

Solche Forschungsperspektiven müssen letztlich im Hinblick auf die Analyse des Ersten Weltkrieges gleichermaßen Beachtung finden wie eine Erweiterung des Untersuchungsfeldes betreffend die Missachtung des Völker- beziehungsweise Kriegsrechtes. In diesem Sinne meint etwa der Schweizer Historiker Daniel Marc Segesser: »Selbst wenn innerhalb der Rechtswissenschaft der Begriff Kriegsverbrechen einheitlich nur für Verstösse gegen das bis dahin kodifizierte oder gewohnheitsrechtlich anerkannte Ius in Bello verwendet würde, so darf sich der Historiker oder die Historikerin nicht durch eine solche Definition einschränken lassen, denn Kriegsverbrechen im engeren wie im weiteren Sinn waren und sind unabhängig von völkerrechtlichen Normen Teil der historisch-politischen Wirklichkeit.«[27]

ERGÄNZENDE FRAGESTELLUNGEN

Zu beachten sind dabei sowohl unsere heutigen Vorstellungen als auch die Debatten über Regelverstöße, Grausamkeiten und Inhumanität vor dem Ausbruch, während und nach dem Ende des Ersten Weltkrieges – eine Herangehensweise, die es uns überdies ermöglicht, durchaus »modern« anmutende Auseinandersetzungen und Urteile über »Verbrechen gegen die Menschlichkeit« unter anderem schon zu Beginn des 20. Jahrhunderts ausfindig zu machen. Parallel dazu legt eine solche Perspektive nahe, die Veränderungen der relevanten Diskussionen in Fachkreisen und in einer breiteren Öffentlichkeit mitzuverfolgen.[28] So wird etwa hauptsächlich ab 1918 die Auslösung von bewaffneten Konfrontationen gleichfalls als kriegsvölkerrechtliches Vergehen behandelt, weshalb es sich auch in dieser Studie empfahl, speziell am Beispiel der Entscheidungsträger in der Donaumonarchie noch einmal auf die »Kriegsschulddebatte« – trotz ihrer kontraproduktiven Wirkung und der daraus entstehenden nationalistischen, Konflikt fördernden Diskurse speziell in der Zwischenkriegszeit – näher einzugehen, um aus geschichtswissenschaftlicher Sicht bestimmte Schwerpunktsetzungen in den entsprechenden Interpretationen zu prüfen und gegebenenfalls zu revidieren.[29]

Bei alldem gilt es, »Schuldfragen« in ihrem Kontext zu analysieren und etwa unangebrachte Gleichsetzungen mit den Verbrechen während des Zweiten Weltkrieges beziehungsweise der nationalsozialistischen Gewaltherrschaft entschieden zurückzuweisen und auch Unterschiede zu Massenverfolgungen beziehungsweise Massentötungen zwischen 1914 und 1918 in anderen Krieg führenden Ländern zu beachten. Ebenso unumgehbar ist es aber, die nachfolgenden Schilderungen über das Verhalten insbesondere der k.u.k. Armee sowohl aus der zeitgenössischen

Perspektive als auch aus der Sicht der Nachgeborenen beziehungsweise der Gegenwart als Grausamkeiten, Gräueltaten oder Kriegsverbrechen zu kennzeichnen und vor allem auch den irritierenden Verharmlosungen oder sogar Idealisierungen Österreich-Ungarns zum Teil bis in die letzten Dekaden entgegenzutreten. Dieses Missverhältnis zwischen den oft traumatischen Erlebnissen bis 1918 und vorhandenen Geschichtsklitterungen in den folgenden Epochen veranlasste das Autorenteam auch dazu, in abschließenden Kapiteln zum historischen Gedächtnis der Alpenrepublik Stellung zu nehmen.[30]

ENTWICKLUNGSPROZESSE, ERKLÄRUNGSMODELLE, BEWERTUNGSKRITERIEN

Statt Übergriffe der Habsburgerarmee, bestimmte Missstände und entsprechende Verantwortlichkeiten der Behörden und Regierungsspitzen in der Donaumonarchie allein mittels mehr oder minder starrer synchroner und diachroner, generalisierender oder kontrastiver Vergleichsanalysen ähnlichen Geschehnissen in anderen Ländern und Zeitaltern gegenüberzustellen, orientieren sich die vorliegenden Ausführungen außerdem eher an Transformationsphänomenen mit jeweils unterschiedlicher Dauer. Aus einer solchen Perspektive scheint es mit Blick auf die neuzeitliche Geschichte und speziell auf den Terror totalitärer Regime, das Zerstörungspotenzial des Zweiten Weltkrieges und Genozide bis in die Gegenwart ratsam, gerade auch die Geschehnisse zu Beginn des Ersten Weltkrieges in den nord- und südöstlichen Rand-, Front- bzw. Besatzungsgebieten Österreich-Ungarns als »Entwicklungsstufe« oder »Durchgangsstadium« hin zu einer weiteren, wenngleich nicht geradlinigen und kausalen Radikalisierung im 20. Jahrhundert zu verstehen.[31]

Brutalisierungstendenzen, die Verstärkung von Feindbildern beziehungsweise Ressentiments und die zunehmende Bereitschaft, bewaffnete Auseinandersetzungen zu befürworten oder eine gewisse Hemmschwelle zu überwinden, um Repressalien und Massentötungen zuzulassen, fordern wiederum dazu auf, die graduelle Steigerung der Eskalationsprozesse genauer im Auge zu behalten, die dahinterliegenden Motive aufzudecken und die nicht selten wahrnehmbare Dynamik von Gewaltspiralen zu rekonstruieren. In diesem Zusammenhang stellt sich allerdings auch die Frage, was wir unter Gewalt oder verschiedenen Formen der Gewalt verstehen und wie wir sie bewerten wollen. Eine recht breit gehaltene Definition bieten zum Beispiel jüngere Studien zur Problematik der Kriegsgefangenen an, in denen auch hervorgehoben wird, dass die Betroffenen gedemütigt, beschimpft, angebrüllt und bespuckt wurden.[32] Ganze ohne Zweifel ist es wichtig, solche Demütigungen nicht etwa mit physischen Attacken gleichzusetzen, wie Benjamin Ziemann betont, der schreibt: »Spucke lässt sich [...] von der Wange abwischen. Eine Kugel im Bauch ist jedoch zumeist tödlich, oder sie hinterlässt zumindest eine bleibende Wunde.«[33] Ziemann, der den »totalen« und »industrialisierten« Waffengang von 1914 bis 1918 allgemein als Erfahrungsraum und Laboratorium der Gewalt analysiert, legt dabei vor allem auch darauf Wert, den Krieg als Besonderheit zu präsentieren, als Konfliktfeld, in dem »jene Grundbedingung moderner Gesellschaften systematisch außer Kraft gesetzt« wird, »nach der drastische Sanktionen riskiert, wer andere Menschen gezielt verletzt oder tötet«.[34]

Die leicht verständliche Differenzierung ist wichtig, um verschiedene Stufen mit ihrem jeweiligen Aggressionspotenzial voneinander unterscheiden zu können und nach den Ursachen für eine etwaige Zunahme oder Steigerung der Gewaltbereitschaft zu fragen. Verfeinerte Bewertungskriterien müssen jedoch gleichfalls Passivität und »Unterlassungssünden« in Betracht ziehen, wenn es etwa um das Elend der Deportierten, Internierten, Flüchtlinge und gefangenen »Feindsoldaten« geht. Neben den organisatorischen Mängeln verwandelt sich in diesem Fall Nichthandeln in eine physische »Attacke«, die sogar zum womöglich in Kauf genommenen Tod führen kann, wenn zum Beispiel hungernden oder kranken Arrestanten und Lagerinsassen mögliche Hilfe verweigert wird. Die diesbezüglichen Darstellungen im vorliegenden Buch orientieren sich an den Maßstäben einer quellenkritischen Interpretation, die Zweifel zulassen muss, wo keine eindeutigen Schlüsse zu ziehen sind, aber Tendenzen aufzeigt oder zumindest problematisiert, wo sie sich abzuzeichnen scheinen.

Das Schwanken zwischen diversen Erklärungen, die einerseits strukturelle Mängel und andererseits persönliches Versagen beziehungsweise Fehlverhalten bezeichnen, ist gerade in Bezug auf das Interesse an der Verantwortung für den Kriegsausbruch und die daran anschließenden Gräueltaten in das Zentrum der Betrachtungen zu rücken. Einige gewaltgeschichtliche Studien verweisen etwa schon vorweg auf entsprechende strukturelle Voraussetzungen in bestimmten Regionen. Mit dem Balkan und den nordöstlichen Grenzgebieten des Habsburgerreiches durchaus vergleichbar, heißt es etwa beim Berliner Osteuropahistoriker Felix Schnell bezüglich der Ukraine: »Es ist kein Zufall, dass die südwestliche Peripherie des Russischen Kaiserreiches seit der Jahrhundertwende immer wieder zum Schauplatz von Gewalt wurde.« Die Gegend war »im Gegensatz zu den zentralrussischen Gebieten ethnisch viel differenzierter und sozioökonomisch heterogener. [...] Mit anderen Worten: Es war in der Ukraine sehr leicht, ›Andere‹, ›Anderes‹ und ›Fremdes‹ zu finden und zu erfahren – vor allem, wenn man es darauf anlegte. Für die Entstehung von Feindbildern herrschten insofern günstige Bedingungen.«[35]

Einen vergleichbaren Blickwinkel nimmt hinsichtlich des Kriegsbeginns 1914 der österreichische Politikwissenschaftler Helmut Kramer ein, wenn er sich über Neuerscheinungen zu diesem Thema äußert und die Tendenz, einzelne Persönlichkeiten in ereignisgeschichtlichem Kontext zu präsentieren, folgendermaßen kommentiert: »Die Grundintention und das Erkenntnisinteresse in den Arbeiten, in denen die Sichtweisen und Positionen der beteiligten Akteure im Mittelpunkt stehen, zielt [...] nicht auf eine Beurteilung, sondern vielmehr auf ein respektvolles Verstehenwollen.« Gerade diesbezüglich seien jedoch Defizite zu konstatieren. Die »mit dem ereignishistorischen Ansatz verbundene Ausklammerung der gesellschaftlichen Struktur- und Krisenfaktoren, also Militarismus, Rüstungswettlauf und imperialistische Konkurrenz«, so Kramer weiter, »birgt die Gefahr, dass die gesellschaftlichen Faktoren und Tendenzen, die zum Krieg geführt haben, ihrer normativ-moralischen Bedeutung entkleidet und verharmlost werden«.[36]

Gerade Hintergründe, Grundlagen und Voraussetzungen, mittel- und langfristige Veränderungen, kollektive Wahrnehmungen, Erfahrungen und Werthaltungen in Verbindung mit ethischen Fragen zu bringen, drängt sich auf, nachdem das nach 1918 und vornehmlich nach 1945 erkennbare Interesse an strukturalistischen Erklärungsmodellen tendenziell auf die Einschränkung individueller Aktionsradien abzielte und demnach eine Verlockung bei der Relativierung persönlicher Schuld verkörperte.[37] Es stellt sich demzufolge auch die Frage, ob der zweifellos begrüßenswerte Verzicht auf ein plumpes »blame game«[38], wie er in Bewertungen eines Teils der aktuellen Literatur zum Kriegsausbruch festgestellt wird, solche Überlegungen ausreichend beachtet. Und es ist zu hinterfragen, ob die im Gedenkjahr 2014 auf große gesellschaftliche

Resonanz stoßende Verständigung auf eine »geteilte Schuld« aller an der Gewalteskalation im Sommer 1914 beteiligten Mächte nicht zumindest dahingehend problematisch sein könnte, als sich daraus eine grundsätzliche Entkoppelung von Handlungen und diesbezüglicher Verantwortung ableiten lässt. Dass bei alldem überdies nicht allein »nationale Befindlichkeiten« und eingeübte Betrachtungsweisen eine Rolle spielen, sondern gleichfalls ein offenbar innerhalb der Historikerzunft ausgetragener »Streit um die Deutungshoheit« konstatiert werden kann, stellt in Summe reichlich Stoff für eine in Bewegung gekommene Debatte zum Gedenken an den Ersten Weltkrieg dar.[39]

Geschichtswissenschaftliches Arbeiten hat – gerade im Rahmen der Erforschung von Gewalt und Gewalterfahrung, von Verantwortlichkeiten, Rechtsbrüchen und inhumanem Verhalten – über die eigengesetzlichen Regeln wissenschaftlicher Analyse hinaus im gesamtgesellschaftlichen Diskurs eine »normativ-moralische Bedeutung« der sozialen Rahmenbedingungen und Entwicklungen zu berücksichtigen. Handlungen des Einzelnen beziehungsweise Ereignisse als offene Entscheidungssituationen mit mehreren Alternativen sind daraufhin zu befragen und auch zu bewerten. Schließlich muss dabei aber auch festgehalten werden: »Strukturen und Bedingungen allein erklären nichts, denn sie handeln nicht. Es bedarf immer der Akteure, die Chancen und Möglichkeiten nutzen.«[40]

DIE »KRIEGSSCHULD«

»UNEINDEUTIGKEITEN«

Der Weg der Geschichte gleiche dem eines »durch die Gassen Streichenden«, der an »eine Stelle gerät, die er weder gekannt hat noch erreichen wollte«, schrieb Robert Musil in seinem Roman »Der Mann ohne Eigenschaften«. Musils Worte passten zur Epoche um 1900, in eine Ära von Widersprüchen und Zweideutigkeiten, die sich nicht zuletzt auf unterschiedliche Modernisierungsphänomene zurückführen ließen. Technisierung, Industrialisierung und Urbanisierung, Individualisierung und Demokratisierung schufen gleichermaßen Grundlagen für eine Fortschrittseuphorie wie für eine Krisenstimmung, eine grüblerische, mitunter sogar suizidale Melancholie. Sahen die einen die »Morgenröte« einer besseren Zukunft, kritisierten andere die Unwirtlichkeit der Städte oder die Zerstörung und Künstlichkeit sozialer Beziehungen. Ein »nervöses Zeitalter« stimulierte Aufbruchsfantasien ebenso wie kulturpessimistische Ängste der »Degeneration«. Debatten über die Gestaltungsräume verschiedener Gesellschaftsschichten oder über die Beziehungen zwischen den Geschlechtern verunsicherten die bisherigen, vorwiegend männlichen Eliten.[1]

Zeitgleich standen wissenschaftliche Gewissheiten zur Disposition: Kausalitäts- und Rationalitätsvorstellungen wurden beispielsweise infolge der Quanten- und Relativitätstheorie infrage gestellt, ebenso das »vernünftige Individuum« als Schlüsselfigur der Aufklärung, das bei Sigmund Freud oder auch beim Philosophen und Physiker Ernst Mach in »Auflösung« begriffen war. Das »willensstarke Ich« und die Vorgaben des »Über-Ichs« befanden sich nun in einem steten Kampf mit den Bedürfnissen des »Unbewussten« und Triebhaften. Der Mensch war sozusagen nicht mehr Herr im eigenen Haus, vielmehr ein Konstrukt, bestehend aus einer »Vielzahl nur zufällig miteinander verbundener Empfindungselemente«.[2]

Unterminierte die intellektuelle Avantgarde auf solche Weise Grundfesten regelrechter Progressivitätsdoktrinen, machten sich für eine wesentlich breitere Bevölkerungsschicht politisch-weltanschauliche Reibungsflächen unmittelbar bemerkbar. Wahlrecht und Wehrpflicht verwiesen auf die stärkere Einbindung des Einzelnen in das Staatswesen und die beschleunigten Kollektivierungsprozesse. Im Gegenzug wurden »Andere« und »Fremde« noch entschiedener ausgeschlossen, speziell vor dem Hintergrund sozialrevolutionärer Rhetorik, zunehmender ethnischer Spannungen, rassistisch-antisemitischer Ressentiments und einer radikalisierten, von eugenisch-sozialdarwinistischen Einflüssen geprägten Stigmatisierung des »Schädlichen« und »Schwachen«.[3] In den »Volks-, Klassen- und Ständegemeinschaften« grassierte die Angst vor dem äußeren und inneren Feind, verstärkt durch wirtschaftliche Konkurrenz zwischen antiliberalem Protektionismus und »globalem Handel«, vor allem aber durch den Kampf der Nationen, Staaten und Imperien um Territorien, Reputation, Macht- und Einflusssphären.[4]

Der Gegensätzlichkeit des »Fin de Siècle« entsprach auch der Umgang mit der Gefahr bewaffneter Auseinandersetzungen. Romane entwarfen ein Schreckensszenario kommender Kriege. Zivilisten und Soldaten, Regierungsmitglieder und Oppositionelle diverser ideologischer Couleurs warnten vor dem Grauen zukünftiger Volkskriege und systemverändernder Konfrontationen. Während in einigen Schriften die neue Waffentechnik ins Visier genommen und angesichts des kontinentalen Wettrüstens darüber spekuliert wurde, »Superwaffen« könnten letztlich überhaupt jedem weiteren gewaltsamen Kräftemessen ein Ende bereiten, schickten sich grenzübergreifende Initiativen an, in Kundgebungen, Konferenzen und Organisationen dem Pazifismus das Wort zu reden. Liberal-bürgerliche Kreise taten sich diesbezüglich speziell in Westeuropa hervor. Auf dem ganzen Kontinent war es zudem die Arbeiterbewegung, die noch 1914 bei Großveranstaltungen den Eindruck vermittelte, dass die »Linke« sich entschieden gegen jede militärische Lösung der unzähligen Konflikte stellen werde.[5]

Tatsächlich standen dann vor dem Hintergrund eines ebenso wirkmächtigen Militarismus aber überall »patriotische« Überlegungen und Regungen höher im Kurs. Auch wenn sich die zweifellos vorhandene

Kriegsbegeisterung nicht uneingeschränkt breitmachte, so gehorchten die Menschen den Mobilisierungsplänen für gewöhnlich ohne größere Unmutsäußerungen.[6] Das Ausmaß der Mitsprache, der Grad der Demokratisierung fiel aus gesamteuropäischer Perspektive in diesem Kontext nicht ins Gewicht.[7]

Tonangebend blieben zunächst ein paar Dutzend Politiker, Monarchen, Diplomaten und Generäle, deren Aktivitäten jedoch gleichfalls auf Ambivalenzen verwiesen. Die Großmächte und ihre Führungen zeigten sich bei kolonialen Fragen kompromissbereit und sahen sich gemeinsam kleineren Staaten gegenüber, die, wie am Balkan, nur mehr bedingt ihren Vorgaben folgten.[8] Die »Zweiklassengesellschaft« in der Völkergemeinschaft wurde infrage gestellt, während die Entscheidungsträger der größeren Länder bei Meinungsverschiedenheiten untereinander und bei einigermaßen unklaren Interessenlagen immer öfter über den richtigen Zeitpunkt eines »militärischen Erstschlags« nachdachten. Ein regelrechter »Offensivkult« wurde begleitet vom Bemühen, potenzielle Partner nicht zu vergraulen. Dies galt umso mehr, als in der ersten Dekade des 20. Jahrhunderts weder die Entente zwischen Paris, London und St. Petersburg noch der Dreibund zwischen Deutschland, Österreich-Ungarn und Italien besonders enge Allianzen darstellten.[9]

Verschärfte Rivalitäten, allen voran in Südosteuropa, fielen daher genau in jene Phase der internationalen Beziehungen, die von »uneindeutigen Strukturen« geprägt waren. Noch gab es keine Institution wie die »Vereinten Nationen« oder ständige Verhandlungsplattformen zur Regelung von Differenzen. Die Haager Konferenzen und Landkriegsordnungen standen zwar am Anfang einer zukunftsweisenden völkerrechtlichen Entwicklung, doch die Regelwerke fanden nicht ungeteilten Zuspruch, waren unterschiedlich interpretierbar und erwiesen sich als durchaus lückenhaft. Da keine fest gefügten Blöcke existierten, wie später etwa die NATO oder der Warschauer Pakt, zugleich aber auch das »Konzert der Großmächte« im Sinne der Richtlinien des 19. Jahrhunderts von immer mehr Misstönen gestört wurde, kam es auf Einzelstaaten an, die mit Blick auf ihre möglichen Verbündeten jedoch auch nicht frei handeln konnten: Anders als in der Epoche des deutschen Reichskanzlers Otto von Bismarck bis 1890 verfügten die Regierenden daher nicht mehr über die Flexibilität, »jederzeit mit jedem gegen jeden zusammenzugehen«.[10]

Angesichts solcher und anderer »Uneindeutigkeiten« und »Widersprüchlichkeiten« erscheint es nicht angebracht, »die internationale

Geschichte« des 19. und frühen 20. Jahrhunderts »teleologisch auf den Kriegsausbruch« im Sommer 1914 »zulaufen zu lassen«.[11] Es passt vielmehr ins Bild, dass unmittelbar vor dem Ausbruch des Ersten Weltkrieges an den Herrscherhöfen, in den Ministerien und Botschaften eine äußerst heterogene Stimmungslage anzutreffen war: »grenzenlose Friedensliebe ebenso wie martialisches Gehabe und die Bereitschaft, eine diplomatische Lösung um jeden Preis anzustreben, sowie die resignative Feststellung, dass nichts mehr zu machen war.«[12]

TENDENZEN

Ausschlaggebend aber blieben zwei Faktoren: Einerseits wurde vermehrt auf die Bündnislogik geachtet und andererseits zeigten die Schlüsselfiguren keinen energischen Willen, den »Waffengang« zu verhindern.[13] In den Hauptstädten Europas setzte sich die Überzeugung durch, dass, »wenn nicht anders möglich«, keineswegs nur ein lokaler Konflikt, sondern der »große Krieg« durchaus auch als »schreckliche Katastrophe« zu akzeptieren sei.[14] Diese mentalen Voraussetzungen bilden den geistigen Horizont, vor dem jene Geschehnisse zu beurteilen sind, die sich zwischen dem Attentat auf den österreichisch-ungarischen Thronfolger Franz Ferdinand und seine Gemahlin in Sarajewo am 28. Juni 1914 einerseits und dem Beginn der Kampfhandlungen rund vier Wochen später andererseits ereigneten. Und diese Befindlichkeiten sind es auch, die erklären, wie der »Große Krieg« ausbrechen konnte, den die Verantwortlichen in Wien und Belgrad allein niemals auszulösen imstande gewesen wären. Während der dazwischen liegenden »Julikrise« zeigte sich nämlich vor allem, dass die mehr oder minder lockeren politischen und militärischen Allianzen nun fast augenblicklich an Festigkeit gewannen. Während des Staatsbesuchs des französischen Präsidenten Raymond Poincaré im Zarenreich in der zweiten Julihälfte wurden die guten französisch-russischen Beziehungen noch einmal explizit hervorgehoben.[15] Gleichzeitig signalisierte St. Petersburg, den »serbischen Schützlingen« zur Seite stehen zu wollen.[16] Selbst Großbritannien, wo man die Begebenheiten am Kontinent und speziell in den entfernten Balkangebieten distanzierter beobachtete, sah sich schließlich enger an die Freunde in der Entente gebunden, als in Berlin, Wien und sogar innerhalb der Westmächte angenommen worden war.[17]

Die gegenteiligen Spekulationen Deutschlands, einen österreichisch-serbischen Konflikt gänzlich lokalisieren zu können, beruhten indes unter anderem auf der Hoffnung, speziell der Zar werde sich nicht auf die Seite der »Mörder von Franz Ferdinand«, eines zukünftigen Kaisers und Repräsentanten der monarchischen Ordnung, stellen. Gerade auch an diesem Beispiel wurde deutlich, wie sehr sich hauptsächlich die Mittelmächte, das Hohenzollern- und das Habsburgerreich, von Fehlkalkulationen leiten ließen. Der Schulterschluss zwischen Wilhelm II. und Franz Joseph basierte zudem auf der Vorstellung, noch rechtzeitig den Kampf suchen zu müssen, bevor das gegnerische Lager sich weiter verstärken könne und schließlich eine unbesiegbare Übermacht darstelle. Die Tendenz, so bald wie möglich loszuschlagen, begünstigte in Wien und Berlin eine ausgesprochene Paranoia, von einem überlegenen Gegenbündnis eingekreist zu werden. Diese Grundhaltung, die durch das Misstrauen gegenüber Italien nur noch vergrößert wurde, führte zu einer gefährlich alternativlosen Gewaltbereitschaft und einem noch engeren Zusammenrücken zwischen Deutschland und Österreich-Ungarn. Im Gefühl weitgehender außenpolitischer Isolation sagte man sich gegenseitige Hilfe nach besten Kräften zu. Ein enger Mitarbeiter des k.u.k. Außenministers Leopold Graf Berchtold, Alexander Graf Hoyos, war mit einem deshalb mehr erwarteten als erhofften Resultat schon in den ersten Julitagen aus Berlin zurückgekommen: Man würde sich zwar gerade jetzt, nach den Todesschüssen von Sarajewo, nicht in die Politik Wiens gegenüber Serbien einmischen, stünde aber bedingungslos hinter dem Bündnispartner, bemerkten Wilhelm und seine Berater.[18]

Das Hohenzollernreich billigte die aggressive Marschrichtung der Donaumonarchie. Einige seiner Repräsentanten feuerten die österreichisch-ungarischen Entscheidungsträger sogar noch an, bei einer »harten Gangart« zu bleiben. Verhängnisvoller als das bedingungslose Mitgehen und die martialischen Zuflüsterungen waren aber die operativen Planungen der Deutschen, die sie bis zu einem gewissen Grad zwangen, wenigstens ein kontinentales Kräftemessen auszulösen.[19] Allerdings war aus Berliner Sicht gerade der angenommene Zweifrontenkrieg und der Plan, zunächst Frankreich schnell zu besiegen und dann erst mit voller Wucht gegen Russland vorzugehen, ein Mitgrund für eine gewisse Zurückhaltung bei der Vorbereitung militärischer Aktionen. »Preußischerseits« war man sich der Schwierigkeit, in diesem Fall den gesamteuropäischen Waffengang noch zu verhindern, durchaus bewusst. Gegen Ende

Juli 1914 waren es demgegenüber gerade die französischen Unterstützungserklärungen für Russland und dessen Mobilmachungsaktivitäten, die eine Vermeidung des gewaltsamen Konfliktes erschwerten.[20]

EINE KLARE LINIE

Die Kriegsschulddebatte, welche die Feindschaft zwischen den Staaten des »alten Kontinents« vergrößerte und nach 1918 einen gefährlichen Revanchismus am Leben erhielt, scheint daher auf folgende Conclusio hinauszulaufen: Jede Streitpartei leistete im entscheidenden Moment Beiträge zur Eskalation, so wie andererseits in zahlreichen Regierungskanzleien und Botschaftsgebäuden mitunter Vorschläge zur friedlichen Beilegung der Krise ausgearbeitet wurden. Diese derzeit oft favorisierte Betrachtungsweise stellt gewissermaßen eine gesamteuropäische Proporzlösung der geteilten Schuld in den Dienst eines noblen Versöhnungswerkes.[21]

Dennoch darf die Frage erlaubt sein, ob ein derartiger Befund ohne Einschränkungen zulässig ist. Die Problematik eines angemessenen Urteils ist freilich nicht neu. Entsprechende Diskussionen kreisten bis vor Kurzem um die lange vorherrschende Tendenz, speziell den verantwortlichen Kreisen in Berlin den Beginn des »vierjährigen Massenschlachtens« anzulasten. Ausgeblendet blieb dabei vielfach der wichtigste Bündnispartner der Deutschen. Die Gründe schienen, wenigstens oberflächlich betrachtet, auf der Hand zu liegen: Als insbesondere ab 1918 die Diskussionen über den Ausbruch des Ersten Weltkrieges zum gefährlichen Konfliktpotenzial für künftige Kontroversen und Kriegshandlungen wurden, war mit der Donaumonarchie ein Hauptakteur des Jahres 1914 bereits »verstorben«. Dessen Handlungen im Gefolge des Attentates von Sarajewo aber lassen wenig Spielraum für Zweideutigkeiten. Nicht umsonst ist in der Historiographie von einer »Entfesselung« des Weltkriegs in Wien die Rede gewesen, wurde der Fokus auf die Voraussetzungen für die Dynamik der Eskalation im Sommer 1914 gerichtet.[22] Dabei wird deutlich: Österreich-Ungarn legte sich vergleichsweise konsequent auf eine militärische Konfrontation, zunächst und vorrangig mit Serbien, fest. Die Fixierung auf den südöstlichen Nachbarstaat hatte seit einigen Jahren geradezu obsessive Züge angenommen. Das galt nicht zuletzt aufgrund der Geschehnisse im Jahr 1908, als die Habsburgermonarchie

Bosnien-Herzegowina angliederte, das es im Einvernehmen mit dem Berliner Kongress 1878 besetzt hatte, das formal aber Teil des Osmanischen Reiches geblieben war. Die Belgrader Regierung, die das Gebiet wenigstens teilweise gleichfalls für sich reklamierte, fand nun im Zuge der »Annexionskrise« wohl grundsätzlich Rückendeckung im Zarenreich. Nach seiner Niederlage gegen Japan 1904/05 und ohne Beistand des französischen Alliierten wollte das Imperium der Romanows aber keine bewaffnete Auseinandersetzung riskieren. Was blieb, war eine tiefe Verstimmung und ein russisch-österreichischer Gegensatz in einer der gefährlichsten Krisenregionen der damaligen Welt. Die Gefahren, die vom Balkan ausgingen, zeigten sich dann auch 1912/13: Bulgarien, Serbien, Griechenland und Montenegro griffen den »kranken Mann am Bosporus« an, brachten das verbliebene europäische Territorium der »Hohen Pforte« zum größten Teil unter ihre Kontrolle und gerieten danach miteinander unter Einschluss Rumäniens und der Türkei über die »Beute«, also die eroberten Gebiete, in Streit. Österreich-Ungarn sah sich dabei noch mehr als bisher von serbischen Expansionszielen herausgefordert. Die Zwistigkeiten der ungleichen Nachbarn nahmen endgültig den Charakter einer »Todfeindschaft« an.[23]

Spannungszustände, ultimative Drohungen und Mobilmachungen größerer Truppenverbände ließen speziell den k.u.k. Generalstabschef Franz Conrad von Hötzendorf zu einem energischen Verfechter eines Waffenganges werden. Das »Lager der Falken« innerhalb des Habsburgerreiches vergrößerte sich, und es überrascht nicht, dass es kurz nach dem Attentat in Sarajewo Oberhand gewann. »Wir haben den Krieg schon ganz früh beschlossen, das war schon ganz am Anfang«, erinnerte sich später Leon Ritter von Biliński, der als k.u.k. Finanzminister auch für Bosnien-Herzegowina zuständig war.[24] Aus dieser Perspektive folgten, ungeachtet aller Details, auch alle weiteren Schritte einer klaren Linie. Die Mission Hoyos' und die Rückversicherung beim deutschen Bündnispartner passten ebenso zur Kriegsvorbereitung wie der Wunsch, mit Hilfe einer Démarche beziehungsweise eines Ultimatums[25] möglichst harte Forderungen an Serbien zu stellen.[26] Das Bemühen, nicht einfach über den Gegner herzufallen und ihm zumindest offiziell die Verantwortung für alle weiteren Entwicklungen aufzubürden, war in Wien, ebenso wie in den übrigen europäischen Hauptstädten, unverkennbar.[27] Allerdings oblag es der Donaumonarchie, die Lawine loszutreten, im festen Entschluss, eine »radikale Lösung« anzubahnen. Neben den Offizieren um Conrad war es nun das k.u.k. Außenministerium unter der Leitung von Leopold Graf Berchtold, das unmissverständliche Worte fand. Dem Gesandten des Habsburgerreiches in Belgrad, Wladimir Freiherr von Giesl, gab Berchtold bündige Weisungen mit auf den Weg: »Wie immer die Serben reagieren – Sie müssen die Beziehungen abbrechen und abreisen; es muss zum Krieg kommen.«[28]

Der »gemeinsame Ministerrat« der seit 1867 dualistisch strukturierten Monarchie, in der unter dem »Zepter Habsburgs« die zwei weitgehend selbstständigen Reichsteile Österreich und Ungarn vereint waren, hatte sich festgelegt. Nicht mehr nur die Militärs um Stabschef Conrad und die Diplomaten um Graf Berchtold machten Druck, auch der österreichische Ministerpräsident Karl Graf Stürgkh glaubte, das Band zwischen den Slawen inner- und außerhalb der Monarchie nur mehr durch Waffengewalt zerschneiden zu können. Selbst der vorsichtigere ungarische Ministerpräsident István Graf Tisza brachte gewisse Vorbehalte keinesfalls aus prinzipiell pazifistischen Überlegungen vor. Vielmehr ging es für ihn um Kriegsziele, Bündnisfragen und das weitere Prozedere bei der Behandlung der »serbischen Frage«. Als Tisza in einem Gespräch mit Außenminister Berchtold am 1. Juli 1914 erfuhr, dass »man die Morde in Sarajewo zum Anlass für eine Abrechnung mit Serbien nehmen würde«, wandte er sich an den Kaiser persönlich, der den eingeschlagenen Kurs ebenfalls billigte.[29]

Gerade Franz Joseph hatte sich bald, wahrscheinlich bei einer der Audienzen des Grafen Berchtold, etwa am 30. Juni, entschlossen, Serbien militärisch in die Schranken zu weisen. Der Herrscher, ohnehin kein Freund von Konferenzen und Unterredungen mit mehreren Anwesenden, bestimmte in routinemäßigen Zweiergesprächen die Richtung und war danach wohl überzeugt, alles Wichtige gesagt zu haben. Die betreffenden Maßnahmen überließ er, wie schon bei früheren Gelegenheiten, seinen Beratern. Franz Josephs weiteres Verhalten entsprach dann seinen Charaktereigenschaften und einer lang geübten Praxis: Er blieb passiv, ließ sich informieren, versah Dokumente mit seiner Unterschrift. Statt viele Worte zu machen und Initiativgeist zu zeigen, verwandelte er die Entfesselung des Krieges in einen »einfachen Verwaltungsakt«.[30]

DER KURS WIRD GEHALTEN

Der feste Entschluss, die Waffen sprechen zu lassen, ging bei der österreichisch-ungarischen Führung mit dem Ansinnen einher, das Ausland über ihre wahren Absichten zu täuschen. Graf Berchtold und Conrad von Hötzendorf kamen überein, die Öffentlichkeit »einzulullen«, wie es der deutsche Militärattaché in Wien ausdrückte. Der Presse gegenüber wollten die »maßgeblichen Stellen« eine betont »ruhige, besonnene Haltung« einnehmen. Wichtige Repräsentanten insbesondere der Armee traten ihren Urlaub an und vermittelten den Eindruck, dass die Krise keine schlimmeren Konsequenzen nach sich ziehen werde.[31]

Parallel zu derartigen Ablenkungsmanövern setzten Hofkreise und Diplomaten sehr zur Zufriedenheit der Hardliner in der Generalität alles daran, den Spielraum für friedenserhaltende Verhandlungen nach Kräften einzuengen. Auch in dieser Hinsicht wird deutlich, wie früh sich die österreichisch-ungarische Führung auf einen Kriegskurs festlegte. Das Begräbnis des Thronfolgerpaares etwa hätte zur Begegnung vieler bedeutender Staatsoberhäupter und Regierungschefs führen können. Eine Annäherung der Eliten Europas wäre bei diesem Anlass möglich gewesen, wenigstens vor dem Hintergrund des Mordanschlags und der Überzeugung, dass das Schicksal Franz Ferdinands und seiner Gemahlin jeden treffen konnte, der die Macht verkörperte. Aber selbst der deutsche Kaiser Wilhelm erhielt keine entsprechenden Signale aus der Donaumonarchie. Hier wollte man von einer Fürstenversammlung, von einem »Gipfel« der Entscheidungsträger, von internationalen Tagungen oder diplomatischen Unterredungen, wie etwa während der Balkankriege in den vorangegangenen Jahren, nichts wissen. Noch während die Leichname der Opfer von Sarajewo nach Wien überführt wurden, formierten sich die Kräfte innerhalb Österreich-Ungarns, die sich einer gewaltfreien Lösung der Krise widersetzten.[32]

Sir Maurice de Bunsen, britischer Botschafter im Habsburgerreich, erhielt in dieser Hinsicht eine interessante Auskunft von Außenminister Berchtold, der sich einigermaßen abfällig über die »Botschafterkonferenzen in London während der Balkankrise« 1912/13 äußerte. Eigentlich habe er, so Berchtold, niemals an die Dauerhaftigkeit der dortigen Absprachen geglaubt. Schließlich seien die Verhandlungsergebnisse insofern dürftig gewesen, als sie die fundamental voneinander abweichenden Standpunkte der Streitparteien eher »künstlich« in Übereinstimmung zu bringen versucht hätten.[33] Der Gesandte des Vereinigten Königreiches musste erkennen, dass für etwaige Vermittlungen kaum Voraussetzungen existierten. Zwar bestand kein Zweifel, dass die Donaumonarchie »etwas vorbereitet« und dass die österreichische Presse durchgehend eine antiserbische, kriegsbereite Haltung eingenommen habe. Aber, notierte Sir Maurice de Bunsen Anfang September 1914, weder er noch seine Kollegen aus anderen Ländern seien über Details informiert gewesen. Mit Ausnahme des deutschen Botschafters, ergänzte er, konnte niemand hinter den Vorhang blicken und im Zusammenhang mit dem Ultimatum an Serbien substanzielle Gespräche führen.[34]

Sicherlich waren die beteiligten Auslandsrepräsentanten, ebenso wie alle anderen wichtigeren Entscheidungsträger, noch im Verlauf der »Julikrise« und erst recht in der Zeit danach bemüht, die eigene Position möglichst günstig darzustellen, und bisweilen hatte es den Anschein, als feilten die Akteure bei dieser Gelegenheit schon an vorteilhaften Formulierungen für später zu veröffentlichende Propagandaschriften, Memoiren und Dokumentenbände. Dennoch zeigt der Bericht von Maurice de Bunsen, dass nahezu jedes Angebot zur Deeskalation der Lage von den Verantwortlichen in der Donaumonarchie zurückgewiesen wurde. Gewiss konnte zum Beispiel gegen die speziell von Großbritannien, dann zudem von Frankreich und teilweise auch von Vertretern des Hohenzollernreiches ventilierte Idee, Österreich-Ungarn möge sich durch seine Streitkräfte in den Besitz von Belgrad oder wenigstens nur von einem kleinen Gebiet Serbiens bringen und dann mithilfe dieses »Faustpfandes« in Verhandlungen eintreten, einiges eingewendet werden. Schließlich war nicht klar, ob Europa und vor allem Russland – trotz gegenteiliger Aussagen des zarischen Gesandten in Wien – bei diesem »kurzen, harten Schlag« nur zusehen würde, abgesehen von Mobilmachungs- und Aufmarschplänen der k.u.k. Militärs, die mit einem solchen Szenario kaum in Einklang zu bringen waren. Dennoch sind derlei Überlegungen unzweifelhaft von wichtigeren Einflussfaktoren überlagert worden, allen voran von der österreichischen Überzeugung, den einmal eingeschlagenen Weg nicht verlassen zu dürfen. Berlin bestärkte seinen Bündnispartner dabei auch noch, indem es – ähnlich wie Frankreich und Russland – in den letzten Julitagen auf späte Vermittlungsangebote der britischen Regierung, der Donaumonarchie im Rahmen von Verhandlungen beziehungsweise Botschafterkonferenzen Genugtuung zu verschaffen, distanziert reagierte und darauf bestand, »Österreich in seinem Serbenhandel« nicht »vor ein europäisches Gericht zu ziehen«.[35]

Dass aber weder die Haltung der mit England verbündeten Ententestaaten noch der Standpunkt des Hohenzollernreiches von der Verantwortung der k.u.k. Regierung ablenken kann, beweisen die Wortmeldungen von Außenminister Berchtold: Eindeutig hatte er sich in Anwesenheit von Sir Maurice de Bunsen von einer Fortsetzung der früheren Balkanpolitik und neuerlichen diplomatischen Gesprächen losgesagt.[36] Die Übergabe des »Ultimatums« an Serbien, ohne zuvor mit den potenziellen Feinden insbesondere unter den Großmächten Gespräche zu führen, hatte die Krise schon bis zur fast völligen Ausweglosigkeit verschärft und schließlich die Kriegserklärung Österreichs an Serbien am 28. Juli 1914 zur Folge. Eine neuerliche Erinnerung Großbritanniens an die Möglichkeit einer Konferenz, dieses Mal schon mit der Warnung verbunden, andernfalls nicht abseits stehen und eventuell als Gegner der Mittelmächte in bewaffnete Auseinandersetzungen verwickelt werden zu können, alarmierte sogar den deutschen Reichskanzler Theobald von Bethmann Hollweg, der Wien bislang »unablässig zum Losschlagen gegen Serbien« ermuntert und »entscheidend zur Heraufbeschwörung« eines gewaltsamen Konfliktes beigetragen hatte.[37] Zutiefst besorgt über den Anschluss des »Empires« an die feindliche Allianz, riet er der k.u.k. Monarchie jetzt zum Meinungsaustausch mit dem Zarenreich, denn, so Bethmann Hollweg: »Wir sind zwar bereit, unsere Bündnispflicht zu erfüllen, müssen es aber ablehnen, uns von Wien leichtfertig und ohne Beachtung der Ratschläge in einen Weltbrand hineinziehen zu lassen.«[38]

Obwohl in dieser Situation nun wiederum Kaiser Wilhelm II. gegen seinen Kanzler Stellung bezog und damit einmal mehr deutsche Entscheidungen – überdies unter beträchtlicher Einflussnahme der Generalität[39] – eine verhängnisvolle Wirkung entfalteten, kann dennoch eines nicht übersehen werden: Eine Geste des Entgegenkommens war vom Habsburgerreich zu setzen, dessen Aktivitäten am Beginn der Ereigniskette standen und von dessen Kompromissbereitschaft noch in der schwierigen Lage der letzten Juliwoche einiges abhängen konnte. Der britische Außenminister Edward Grey äußerte sich in diesem Sinn gegenüber dem österreichischen Botschafter in London, Albert Graf Mensdorff: »Wenn die Mächte nur in Russland raten sollen, dass es passiv bleibe, so ist es gleichbedeutend, Ihnen freie Hand zu geben, was Russland nicht annehmen wird«, bemerkte Grey, um geradezu flehentlich hinzuzufügen: »Irgend etwas müssten Sie uns zum mindesten geben, das[s] wir in Petersburg verwerten können«.[40] Graf Mensdorff kam nicht umhin, der englischen Regierung das »eifrigste Bemühen« zu attestieren, den »Frieden zu erhalten und jedem Versuch dahin vollste Unterstützung angedeihen zu lassen«.[41] Dennoch blieb er gegenüber den Äußerungen Greys vorsichtig, da dessen Anregungen, so Mensdorff, »vielleicht jetzt nicht erwünscht wären«.[42] Die Wiener Führung wich von ihrer Linie nicht ab: »Ungeachtet seiner Freundlichkeit während der Unterredung«, hielt Maurice de Bunsen demgemäß fest, ließ Graf Berchtold »keine Zweifel darüber aufkommen, dass die österreichisch-ungarische Regierung mit Entschlossenheit die Invasion Serbiens fortsetzen wird«. Parallel dazu hatte sich Berchtold gegenüber dem russischen Botschafter in der k.k. Haupt- und Residenzstadt, Nikolaj Šebeko, gleichermaßen unnachgiebig gezeigt. Šebekos Vorschlag, auf Direktgespräche zwischen Russland und Österreich zu setzen, lehnte er laut Bunsen am 28. Juli ab.[43] Der Außenminister des Zarenimperiums, Sergej Sazonov, beklagte sich dann auch bei der Wiener Regierung über »die glatte Ablehnung seiner Proposition bezüglich Aussprache« mit dem Gesandten der Donaumonarchie in Sankt Petersburg, Frigyes Graf Szápáry. Einem Gedankenaustausch mit den russischen Diplomaten und namentlich mit Šebeko habe er sich niemals verweigert, antwortete darauf Berchtold am 30. Juli, bestätigte aber indirekt Sazonovs Eindruck durch die Unnachgiebigkeit seines Standpunktes. »Gewünschte Erläuterungen«, schärfte er Graf Szápáry ein, könnten sich »allerdings nur im Rahmen nachträglicher Aufklärungen bewegen, da es niemals in unserer Absicht gelegen war, von den Punkten der Note [gegenüber Serbien] etwas abhandeln zu lassen«.[44]

OHNE RÜCKSICHT AUF VERLUSTE

London warnte angesichts dessen noch einmal explizit, dass sich der Kampf der habsburgischen Streitkräfte gegen Serbien nicht lokalisieren lasse.[45] Aus englischer Sicht beruhte die österreichische Vorgangsweise auf einer gefährlichen Einengung des Wahrnehmungshorizontes. Und selbst in deutschen Generalstabskreisen mokierte man sich über die »blinde Serbenwut, die den Blick in Wien trübt«.[46] Die Verantwortlichen in der Donaumonarchie glichen »Igeln, die über eine Landstraße huschen, ohne auf den Verkehr zu achten«, heißt es demgemäß in einer aktuellen historischen Analyse.[47] Dabei bedurfte es nicht einmal der regelmäßigen Einflüsterungen und Warnungen der Großmächte und ihrer Auslandsvertreter.[48] Unmittelbar nach dem Attentat in Sarajewo wies der k.u.k. Außenminister auf die Möglichkeit eines allgemeinen oder sogar globalen Konfliktes hin. Bei der Sitzung des gemeinsamen Ministerrates am 7. Juli 1914 war zumindest Russlands Kriegseintritt bereits ein Thema, wenngleich ausgerechnet der »Falke« Conrad von Hötzendorf in diesem Augenblick einen gleichzeitigen Kampf gegen Serbien und das Zarenreich für »ungünstig« hielt. Nichtsdestoweniger zeigen die Beratungen vom 7. Juli, ebenso wie die Gespräche unter Einbindung von Kaiser Franz Joseph, dass die Staatsspitze »einen allgemeinen Krieg riskieren« wollte, »um einen lokalen Krieg gegen Serbien zu führen«.[49]

Schon bei der Eröffnung der Sitzung am 7. Juli ging es Berchtold darum, »durch eine Kraftäußerung« das benachbarte kleine Königreich im Südosten »für immer unschädlich zu machen«. Dabei sei unbedingt Deutschlands Hilfe nötig, wobei »ein Krieg mit Russland« möglich sei. Während der ungarische Ministerpräsident Tisza auch einen diplomatischen Erfolg mittels weitreichender Forderungen und die Behebung der »Krise in Bosnien« durch eine energische Verwaltungsreform für möglich, andererseits aber eine »kriegerische Aktion für näher gerückt« hielt, plädierte der österreichische Ministerpräsident Stürgkh unter Berufung auf Berichte des Landeschefs für Bosnien und Herzegowina, Oskar Potiorek, »für einen kräftigen Schlag gegen Serbien«. Was darunter zu verstehen war, machte der »gemeinsame Finanzminister« Biliński mit der Bemerkung klar: »Der Serbe ist nur der Gewalt zugänglich.« Ein »diplomatischer Erfolg hat keinen Wert«, assistierte Alexander von Krobatin, seines Zeichens k.u.k. Kriegsminister. Noch bevor die Unterredung unterbrochen wurde, gelangten daher – abgesehen von bestimmten Einwänden Tiszas – »alle Anwesenden« zur »Ansicht, dass ein rein diplomatischer Erfolg, wenn er auch mit einer eklatanten Demütigung Serbiens enden würde, wertlos wäre und dass daher solche weitgehende Forderungen an Serbien gestellt werden müssten, die eine Ablehnung voraussehen liessen, damit eine radikale Lösung im Wege militärischen Eingreifens angebahnt würde«.[50] Bemerkenswert kurz gaben dann die Militärs ihre Stellungnahmen während der Nachmittagssitzung ab. Aus Geheimhaltungsgründen wurden die nachfolgenden Erläuterungen auf Ersuchen des Generalstabschefs Conrad von Hötzendorf nicht in das Protokoll des »Gemeinsamen Ministerrates« aufgenommen. So viel ist aber klar: Es ging um einen Waffengang – »auch gegen Russland« –, und es gab »eine längere Debatte über die Kräfteverhältnisse und den wahrscheinlichen Verlauf eines europäischen Krieges«. Dann verließ Hötzendorf vorzeitig die Sitzung, deren Teilnehmer sich schließlich auch mit Tiszas Einwilligung ganz auf den »Schlag« gegen Serbien konzentrierten, wie die neuerlichen Gespräche des »Gemeinsamen Ministerrates« am 19. Juli 1914 beweisen.[51]

Noch kurz vor Überreichung der österreichischen Démarche in Belgrad war dann die österreichische Vorgehensweise soweit bekannt, dass der britische Außenminister Grey gegenüber Graf Mensdorff die mahnenden Worte fand: »Wenn vier große Staaten, Österreich-Ungarn, Deutschland, Russland und Frankreich, in einen Krieg verwickelt werden, so folge ein Zustand, der einem wirtschaftlichen Bankerott Europas gleichkomme. Keine Kredite seien mehr zu erlangen, die industriellen Zentren in Aufruhr, so dass in den meisten Ländern, gleichgültig, ob Sieger oder besiegt, ›so manche bestehende Institution weggefegt‹ werden würde.« Vom österreichisch-ungarischen Außenministerium gedeckt, erwiderte darauf Mensdorff: »Meiner Ansicht nach müssten wir in diesem Falle trotz unserer bekannten Friedensliebe Serbien gegenüber ›sehr fest‹ bleiben. [...] Ich fürchte, er [Grey] wird den Charakter eines Ultimatums unserer Démarche und die kurze Frist kritisieren.«[52] Parallel dazu ließ Graf Berchtold in einem geheimen Zusatz zu einem Telegramm an die k.u.k. Botschafter in Madrid, Washington, Tokio und beim »Päpstlichen Stuhle« vermerken, dass »die weitere Entwicklung der Dinge« nicht bloß zu einem bewaffneten Konflikt mit Serbien, sondern zumindest auch zum Krieg mit Russland führen könne.[53] Graf Szapáry gegenüber ging Berchtold zwei Tage später, am 25. Juli 1914, in einem geheimen Schreiben noch weiter, indem er betonte, dass »wir zur Durchsetzung unserer Forderungen bis zum Äußersten gehen und auch vor der Möglichkeit europäischer Verwicklungen nicht zurückschrecken würden«.[54]

Unter solchen Gesichtspunkten ist auch der Meinung des kritischen Journalisten Heinrich Kanner beizupflichten, der 1922 rückblickend zugespitzt formulierte: »An seinem Ursprung, in Wien, ging der Kriegswille nur auf die Vernichtung Serbiens. Dies aber um jeden Preis, ohne Rücksicht auf den europäischen Frieden.«[55] Und auch heute noch muss die Geschichtswissenschaft einigermaßen irritiert feststellen, dass man in Wien reichlich »solipsistisch« auf eine bewaffnete Konfrontation abzielte. Eine bemerkenswert eingeschränkte Sichtweise der geopolitischen Situation Europas verknüpfte sich mit dem festen Glauben an die

Richtigkeit des eigenen Handelns. Dabei ersetzte zum Teil das Vertrauen auf den mächtigen deutschen Nachbarn ein behutsames Abwägen der Alternativen und der Chancen, in einem Kräftemessen mit den Kontrahenten bestehen zu können.[56]

Vor diesem Hintergrund ist verständlich, dass selbst Kaiser Franz Joseph zumindest im Nachhinein, ein halbes Jahr später, Zweifel an der Richtigkeit der Entscheidungen im Juli 1914 äußerte.[57] Gewiss standen diese Erörterungen schon unter dem Eindruck der keineswegs glanzvoll verlaufenden Eröffnungsfeldzüge der k.u.k. Armee und der Probleme, die im Zuge einer langen Ressourcenschlacht auf die Donaumonarchie zukamen. Aber auch Mitarbeiter des österreichisch-ungarischen Außenministeriums fanden klare Worte zum Kriegsausbruch. »Wir haben den Krieg angefangen, nicht die Deutschen und noch weniger die Entente«, konstatierte etwa Leopold von Andrian-Werburg, der allerdings trotz des Wissens um die weiteren Entwicklungen immer noch meinte, dass man nach den Schüssen von Sarajewo richtig gehandelt habe.[58] Zerknirschter und selbstkritischer klangen vergleichbare Darlegungen jedoch bei Alexander Graf Hoyos. Seine Unterredungen in Berlin bezeichnete er in seinen Erinnerungen als »unermessliches Unglück«. Und obwohl er nach 1918 Rechtfertigungen für die Wiener Politik im Juli 1914 suchte, befielen ihn Schuldgefühle.[59] Sogar mit dem Gedanken des Freitodes soll er gerungen haben, nachdem er während des Ersten Weltkrieges, im Winter 1916, gegenüber Freunden vom »niederdrückenden Gefühl« gesprochen hatte, »doch der eigentliche Urheber des Krieges gewesen zu sein«.[60]

Zwar bedurfte es einer größeren Zahl von überdies wichtigeren Entscheidungsträgern, um ein »vierjähriges Massenschlachten« auszulösen, aber die Bedenkenlosigkeit, mit der unter anderem Hoyos seinen Beitrag zur Entfesselung eines »großen Völkerringens« leistete, musste mit einem gewissen zeitlichen Abstand auch ihn erschrecken: »Wenn der Weltkrieg daraus entsteht, so kann uns das gleich bleiben«, hatte er vor Beginn der »Urkatastrophe Europas« mit Blick auf den serbischen Erzfeind behauptet.[61] Fast zeitgleich, genauer gesagt kurz nach der Rückkehr von Hoyos aus der deutschen Hauptstadt, war indes sein Chef bei Conrad von Hötzendorf vorstellig geworden, um nachzufragen, was geschehen solle, wenn die Belgrader Regierung wider Erwarten das Ultimatum akzeptiere. Conrad darauf trocken und ohne Bezug auf etwaige russische Gegenmaßnahmen: »Trotzdem einmarschieren und so lange bleiben«, bis Serbien unter anderem die »Kriegs- und Besatzungskosten abbezahlt hat«.[62]

SERBISCHE REAKTIONEN

Unter solchen Umständen kann es auch nicht überraschen, dass sich die maßgeblichen Regierungsvertreter Österreich-Ungarns bei der weiteren Behandlung des Konfliktfalles kaum Selbstbeschränkungen auferlegten. Die Forderungen an Belgrad, falls ihnen angesichts des Kriegswillens der verantwortlichen Kräfte in Wien überhaupt noch eine zentrale Bedeutung zukam, sollten – wie erwähnt – nach Wunsch der beteiligten Diplomaten gar nicht annehmbar sein oder zumindest trotz ihrer Schärfe vorbehaltlos angenommen werden. Die Gegenseite wiederum war gewiss von nationalistischen Begehrlichkeiten geleitet. Gewaltexzesse während der Balkankriege und in den eroberten Gebieten hatte nicht zuletzt auch Serbien zu verantworten, dessen maßgebliche Kräfte sich eines antiösterreichischen Tones bedienten, die Südslawen aus dem »habsburgischen Völkerkerker« befreien wollten oder überhaupt auf die Zerschlagung der Donaumonarchie hinarbeiteten. Dass die k.u.k. Führung ein lokales Kräftemessen um den Preis eines schwer kalkulierbaren europäischen Krieges ohne internationale Verhandlungen provozierte, beruhte vor diesem Hintergrund auf der Annahme, Serbien insgesamt für die Schüsse in Sarajewo verantwortlich machen zu können. Gerade diese Sichtweise erschien jedoch fragwürdig: Reichten nämlich einerseits zu diesem Zeitpunkt die Erhebungen der österreichisch-ungarischen Untersuchungsbehörden noch nicht aus, um das Attentat in Sarajewo zweifelsfrei mit Machenschaften Belgrads in Verbindung zu bringen, so verweisen Informationen, die erst einige Jahre später zur Verfügung standen, andererseits vor allem auf die Tatsache, dass in Serbien unter anderem durch ein Geflecht von radikalen Netzwerken sowie die Aktivitäten des Nachrichtendienstchefs Dragutin Dimitrijević schwerwiegende innenpolitische Zerwürfnisse heraufbeschworen worden waren.[63]

Ministerpräsident Nikola Pašić und seine große Gefolgschaft sahen sich von schlagkräftigen Gegenströmungen herausgefordert, zu denen Offiziere wie Dimitrijević und berüchtigte Geheimgesellschaften wie die »Schwarze Hand« zählten. Ihre Mitverantwortung am Attentat[64] stand in deutlichem Gegensatz zu den Überlegungen im Umfeld von Pašić. Obwohl selbst alles andere als »austrophil«, sah er speziell nach den beiden Balkankriegen die Notwendigkeit einer Ruhepause für sein Land. Belgrad versuchte daher zu besänftigen.[65] Aufmerksame Leser konnten sich davon sogar in österreichischen Zeitungen überzeugen, wenn sie sich die Mühe machten, klein gedruckte Kurznotizen zu beachten. Unter anderem brachte die »Arbeiter-Zeitung« ein Communiqué des »serbischen Preßbureaus« vom 29. Juni 1914 mit folgendem Inhalt: »Unter dem Eindruck des tragischen Ereignisses, dessen Schauplatz gestern Sarajewo war, haben wir nicht genug Worte, um das schreckliche Attentat zu brandmarken, dem der Thronfolger unserer Nachbarmonarchie Erzherzog Franz Ferdinand und dessen Gemahlin zum Opfer gefallen sind.«[66] Feierlichkeiten zum »Vidovdan«, in Erinnerung an die serbische Niederlage gegen die Osmanen auf dem Amselfeld 1389 und die Ermordung des Sultans Murad I. durch Miloš Obilić, wurden unterbunden.[67] Dazu die »Arbeiter-Zeitung«: »Trotz des Nationalfestes, das in Stadt und Land begangen wurde und zu dem unzählige Gäste aus dem Ausland eingelangt waren, wurden auf Anordnung der Regierung sämtliche öffentliche Lokale, selbst die Kaffeehäuser, um 10 Uhr abends geschlossen. Das Regierungsorgan ›Samouprawa‹«, setzte das Blatt fort, »veröffentlicht einen Artikel, worin über das tragische Ereignis das Bedauern ausgesprochen und der greise Kaiser sowie die Völker der Nachbarmonarchie inniger Teilnahme versichert werden. Der größte Teil der Presse verurteilt das Attentat.«[68]

Dort, wo gegenteilige und »unpassende« Äußerungen zu vernehmen waren, schritt das offizielle Serbien, so gut es ging, ein. Selbst die eindeutig gegen Belgrad eingestellte Wiener Presse musste am 9. Juli 1914 konzedieren, dass im »Auftrag des Ministerpräsidenten Pašić die Redakteure sämtlicher serbischer Blätter« aufgefordert worden seien, »sich in der Politik über das Sarajevoer Attentat jedweder Ausfälle gegen Österreich-Ungarn zu enthalten«.[69] Berichtet wurde hingegen über weitere Beileidsbekundungen gegenüber der Donaumonarchie. »Der Präsident der Skupschtina«, des serbischen Parlaments, vermerkte wiederum die »Arbeiter-Zeitung«, »richtete an die Präsidenten der Parlamente in Wien und in Budapest Kondolenztelegramme, in denen die Anteilnahme und die Abscheu« angesichts des Attentates »in Sarajewo ausgesprochen werden. Der Stellvertreter des von Belgrad abwesenden Ministerpräsidenten Paschitsch, Finanzminister Patschu, richtete an den Grafen Berchtold im Namen der serbischen Regierung ein Telegramm, in welchem dieselben Gefühle der Teilnahme und des Abscheues ausgedrückt werden. Ferner […] kondolierten König Peter und Kronprinz-Regent Alexander dem Kaiser Franz Josef. Justizminister Dr. Gjuritschitsch begab sich in Begleitung des Sektionschefs des Ministeriums des Äußern Gruitsch zum österreichisch-ungarischen Geschäftsträger, um ihm im Namen des

Kabinetts die Teilnahme auszusprechen.«[70] Es folgten die Anordnung einer mehrtägigen Staatstrauer durch den serbischen Innenminister sowie Ankündigungen, etwaigen Spuren des Mordanschlages auf serbischem Territorium nachzugehen und antiösterreichische Manifestationen beziehungsweise Demonstrationen zu unterbinden.[71]

Neben Gesten und Versprechen waren im Übrigen Hinweise auf Interessen und Zielsetzungen der Belgrader Entscheidungsträger einigermaßen aussagekräftig. In der »Reichspost« vom 4. Juli 1914 wurde ein ehemaliger serbischer Minister mit den Worten zitiert: »Von dem Tode des Erzherzogs Franz Ferdinand hat Serbien keinen Nutzen.«[72] Die »Arbeiter-Zeitung« berief sich auf das jungradikale Parteiorgan »Odjek«, das am 29. Juni zwar von der »schweren Lage« des serbischen Volkes im »armen Bosnien« und in der »wurmstichigen Monarchie« sprach, andererseits aber keinen »unüberwindlichen Ausbruch der Leidenschaften« und der »Unbesonnenheit« wünschte, sondern »in allen Gebieten Frieden und in den Beziehungen mit der Nachbarmonarchie eine möglichst lange Periode der Ruhe und des Vertrauens«.[73] Auch alle Gesandtschaften und Konsulate Serbiens wurden unter solchen Umständen angewiesen, das »verabscheuungswürdige Verbrechen in Sarajewo« auf »das schärfste« zu verurteilen, wenngleich man sich in diesem Zusammenhang dagegen verwehrte, durch verschiedentlich erhobene Verdächtigungen »ein ganzes Volk« für die »Tat eines unreifen jungen Menschen« verantwortlich zu machen.[74]

Mit Blick auf etwaige »ernste Schritte« des Habsburgerreiches mischten sich erst später Manifestationen der Friedfertigkeit mit Warnungen und Drohungen. Nikola Pašić selbst gab deutschen und österreichischen Journalisten in diesem Sinne zu verstehen, seine Regierung beteilige sich trotz der »Unterdrückung seiner Landsleute« in der Donaumonarchie und des Wissens, »dass die Zeit für ihn und seine Gefolgsleute arbeite«, nicht »an Verschwörungen«. »Wir werden«, so Pašić, »mit niemandem Händel anfangen, aber man soll uns endlich in Ruhe lassen und mit den Beschimpfungen aufhören. Jedenfalls«, ergänzte er, »stehen wir nicht allein, wenn ein Großer über uns herfällt«.[75]

Schon in den vorangegangenen Wochen waren hingegen andere bemerkenswerte Ausführungen in den Zeitungen des Habsburgerreiches zu finden. Das »Fremdenblatt« und die »Neue Freie Presse« etwa gaben mit wenigen Worten am 2. und 3. Juli 1914 bekannt: »Die von einigen Blättern gebrachte Nachricht, wonach die Wiener königliche Gesandtschaft die Aufmerksamkeit maßgebender Stellen auf das Bestehen eines Attentatsplanes gelenkt haben soll, entbehrt, wie wir erfahren, jeglicher Begründung.«[76] Am 7. Juli leugnete dann Nikola Pašić persönlich in einem Interview mit der ungarischen Zeitung »Az Est«, die k.u.k. Regierung auf die Aktivitäten von Gavrilo Princip beziehungsweise der anderen Attentäter von Sarajewo sowie ihrer Mitverschwörer und Hintermänner in der einen oder anderen Form aufmerksam gemacht zu haben. Für dieses Dementi könnten unter anderem zwei Gründe ausschlaggebend gewesen sein: Zum einen ließ sich daraus – obwohl unklar war, wie genau die Belgrader Regierung von den Vorbereitungen Princips und seiner Gesinnungsgenossen unterrichtet worden war – eine Mitwisserschaft Serbiens konstruieren. Zum anderen aber sah sich Pašić auch mit der Gefahr konfrontiert, von ultranationalistischen, gewaltbereiten Kräften im eigenen Land für die Weitergabe von brisanten Informationen an Österreich als Verräter gebrandmarkt zu werden.[77]

Ungeachtet dessen dürfte es den Versuch Belgrads gegeben haben, Österreich-Ungarn auf die Risiken des Besuchs von Franz Ferdinand in Bosnien-Herzegowina hinzuweisen.[78] Serbiens Gesandter in Wien, Jovan Jovanović, war nach verschiedenen Beschreibungen an den für die Region verantwortlichen k.u.k. Finanzminister Biliński herangetreten. Dieser aber schien mit den kryptischen Warnungen von Jovanović, der obendrein als radikaler serbischer Nationalist bekannt war, nicht sehr viel anfangen zu können.[79] Fasste sie Biliński als Scherz auf? Oder eher als serbische Drohgebärde? Kümmerte er sich nicht weiter darum oder suchte er doch, wie mitunter kolportiert, Regierungskollegen wie Außenminister Berchtold auf, um die Angelegenheit zu beraten? Die nicht immer verlässlichen Darstellungen entwerfen kein klares Bild, und Biliński weigerte sich in der Folge, auf die Begebenheit noch weiter einzugehen.[80] »Hoffen wir, dass nichts passiert«, soll er zu Jovanović gesagt haben, der unmittelbar nach dem Attentat aus Belgrad den Auftrag erhielt, in Wien möglichst konziliant aufzutreten.[81]

In vielerlei Hinsicht deuten alle diese Nachrichten, Gerüchte und Geschehnisse gleichfalls darauf hin, dass die Pašić-Regierung – im Gegensatz etwa zu kompromisslosen Militärs oder Geheimorganisationen – im Sommer 1914 keine Konfrontation mit dem Habsburgerreich suchte. Im Gegenteil: Sowohl Belgrad als auch die Verantwortlichen in Wien und Budapest waren noch im Mai beziehungsweise Juni 1914 in ökonomischen und handelspolitischen Fragen aufeinander zugegangen.[82]

Beiderseits sprach man von Zugeständnissen, eine österreichisch-ungarische Verhandlungskommission wurde in der serbischen Hauptstadt von Ministerpräsident Pašić »freundlichst willkommen geheißen«.[83]

In diesem Sinne verwundert es auch nicht, dass man in Serbien dann Ende Juli 1914 gewillt war, sich den Bedingungen des österreichischen Ultimatums weitgehend zu beugen.[84] Der deutsche Botschafter in Wien, Baron Heinrich von Tschirschky, schien diese Entwicklung regelrecht zu befürchten. Aus Berlin hatte er erfahren, dass der dortige »königlich serbische Geschäftsträger« erklärt habe, sein Land »beabsichtige die besten und korrektesten Beziehungen mit der Nachbarmonarchie zu unterhalten und sei bereit, alle Forderungen Österreich-Ungarns nach einer strengen Untersuchung des Attentates von Sarajewo zu erfüllen, soweit sie mit der Ehre und Souveränität des Königreiches vereinbar sei«. Die Ausführungen des Repräsentanten der Belgrader Regierung, der das Hohenzollernreich gleichzeitig bat, »auf das Wiener Kabinett versöhnlich einzuwirken«, veranlassten Tschirschky dazu, den Österreichern am 21. Juli, also zwei Tage vor der Überreichung der Démarche in der serbischen Hauptstadt, »eine sehr energische Sprache« bei der »Bekanntgabe« ihrer Forderungen anzuraten.[85]

Die auf Konfrontationskurs setzenden Diplomaten der Mittelmächte fürchteten die Konzilianz des »Kabinetts Pašić« nicht ohne Grund. Mit russischer Rückendeckung formulierte Letzteres zwar nach Vorlage des »Ultimatums« Vorbehalte, versuchte aber dennoch, so entgegenkommend wie möglich zu sein. Gewiss kann eingewendet werden, dass die Antwort Serbiens auf die Forderungen der Donaumonarchie an einige Eventualitäten gebunden und »trickreich« genug formuliert war, um in der Weltöffentlichkeit und bei möglichen Verbündeten Sympathie zu erwecken. Schließlich hatte man für erhobene Beschuldigungen immer wieder Beweise verlangt und damit Wien unter Zugzwang gebracht. Vor allem verwehrten sich Nikola Pašić und seine Regierungskollegen dagegen, den Österreichern – im Sinne einer Preisgabe der serbischen Souveränität – die polizeiliche und gerichtliche Verfolgung der Hintermänner des Sarajewoer Attentates zu gestatten. Das war tatsächlich eine problematische Behauptung, zumal unterstellt wurde, dass Belgrader Behörden und ihre nachgeordneten Stellen bei Erhebungen auf ihrem eigenen Gebiet ausgeschaltet werden sollten. In Wirklichkeit hätte es bei den Nachforschungen unter Beteiligung von k.u.k. Organen – um die Rechtsprechung ging es dabei nicht – sogar einen Präzedenzfall gegeben, zumal

1868 die Donaumonarchie nach dem Mord an Fürst Mihailo von Serbien dessen Funktionären gestattet hatte, Untersuchungen auf österreichisch-ungarischem Gebiet durchzuführen.[86]

Aber auch ohne diese Einwände steht fest, dass Belgrad Entgegenkommen zeigte: Es versprach Maßnahmen, die Propaganda gegen das Habsburgerreich offiziell zu brandmarken und die dafür Verantwortlichen zur Rechenschaft zu ziehen. Dabei lag es durchaus auch im Interesse von Pašić, gegen die klandestinen Vereinigungen der extremen Nationalisten vorzugehen, Behörden und Offiziere, die nachweislich die Integrität der Donaumonarchie unterminierten, zu entlassen, bei der Erreichung gemeinsamer Ziele die Zusammenarbeit mit k.u.k. Behörden zuzulassen, Grenzkontrollen zur Verhinderung österreichfeindlicher Aktivitäten zu verstärken und Wien über alle Schritte zur Beilegung der Konflikte zu informieren.[87]

Russlands Außenminister Sazonov meinte unter solchen Umständen in Gegenwart des k.u.k. Botschafters Szápáry, die »serbische Antwortnote sei so konziliant gewesen, dass er erstaunt sei, dass man dieselbe als ungenügend angesehen habe«.[88] Und auch das französische Außenministerium teilte dem österreichisch-ungarischen Gesandten in Paris, Nikolaus Graf Szécsen, sein Befremden mit, »dass diese Antwort, die einer vollkommenen Kapitulation gleichkomme, nicht akzeptiert wurde«.[89] Besonders ausführlich nahm in London Edward Grey Stellung. Der »serbische Geschäftsträger« hatte Grey gerade »den Wortlaut der serbischen Antwort auf die österreichische Note« mitgeteilt. Unter diesem Eindruck meinte er: »Serbien« sei »in einem Umfange den österreichischen Forderungen entgegengekommen«, »wie er es niemals für möglich gehalten habe; bis auf einen Punkt, die Teilnahme österreichischer Beamter an den gerichtlichen Untersuchungen, habe Serbien tatsächlich in alles eingewilligt, was von ihm verlangt worden ist. Es sei klar, dass diese Nachgiebigkeit Serbiens lediglich auf einen Druck von Petersburg zurückzuführen sei.« Graf Mensdorff wurde dabei besonders nachdrücklich daran erinnert: »Werde sich Österreich nicht mit dieser Antwort begnügen, beziehungsweise werde diese Antwort vom Wiener Kabinette nicht als Grundlage für friedliche Unterhandlungen betrachtet«, so »sei es vollkommen klar, dass Österreich nur nach einem Vorwande suche, um Serbien zu erdrücken«.[90]

Angesichts der Tatsache, dass auch seitens der k.u.k. Diplomaten die aufrichtigen Friedensbemühungen Greys anerkannt wurden, beweist gerade die Reaktion Großbritanniens, welchen Imageschaden die Donaumonarchie durch ihre Entscheidungsträger zu erleiden drohte. Auf politisch-diplomatischer Ebene bedeutete das eine schwere Niederlage, war doch der »Ministerrat für gemeinsame Angelegenheiten« in Wien an die Absendung einer Démarche an Serbien mit dem Vorsatz herangegangen, sich vor der Weltöffentlichkeit in ein besseres Licht zu rücken.[91] Die treibende Kraft hinter diesem Ansinnen, der ungarische Ministerpräsident István Graf Tisza, hatte demgemäß am 7. Juli 1914 verlangt: »Die an Serbien zu richtenden Forderungen« sollten »sehr harte sein«, aber »nicht solcher Art, dass man unsere Absicht, unannehmbare Forderungen zu stellen, klar erkennen könne. Sonst hätten wir eine unmögliche rechtliche Grundlage für eine Kriegserklärung.«[92] Exakt diese Bedenken Tiszas schienen sich nun zu bestätigen, umso mehr, als Serbien bald auch bei den umstrittensten Punkten des Ultimatums weiter Gesprächsbereitschaft signalisierte. In diesem Sinne ließ Belgrad in Gestalt seines Geschäftsträgers in Rom noch am 28. Juli 1914 gegenüber der italienischen Regierung durchblicken, dass Pašić und seine Kollegen irrigerweise von der Ausschaltung der Justiz und der Verletzung der staatlichen Souveränität Serbiens ausgegangen seien, »wohingegen Österreich-Ungarn wohl tatsächlich nicht mehr als vielleicht die Mitwirkung von Kriminalorganen gewollt hatte«.[93] Wie wichtig Pašić diese Initiative zur Beilegung der Krise sozusagen in letzter Minute war, beweist die Tatsache, dass scheinbar alle oder zumindest mehrere Auslandsvertretungen der Belgrader Regierung den Auftrag erhielten, mit entsprechend klaren Formulierungen die Mittelmächte zu besänftigen. Jedenfalls berichtete der österreichisch-ungarische Botschafter in Berlin, László Graf Szögyény, in den Morgenstunden des 30. Juli, »die serbische Regierung« erkläre nicht nur in Rom, sondern auch in London, dass sie nun sogar »in den ›beiden Punkten, die es nicht akzeptiert habe‹, nachgeben« würde.[94]

SCHRITTE IN DEN ABGRUND

Während Belgrad noch einmal das Gespräch suchte und für Verhandlungen Spielraum schuf, bemühten sich Repräsentanten der europäischen Großmächte ihrerseits, für etwaige Unterredungen Voraussetzungen zu schaffen. London hatte sich demgemäß dafür verwendet, Zeit zu gewinnen.[95] Und obwohl das Romanow-Imperium mit seinen

Mobilmachungsplänen und der scharfen Kritik an den österreichischen Forderungen gegenüber Serbien die Lage verschärfte, zeigte sich der zarische Außenminister Sergej Sazonov bereit, »bis zum letzten Augenblick zu verhandeln«.[96] Obgleich diese Haltung von einigen Historikern als leere Geste dargestellt wird, gab sich Sazonov in einer Unterredung mit dem k.u.k. Botschafter Szápáry jedenfalls erstaunlich verständnisvoll und kompromissbereit.[97] Wenigstens er persönlich, vertraute er Szápáry an, »habe gar kein Gefühl für die Balkanslawen. Diese seien für Russland sogar eine schwere Last«, und das Habsburgerreich könne »sich gar nicht vorstellen, was man von ihnen schon zu leiden gehabt habe«. Das österreichisch-ungarische Ziel »sei ein vollkommen legitimes«, aber »der Weg«, den die Donaumonarchie »zu dessen Erreichung« verfolge, »sei in der Form nicht glücklich. [...] Resümierend«, ergänzte Szápáry, »erklärte der Minister, er finde, dass es sich eigentlich in der Notenangelegenheit nur um Worte handle und dass sich vielleicht ein uns genehmer Weg finden ließe, wie man über diese Schwierigkeiten hinwegkommen könne.«[98]

Aus der Sicht des britischen Botschafters im Habsburgerreich wirkte der Meinungsaustausch zwischen Wien und St. Petersburg Ende Juli 1914 wie ein Hoffnungsschimmer, obwohl, wie Maurice de Bunsen kurz darauf feststellte, die serbisch-österreichischen und russisch-österreichischen Gegensätze von der europäischen »Bündnislogik« und vor allem von den Spannungen zwischen Deutschland und dem Zarenreich sowie dessen potenziellen Alliierten überlagert wurden.[99]

Diese einigermaßen aussichtslose Lage hatten aber vor allem die maßgeblichen Kräfte in der Donaumonarchie herbeigeführt. Schließlich waren sie mit ihrer kompromisslosen Haltung bereit, die Brücken hinter sich abzubrechen, wie sich beispielsweise Sergej Sazonov ausdrückte.[100] Trotz aller Verständigungssignale insbesondere von serbischer Seite hielt Wien an seinem früh beschlossenen »Waffengang« fest, wenngleich sogar Kaiser Wilhelm II. feststellte, dass die Antwort der Pašić-Regierung auf das österreichisch-ungarische Ultimatum einer Kapitulation Belgrads vor den Augen der Weltöffentlichkeit gleichkäme und damit jeder Kriegsgrund entfalle.[101] Unglücklicherweise war es nun wiederum das Umfeld Wilhelms, das die von ihm angedachte friedliche Beilegung der Krise außer Acht ließ. Deutschland stand zu seinem Bündnispartner, und Österreich bekundete keinen Verhandlungswillen. Im Gegenteil: Ganz der vor allem von k.u.k. Generalstabschef Conrad, von Außenminister Berchtold und von Kaiser Franz Joseph selbst festgelegten Linie entsprechend, war für Gespräche kein Platz.[102]

Als die Regierung Pašić auch noch bei den heikelsten Punkten mittels italienischer Regierung eine Aussprache mit der Donaumonarchie suchte, war die österreichische Kriegserklärung an Serbien bereits unterwegs.[103] Und als Großbritannien das Schlimmste verhindern wollte, stellte sich der »Gemeinsame Ministerrat« des Habsburgerreiches am 31. Juli 1914 auf den Standpunkt, dass die »Einstellung der Feindseligkeiten gegen Serbien unmöglich« sei und außerdem »sorgsam vermieden« werden sollte, »den englischen Antrag in meritorischer Hinsicht anzunehmen«.[104]

Signifikant waren schon im Vorfeld überdies die Instruktionen Wiens für den k.u.k. Gesandten in Belgrad gewesen. Wladimir Freiherr von Giesl hatte keinen Spielraum für Unterredungen. Alles andere als die vorbehaltlose, vollinhaltliche Annahme des Ultimatums bedeutete das Ende der offiziellen Beziehungen. Dementsprechend schnell ging alles vor sich: Am 25. Juli, zwei Minuten vor 18 Uhr, brachte Nikola Pašić persönlich die serbische Antwortnote zu Giesl. Und schon um 18.30 Uhr verließ dieser gemeinsam mit dem Botschaftspersonal Belgrad. »In 32 Minuten«, meinte dazu Heinrich Kanner 1922, »hatte also Baron Giesl die vier Druckseiten lange, jeden der zehn Punkte des Ultimatums besonders behandelnde, neue Vorschläge enthaltende Antwortnote Serbiens geprüft, ›ungenügend‹ gefunden, die serbische Regierung vom Abbruch der diplomatischen Beziehungen verständigt, sein gesamtes Personal zusammengerufen und mit diesem und dem zugehörigen Gepäck noch den Schnellzug um 6 Uhr 30 Minuten erreicht. Ein Kinorekord auf dem Gebiete der Diplomatie, der sich einfach daraus erklärt, dass alles im Voraus abgekartet, dass Giesl von vornherein entschlossen war, abzureisen, was immer die serbische Regierung antwortete, es sei denn, sie beschränkte sich auf ein einfaches Ja zu allen zehn Punkten, und dass dies nicht der Fall war, bewies ihm […] ein flüchtiger Blick auf die Antwortnote und ihre Länge allein schon.« Der Krieg war da, Baron Giesl »hatte das Dokument, das ihn sicherte«. Er eilte nach Wien, wo »alle wie ein Mann zusammenhalten« würden, »um sich den großen, den mit List und Gewalt schwer errungenen Erfolg, nicht wieder entreißen zu lassen«.[105]

Aber gerade dieser »Erfolg« schien noch im Augenblick der Entscheidung angesichts der Allianzen, der geopolitischen, militärischen und strategischen Situation in Europa höchst fragwürdig.[106] Die getroffenen Beschlüsse der k.u.k. Eliten nehmen sich bei genauerer Betrachtung einigermaßen erklärungsbedürftig oder sogar regelrecht vernunftwidrig aus. Wiederholt verknüpften die Verantwortlichen beispielsweise ihre unnachgiebige Haltung gegenüber Serbien mit der Reputation der Donaumonarchie, mit dem Bestreben, innere und äußere Krisen mit einem Schlag zu überwinden, um zu beweisen, dass man noch »fähig war zu wollen«, dass man noch »zupacken« konnte. Dabei war gerade der Konflikt mit Serbien keineswegs dazu geeignet, den internationalen Stellenwert des Habsburgerreiches zu vergrößern. Bloß auf eine Abrechnung mit einem südosteuropäischen Kleinstaat zu drängen, wies Österreich-Ungarn, das durchaus auch über zukunftsträchtige Entwicklungspotenziale verfügte, eher die Funktion einer regionalen Macht zu. Damit schädigte man das ohnehin ramponierte Ansehen nur zusätzlich. Das europäische Bündnissystem zu aktivieren, lief andererseits darauf hinaus, die k.u.k. Monarchie als »Juniorpartner« eines stärkeren Hohenzollernreiches vorzuführen.[107] Auf diese Weise ließ sich dem Statusverlust ebenfalls nicht entgegenwirken. Zu alldem war für einen opfervollen und längeren Kampf an mehreren Fronten in einem »großen Völkerringen« nicht vorgesorgt.[108] Der Entschluss zu einem kurzen, siegreichen Feldzug erwies sich angesichts dessen nicht nur als »Vabanquespiel« der »Hochrisiko-Strategen«, sondern auch und noch mehr als existenzgefährdendes Unternehmen ohne Prestigegewinn und echte Erfolgsaussichten.[109]

Um Franz Joseph herum verbreitete sich angesichts eines solchen Szenarios eine geradezu melancholische Stimmung. Nun waren anscheinend die zu allem Entschlossenen darauf erpicht, wenigstens »ehrenvoll unterzugehen«. Aus Angst vor dem Tod habe sich das Habsburgerreich das Leben genommen, konstatierten Kommentatoren des Geschehenen die Entwicklungen um 1914. Die »suizidale Stimmungslage«, verbunden mit der Bereitschaft, die Welt in Brand zu stecken, lässt den »Weg in die Katastrophe« und den »Tod des Doppeladlers« solcherart geradezu als »erweiterten Selbstmord« von gigantischem Ausmaß und mit millionenfachem Leid erscheinen.[110]

ESKALATION DER GEWALT

ALTE UND NEUE KRIEGE

In einer unüberschaubar großen Zahl an Geschichtsdarstellungen wird der Erste Weltkrieg als »Urkatastrophe« insbesondere für den europäischen Kontinent bezeichnet. Gemessen an der Veränderung der politischen Landkarte, den sozialen und mentalen Befindlichkeiten im Gefolge eines mehr als vierjährigen Blutvergießens scheint dieser Befund plausibel, wenngleich er von alternativen Erklärungsmodellen und gewichtigen Einwänden ablenkt. Immerhin besteht die Gefahr, die Entwicklung von 1914 bis 1918 vor allem als außergewöhnliche und singuläre Erscheinung darzustellen, als Zäsur, Endpunkt einer vergangenen und Auftaktereignis einer neuen Epoche. Dadurch werden Kontinuitäten und langsamere Transformationsprozesse oft vernachlässigt, deren Berücksichtigung wesentliche Faktoren zum besseren Verständnis des »Völkerringens« ab 1914 hervortreten ließe: Die oft zitierte »Krise der Moderne« und das Konzept eines sämtliche personellen und materiellen Ressourcen erfassenden »totalen Krieges«, die Kontrolle und Verwaltung von Millionen Zivilisten, die Mobilisierung von Massenheeren oder die Verwendung neuer Waffentechnologien mit bislang unbekanntem Vernichtungspotenzial – all diese Phänomene und Ideen traten nicht erst seit den Schüssen von Sarajewo in Erscheinung. Sie charakterisierten vielmehr Entwicklungen, die unter anderem mit der Vorstellung einer langen Jahrhundertwende etwa von 1880 bis 1930 verbunden sind und nicht selten noch weiter in das 19. Jahrhundert zurückreichen, in die Epoche der Französischen Revolution und jener gewaltsamen Konfrontationen, die ungefähr mit dem Krimkrieg und dem Amerikanischen Sezessionskrieg einsetzten und speziell die »militärische Logik« bis 1945 prägten.[1]

Ein noch weiterer Horizont, der keineswegs bloß den Blick auf die »Ära des totalen Krieges«, die Verwüstungen zweier globaler Waffengänge und den Terror des Nationalsozialismus sowie des Stalinismus, sondern auch auf die Mordexzesse und »ethnischen Säuberungen« der letzten Dekaden vor allem in Ruanda und Liberia, im Nahen Osten oder auf dem Balkan freigibt, erschüttert weiters ganz allgemein den Fortschrittsglauben. Die viel geübte rhetorische Praxis, bestimmte Formen und Dimensionen der Grausamkeit als mittlerweile unzeitgemäß und »vormodern« zu brandmarken, erscheint mehr als zweifelhaft. Die Behauptung beispielsweise des amerikanischen Psychologen Steven Pinker, die Menschen von heute könnten sich in die Gewaltfantasien der Antike kaum oder gar nicht hineinversetzen, da ihnen der Verzicht auf Aggressionen angesichts der erlernten Fähigkeit des Mitfühlens und Mitleidens zur Gewohnheit geworden sei, erweist sich – abgesehen von einer notwendigen Differenzierung in Hinblick auf das Wesen unterschiedlicher Gesellschaften – als Ausdruck einer »mythischen« Überhöhung des fortlaufend gepriesenen »Zivilisationsprozesses«. Tatsächlich, betonte diesbezüglich unter anderem der Soziologe Zygmunt Bauman, habe weniger die »antiquierte Kampfeslust« zu besonders grausamen Exzessen geführt, sondern der neuzeitliche »Gärtnerstaat«, der die Welt »kultivieren« will und realiter mit seiner »abstrakten Ordnungswut« für die schlimmsten Verbrechen des 20. Jahrhunderts verantwortlich zeichnet.[2]

gegen Pinker

Parallel dazu verbreitet sich Skepsis am Neuheitsanspruch gegenwartsfixierter Deutungen, die anhand »moderner Konflikte« zum einen die besondere Destruktivität und zum anderen die spezifische Tendenz zu Gewaltkontrolle oder Gewaltverzicht hervorheben. Bisweilen verweisen derlei Interpretationen nämlich eher auf Wissensdefizite und den Mangel wissenschaftlicher Tiefenanalyse. Nicht zufällig wenden sich gerade Althistoriker und Mediävisten gegen die Medienkarriere der »Neuen Kriege«. Für die Experten einer weiter zurückliegenden Vergangenheit ist »das Neue« meist ein »Déjà-vu-Erlebnis«. Aus ihrer Sicht stellt sich jenseits der Untersuchung etwa von Sozialstrukturen oder Waffentechniken die Frage nach subjektbezogenen Intentionen und Handlungen, die auf »Gleichförmigkeiten« über lange Zeiträume oder eine »Grundausstattung des Menschen« aufmerksam machen.[3]

Die Verwüstung von Städten und großen Landstrichen, die Unterdrückung, Versklavung und Auslöschung ganzer sozialer, ethnischer und konfessioneller Gruppierungen haben sich dabei auch in der Erinnerung festgesetzt und Erwartungshaltungen hervorgebracht. Als Inbegriff abscheulicher Gräuel und Massentötungen prägten blutige Geschehnisse wie die »Ephesische Vesper«, aber auch die Gewaltakte der Religionskriege das Bewusstsein. In gezielt manipulierender Absicht charakterisierten Belgrader Zeitungen Anfang Juli 1914 demgemäß antiserbische Demonstrationen und Übergriffe als »Bartholomäusnacht in Sarajewo«.[4]

Ungeachtet dessen stellt sich die Frage, ob Kriege als »systematisches lizensiertes Wehrlosmachen und Töten des Gegners« mit »fließenden Übergängen zu anderen Arten der Gewaltausübung« als »anthropologische Konstante«, als angeborene menschliche und vielleicht vorrangig männliche Destruktivität verstanden werden sollen. Einwände dagegen liegen jedenfalls auf der Hand. Schließlich galten in den meisten bewaffneten Auseinandersetzungen bestimmte Regeln, die – ungeachtet ihrer Einhaltung – als Orientierung dienten und jeweils unterschiedlichen historischen Milieus oder Werthaltungen zuzuordnen waren. Vor diesem Hintergrund ist die Rede vom Zivilisationsprozess dann doch mehr als Fiktion, zumal sie speziell physische Aggression wenigstens theoretisch verurteilte, eine andere Selbstdarstellung des »Kriegers« erforderte, Humanitätsvorstellungen den Weg ebnete und schrittweise rechtliche Bestimmungen zur Eindämmung und Kontrolle von Gewaltmaßnahmen verankern half.[5]

Abgesehen von den entsprechenden Idealen wandelten sich aber auch die strategischen, politischen, strukturellen, organisatorischen oder ökonomischen Kalkulationen, die mit militärischen Konfrontationen verbunden waren.[6] Der Dreißigjährige Krieg erscheint in diesem Zusammenhang zum Beispiel als epochale Wende angesichts der Krise des seit dem Spätmittelalter entstandenen Systems der »Söldnerunternehmer«. Während gleichzeitig im Hinblick auf die Operationen europäischer Armeen christliche Wertvorstellungen als wichtige Normen des Waffenganges angesehen wurden und Gräuel in erster Linie »Heiden« oder Andersgläubigen wie etwa den »osmanischen Streitscharen« vorgeworfen wurden, setzten sich im 18. Jahrhundert Vorstellungen von einem zivilisierten und reglementierten Kräftemessen durch. Dabei konzentrierte man sich hauptsächlich auf reguläre Truppen, offene Feldschlachten und förmliche Festungsbelagerungen, ohne Übergriffen auf die Zivilbevölkerung oder »Grausamkeitsgefechten« allzu viel Beachtung zu schenken.[7] Allgemeine Anerkennung konnte diese Sichtweise allerdings mit der Französischen Revolution und ihren Folgewirkungen nicht mehr finden. Die prinzipielle Einbeziehung aller Wehrfähigen in die militärischen Aktivitäten, die Besatzungspraxis und Ideologisierung der Gefechte erschwerten die Unterscheidung zwischen den »Hauptoperationen, den Rändern und dem Hinterland des Kriegstheaters«. Aufstandsbewegungen und entstehende Nationalstaaten begannen sich eines »Guerillakrieges« zu bedienen, der Kombattanten kaum mehr von Nichtkombattanten trennte und die Okkupation durch fremde Armeen als Schande und Demütigung empfand. Umgekehrt wollten speziell die einflussreicheren Staaten auch im 19. Jahrhundert eine »regelkonforme Kriegführung« zur Anwendung gebracht wissen. Das galt insbesondere für den europäischen Kampfschauplatz, im Gegensatz zu den Kolonialgebieten, in denen die Großmächte in oft ungeheurem Ausmaß selbst zur Gewalteskalation beitrugen. Allerdings waren auch auf dem »alten Kontinent«, etwa im Zuge des deutsch-französischen Krieges 1870/71, Radikalisierungspotenziale im Sinne eines »Volkskrieges«, anstelle eines »Staatenkrieges«, erkennbar. Noch mehr traf dieser Sachverhalt schließlich am Vorabend des Ersten Weltkrieges zu: Die gerade erst kodifizierten Regeln der Haager Konferenzen wurden in den Balkankriegen 1912/13 in nahezu jeder Hinsicht missachtet. Grausamkeiten gegenüber Zivilisten und Vertreibungen ethnischer Minderheiten ließen sich speziell bulgarische, serbische und griechische Truppen zuschulden kommen. Der »neue Volkskrieg« unterschied sich dabei in vielerlei Hinsicht kaum von der überaus brutalen Kampfweise im Konflikt mit den osmanischen Besatzern in früheren Zeiten.[8]

Die Habsburgermonarchie gehörte unterdessen zu jenen Staaten, die sich in besonderer Weise für den Idealtypus traditioneller Waffengänge einsetzten und keineswegs bloß gegen die balkanischen Gräuel, sondern generell gegen die revolutionären Ideen der nationalen Erhebungen wandten.[9] Nicht zuletzt im Gefolge der Revolution von 1848 und nach dem Ausgleich 1867 sah sich gerade die Habsburgerarmee als einigendes Band zwischen den einzelnen Parteien, Ländern und Ethnien des Reiches. Dass diese Selbstdarstellung, die von Hof- und Regierungskreisen nach Kräften gefördert wurde, nur bedingt mit der Realität übereinstimmte, ließ sich angesichts der Nationalitätenkonflikte im Donauraum, aber auch innermilitärischer national bedingter Differenzen, die während des Krieges zunahmen, kaum mehr verbergen. Widersprüchlichkeiten taten sich jedoch gleichfalls in der rechtlichen und administrativen Praxis des Habsburgerreiches in Bezug auf ethnische Differenz auf, wobei man zumindest in der cisleithanischen Reichshälfte auf vielen Ebenen Integration und Verständigung anstrebte.[10]

In den Auseinandersetzungen vor 1914, meint aber angesichts dieser insgesamt problematischen Entwicklungen der Historiker Michael Geyer, »wurde das Instrumentarium genozidaler Kriegführung wenn nicht geschaffen, so doch immerhin erneuert«. Das »Schwergewicht dieser unterhändigen Kriege«, so Geyer weiter, lag dabei »im östlichen Teil des europäischen Mächtesystems, zumal dann, wenn wir uns daran erinnern, dass das Osmanische Reich eine Macht in diesem System war. Der militärisch kalkulierte und inszenierte Genozid an den Armeniern im Jahr 1915 ist inzwischen kaum mehr aus der Geschichte des Weltkrieges fortzudenken. Doch wird dieser türkische Genozid als extreme Form einer ethnischen Kriegführung nur dann verständlich, wenn er im Zusammenhang mit der massenhaften Deportation deutscher und jüdischer Populationen aus den Grenzgebieten des Zarenreiches […] und der von Straffeldzügen beherrschten habsburgischen Kriegführung und Besatzungsherrschaft in Serbien […] gesehen wird.«[11]

ARGWOHN

Der Charakter bewaffneter Auseinandersetzungen wandelte sich vor allem auch durch die Einführung der allgemeinen Wehrpflicht insofern, als nun alle männlichen Staatsbürger eines möglichen Kriegsgegners als potenzielle Angehörige eines feindlichen Heeres angesehen werden mussten. Festnahmen der betreffenden Ausländer waren daher keineswegs ungewöhnlich und verstießen auch nicht gegen internationales Recht. Dass sie in Haft gerieten und in Lagern untergebracht werden sollten, konnte zudem nur bedingt als Novum des Ersten Weltkrieges angesehen werden. War diese Vorgehensweise während der Französischen Revolution und in den Napoleonischen Kriegen bloß vereinzelt und unter anderen Voraussetzungen zur Anwendung gekommen, so fand die Internierung oder »Zurückhaltung« schon im Laufe des 19. Jahrhunderts immer mehr Befürworter.[12]

Diese Maßnahmen galten allerdings in der Donaumonarchie ebenso wie in vielen anderen Staaten als Vorsichtsmaßnahmen gegenüber Menschen, denen man grundsätzlich »Unbescholtenheit« attestierte. Einem »ritterlichen Verhalten« folgend, ließ Kaiser Franz Joseph den in

Österreich weilenden serbischen Generalstabschef Radomir Putnik noch kurz vor der Kriegerklärung an die Belgrader Regierung ausreisen,[13] und selbst danach, exakt am 30. Juli, verfügte die Garnison Wien die Freilassung von Offizieren aus Montenegro und Serbien. Tatsächlich könnten diese Beschlüsse aber auch mit der als zeitraubend empfundenen Überwachung der Betroffenen »in einem Hotel mittels Detektive« zusammenhängen. In jedem Fall spiegelten sich in den traditionsgebundenen Vorstellungen von »Ehre und Anstand« gleichzeitig Standesdünkel und soziale Hierarchien. Der liberalen Haltung gegenüber den ranghöheren Militärs stand die »aufwändige Kontrolle« feindlicher Mannschaftsangehöriger gegenüber. Zuerst 26 in Kagran internierte Bürger der »südslawischen Nachbarstaaten« und schließlich weitere 120 »Polizeihäftlinge« sollten beispielsweise laut Wiener Garnison ins ungarische Komárom abgeschoben werden.[14] Innerhalb weniger Wochen wurden die Maßnahmen gegenüber den »feindlichen Ausländern« verschärft, wobei bereits in den ersten Augusttagen 1914 Berichte über die teils überaus brutale Behandlung von »Feindstaatenausländern« aus verschiedenen Regionen der Welt in Wien einlangten.[15] In der Donaumonarchie setzte sich parallel dazu eine behördliche Maschinerie in Gang, die auf eine sofortige Separierung der Fremden drängte. Wenn die Festgehaltenen nicht mehr repatriiert oder – was öfter vorkam – gegen eigene Staatsbürger in den gegnerischen Staaten ausgetauscht wurden, »blieben sie jahrelang eingesperrt«.[16]

Ungeachtet dessen radikalisierten sich schon seit geraumer Zeit generell xenophobe Ansichten in einem fortwährenden staatlichen und nationalen Formierungs- und Modernisierungsprozess, der die »eigene Bevölkerung« stärker in die Pflicht nahm und umgekehrt »Fremdes« abstieß. Historiker konstatieren einen auf unterschiedlichen Ebenen festzustellenden »Prozess der Ethnisierung im frühen 20. Jahrhundert«, wobei sich in Österreich-Ungarn ein »Nebeneinander von ethnischer Neutralität, Anerkennungspolitik und Diskriminierungstendenzen« beobachten ließ.[17] Als wirkmächtig erwiesen sich darüber hinaus eingeübte Abwehrhaltungen. In besonderem Maße traf der Argwohn Minderheiten, die man – wie die jüdische Bevölkerung – bereits seit Längerem stigmatisierte beziehungsweise als mögliche Kollaborateure feindlicher Kräfte betrachtete. Die Aufdeckung von Verrat in den eigenen Reihen hatte angesichts dessen schon in den internationalen Krisen vor 1914 eine regelrechte »Spionagemanie« zur Folge. Europaweit machte sich die Furcht vor feindlichen Agenten breit, hauptsächlich während verschärfter Spannungen vor allem in jenen Regionen, die als etwaige Kampfgebiete in einem kommenden militärischen Kräftemessen angesehen wurden. Österreich-Ungarn war dafür ein hervorragendes Beispiel: In den europäischen Hauptstädten kursierten Nachrichten, Galizien sei von Spionen regelrecht »verseucht«. Spektakuläre Verratsaffären wie die Causa des Generalstabsobersten Alfred Redl erschütterten die Monarchie. Die Zahl der Verdächtigen stieg, diesbezügliche Erhebungen stellten die Sicherheitsorgane im Jahr 1905 in 300, im Jahr 1913 hingegen bereits in 6000 Fällen an. Nicht nur gegenüber Serbien und Russland, sondern auch gegen die hinter den Kulissen beargwöhnten Bündnispartner Italien und Rumänien befand sich das Habsburgerreich schon vor der Ermordung Franz Ferdinands und seiner Gemahlin im Juni 1914 in einem »kalten Krieg der Geheimdienste«.[18] Ganz offiziell führte die ungarische Regierung indes Hochverratsprozesse gegen »russophile Kräfte« durch, die beispielsweise aus der Sicht der Westmächte als kontraproduktiv eingestuft wurden, da sie ihrer Meinung nach den Streit zwischen den Völkern der Donaumonarchie verschärften und zugleich die Kluft zwischen Wien und Sankt Petersburg vertieften.[19]

In diesem Klima überrascht es kaum, dass das k.u.k. 10. Korpskommando im galizischen Przemyśl einen Tag vor den Schüssen in Sarajewo an das Präsidium der k.u.k. Statthalterei in Lemberg einen ausführlichen Bericht über die »russische Propaganda und Spionageausübung« sandte, in dem nicht bloß verdächtige Vereinigungen, Institutionen und Druckschriften genannt wurden, sondern auch die Namen von prorussischen Agitatoren, Redakteuren, Lehrern, Geistlichen und Politikern.[20]

Den österreichisch-ungarischen Behörden standen damit bereits Verhaftungslisten »prominenter Moskalophiler« zur Verfügung, wobei es sich zunächst noch um durchaus berechtigte Verdachtsmomente handelte. Mit dem gewaltsamen Tod von Thronfolger Franz Ferdinand änderte sich diese Sachlage jedoch gründlich. Ein immer größerer Personenkreis verfing sich im Fahndungsnetz der Exekutive. Streng vertraulich teilte das k.k. Ministerium des Innern am 1. August 1914 mit, dass gegen die »Anhänger und Organisationen« der »staatsfeindlichen Bewegung« beziehungsweise zur Unterdrückung der »russophilen Aspirationen und Manifestationen« alle »zu Gebote stehenden Mittel« Anwendung finden sollten. Die »rücksichtslose« und »weitestgehende Heranziehung aller Machtmittel« der Ordnungshüter »unter Ausnützung aller gesetzlichen Handhaben« möge daher »analog« zu den erteilten Weisungen zur Bekämpfung »serbischer Anschläge, serbophiler Kundgebungen und der südslawischen Studentenbewegung« erfolgen. Diese Anordnungen waren am 20. Juli erlassen worden und verweisen darauf, dass nach dem Attentat in Sarajewo die Aufmerksamkeit der österreichisch-ungarischen Verwaltung und Öffentlichkeit vor allem den Balkanereignissen galt.[21]

Dass hinsichtlich dessen schon vor der serbischen Antwortnote auf das »Ultimatum« der Wiener Regierung laufende Kriegsvorbereitungen mit entsprechenden Maßnahmen gegen die lokale Bevölkerung abgestimmt werden sollten, geht zudem aus einem Schreiben des österreichisch-ungarischen Generalstabschefs Franz Conrad von Hötzendorf hervor, der sich am 16. Juli 1914 mit folgenden Worten an das k.u.k. Kriegsministerium wandte: »Gleichzeitig mit der Verlautbarung des Mobbefehls wären die Zivilbehörden der bezeichneten Gebiete [Bosnien-Herzegowinas, Kroatiens beziehungsweise Südungarns] zu verständigen, alle politisch verdächtigen Personen in sicheren Gewahrsam zu bringen, auch dann, wenn gegen sie vorerst kein Tatbestand vorliegt.«[22]

STIMMUNGSMACHE UND ÜBERGRIFFE

Der Nationalitätenstreit im Habsburgerreich, die »irredentistischen« Strömungen in mehreren Nachbarländern, die sich Gebiete der Donaumonarchie einverleiben wollten, und die Krisenstimmungen im Zuge der Balkankonflikte schufen den idealen Nährboden, um vorhandene Feindbilder zu stärken.[23] Fast schlagartig lösten die Nachrichten vom Attentat auf Franz Ferdinand und seine Frau antiserbische Demonstrationen aus. Ziel der aufgebrachten Menge in Wien war die Gesandtschaft des Königreichs Serbien. Gefordert wurde von Botschafter Jovan Jovanović zunächst, einen deutlich sichtbaren Trauerflor an der blau-weiß-roten Staatsfahne anzubringen. Den bisher befestigten hielten die Versammelten für zu unauffällig und daher unwürdig. Die an und für sich vernachlässigbare Angelegenheit, die übrigens Jovanović durch entgegenkommendes Verhalten aus der Welt schaffte, besänftigte die »Patrioten« aber keineswegs. »Zahlreiche halbwüchsige Burschen« erzeugten mit »schrillen Signalpfeifen ohrenbetäubenden Lärm«, versuchten einen Polizeikordon zu durchbrechen und beruhigten sich auch nach »der

Sperrstunde« nicht, wie die »Neue Freie Presse« vom 3. Juli 1914 festhielt. Die Exekutive trug ihren Teil zur Verschärfung der Lage bei. Ein Polizeibezirksinspektor beteuerte, der »vaterländischen Kundgebung«, bei der unter anderem immer wieder die »Volks-« beziehungsweise die Kaiser-Hymne gesungen wurde, so gut es ging »entgegenkommen« zu wollen. »Die Wache kann nichts tun, die Wohnung des Gesandten [Jovanović] ist exterritorial«, erklärte der Inspektor daraufhin, um an die Demonstranten gerichtet hinzuzufügen: »Wir verstehen ihre Aufregung, aber wenn die Serben gewalttätig sind, so müssen Sie es nicht sein.« Die Mahnung, Ruhe zu bewahren und der Exekutive »keine Unannehmlichkeiten zu bereiten«, wirkte angesichts des polizeilichen Verständnisses für die »Empörung« wie eine Ermunterung zur weiteren »Gemütsaufwallung«. Tatsächlich kam es von nun an zu schweren Zusammenstößen. Aber erst als die Menge anfing, Steine gegen die Wache zu werfen, griffen die Ordnungshüter energisch durch.[24]

Kritische Beobachter wurden den Eindruck nicht los, dass die chauvinistische Stimmung geschaffen oder zumindest gefördert wurde. Die Hassausbrüche »einer Horde Wahnsinniger«, wie der Schriftsteller Stefan Zweig vermerkte, stimulierte laut Jovan Jovanović speziell die klerikale Presse,[25] eine Einschätzung, die nach Ansicht österreichischer Kommentatoren noch zu kurz griff. Für ein Mitglied der Wiener Aristokratie war es ausgemachte Sache, dass die Regierung die Medien insgesamt dazu anstiftete, »im patriotischen Sinne zu schreiben« und »Öl ins Feuer zu gießen«.[26] Teile der Verwaltungsspitzen, der Armeeführung, der Kirche und der k.u.k. Diplomatie stellten sich hinter die Stimmungsmache, während das k.k. Korrespondenzbureau den Hass auf die Serben weiter schürte: Entgegen den üblichen Gepflogenheiten reichte es speziell antiösterreichische Polemiken einzelner Belgrader Blätter an die heimischen Zeitungen weiter, die davon ausgiebig Gebrauch machten und konziliantere Töne der serbischen Regierung unter Nikola Pašić kaum berücksichtigten oder durch einige wenige Kurznotizen im Blattinneren marginalisierten.[27]

Die Sozialdemokratie, die bald ihren Burgfrieden mit den Entscheidungsträgern der Habsburgermonarchie schloss, berichtete davon Anfang Juli 1914 mit großer Entrüstung. »Nun ist sie wieder da, die fröhliche Hetze aus den schönen Tagen des Serbenrummels«, konstatierte die »Arbeiter-Zeitung« am 1. Juli. »Alle unsere lieben Bekannten«, setzte sie fort, »haben sich wieder eingefunden. Die ›Reichspost‹, das ›Neue

Wiener Journal‹, die ›Militärische Rundschau‹ und ihre serbischen Bruderorgane, die ›Pravda‹, der ›Piemont‹, der ›Odjel‹ und tutti quanti. [...] Man könnte von Balkansitten sprechen, erinnerte man sich nicht noch rechtzeitig, dass die Wiener Presssitten [...] um keinen Grad feiner und dass die einen Gewissenlosen die anderen wert sind.«[28]

In weiterer Folge wandte sich das SP-Parteiorgan den Entwicklungen in den südöstlichen Gebieten der Monarchie zu. Hier hatten kroatische Nationalisten nicht nur die Serben, sondern auch alle mit ihnen koalierenden »Landsleute« als Verräter und Mitverantwortliche für das Attentat auf den Thronfolger beschimpft. Im Landtag von Zagreb kam es zu tumultartigen Szenen. Auf den Straßen rief man dazu auf, die »Abtrünnigen zu hängen« und Serbien, aber auch dem »Jugoslawismus« den Garaus zu machen. Wortführer der »schwarz-gelben« Kundgebungen machten »alle Serben für den Tod Franz Ferdinands verantwortlich«, in lokalen Zeitungen war davon die Rede, für immer und ewig die alles »infizierenden serbischen und serbophilen Kreaturen auszumerzen«. Bei Verbalattacken blieb es aber nicht. Die Demonstrationen in Zagreb endeten mit der Zerstörung von Geschäften, Institutionen und Wohnungen der ortsansässigen Serben.[29]

Die zivilen und militärischen Autoritäten hingegen agierten auffallend zurückhaltend. »Hätte die Polizei zeitgerecht eingegriffen«, als die Protestaktionen »handgreiflich zu werden begannen, es wäre überhaupt zu keinen Gewalttaten und Verwüstungen gekommen«, urteilte die »Arbeiter-Zeitung« über mindestens ebenso schlimme Übergriffe in Sarajewo. Augenzeugen berichteten vom »grauenhaften Eindruck«, den die Stadt hinterlasse. Glasscherben lägen »fußhoch auf der Straße«, man passiere »zehn bis zwanzig Häuser hintereinander, welche die wütende Bevölkerung demoliert« habe. Die Menschen seien herbeigerufen worden, ohne dass sie »noch wussten, warum und für was«. Polizei und Militär hätten sich zunächst nicht blicken lassen und dann den Demonstranten – unter ihnen zahlreiche »ausgelassene Jünglinge, Betrunkene und ortsbekannte Kriminelle« – beim »Vernichten fremder Güter« ruhig zugesehen. Als das Warenlager eines serbischen Schneiders überfallen und verwüstet wurde, hätten sich k.u.k. Offiziere aus dem nächstgelegenen »Kasino« als untätige Schaulustige erwiesen. Als schließlich ein Leutnant den Plünderungen und Zerstörungen Einhalt gebieten wollte, soll ein Hauptmann herbeigeeilt sein und ihm befohlen haben, »sich sofort mit der Mannschaft zu entfernen«.[30]

Das Verhalten der österreichisch-ungarischen Sicherheitsorgane machte schließlich sogar den deutschen Generalkonsul in Sarajewo, der alles andere als ein Serbenfreund war, einigermaßen stutzig. Noch am 29. Juni äußerte er gegenüber dem Auswärtigen Amt in Berlin erregt, »ihm dränge sich die Frage auf, warum die k.u.k. Landesregierung dem ›vandalistischen Treiben‹ des ›gedungenen Mobs‹, der ›Rotten von kroatischen und muselmanischen Burschen, völlig freie Hand gelassen‹, ja die Exzesse ›gewissermaßen unter militärischen und polizeilichen Schutz‹« gestellt habe.[31]

Verdacht erregte bei den kritischen Beobachtern indes auch die Tatsache, dass die Versammelten anscheinend über Listen mit Wohnadressen verfügten, ihre Übergriffe daher gewissermaßen einem Plan folgten.[32] Hinzu kam die gleichartige Gestaltung aller Kundgebungen, denen sich vielfach muslimische und kroatische Honoratioren voranstellten. Der Landtag in Sarajewo hatte überdies durch entsprechende Aufrufe zur Radikalisierung der Stimmung beigetragen. »Das unterzeichnete Landtagspräsidium«, hieß es etwa am 29. Juni 1914, »hegt daher die feste Überzeugung, dass Du«, »Volk unseres Vaterlandes«, »Volk Bosniens und der Herzegowina«, dieses »scheußlichste Verbrechen«, die Ermordung des Thronfolgers, »einmütig verurteilen sowie auch die gewissenlosen Agitatoren und die niederträchtigen Verführer der unreifen Jugend brandmarken und als verkommenste Übeltäter und Auswüchse der menschlichen Gesellschaft aus Deiner Mitte ausmerzen wirst«.[33]

Damit erweiterte sich der Kreis der Verdächtigen und »Unverlässlichen« bedeutend, waren Worte gefunden, die der Gewaltanwendung Vorschub leisteten. Die darauffolgenden Übergriffe erinnerten manchen kritischen Kommentator an die Verfolgung der jüdischen Bevölkerung im Zarenreich. »Man kennt dieses Bild«, schrieb die »Arbeiter-Zeitung«: »Hundertmal ist es uns von Schilderern dargeboten worden, als das Aussehen russischer Städte, in denen ein Pogrom gewütet hat. Der Vergleich ist nicht sehr ehrenvoll für die Kulturhöhe unserer bosnischen Verwaltung, aber leider sehr zutreffend. Freilich lautet die Entschuldigung: man habe doch auf die Kroaten und Mohammedaner nicht schießen können, um sie für ihren Patriotismus blutig zu bestrafen.«[34] In Anbetracht solcher Erklärungen und Rechtfertigungen stellten die Demonstranten ihren Serbenhass gezielt unter den Schutzschirm der »vaterländischen Gesinnung«: Bilder von Franz Joseph und Franz Ferdinand wurden bei Umzügen vorangetragen, die »Volkshymne« gesungen, Hochrufe auf das Kaiserhaus ausgebracht. Bei genauerer Betrachtung wären aber für die Exekutive in dieser Situation die folgenden Ausschreitungen noch zu verhindern gewesen. Eine Szene zeigt, dass die Teilnehmer »patriotischer Kundgebungen« auf die Anweisungen der staatlichen Autoritäten umgehend reagierten. »Beim Heranrücken der Truppen«, berichtete diesbezüglich die »Reichspost«, »spielte sich folgende Szene ab: Als eine Abteilung stürmisch akklamiert wurde, rief der Oberst den Manifestanten zu: Wenn Ihr den Kaiser lieb habt, dann geht jetzt ruhig auseinander! Die Menge leistete dieser Aufforderung sofort Folge.«[35]

Unglücklicherweise erfolgten derartige »Belehrungen« und »Ermahnungen« aber viel zu selten. Die »Arbeiter-Zeitung« griff deshalb die Behörden an und unterstellte den »Herrschaften in Sarajewo« – die, wie sie beiläufig bemerkte, »um ihre Pöstchen zittern, weil unzweifelhaft ihre Kopflosigkeit an dem grausen Gelingen des Attentates auf Franz Ferdinand und seine Gemahlin die Hauptschuld hat« –, eine »möglichst eindringliche Demonstration der patriotischen Gesinnungen« gefördert zu haben, »um ihre politischen Verwaltungsergebnisse in ein besseres Licht« zu rücken.[36] Erst als es dann schon zu spät war und durch die Exzesse den »großserbischen Fanatikern« die »chauvinistische Agitation unter der serbischen Bevölkerung« bereits erleichtert worden war, griffen die Behörden ein und verhängten das Standrecht in Sarajewo.[37]

Dass es sich aber auch dabei um eine unzulängliche Vorgehensweise handelte, zeigt die Beschränkung der Verfügung auf die bosnische Landeshauptstadt und den umgebenden Bezirk.[38] Nach dem Vorbild der Geschehnisse in Sarajewo spielten sich in der Zwischenzeit jedoch in vielen benachbarten Orten und Städten ähnliche Gewaltszenen ab. Muslime und Kroaten, bisweilen angeführt von Bürgermeistern und Geistlichen, stellten sich an die Spitze von Umzügen, erneut führte man Porträts des Monarchen und des ermordeten Thronfolgers mit sich, sang die Kaiserhymne. Wenig später waren serbische Schulen, Lesevereine, Kirchen, Kaufläden und Privatwohnungen »devastiert«. »In der Provinz sind fortgesetzt Unruhen«, meldeten unter anderem die Wiener Zeitungen: »Namentlich in Tuzla, Maglaj, Konjica sowie Zenica Travnik, Stolac und Tesanj fanden große serbenfeindliche Demonstrationen statt und es wurden viele serbische Häuser demoliert.«[39] Die Ausschreitungen drohten auf lange Sicht außer Kontrolle zu geraten, der bosnische Landeschef, Feldzeugmeister Oskar Potiorek, entschloss sich, über ganz Bosnien und Herzegowina das Standrecht zu verfügen.[40]

ANGST, HASS UND »GEGENWEHR«

Potiorek lasteten inzwischen auch »höhere« und besser informierte Kreise des Habsburgerreiches die Schuld an der Katastrophe an. Die mangelhaften Sicherheitsvorkehrungen waren wesentlich für das Gelingen des Attentates auf das Thronfolgerpaar verantwortlich gewesen.[41] Auf höchst bedenkliche Weise hatte man dann außerdem die nachfolgenden Ausschreitungen zugelassen. Keineswegs sorgten die Autoritäten dauerhaft und entschieden für Ruhe. Im Gegenteil: Die antiserbische Berichterstattung hinterließ den Eindruck, die Monarchie sei von »Staatsfeinden« unterminiert, ihre Bürger unmittelbar bedroht. Die »Neue Freie Presse« drehte in diesem Zusammenhang am 1. Juli 1914 den Spieß regelrecht um, als sie meinte, es erweise sich doch als »charakteristisch«, dass bei den Demonstrationen, an denen »sich alle Schichten der Bevölkerung, sogar vornehme Damen« beteiligt hätten, sehr wohl der eine oder andere loyale Staatsbürger zu Schaden gekommen, aber »kein einziger Serbe getötet« worden sei. Noch in derselben Ausgabe meldete man zudem von »kompetenter« Seite, dass in Bezug auf die Besitzer der verwüsteten Geschäfte »von einem Rechte auf Entschädigung« keine »Rede sein könne«. Es handle sich eben beim »Zorn des Volkes« um eine »Vis major«, eine »höhere« oder »Elementargewalt«.[42]

Darüber hinaus ließen die Medien der Donaumonarchie genug Platz für zweifelhafte Geschichten: »Aus Caplinja«, berichtete die »Neue Freie Presse«, »ist heute in Mostar das Gerücht eingetroffen, dass etwa tausend bewaffnete Serben aus der Umgebung in die Stadt ziehen.« Umgehend sei daraufhin eine starke Militärabteilung entsandt worden, wenngleich sich »scheinbar« bald herausstellte, dass es sich um einen »blinden Alarm« handelte.[43] »Eines ernsten Dementis unwert«, aber trotzdem wichtig genug, um es zu erwähnen, war auch die Meldung, von serbischer Seite werde versucht, Gavrilo Princip und die anderen Beteiligten am Attentat auf Franz Ferdinand zu befreien.[44] Speziell die »Boulevard-Blätter« griffen derlei »unbestätigte Meldungen« gerne auf. Der Chef der Semliner Grenzpolizei wurde zitiert. Dieser habe von einer »ernsten Lage« gesprochen: Seinen Informationen zufolge versuche man in Belgrad eine »Bluttat« an den rund »sechshundert Untertanen« der Donaumonarchie zu verüben. Die »Illustrierte Kronen-Zeitung« sprach nun von einem geplanten Massenmord und von »Panik in der österreichisch-ungarischen Kolonie in Belgrad«. Viele hätten die Stadt verlassen und sich »über die Donau hinüber nach Semlin auf ungarisches Gebiet«

geflüchtet.[45] Tatsächlich »bot«, wie etwa die »Neue Freie Presse« eingestand, die serbische Hauptstadt »ein vollkommen normales Bild«.[46]

Richtigstellungen bewirkten jedoch angesichts der allgemeinen Panikmache und der kursierenden Gerüchte wenig. Wie bereits in den vorangegangenen Jahren brachten Zeitungen vielmehr regelmäßig Meldungen über »Verräter« und »ausländische Agenten«. »Überall Spione«, titelte die »Illustrierte Kronen-Zeitung« am 10. Juli 1914, um bei dieser Gelegenheit auch an die unsicheren Verhältnisse an der russischen Grenze zu erinnern. Alles in allem, so die »Krone«, sei die Fortdauer der »verderblichen und verwerflichen Arbeit der Spione« schon deshalb besonders besorgniserregend, weil es doch ständig zu »Verhaftungen und Verurteilungen« komme.[47]

Hinsichtlich der Folgen des »Thronfolgermordes« kolportierte man hin und wieder auch Nachrichten, die auf weitreichende polizeiliche Ermittlungen schließen ließen. Selbst in Graz, hieß es in der »Neuen Freien Presse« am 7. Juli, seien serbische Studenten verhaftet worden. Begleitet wurden diese Maßnahmen von weiteren chauvinistischen Artikeln. Am selben Tag, dem 7. Juli, kam ein nicht näher vorgestellter »Advokat aus Bosnien« auf der Titelseite der »Reichspost« zu Wort, der unter anderem konstatierte: »Der Serbe ist ja seinem ganzen Wesen nach geneigt, Güte als Schwäche zu deuten und auf freundliche Behandlung mit herausforderndem Übermut zu reagieren.«[48] Drei Tage später, am 10. Juli, durfte sich dann ein bulgarischer Politiker mit folgenden Worten an die Leser der »Reichspost« wenden: »Nach der Mordtat in Sarajewo aber wird die Welt zur Überzeugung kommen, dass die Serben ein grausames und mit verbrecherischen Instinkten begabtes Volk sind. Zum Unglücke der Serben bestätigt ihre Geschichte diese schlechte Meinung von ihnen, denn selten ist ein serbischer Herrscher eines natürlichen Todes gestorben. Die Bosheit der gesamten serbischen Presse, die sich über den verübten Meuchelmord freut, beweist, dass die Serben in dieser Beziehung unverbesserlich sind.«[49]

Solche Pauschalurteile rechtfertigten geradezu eine ausufernde Verhaftungswelle. Die Gefängnisse in Sarajewo seien schon überfüllt, man überführe die »Arretierten« daher in andere Orte, teilte die »Illustrierte Kronen-Zeitung« am 21. Juli kurz mit. Ansonsten wurde das ganze Ausmaß der »Nachforschungen« und »Sicherheitsvorkehrungen« in den Berichten der Printmedien kaum erkennbar. Bei den zuständigen Behörden hingegen artikulierten »Eingeweihte« bisweilen ihr Unbehagen.

Sogar ein Scharfmacher wie der k.u.k. Generalstabschef äußerte Bedenken: Schon am 30. Juni 1914 warnte Conrad seinen »lieben Freund« Potiorek in einem sehr persönlich gehaltenen Brief vor »der verderblichen und sich anbahnenden Spaltung der Slawen aufgrund von möglichen ›fehlgegriffenen Verhaftungen‹«.[50]

Die weiteren Entwicklungen sollten diese Befürchtungen bestätigen. In Bosnien halte sich allgemein der Glaube, dass Gendarmen »serbisch-orthodoxen Glaubens nicht vollkommen verlässlich« seien, hielt etwa am 8. September 1914 das k.u.k. 6. Armeekommando fest, das dabei zu der Ansicht gelangte: »Die in jedem einzelnen Falle sofort eingeleiteten Erhebungen haben noch immer die volle Schuldlosigkeit der Angezeigten bzw. Verhafteten ergeben.«[51]

Eine derartige Vorsicht war allerdings gerade innerhalb des österreichisch-ungarischen Offizierskorps selten anzutreffen. Am 8. August hatte das k.u.k. Militärstationskommando in Banja Luka wohl vermerkt, dass sich die »Einrückung der Reservisten« in Ruhe und Ordnung vollzog. Mitunter sei patriotische Begeisterung wahrzunehmen, manche »Gruppen« stünden hingegen »resigniert und freudlos da«. Die politischen Behörden legten deshalb einen gewissen Argwohn an den Tag. »Viele Fälle« von »Inhaftierungen« würden sich ereignen, was »auf eine gewisse Gärung in der Bevölkerung schliessen« lasse.[52]

Die Repräsentanten der österreichisch-ungarischen Streitkräfte, die vor allem bei Polizei-, Gendarmerie- und Heeresangehörigen keine »generellen nationalen Verdachtsmomente« gelten lassen wollten, nahmen sich speziell in Bezug auf Zivilisten kein Blatt vor den Mund. »Die politische Lage im Kreis Banja Luka«, erklärte das dortige Militärstationskommando, »kann als eine solche bezeichnet werden, dass sie jederzeit Anlass zu Besorgnissen zu geben im Stande ist. […] Die jüngst durchgeführten politischen und gerichtlichen Erhebungen haben ohne Zweifel erwiesen, dass die ganze Schuljugend von dem grossserbischen Gedanken durchseucht ist. Einen bedenklichen Einfluss übte dabei der ›Sokolverein‹ im Bunde mit anderen Organisationen aus. Mit Rücksicht auf die oben geschilderten Verhältnisse kann der Boden der Stadt bereits als unterwühlt betrachtet werden. Was die Bezirksstädte im Banja Lukaer Kreise anbelangt, so muss die politische Lage als eine analoge angesehen werden.«[53] Außerdem habe »die grossserbische irredentistische Bewegung« gleichfalls »auf die Landbevölkerung« übergegriffen. »Zu danken« sei dies »besonders der jahrelangen Wühlarbeit der serbischen

Geistlichkeit und der serbischen Lehrer«. Trotz alledem legten hauptsächlich die lokalen Gerichte ein äußerst laxes Vorgehen an den Tag; die Militärs seien gefordert, hart durchzugreifen, müssten aber konstatieren, dass sich trotz Verhaftungen und Geiselnahmen im Gefolge der beginnenden Kriegshandlungen die »Aufrechterhaltung der Ordnung, Ruhe und Sicherheit« nicht gewähren lasse. Die Lage müsse als äußerst bedrohlich bezeichnet werden: »Loyale, kaisertreue« Bevölkerungsteile und »insbesondere die Muselmanen sind gegen die Orthodoxen sehr aufgebracht; ein Streit, aus geringfügigen Ursachen hervorgerufen, könnte gegebenenfalls Ausschreitungen gegen die orthodoxe Bevölkerung mit unangenehmen Folgen zeitigen.«[54]

Zunächst einmal stieg in diesem Klima die Zahl der Festnahmen und Internierungen in verschiedenen südöstlichen Regionen des Habsburgerreiches: Am 26. Juli waren im Banat rund 200 Personen arretiert worden, es folgten vergleichbare »Sicherheitsmaßnahmen« nicht allein in Bosnien-Herzegowina, sondern unter anderem auch in Kroatien, Dalmatien und der Vojvodina. Nach Schätzungen befanden sich vorübergehend oder für längere Zeit rund 5000 Serben um den 30. Juli 1914 in Haft,[55] während parallel dazu etwa auch viele Slowenen in das Fadenkreuz der Fahnder gerieten.[56] Das k.k. Ministerium des Innern musste beispielsweise die Behörden in der Steiermark darauf aufmerksam machen, nicht das gesamte slowenische Volk »a priori« zu verdächtigen.[57]

Ende August 1914 verzeichnete man allein in der österreichischen beziehungsweise cisleithanischen Reichshälfte der Habsburgermonarchie mehrere Tausend Internierte.[58] Ihre Zahl stieg in den folgenden Monaten und Jahren weiter an. In Summe sollten Zehntausende in entsprechenden Lagern untergebracht werden, darunter großteils Staatsbürger der Donaumonarchie. Hinzu kamen die im militärischen Operationsgebiet ausgehobenen Geiseln. Allein im Bereich der 6. k.u.k. Armee waren davon innerhalb der ersten drei Kriegsmonate 1223 Personen betroffen.[59]

»Die Verwendung von Geiseln«, ließ angesichts dessen das zuständige Kommando am 17. August 1914 verlautbaren, »soll Anschläge möglichst hintanhalten, sie darf aber nicht zu einer allgemeinen, zur Gewohnheit werdenden Maßnahme führen, die dann durch ihre Allgemeinheit an Wert verliert.« Außerdem, wurde hinzugefügt, seien »beim Vorgehen gegen die unverlässliche Bevölkerung und bei der Behandlung der Geiseln einzelne Unzukömmlichkeiten vorgekommen, die im Interesse des guten Rufes unserer tapferen Armee unbedingt zu vermeiden waren«.[60]

Dass diese Anordnung kaum zur Verbesserung der Situation beitrug, belegt allerdings ein Schreiben des k.u.k. 6. Armeekommandos aus der ersten Septemberhälfte. Darin heißt es: »Gleichzeitig wäre die Misshandlung der Geiseln und sonstigen serbisch-orthodoxen Bevölkerung erneut zu verbieten, da in letzter Zeit auf der Suche nach versteckten Waffen [...] wiederholt Fälle gröbster Misshandlung vorgekommen sind.«[61]

Aus den Korrespondenzen der habsburgischen Truppen wird also ersichtlich, dass gelegentliche Versuche, einer weiteren Radikalisierung der Verhältnisse Einhalt zu gebieten, lediglich bedingt zum Erfolg führten. Kam die Kritik an diesen Entwicklungen von »unbefugter« Seite und insbesondere von Zivilisten, so zeigte die Militärführung überdies meist generell wenig Einsicht und Entgegenkommen. Selbst der ungarische Ministerpräsident István Graf Tisza musste das erkennen, als er bei dem mittlerweile von Oskar Potiorek geleiteten Oberkommando der Balkanstreitkräfte in Sarajewo Mitte August 1914 via Telegramm darum bat, »im Namen des guten Rufes unserer tapferen Armee sowie der an eine gerechte Behandlung der Bevölkerung im eigenen Hinterlande geknüpften großen militärischen Interessen« alle »barbarischen Maßnahmen strengstens zu bestrafen, nicht aber«, wie er hinzufügte, »durch Grausamkeiten gegen Unschuldige den Hass ganzer Volksstämme gegen die Armee und die Monarchie großzuziehen«. Tisza, der von Geiselnahmen und Geiselerschießungen im Bereich des 2. Armeekommandos gehört und darauf in seinem Telegramm Bezug genommen hatte, konnte die Antwort von Feldzeugmeister Potiorek keinesfalls befriedigen. Dieser wischte nämlich die Angelegenheit mit dem Hinweis vom Tisch, dass ihm die 2. Armee nicht unterstehe und er obendrein nach »strikten Weisungen des Armeeoberkommandos« (AOK) handle. Fühlte sich Potiorek also vom Generalstab unter Conrad von Hötzendorf gedeckt, so ersuchte andererseits die »Militärkanzlei Seiner Majestät« um nähere Angaben zur Causa. Bemerkenswerterweise ging Letztere in diesem Zusammenhang davon aus, dass derart »drakonische Maßregeln« lediglich »für das Feindesland« gelten würden.[62]

WEITERE RADIKALISIERUNGSSCHÜBE

Offensichtlich war mit dem Beginn der Kampfhandlungen im Sommer 1914 und dem Vordringen der habsburgischen Kampfverbände die Gefahr einer nahezu unbeschränkten Gewalteskalation verknüpft, die allerdings nicht von allen Instanzen gänzlich widerspruchslos hingenommen wurde. Die Befugnisse und die Jurisdiktion energischer Militärs erfassten nun jedoch weite Teile des Landes, auch abseits der Kampfgebiete. Unmittelbar vor Beginn der Feldzüge gossen österreichisch-ungarische Offiziere zusätzlich Öl ins Feuer: »Der Krieg«, instruierte General Lothar von Hortstein sein Korps, »führt uns ins Feindesland, das von einer mit fanatischem Hass gegen uns erfüllten Bevölkerung bewohnt ist, in ein Land, wo der Meuchelmord, wie auch die Katastrophe von Sarajevo zeigt, selbst den höher stehenden Klassen als erlaubt gilt, wo er geradezu als Heldentum gefeiert wird. Einer solchen Bevölkerung gegenüber ist jede Humanität und Milde höchst unangebracht, ja verderblich [...]. Ich befehle daher, dass während der gesamten kriegerischen Aktion die größte Strenge, die größte Härte und das größte Misstrauen gegen jedermann zu walten hat.« In »jedem Bewohner, den man außerhalb einer Ortschaft, besonders aber in Waldungen antrifft, sehe man nichts anderes als Bandenmitglieder, welche ihre Waffen irgendwo versteckt haben. Diese zu suchen haben wir keine Zeit; man mache diese Leute, wenn sie halbwegs verdächtig erscheinen, nieder.«[63]

Hortsteins Ausführungen waren durchaus repräsentativ. Auf die kommenden Kampfhandlungen stimmten viele Kommandeure der Habsburgerarmee ihre Soldaten mit entsprechenden Hasstiraden und Hetzreden ein. Es war also nicht oder nicht allein ein spontaner »Blutrausch« der einfachen Mannschaftsangehörigen im »Furor der Schlacht«, sondern die vorzeitige Anweisung von Vorgesetzten, »keine Milde« gegenüber den »serbischen Barbaren« walten zu lassen, »jeden Gefangenen niederzumetzeln«, das »eroberte Land ›zugrunde zu richten‹«, zu »plündern und alles« Auffindbare zu »rauben«.[64]

Nationalitätenkonflikte, »Irredentismus«, Balkankrisen, »Spionitis«, mediale Hetze und Spannungen zwischen Wien und Belgrad beziehungsweise Sankt Petersburg hatten den Boden für eine Radikalisierung bereitet. Nun kamen die Anordnungen der militärischen Befehlshaber hinzu, ebenso wie einige andere Faktoren, die speziell das Verhalten der Truppenverbände beeinflussten: Hauptsächlich die Frontgebiete beziehungsweise die dort ansässige Bevölkerung in den östlichen und südöstlichen

Grenzregionen des Habsburgerreiches nahmen nämlich k.u.k. Einheiten und ihre deutschen Verbündeten gleichermaßen als »unzivilisiert«, »roh«, »barbarisch« und »verschmutzt« wahr. Diese Einschätzung basierte nicht zuletzt auf dem Umstand, dass die Soldaten die fremden Länder »im Griff von Feuer und Schwert erlebten«. Oft genug aber wurden die »anormalen Verhältnisse« für typisch und für einen wesentlichen Bestandteil des Charakters der Operationsgebiete gehalten. Hygienediskurse und bisweilen koloniale Attitüden verbreiteten sich hauptsächlich bei Deutschen und Österreichern, die im Kampf- und Etappenraum ein armseliges »Öd- und Unland« und in dessen Menschen rückständige Völker erblickten, die es angeblich erst zu »zivilisieren« galt.[65]

Nicht selten vermischten sich derlei Werthaltungen mit der Herausforderung, in multiethnischen Regionen mit unterschiedlichen Loyalitäten, religiösen und nationalen Gefühlen fertigwerden zu müssen. Die »Mehrfachidentität« vieler »Einheimischer« wurde solcherart als Mangel an Abgrenzung zum »Feind« ausgerechnet zu jenem Zeitpunkt empfunden, als es infolge des Kriegsausbruchs darum ging, »klare Fronten« zu schaffen. Angehörige der Habsburger- und der Hohenzollernarmeen, deren eigene Identität noch recht jung war oder überhaupt noch zur Disposition stand,[66] beunruhigten solche »Zweideutigkeiten«, hatte doch der Patriotismus vom Sommer 1914 den Wunsch geschaffen oder wenigstens gestärkt, sich in das »eigene Kollektiv« zu integrieren. Über- und Unterlegenheitsgefühle wechselten einander ab. Die Grenzen des eigenen Landes lösten sich parallel dazu in Aufmarsch-, Gefechts- und Besatzungszonen auf, wobei sich obendrein vor allem die Magyaren und die Deutschsprachigen in der Donaumonarchie schwer damit taten, die Gegenden um Sarajewo oder um Lemberg und Czernowitz als »Heimat« zu betrachten und entsprechend zu verteidigen.[67]

Der Vormarsch in fremdes Territorium verschärfte die Lage dann zusätzlich. Der Bewegungskrieg – und nicht so sehr der Stellungskrieg – wirkte brutalisierend. Die Angst vor dem Fremden grassierte speziell in »asymmetrischen« Konflikten, bei Konfrontationen ungleicher Kontrahenten, die vorwiegend unterlegene Streitparteien bisweilen dazu zwangen, sich unkonventioneller Kampfformen zu bedienen. Das schon existente Schreckbild irregulärer Guerillakrieger, Partisanen oder »Franktireurs« verleitete die Hohenzollerntruppen an der Westfront dazu, meist ohne ausreichende Beweise für irreguläre Verhaltensweisen des Gegners besonders grausam vorzugehen und insgesamt

6427 belgische und französische Zivilpersonen zu töten.[68] Dort, wo »der Feind« als extrem fremdartig, nicht kommunikationsfähig oder sogar als »minderwertig« angesehen wurde, steigerte sich die Gewaltbereitschaft insbesondere durch eine zunehmende Ethnisierung »asymmetrischer« Auseinandersetzungen. Die Strafexpedition beziehungsweise der angebliche Vernichtungsfeldzug[69] Österreich-Ungarns gegen Serbien kann hinsichtlich dessen geradezu als ein Synonym für den »mehr oder weniger regellosen, ›schmutzigen‹ Kampf zwischen regulären Truppen und ihren Gegnern« gelten, »in dem die Unterscheidung von Kombattanten und Nichtkombattanten praktisch aufgehoben« war und fast »zwangsläufig Kriegsgräuel« begangen wurden.[70]

DIE STRAFEXPEDITION

Seit Jahren waren vor diesem Hintergrund Wiener Entscheidungsträger damit befasst, am Balkan Verbündete für einen antiserbischen Guerillakrieg zu finden. Von Berlin unterstützt, sollten sogenannte »Komitadschi-Einheiten« von Bulgarien und Albanien aus operieren, aber auch im Kosovo und in Makedonien Aufstände entfachen. Konkrete Pläne und Vorbereitungen in diese Richtung gab es dann schon vor der Antwort der Belgrader Regierung auf das österreichische Ultimatum.[71]

Umgekehrt fürchtete die Habsburgerarmee wiederum den massiven Einsatz von »Komitadschi-Verbänden« auf gegnerischer Seite.[72] Mit deren Einsatz rechnete speziell der Leiter der Nachrichtenabteilung des AOK, Oberst Oskar von Hranilović. Und nicht nur das: Die Guerilla-Kämpfer, so Hranilović, könnten sich keineswegs bloß als Saboteure betätigen, sondern einen »Volkskrieg« beginnen, eine »levée en masse« organisieren und dabei nicht zuletzt die serbischen Untertanen der Donaumonarchie auf ihre Seite ziehen.[73]

Unter solchen Umständen fühlten sich die k.u.k. Truppen bald umringt von Feinden. Offiziere wie der Kommandant der 29. Infanteriedivision, General Josef Schön, misstrauten bald der gesamten einheimischen Bevölkerung. »Jeder Bauer trägt hier ein Gewehr«, und viele Soldaten sind wiederum »wie Bauern gekleidet«, schrieb Schön, der zwar übertrieb, sich aber später immerhin von Darstellungen des Feindes bestätigt fühlen durfte. In diesen war von Problemen der Serben die Rede, Teile ihrer Reserve beziehungsweise ihres Aufgebotes »ordnungsgemäß« zu adjustieren. Die österreichisch-ungarischen Kampfverbände, vermerkte ein zeitgenössischer Untersuchungsreport, könnten deshalb derartige »Soldaten in Zivil« für »ländliche Franktireurs« gehalten haben.[74]

In jedem Fall trugen oft unbestätigte und verallgemeinernde Nachrichten von bewaffneten Zivilisten, Alten, Frauen und sogar Kindern zur Bereitschaft der Habsburgerarmee bei, die »Strafexpedition« gegen Serbien von Anfang an mit besonderer Härte durchzuführen. In diesem Sinne verlangten Befehlshaber, allen voran Oskar Potiorek, den entschlossenen Einsatz von Waffengewalt zum Schutz vor »subversiven Elementen«.[75] Ob es sich um einen Betrunkenen handelte, der sich abfällig über die »Švabas«, wie die deutschen und österreichischen Einheiten der Mittelmächte oft genannt wurden, geäußert hatte; ob es um andere »unbedachte« Worte und kritische Kommentare ging, oder zum Beispiel um das Läuten von Kirchenglocken als mögliches Signal für den Feind: K.u.k. Soldaten waren immer öfter mit der Unterdrückung von feindlichen Handlungen, Spionageaktivitäten oder »antimilitärischen Meinungen« befasst. Gleichzeitig gab es wenige Einflussfaktoren, die zur Deeskalation beitragen hätten können. Festzuhalten gilt es aber auch, dass das AOK sich prinzipiell an völkerrechtlichen Übereinkünften orientieren wollte, obwohl die Regierung in Belgrad die Haager Konvention von 1907 nicht unterzeichnet hatte. Im k.u.k. Außenministerium gewann man nichtsdestoweniger den Eindruck, dass die eigenen Militärs im Grunde wenig Interesse an den geltenden Regeln betreffend die Kriegsführung hatten. Das zeigte sich ab dem Frühjahr 1915 beispielsweise im Zusammenhang mit Italien. Das AOK, so der Vertreter des k.u.k. Ministeriums des Äußern beim Armeeoberkommando, sei unter Hinweis auf die Verfehlungen der Gegner wenig an den betreffenden Konventionen interessiert. Er sprach demnach von der »bekannten Geringschätzung internationaler Abmachungen im Allgemeinen und speziell im Verhältnis zu Italien« seitens des AOK.[76] Darüber hinaus hatte etwa der k.u.k. General Liborius Ritter von Frank »infolge des brutalen, hinterhältigen und gegen jeden Kriegsbrauch und alle Gesetze der Humanität zuwiderlaufenden Vorgehens des serbischen Militärs und auch der serbischen Bevölkerung unseren Truppen gegenüber« gefordert, »von einer Einhaltung der bestehenden Bestimmungen der Genferkonvention diesem Staate gegenüber absehen zu wollen«.[77] Diesbezüglich ist zu bedenken, dass internationale Regelwerke die Beteiligung von Zivilisten an einer »spontanen Landesverteidigung« keineswegs rundweg untersagten. Die Bestimmungen waren jedoch interpretationsbedürftig, und die verantwortlichen Militärs der Donaumonarchie wollten sie nur gelten lassen, wenn bestimmte Kriegssitten eingehalten würden. Einheimische »Nichtuniformierte« mit der Waffe in der Hand, darunter immer wieder Frauen, waren für die Habsburgerarmee aber der Inbegriff der »Rohheit, Unzivilisiertheit, Hinterhältigkeit und Verkommenheit«.[78]

Zu solchen Ansichten kamen disziplinäre Probleme in den eigenen Heeresverbänden. »Unsere Truppen haben ärger wie die Schweden im Dreißigjährigen Krieg gehaust. Nichts, aber auch gar nichts ist ganz«, notierte ein k.u.k. Offizier Anfang Oktober 1914.[79] Das Gendarmeriekorpskommando für Bosnien-Herzegowina hielt schon Ende August fest, dass es in seinem Zuständigkeitsbereich zu Plünderungen gekommen war. Beim k.u.k. 6. Armeekommando hieß es dazu: »Welchen Eindruck solche Vorfälle auf die Bevölkerung machen, muss nicht erst geschildert« werden. »Sie lebt in steter Angst um ihr Hab und Gut und ist nur mit der schwersten Mühe zu besänftigen.«[80]

Wuchs unter solchen Umständen das Misstrauen zwischen Angehörigen der k.u.k. Streitkräfte und den Bewohnern der Grenzgebiete Österreich-Ungarns, so ging infolge der Gefechte mit dem militärischen Gegner jede Rücksicht verloren. Die »Terrormaßnahmen gegenüber der eigenen serbischen Bevölkerung« erreichten nun »einen derartigen Grad an Brutalität und Kopflosigkeit, dass die k.u.k. Truppen nach Niederlage und Rückzug im Dezember« 1914 »in den teilweise niedergebrannten Ortschaften Syrmiens keine Unterkunft finden konnten«.[81] Dies- und jenseits der Grenze wähnten sich habsburgische Kampfverbände in Feindesland. Die Nervosität steigerte sich speziell während der erfolglosen Offensiven. Das Feuer auf eigene Mannschaften wurde versehentlich eröffnet, Gendarmeriepatrouillen ebenso wie lokale Selbstverteidigungseinheiten gerieten ins Visier. Bosnier, die beim Beladen der Lasttiere des Trains helfen wollten, hielt man für Komitadschis, und diese mussten deshalb um ihr Leben fürchten.[82]

Die Grausamkeiten des Gegners taten ein Übriges. Serben und Montenegriner blieben den k.u.k. Truppen nichts schuldig oder übertrafen nach Berichten, die den k.u.k. Militärs zugingen, die Vergehen der eigenen Einheiten. Bei ihrem Vordringen Richtung Sarajewo verwüsteten sie Ortschaften, nahmen Erschießungen vor, verschleppten die »mohammedanischen Würdenträger« und eigneten sich das Hab und Gut der Bevölkerung an. Auch von Vergewaltigungen wurde berichtet.[83] An dieser

Stelle sei darauf hingewiesen, dass die Problematik der sexuellen Gewalt im Ersten Weltkrieg vielfach unerforscht ist und damit auch eine entsprechende Beschäftigung mit Vergewaltigungen im Kontext der Jahre 1914 bis 1918 noch weitgehend aussteht. In Bezug auf sexuelle Übergriffe in den Kampf- und Okkupationsgebieten liegen aber unter anderem für Norditalien Forschungen vor. Diesen zufolge handelte es sich bei den von deutschen und k.u.k. Truppen begangenen Übergriffen »um eine Vielzahl vorwiegend von kleineren Soldatengruppen begangenen Vergewaltigungsfällen, teils auch um Mehrfach-Vergewaltigungen, die in sich unkoordiniert, nicht systematisch erfolgt zu sein scheinen, wobei das Gros der Verbrechen im eher abseits der Ballungszonen gelegenen ländlichen, nicht-urbanen Raum verübt wurde«.[84]

Hinweise auf den Gegnern angelastete Verstümmelungen von Leichen stellten indessen ein immer wiederkehrendes Moment in den Darstellungen von k.u.k. Offizieren oder Soldaten dar, die dem AOK, aber auch anderen Instanzen in der Donaumonarchie übermittelt wurden. Die gegenüber Österreich-Ungarn loyale bosnische Bevölkerung attackierte indessen im Gegenzug serbische Soldaten, die sich im Gewahrsam der Habsburgerarmee befanden. Umgekehrt mehrten sich wiederum Mitteilungen über Misshandlungen von k.u.k. Soldaten in serbischer und montenegrinischer Gefangenschaft.[85]

Die Berichte, in denen von grausamen Foltermethoden, von »bestialischen Martern und Verstümmelungen« die Rede war, ließen sich in den meisten Fällen ebenso schwer verifizieren wie etwa die Behauptung, unverlässliche Landesbewohner würden zum Schaden der k.u.k. Armee Wasservorräte vergiften. Es folgten Kampfberichte, in denen die »List und Heimtücke« des Feindes gebrandmarkt wurde. Der Gegner und die »Einwohner, selbst Weiber«, erklärte man in diesem Zusammenhang, hätten beispielsweise »k.u.k. Monturen« getragen oder sich ergeben und dann doch das Feuer eröffnet.[86]

Angesichts solcher Verhaltensweisen und der wiederholten Meldungen von serbischen »Massakern« wähnte sich das k.u.k. 5. Armeekommando am 25. August 1914 in einem »schmutzigen Krieg«, wie »er nur seitens eines kulturell tief stehenden Volkes« geführt werden könne. Die habsburgischen Streitkräfte, hieß es bei dieser Gelegenheit weiter, sollten sich bei ihren Gegenmaßnahmen »innerhalb jener Grenzen« bewegen, »welche uns die Zugehörigkeit zur europäischen Kultur zu ziehen zwingen«.[87]

Tatsächlich aber neigten die österreichisch-ungarischen Einheiten, die trotz der antiserbischen Hetzkampagnen und der Nachrichten über Kriegsgräuel der Feinde keinen konsequenten Ausrottungsfeldzug gegen ganze Bevölkerungsgruppen oder Nationalitäten ins Auge fassten, bei ihren alltäglichen Operationen und Verfügungen immer öfter zu zügelloser Gewalt.[88] Konkrete Folgen ließen nicht lange auf sich warten. Die Serben radikalisierten ihrerseits die Kampfesweise. Dušan Stakić, Mitglied einer Freischärlertruppe, hielt in seinem Tagebuch über die Eindrücke bei Mačva, fest: »Frauen und Kinder – mit Bajonetten aufgespießt. Neben einem Maisfeld ein weiterer schauriger Anblick: einer jungen Frau war der Bauch aufgeschlitzt worden […]. Drei Meter weiter ein alter Mann mit einer riesigen Halswunde – reglos […]. Das Blut gefror mir in den Adern. Ich ging in die Knie vor einem Opfer, einer Frau, deren Kind im Bauch umgebracht worden war […]. Ich reckte meine Hände gegen den Himmel. Ich flüsterte: Gott, wenn es dich gibt – erhöre unsere Bitten, mach, dass wir so bald wie möglich diese Verbrecher finden, die sogar ungeborene Kinder ermordeten […]. Unser Wunsch ging in Erfüllung. Wir stießen auf eine Kompanie. Das genügte uns nicht. Wir waren besessen vor Wut und sannen auf Rache.«[89]

Die brutalen Gefechte, in denen zwischen Zivilisten und Militärpersonen kaum noch unterschieden wurde, vergrößerten die Vorbehalte der k.u.k. Armee gegenüber der ortsansässigen Bevölkerung. Die Zahl der Arretierten stieg so rasch, dass ihre Verlegung aus der nächsten Umgebung ins weiter entfernte Hinterland angeraten wurde. Dass von diesen Festnahmen viele Unschuldige betroffen waren, belegt unter anderem auch der Bezirksvorsteher von Stolac, der schon am 13. August 1914 nach Sarajewo berichtet hatte: »Alle diese [verhafteten] Leute beklagen sich, dass man sie nicht einvernehmen wollte und, ohne dass sie das Geringste verschuldet hätten, verhaftet wurden. Sie erklären, dass sie nicht wissen, was sie machen sollen: fliehen sie aus den Häusern und verlassen sie diese, so laufen sie Gefahr, dass diese verbrannt werden, so wie es so manchem geschehen ist; bleiben sie zuhause oder gehen sie zu ihrem Vieh, so werden sie verhaftet.« Einer »beklagte sich, dass ihm sein Haus verbrannt wurde, in dem der Lehrer wohnte, der aus dem Haus geflohen ist. Die Mannschaft des 42. Regimentes versteht die serbokroatische Sprache gar nicht und gibt sich auch nicht die geringste Mühe, mit den Leuten sich zu verständigen, sondern verhaftet sie sofort und behandelt sie schlecht. Ich habe«, setzte der Bezirksvorsteher fort, »türkische

Flüchtlinge, die aus Plana hergekommen sind, einvernommen, und der Religionslehrer aus Plana bestätigt das Inbrandstecken von serbischen Häusern von unseren Truppen respektive Schutzleuten.«[90]

Wie berechtigt diese Darstellungen und Beurteilungen der Geschehnisse waren, belegt auch ein Schreiben des k.u.k. Gendarmeriekorpskommandos in Sarajewo, das von einem »Hinterhalt« beziehungsweise von »einem Schuss durch unbekannte Hand« in Grmljani zu erzählen wusste. Das Eisenbahnsicherungskommando habe sich daher, so die weitere Schilderung, an »Ort und Stelle« begeben und, »da der Täter nicht mehr eruiert werden konnte respektive von der Bevölkerung geheim gehalten wird«, sämtliche »erwachsenen männlichen Personen verhaftet und abgeführt«. Außerdem, ergänzte das Gendarmeriekorpskommando, sei verfügt worden, die Häuser mehrerer im Dokument namentlich genannter Ortsbewohner »einzuäschern«. Diesen Maßnahmen und insbesondere der Arretierung habe sich im Übrigen ein Einheimischer durch Flucht zu entziehen versucht. Das Militär machte deshalb von der Schusswaffe Gebrauch und verletzte den Mann tödlich.[91]

MASSAKER

Im Zuge der Kampfhandlungen und bei Berichten über vermeintliche oder tatsächliche Gräueltaten der Feinde ging man nicht zuletzt mit Rückendeckung des Befehlshabers der Balkanstreitkräfte, Oskar Potiorek, »energisch vor«. Das k.u.k. 5. Armeekommando verzeichnete etwa am Nachmittag des 24. August 1914 unter anderem folgende Meldungen der Station »Bjeljina«[92]: »Truppen und Trains durch Irreguläre (Komitadschis, Dorfbewohner) in Flanke und Rücken beschossen. Irreguläre, die mit Waffen oder Handgranaten getroffen wurden, wurden justifiziert, darunter ein Leichenschänder [...]. Brunnenvergiftungen in zwei Fällen gemeldet. Serbische Reguläre riefen wiederholt, sie würden sich ergeben und eröffneten gleich darauf heftiges Maschinengewehrfeuer. [...] Verbandsplatz der 9. ITD beschossen. Sanitäts-Anstalt der 21. ITD beschossen, dabei zwei Pferde getroffen, zwei Mann verwundet. Repressalien: Mit Waffen und Munition angetroffene Zivilpersonen und solche, in deren Besitz sich von Überfällen auf unsere Truppen herrührende Gegenstände gefunden, niedergemacht. In Guzic[93] und Radlovac Geiseln erschossen. Prnjavor, wo sich auch Weiber am Kampfe beteiligten, zum größten Teile niedergebrannt, die schuldigen Einwohner niedergemacht.«[94] Tags darauf, am 25. August, meldete dann das 13. Korpskommando an das 5. Armeekommando: »Komitas und Landbevölkerung, die mit den Waffen in der Hand ergriffen wird, werden ohne Zufügung sonstiger Unbill niedergemacht. Häuser, aus denen meuchlerisch im Rücken der Truppen auf diese geschossen wurde, wurden angezündet.«[95]

Die Schnelligkeit, mit der man den einen oder anderen Tathergang rekonstruiert und dabei angebliche Schuldige ausgeforscht hatte, ließ allerdings ebenso Zweifel an der Angemessenheit des Verhaltens der habsburgischen Streitkräfte aufkommen wie die erwähnte Exekution von Geiseln. Hinzu kam die Kritik an der Dörferzerstörung. Nur selten gestanden die Verantwortlichen Fehlentwicklungen ein, wie etwa der Befehlshaber der 48. Infanterietruppendivision, der zugab, einige »Leute« hätten beim Marsch von Ljubovija nach Bacevica »einzelne Häuser ohne Grund anzuzünden versucht«. Andererseits hieß es aber auch bei ihm: »Als jedoch in der Nähe von Bacevica die Marschkolonne von Komitatschis angeschossen wurde, gab ich selbst den Befehl, als Repressalie die Häuser anzuzünden und wurde der Pope aus Bacevica nach standrechtlicher Behandlung und Konstatierung, dass er die Bevölkerung seines Bezirkes zum Widerstande aufreizte, erschossen.« Zwar vertrat der Verfasser des Berichtes den Standpunkt, die Bevölkerung solle keinesfalls »grundlos erbittert« werden. Sobald aber für ihn feststand, dass sich die Einwohner an Angriffen auf die eigenen Truppen beteiligt hatten, setzte er sich für »schärfste Repressalien« ein.[96]

Dementsprechend verhielt sich auch der Kommandeur der 11. Gebirgsbrigade, der gleichfalls von einem Hinterhalt der Einheimischen sprach und die »standrechtliche Behandlung« ihres »Führers« verfügte. Außerdem seien die »betreffenden Häuser angezündet« und »mit der Waffe in der Faust ergriffene, nicht uniformierte Männer gehängt oder erschossen« worden. Bei Vrtaje »wurde von mir persönlich ein Mann niedergemacht, weil er in Zivilkleidung mit der Waffe in der Hand bei einer Kiste voll Patronen betreten wurde«, ergänzte der Offizier, der zudem der Meinung war, »dass bei dem heimtückischen Vorgehen unseres Gegners, der im Rücken der Armee vereinzelte Personen und Trains anfiel, unsere Truppen viel zu human vorgingen«.[97]

Während gleichzeitig beispielsweise auch das Kommando der 13. Jägerbrigade ähnliche Eindrücke zu Papier brachte und in diesem Zusammenhang gleichfalls die »Niedermachung der Missetäter« – unter ihnen, wie es hieß, »ein Weib mit einem langen Messer« – meldete,[98] schienen manche »Strafmaßnahmen« besonders problematisch, wenn sie nachweislich auf keinen genaueren Erhebungen beruhten. Das galt etwa für das Etappenkommando der k.u.k. 5. Armee, in deren Kompetenzbereich nach kolportiertem »Überfall auf den Train in Prnjavor« die »Justifizierung« von 80 Männern »mit Schonung der Kinder unter 14 Jahren ohne gerichtliche Procedur veranlasst wurde«. Eine ähnliche »Vorgangsweise« wählte man hier auch bei den vermeintlichen Verantwortlichen für einen anderen Angriff auf die Nachschublinien der Habsburgerarmee, wobei es in diesem Fall zur Exekution von 16 Männern kam.[99]

Dass diese »Urteile« oft auf Aussagen von Muslimen basierten, deren besondere Neigung zu »antiserbischen Denunziationen« sogar die k.u.k. Militärs gelegentlich eingestanden,[100] verhinderte die fortgesetzte Hinrichtung vieler Geiseln oder die Liquidierung von Teilen der Bewohnerschaft »verdächtiger« Siedlungen in etlichen Fällen nicht. Im Kampf um Šabac jedenfalls übten die österreichisch-ungarischen Truppen grausame »Rache«.[101] Angeblich hatten sich 100 bis 200 Zivilisten an den Gefechten auf serbischer Seite beteiligt. Was dann geschah, schilderte ein k.u.k. Ordonnanzoffizier: »Im Garten« der Ortskirche »sah ich einen grossen Haufen Leichen, cirka 80 Stück. Auf meine Frage, was das sei, sagte mir« ein Leutnant, »dass das erschossene Civilgefangene sind, die heute Vormittag niedergemacht wurden. Er kam gerade dazu, wie so gegen 11h v. M. die auf der Strasse vor der Kirche befindlichen Truppen auf diese Gefangenen ein wildes Feuer eröffneten. Er kommandierte sofort Feuer einstellen und zog einen das ganze Vorgehen passiv zusehenden Infanteriekadett zur Verantwortung, der sich damit entschuldigte, dass soeben ein ihm unbekannter General mit einem Auto vorbeigefahren sei, der den Befehl erteilte, dass man von den Gefangenen, die auf die Nachricht, dass die Serben in der Nähe seien und die Stadt beschiessen, unruhig geworden sind«, einen Teil »ausscheiden und die anderen niedermachen soll. – Die Truppen hatten das gehört und darauf sofort zu feuern angefangen«.[102] Eine andere Darstellung bietet diesbezüglich signifikante Zusatzinformationen. Demnach hielten die k.u.k. Verbände die gesamte Lokalbevölkerung der betreffenden Gegend für suspekt. Die Gerüchte von »Komitadschi-Aktivitäten« heizten die Stimmung unter den Soldaten weiter an. Seit einigen Tagen hatte man deshalb Zivilisten zur Einschüchterung in einer Kirche eingesperrt. Als die Nachricht von einer serbischen Offensive Verbreitung fand, wandelte sich die herrschende

Aufregung in offene Panik. Ein General wollte gehört haben, dass die im »Gotteshaus Konfinierten« rebellisch geworden seien. Ein Sanitätsoffizier begab sich etwa zu dieser Zeit zu den Verhafteten, um ihren Gesundheitszustand zu prüfen. Seinen Angaben nach handelte es sich bei den 100 bis 150 Personen mehrheitlich um Kinder, Frauen und alte Männer. Später erfuhr der Arzt von einem Generalstabshauptmann, dass die Ermordung dieser Menschen befohlen worden sei.[103] Militärintern beziehungsweise in Absprache mit dem Ministerium des Äußern einigte man sich offenbar darauf, die Tötung von »120 serbischen Komidatschis« in Šabac zuzugeben. Dass es auch in weiteren Orten zu »Füsilierungen« gekommen war, wollte man gleichfalls nicht in Abrede stellen. Betont wurde freilich, dass es sich um »Maßnahmen gegen Plünderer« gehandelt habe, die von der ansässigen Bevölkerung als »Erleichterung empfunden« worden seien.[104]

Die Diskussion über die Verantwortung für die brutalen Maßnahmen zog sich indes hin und kam niemals zu einem eindeutigen Ergebnis. Fest stand aber, dass der habsburgischen Kriegsführung eine Tendenz zur Gewalteskalation innewohnte, der immer mehr Zivilisten zum Opfer fielen. Nicht nur die damalige Entente-Propaganda, auch österreichische Archivdokumente belegen diese Entwicklung. Bei Krupanj etwa standen alle Bewohner der Gegend unter dem Verdacht, mit den »Komitadschis« im Bunde zu sein. Beim Einmarsch in den Ort bezeichneten die Habsburgertruppen Frauen als potenzielle Guerillakämpferinnen und Waffenbesitzerinnen. Mit Gewehrkolben schlug man zugleich Buben und alte Männer, bevor sie erhängt wurden.[105]

Bei Loznica wähnte das k.u.k. 13. Korps einen Hinterhalt und befahl die Liquidierung von Geiseln. Als die Nachrichten von Grausamkeiten der Komitadschis die Runde machten, griff man zu »Racheaktionen« und zerstörte mehrere Dörfer. Neuerlich hob man Geiseln aus und drohte Loznica mit hohen Geldstrafen. Augenzeugen sprachen von sechzig Hingerichteten und von älteren Frauen, die man mit dem Bajonett erstach.[106]

Vergleichbares wollten Beobachter in Lešnica wahrgenommen haben. Angeblich 109 Personen kamen hier bei Massenexekutionen nahe dem Bahnhof ums Leben. Anzuführen ist auch die Aussage eines Einheimischen, k.u.k. Soldaten hätten ihn gezwungen, das Wasser aus den Brunnen zu trinken, weil sie glaubten, dieses sei vergiftet.[107] Aus dem Befehlsbereich der 6. Armee existiert dazu folgende Anordnung vom 16. August

1914: »Vor Gebrauch verdächtigen Trinkwassers auf von Serben besetzt gewesenen Gebieten unbedingt serbische Ortsbewohner« oder »Älteste« beziehungsweise »Geistliche zum Trinken größerer Mengen Wassers verhalten, bei nichtserbischer Bevölkerung Tierversuche vornehmen«.[108] Nicht unerwähnt soll zudem das Eingeständnis des 73. Infanterieregimentes bleiben, das in seiner eigenen Regimentsgeschichte unverhüllt von einer zweistündigen Plünderung Lešnicas berichtete, die als Vergeltungstat für vermeintliche Attacken von Zivilisten und Komitadschis gerechtfertigt wurde.[109]

Es kam in der Gegend noch zu weiteren Gräueltaten, wie Fotografien von Erhängten außerhalb Lešnicas veranschaulichen.[110] Die Übergriffe und Massenexekutionen prägten schließlich die Entwicklungen in den Kampfgebieten derart, dass zumindest im August 1914 fast kein Ort in den Operationsgebieten der Habsburgertruppen davon verschont blieb. Oft unter Alkoholeinfluss und keineswegs »nur« in der »Hitze des Gefechtes« töteten k.u.k. Soldaten laut Entente-Quellen etwa in »Tchokeshina«[111] 32, in Jarebice 25, in Sokol Planina 24, in Selanac 29, in Donja Ljubovija über 30 und in Donji Dobrić 16 Einheimische. In Kostajnik deportierte beziehungsweise exekutierte man 94 Ortsansässige. In Brezjak kamen 54 Personen ums Leben. Fast die Hälfte der Opfer dürfte hier übrigens nicht im herkömmlichen Sinne »hingerichtet, sondern zu Tode geprügelt, erschlagen, erstochen, verstümmelt oder lebend verbrannt worden« sein.[112]

In Summe ging man bereits zur Zeit des Ersten Weltkriegs von 3500 bis 4000 Zivilisten aus, die allein in den ersten Augustwochen, während der Eröffnungsoffensive gegen Serbien, von österreichisch-ungarischen Verbänden umgebracht worden sein sollen – eine Zahl, welche, so auch die zeitgenössische Einschätzung, keineswegs auf die »Exzesse Einzelner« beziehungsweise die unverantwortlichen Handlungen einiger Rohlinge zurückzuführen war. Vielmehr wurde schon vor 1918 konstatiert, dass Befehle der vorgesetzten Kommanden, die ununterbrochene Hervorhebung nationalistischer Feindklischees und eine damit verbundene fortgesetzte Propagandaschlacht sowie die Anordnung zur Dörfer- und Häuserzerstörung oder das ständige Schüren kollektiver Angstzustände mindestens tendenziell auf eine Systematisierung der Gewaltdynamik verwiesen.[113]

TATORT GALIZIEN

Am nordöstlichen »Außenposten« der Donaumonarchie, in Galizien und der Bukowina, kam es in der Zwischenzeit zu ähnlichen Vorfällen. Auch wenn sich hier zwei reguläre imperiale Armeen gegenüberstanden und sich trotz unterschiedlicher Kräfteverteilung kein »asymmetrischer Konflikt« mit einer gewissen Zahl von »Partisanen« oder »Guerillakämpfern« verzeichnen ließ, boten die multikulturellen Gebiete an der russisch-österreichischen Grenze genug Zündstoff zur Brutalisierung und Ethnisierung der Kriegsführung auf beiden Seiten. Nicht zuletzt Offizierskreise im Zaren- und im Habsburgerreich hielten Teile der lokalen Bevölkerung für unverlässlich und illoyal. Das Romanowimperium reagierte vor diesem Hintergrund mit Massenvertreibungen und -deportationen von »Verdächtigen«. Zunächst traf es rund 200 000 Untertanen von Nikolaj II., die in nationaler Hinsicht als Deutsche galten. Darüber hinaus wurden 300 000 Litauer, 250 000 Letten und 743 000 Polen in weiter östlich gelegene Gebiete transportiert.[114]

Besonders machte sich ein paranoider großrussischer Chauvinismus aber gegenüber der jüdischen Bevölkerung bemerkbar. Diese war schon seit Langem Ziel von Verfolgungen. Das Herrschaftsgebiet der Romanows galt geradezu als Inbegriff antisemitischer Gewalt, und es überrascht daher nicht, dass vor allem die Armeeführung mit dem Beginn der Kampfhandlungen im Sommer 1914 erneut Juden als bevorzugte »Feinde, Verräter und Sündenböcke«, etwa im Falle militärischer Niederlagen, präsentierte. Neben der Vertreibung unter oft unmenschlichen Bedingungen, von der wenigstens eine halbe Million Juden betroffen war, fanden im Operationsgebiet der Zarenarmee Pogrome statt, in deren Verlauf Synagogen und ganze Wohnviertel zerstört, Plünderungen zugelassen, Vergewaltigungen begangen, Todesurteile ausgesprochen und Exekutionen ohne Verfahren durchgeführt wurden.[115]

Ziel der Repressalien habsburgischer Behörden und Truppenverbände im Osten waren wiederum vor allem ruthenische beziehungsweise ukrainische Untertanen von Kaiser Franz Joseph, wobei auch hier – wie in Serbien – die Ausweitung der militärischen Befugnisse, gerade im Justizbereich, zur Aushöhlung der Rechtssicherheit beitrug. Der k.k. Oberste Landwehrgerichtshof erklärte beispielsweise am 3. März 1915, »dass Zuständen tiefer Erschütterung der öffentlichen Ordnung durch außerordentliche Repressivmaßregeln begegnet werden« müsse. Die »Strafjustiz« habe »daher an den Schauplätzen der kriegerischen

Operationen« und im »angrenzenden Hinterland außerordentliche Schutzmaßnahmen« zu treffen. Empfehlenswert sei so gesehen eine »öffentliche Verlautbarung«, dass die von Feldgerichten abgeurteilten Zivilpersonen »keine ordentlichen Rechtsmittel« besäßen.[116]

Der Landwehrgerichtshof war in dieser Frage nicht weisungsbefugt. Die zuständigen Stellen hatten in der Zwischenzeit aber ohnehin noch weiter reichende Befehle erteilt. Schon wenige Wochen nach Kriegsbeginn, am 27. August 1914, forderte das k.u.k. Kriegsüberwachungsamt angesichts des »Ernsts der Lage« und »äusserst bedenklicher Vorkommnisse in den Grenzgebieten« ein »rasches und strenges Einschreiten«. Das Etappenoberkommando reagierte umgehend. Am 31. August machte es darauf aufmerksam, »dass es Pflicht aller Kommandanten ist, strengstens vorzugehen, und dass die Truppen bei feindseliger Haltung der Ortsbewohner von dem dringend gebotenen Kriegsnotwehrrechte ohne Intervention eines Richters kurzweg auf Grund der militärischen Kommandogewalt unnachsichtig Gebrauch zu machen haben«.[117] Feldmarschallleutnant Hermann Kusmanek von Burgneustätten, Kommandant der San-Festung Przemyśl, handelte danach: »Anschläge gegen Bahnen, Wasserleitungen, Brücken, Munitionsmagazine, Militärdepots aller Art, Abschneiden von Telefon- und Telegraphendrähten, Spannen von Seilen gegen Autos, Brunnenvergiftung, Verrat von Befestigungsanlagen und ihrer Verteidigungsmittel, Verrat durch Glockenläuten, Licht- und Rauchsignale, sonstige Zeichen, durch Treiben von Vieh in von eigenen Truppen innehabenden Positionen, etc.« – bei »solchen feindlichen Handlungen« sei, erläuterte Kusmanek, die »Kriegsnotwehr« anzuwenden. Wie in Serbien bedeutete das: »Niedermachung der an Ort und Stelle Ertappten; Aushebung von Geiseln und deren Niedermachung, wenn sich die strafbaren Handlungen, zu deren Verhinderung sie ausgehoben wurden, wiederholen; Dezimieren der Ortsbewohner; Niederbrennen der Ortschaften«.[118]

Der Willkür war Tür und Tor geöffnet. Die Offensive der Zarenarmee begünstigte zusätzliche Übergriffe, weil die Kommanden des bedrängten Festungsbereiches – ähnlich wie die Truppen am Balkan bei schweren Gefechten, Niederlagen und Rückmärschen – gereizt und panisch reagierten. Die Landbevölkerung, hieß es in einem Befehl des »k.u.k. Verteidigungsbezirkes VII« von Przemyśl, habe im Umfeld der Stellungen und Fortifikationen nichts zu suchen. Jedes »Zuwiderhandeln« sei »rücksichtslos zu bestrafen«, die »Schuldigen« habe man »sofort« einer »standrechtlichen Behandlung zuzuführen«.[119]

Dass sich Zivilisten keineswegs immer freiwillig in Frontnähe aufhielten, wollten die Militärs nicht wahrhaben. Dabei fehlte es nicht an warnenden Stimmen: Der III. Verteidigungsbezirk ließ Kusmanek wissen, dass man schon früher mit der Evakuierung der Bevölkerung beginnen hätte müssen, um den »Leuten bestimmte Asyle zuzuweisen und ihnen die Möglichkeit zu geben, sich mit Nahrungsmitteln zu versehen«. Nun aber sei die ganze Aktion »binnen weniger Stunden vor sich gegangen. Die Bewohner«, berichtete man an das Festungskommando, »hatten vielfach einen Teil ihrer Habseligkeiten zurückgelassen, wurden von anderen Gemeinden, wo sie sich ansiedeln wollten, wegen ihrer Mittellosigkeit abgewiesen und kehrten schließlich in ihre demolierten Häuser zurück«. »Hunderte von Familien« lagerten deshalb vor den österreichischen Truppen »und bildeten, jeglicher Nahrungsmittel entblößt, ein Bild größten Jammers und Elends«.[120]

Unter katastrophalen Bedingungen verlief schließlich auch die Evakuierung der einheimischen Bevölkerung ins »Innere des Reiches« – von Menschen, denen man meist pauschal unterstellte, mit dem Feind zu kollaborieren. »Halbwüchsige Jungen und Weiber«, berichtete in diesem Sinne der VII. Verteidigungsbezirk im Festungsbereich Przemyśl am 2. Oktober 1914, beteiligten sich »aktiv am Kampfe gegen unsere Truppen. Landesbewohner, welche mit unserer gerechten Sache sind, haben rechtzeitig ihre Wohnstätten verlassen«, um im Hinterland »Schutz zu finden. Alle jene [...], welche sich zwischen den beiderseitigen Vorposten aufhalten, wie schon oft festgestellt, sind Verräter. Diese sind ohne Rücksicht und Schonung, wo sie angetroffen werden, auch ohne dass ihnen augenblicklich etwas zur Last gelegt werden kann, sofort niederzumachen.«[121]

So wie in Przemyśl argumentierte man auch anderswo: Am 19. August 1914 befahl man den Kommanden im Raum Lemberg »rücksichtslosestes Vorgehen«.[122] »Personen, welche hinsichtlich Anschläge auf frischer Tat ertappt werden, sind unbedingt sofort niederzumachen! Verdächtige Personen gefangen nehmen!«, lautete die Order der Festung Krakau schon am 4. August.[123] Neben der Verfolgung bekannter »Russophiler«, die entweder bereits festgenommen worden oder ins Zarenreich geflüchtet waren, traf es nun immer häufiger Unschuldige. Die Grundlage für diese Entwicklung boten zahlreiche Denunziationen. »Proskriptionslisten« bezichtigten bald ganze Ortschaften des Verrats und der Spionage.[124] Neben der Erlaubnis von Exekutionen gab man nun vermehrt die Anweisung, Geiseln zu nehmen beziehungsweise

Verhaftungen durchzuführen. Wie am Balkankriegsschauplatz füllten sich auch in den nordöstlichen Grenzregionen des Habsburgerreiches die »Haftlokale«. Angesichts der Ausweitung der Militärjustiz bei »Stillstand der ordentlichen Gerichtsbarkeit« reichten jedoch schließlich die Kapazitäten der Gefängnisse und »Internierungsanstalten« nicht mehr aus.[125] Man hoffte auf eine abschreckende Wirkung radikaler Maßnahmen. Einmal mehr tat sich in dieser Hinsicht der VII. Verteidigungsbezirk des Festungskommandos Przemyśl hervor. Dort gab man am 27. September 1914 folgende Order: »Ausgiebigen Gebrauch vom Kriegsnotwehrrechte machen, das heißt, jeden Verdächtigen niederschießen, aber nicht verhaften!! Weitgehendst verlautbaren! Es wird nochmals darauf aufmerksam gemacht, dass weder das Vert. Bez. Kmdo. noch das Fstgs. Kmdo. Spione oder sonst Verhaftete übernimmt! Auch den Feldwachen verlautbaren.«[126]

MASSENHINRICHTUNGEN

Welche Konsequenzen mit derartigen Anweisungen verbunden waren, wurde wenigstens ansatzweise drei Jahre später, mit der Wiedereröffnung des Reichsrates, des Parlaments in Wien, erkennbar. In einem Dringlichkeitsantrag ruthenischer Abgeordneter vom 5. Juni 1917 ging es etwa um Ereignisse, die sich 1914 in Przemyśl zugetragen hatten. Hier waren, bewacht von einer Militärpatrouille, 45 arretierte Personen aus dem Bezirk Dobromil angekommen. Von einer wütenden Menge, Zivilisten und Soldaten, empfangen und als »moskalophile Verräter« bedroht, wurden schließlich 42 von ihnen, so der Bericht wörtlich, »buchstäblich zerhackt«.[127] Ein Offizier war Augenzeuge. Seine Erlebnisse notierte Helena Jablonska, eine Bürgerin aus Przemyśl, am 14. September 1914 wie folgt: »Mit Säbeln, Beilen, Stöcken, Fäusten wurden sie niedergemacht. Schlägertypen mit Holzknüppel kamen dazu«, und die Russophilen »wurden zerfleischt, dass Hirnmasse und Blut die Zuschauer und die Mauer bespritzten. Es blieben nur Klumpen zuckenden, dampfenden Fleisches übrig. Draußen sind Schüsse zu hören.«[128]

Frau Jablonska war ob dieser Vorkommnisse zwar schockiert, dennoch zweifelte sie nicht an der Hinwendung der Opfer zum Zarenreich. Dadurch unterschied sie sich von den ruthenischen Parlamentariern, die explizit darauf hinwiesen, dass die Getöteten, unter ihnen mehrere

Frauen, »ukrainische Landleute«, loyale Bürger der Donaumonarchie und keine »Freunde der Russen« gewesen waren. Gerade die oftmalige Missachtung dieses Unterschieds führte jedoch zu immer neuen Gewalttaten. Nachdem schon am 17. August 1914 29 Verdächtige auf dem Transport nach Przemyśl von Honvédsoldaten »auf offener Landstraße niedergesäbelt worden« waren,[129] kam es zum Beispiel in der frontnahen Gemeinde »Synevods'k Vyznij« im Bezirk Skole zu Denunziationen, die elf »Landwirten, darunter auch dem Gemeindevorsteher«, das Leben kosteten.[130] In der Folge wurden bestimmte Regionen und Siedlungen von regelrechten »Säuberungswellen« heimgesucht.[131] Dörfer mit Einwohnern, die vor noch nicht allzu langer Zeit den orthodoxen Glauben angenommen hatten, waren davon besonders betroffen. In »Zaluce«, Bezirk Snjatin, genügte der k.u.k. Armee nicht bloß die Exekution »einiger ortfremder Russophiler«. Wenig später führten österreichisch-ungarische Militärs eine umfassende Strafaktion durch: Fast die gesamte Bevölkerung des Ortes wurde deportiert, »viele Bauern noch im Dorf ermordet«.[132] Neben weiteren »Konvertiten«-Gemeinden trafen die Repressionen aber auch andere Gebiete. Im Reichsrat befassten sich die Mandatare demnach noch 1918 mit drei Anfragen über »Morde in der Gemeinde Sosnycia, politischer Bezirk Jaroslau«.[133] Hier, erklärte ein Abgeordneter, wurde im Oktober 1914 »förmlich eine Jagd auf die Dorfbewohner veranstaltet. Die Leute wurden aus ihren Wohnstätten herausgeschleppt, misshandelt und niedergemacht.«[134]

Auffallend ist, dass ruthenische Berichte oft noch in einem anderen Punkt übereinstimmen. Fast durchgehend werden nämlich in den Darstellungen »magyarische Abteilungen« für die Übergriffe verantwortlich gemacht. Auch im AOK registrierte man die »Abneigung« der lokalen Bevölkerung »gegen die ungarischen Soldaten«, denen auch zur Last gelegt wurde, sich mit den Einheimischen »nur schwer oder gar nicht verständigen« zu können.[135] Eine Begebenheit in Olszany im politischen Bezirk Przemyśl beleuchtet schlaglichtartig die grausamen Konsequenzen solcher Sprachbarrieren. Hier begegnete eine magyarische Patrouille im Oktober 1914 »zwei Dorfinsassen«, welche »von der Arbeit heimkehrten«. Die Magyaren hielten die beiden Männer an und richteten an sie auf Ungarisch einige Fragen. Da die Angehaltenen aber kein Wort verstanden hatten, wussten sie nicht, wie sie antworten sollten. Die magyarischen Soldaten nahmen sie daraufhin fest und »führten sie zu dem Schlagbaum in Olszany«. Dort wurden sie »auf der Stelle füsiliert«.[136]

Missverständnisse anderer Art provozierten indes auch die mit dem »Kriegsnotwehrrecht« genannten Formen des »Verrats«. Ähnlich wie beispielsweise die Zarenarmee werteten, wie erwähnt, k.u.k. Truppenkommanden »Glockenläuten, Licht- und Rauchsignale, sonstige Zeichen« sowie das »Treiben von Vieh« zu den eigenen Stellungen als »Einverständnis mit dem Feind«.[137] Anastasie Gogol dürfte diese Bestimmung zum Verhängnis geworden sein: »Die Landmannswitwe aus Dubno, politischer Bezirk Łańcut«, so das entsprechende Parlamentsprotokoll, wurde »plötzlich verhaftet und mit den beiden Söhnen in das benachbarte zum Gutsbezirke Wierzawice bei Leżajsk gehörige Wäldchen abgeführt. Hier ließ man die Ärmsten ein Grab« ausheben. Dann »erscholl eine Salve [...]. Die Mörder sprachen nachher von dem Verrate, dass nämlich die Laterne, derer sich die Unglückliche im Stalle bediente, ein mit den Russen verabredetes Zeichen gewesen sein soll. Es sei bemerkt, dass die Russen etliche 4–5 Meilen entfernt waren.«[138]

Zwei weitere Vorfälle, in denen die Militärs von »Signalen für den Feind« sprachen, wurden dem österreichischen Reichsrat in seiner letzten Session 1917/18 vorgelegt. Insgesamt befassten sich die ruthenischen Eingaben mit der Ermordung von 88 Personen, die vornehmlich der bäuerlichen Bevölkerung Galiziens entstammten. Bemerkenswert ist, dass sich diese Angaben nur in drei Fällen mit Informationen der Nachrichtenabteilung des AOK decken, in denen von 90 Todesurteilen in den ersten beiden Kriegsjahren die Rede ist. Tatsächlich sind aber wesentlich mehr Menschen getötet worden. Unter Einbeziehung weiterer Bestände des Österreichischen Staatsarchivs sind gegenwärtig 620 galizische Zivilisten als Opfer der k.u.k. Armee in den Jahren 1914/15 durch Quellen und Literatur belegt.[139] Und auch diese Zahl gibt mit größter Wahrscheinlichkeit nicht die wahre Dimension der Gewaltaktionen wieder. Hohe Repräsentanten der Zarenarmee gingen von 1500 standrechtlichen Exekutionen aus; eine Schätzung, die gleichfalls zu niedrig sein dürfte.[140] Dass ukrainische und polnische Reichsratsmandatare andererseits übertrieben haben, als sie von »30 000 oder doppelt so vielen Gehenkten« sprachen, deuten wiederum einige Aussagen der Abgeordneten selbst an. Der ruthenische Dringlichkeitsantrag vom 5. Juni 1917 wollte sich nicht festlegen. »Es wurden«, hieß es hier, »Tausende von Männern, Weibern und Kindern standrechtlich oder kurzerhand gehängt, erschossen, im glücklichsten Falle verhaftet und abgeschoben.«[141]

Ungeachtet der Zahlenangaben wird in den erhaltenen Akten immer wieder deutlich, wie oft gänzlich Unschuldige Ziel der militärischen Repressalien waren. Ein »Zivilkommissar Krasinski« etwa hatte in der Ortschaft Pozdziacz über die Auswahl hinzurichtender Geiseln zu befinden. Als er schließlich zwei Unglückliche benannt hatte, konnte er nicht umhin, den Militärs gegenüber auch diese beiden als »ansonst ganz ordentliche Leute« zu bezeichnen.[142] Aufschlussreich war auch die Stellungnahme des Etappenoberkommandos (EOK) vom 30. September 1914: Das »Niederschiessen« eines vermeintlichen »Russophilen« lasse sich, so das EOK, »zwar nicht leicht rechtfertigen«, doch müsse man die Tat »jetzt und für die Zukunft für entschuldigt« ansehen, da »als einzige Triebfeder« das »lobenswerte Bestreben« wahrzunehmen sei, »der dem Staate und der Armee drohenden grossen Gefahr mit drastischen Mitteln zu begegnen«.[143]

Auf dieser Basis wurde dann auch die »Justifizierung« von Priestern abgehandelt, die als Orthodoxe im Verdacht standen, mit den Russen zu kollaborieren. Ein Rittmeister des Landesgendarmeriekommandos Nr. 1 erhielt in diesem Zusammenhang regelrechte Ovationen, als er die »förmliche Lynchung zweier russophiler Geistlicher« zuließ. Immer mehr galizische Seelsorger überwiegend griechisch-katholischen und keineswegs orthodoxen Glaubens wurden Ziel der Verfolgungen.[144]

HINTERGRÜNDE UND VERANTWORTLICHKEITEN

Die gesamte ukrainische Bevölkerung geriet schließlich ins Visier der Habsburgerarmee. Bezeichnend hierfür waren wiederholte diesbezügliche Wortmeldungen des Festungskommandanten von Przemyśl. Feldmarschallleutnant Kusmanek beargwöhnte, wie er am 3. September 1914 festhielt, »sämtliche Personen ruthenischer Nationalität und jene Personen auch anderer Nationalität, deren politische Verlässlichkeit nicht absolut« feststehe.[145] »Beim Militär«, informierte demgemäß der Statthalter von Galizien, Witold Ritter von Korytowski, den k.k. Ministerpräsidenten Karl Graf Stürgkh, herrsche »grösste Entrüstung über den unaufhörlich vorkommenden Verrat der Ruthenen auf Schritt und Tritt. Man erklärt bei allen östlichen Kommandos, dass alle Ruthenen eines Wertes sind.« Dass man mit »ernsten Massnahmen« vorging, war auch für Korytowski mehr als wünschenswert: Wiederholt assistierten die zivilen Behörden den Streitkräften.[146]

Nicht anders als bei den Auseinandersetzungen zwischen Serben, Kroaten und Muslimen am Balkan wurde solcherart auch Galizien zum Schauplatz eines verschärften ethnischen Konfliktes unter Kriegsbedingungen. Angesichts dessen sei eine »gewisse Vorsicht bei der Inanspruchnahme des politischen Informationsdienstes« geboten, notierte folglich k.k. Ministerpräsident Stürgkh am 5. Oktober 1914. »Vertrauenswürdige Führer der ukrainischen Partei«, so Stürgkh, seien an ihn herangetreten. Einer von ihnen, der Reichsratsabgeordnete Kost' Levyc'kyj, habe bei dieser und anderen Gelegenheiten auf den Versuch der Polen hingewiesen, die Ruthenen durch einen »günstigen Ausgange des Krieges zu schädigen«. Levyc'kyj weiter: »Es ist nicht zu zweifeln, dass die polnischen Beamten mit Absicht die Militärbehörden bezüglich der Ukrainer falsch informieren und es so dazu bringen, dass eine Menge von Ukrainern, die die treuesten Österreicher sind, ebenso behandelt werden, wie die Russophilen.«[147] Umgekehrt freilich beklagten sich auch polnische Würdenträger über die Behandlung der polnischen Bevölkerung in Galizien durch die österreichisch-ungarische Armee, wobei insbesondere Erzherzog Joseph Ferdinand, Befehlshaber der k.u.k. 4. Armee, Zielscheibe der diesbezüglichen Kritik war. Der Außenminister informierte den Vertreter des k.u.k. Ministeriums des Äußern beim Armeeoberkommando, Douglas Graf Thurn-Valsassina, über die eingelangten Beschwerden und wies ihn auf die »Gefahr von Fehlurteilen« bei den »Justifizierungen« hin.[148] Freilich war die Position Thurns im AOK keine einfache. Die Militärs sahen ihn vor allem als »Spion«. Unter diesen Voraussetzungen schien es schwierig, die Armeeführung von einem, wie es hieß, »vorsichtigen Vorgehen« zu überzeugen.[149]

Letztlich erwies es sich als unmöglich, die mit dem Krieg umso deutlicher zutage getretenen Konflikte zwischen den Nationalitäten in den Griff zu bekommen. Schließlich reichte unter anderem der Gegensatz zwischen Ruthenen und Polen weit zurück. Vertieft wurde er nicht zuletzt nach dem Ausgleich mit Ungarn 1867. Die Regierung in Wien hatte in der Folge dem Kronland Galizien eine schrittweise erweiterte Autonomie verliehen, die in den Händen der örtlichen Verwaltung als Instrument der forcierten Polonisierung diente. Ethnische Spannungen waren vorgezeichnet und erreichten in den Jahren vor dem Ersten Weltkrieg mit dem Mord an Statthalter Andrzej Potocki und dem Streit um eine ruthenische

Universität in Lemberg einen neuerlichen Höhepunkt. Obwohl zur Jahreswende 1913/14 eine den Ukrainern entgegenkommende Wahlreform zum galizischen Landtag durchgesetzt wurde, blieb das Verständigungswerk Episode.[150] Ein, wie der polnische Sozialdemokrat Ignacy Daszyński es formulierte, »nicht durch das Parlament, durch das Volk, sondern durch die Entschließung« des Kaisers begonnener Krieg schuf eine zweite, eine innere Front zwischen den Nationalitäten.[151] Vor diesem Hintergrund klagten die ruthenischen Reichsratsabgeordneten vor allem über die, wie es hieß, »vom Ukrainerhass durchdrungene Landesverwaltung«, wobei Statthalter »Korytowski und seiner Beamtenschaft« persönlich die Verantwortung für »Missbräuche und Gräueltaten« angelastet wurde.[152]

Dass solche Kritikpunkte nicht aus der Luft gegriffen waren, bestätigte 1915 der k.u.k. Diplomat Leopold Freiherr von Andrian-Werburg[153], der anlässlich einer Informationsreise nach Galizien schrieb: »Vor allem möchte ich gleich vorwegnehmen, dass in […] Ostgalizien von einem Übergang der Ruthenen in Bausch und Bogen ins russische Lager, wie ein solcher, manchmal, besonders von polnischer Seite, insinuiert worden ist, im Lichte der Tatsachen keine Rede sein kann.«[154] Auch das k.k. Ministerium des Innern zeigte sich alarmiert, drohten doch, wie explizit festgehalten wurde, »durch den Mangel an Objektivität seitens der Beamten polnischer Nationalität« zivile und militärische Spitzen der Donaumonarchie den »letzten Anschein« an Überparteilichkeit zu verlieren.[155] Die Führung in Wien sowie das Armeeoberkommando galten gerade aus der Sicht der Bevölkerung in den Front-, Etappen- und Besatzungsgebieten immer öfter nicht mehr als neutrale »Schiedsrichter über und zwischen den Völkern«, sondern als »Vollstrecker parteilicher Interessen«. Die Diskreditierung der Staatsführung fand denn auch in den parlamentarischen Debatten ihren Ausdruck. »Erwäget«, rief beispielsweise der ruthenische »Volksvertreter« Eugen Petruszewycz am 16. Juni 1917 dem Plenum des Abgeordnetenhauses zu, »dass es der Deutsche war, der die Rolle des Henkers inne hatte, mit derselben Vorliebe hängte aber auch der Magyare – und zwar die beiden auf die Anzeige seitens des Polen hin (Rufe: So ist es!) –, erwäget, in welcher idealen Harmonie sich unter dem Galgen alle drei in Österreich gerade bevorzugten Völker zusammengefunden haben.«[156]

Wie zur Bestätigung Petruszewyczs erwiderte darauf der den Deutschradikalen zugerechnete Abgeordnete Rudolf Heine reichlich taktlos, dass in Galizien »noch zu wenig gehängt« worden sei.[157] Heine vertrat diesen Standpunkt wiederum keineswegs allein. Rückendeckung erhielt er vor allem durch die »Falken« im Generalstab. Der letzte Chef des militärischen Geheimdienstes der Donaumonarchie, Max Ronge, war der Ansicht, dass die Überprüfung verdächtiger Personen, »soweit sie nicht von den Feldgerichten abgeurteilt oder von der Truppe in flagranti ertappt und kurzerhand erledigt worden waren«, einigermaßen umständlich vor sich gegangen sei. Die Justiz sei »zur Eile angetrieben« worden, um »abschreckend zu wirken«, habe aber zu viel Nachsicht gegenüber den betreffenden Personen an den Tag gelegt.[158] Ungeachtet dessen kam Ronge später zu dem Schluss: »Unser scharfes Eingreifen« gegen die »verdächtigen Russophilen hat sich als ganz berechtigt erwiesen«.[159] Erzherzog Eugen wiederum war schon im März 1915 der Ansicht, dass in Anbetracht der »Folgen der kleinlichen innenpolitischen Zwecken dienenden langjährigen schwächlichen Duldung staatsfeindlicher Umtriebe« die »Mahnungen ziviler Behörden im Umgang mit verdächtigen Personen erst recht mitten im Krieg kontraproduktiv« seien. Der Habsburger, der insbesondere die »tschechische« und »serbische Wühlarbeit« erwähnte, empfahl vielmehr, »allen staatsfeindlichen Strömungen und Tendenzen mit grösster Schärfe entgegenzutreten, um noch während des Kriegszustandes schwere Übelstände zu beseitigen, deren man im Frieden nicht leicht Herr werden dürfte«.[160]

Ein guter Bekannter Ronges, sein ehemaliger Vorgesetzter August Urbański von Ostrymiecz, gelangte allerdings Anfang der 1930er-Jahre zu einer Einschätzung, die sich in vielem von den Stellungnahmen Ronges und Erzherzog Eugens unterschied. Die Konsequenzen der Furcht vor Verratsfällen und einer »Spionitis, die zu einer schweren Psychose ausgeartet war, stellten sich bald auch bei der Truppe und selbst bei höheren Stäben ein«, konstatierte Urbański, und fügte hinzu: »Die Säuberung des Aufmarschgebietes von politisch unverlässlichen Elementen ist ohne Zweifel eine zweckentsprechende und notwendige Verfügung gewesen. Es ist aber zu berücksichtigen, dass die Feststellung der politischen Unverlässlichkeit durch polnische Verwaltungsbeamte geschah, die infolge des bestandenen Antagonismus zwischen Polen und Ruthenen sich nicht immer auf erwiesene Tatsachen stützt. [...] Recht schädlich erwies sich« dabei die »Rückwirkung auf die Truppen. Die amtlichen Warnungen hatten zur Folge, dass jeder Bewohner dieser Gebiete grundsätzlich als Verräter angesehen wurde und dass lokale Misserfolge und unvermeidliche Rückschläge dem Verrat zugeschrieben wurden. Hierdurch kam eine

Unruhe und Nervosität in die Truppe, die ihre Leistungen beeinflusste und oft zu übereilten Todesurteilen führte.«[161]

Diesen Befund bestätigte beispielsweise der k.u.k. Feldmarschallleutnant Eduard Zanatoni. In seinen Aufzeichnungen heißt es, dass er einen der Spionage verdächtigten Mann, kurz nachdem er aufgegriffen worden war, erschießen ließ. Zanatoni haderte später allerdings mit seinem womöglich übereilten Entschluss. »Gott verzeih mir«, schrieb der Offizier in seinen »Erinnerungen aus meinem Leben«, wenn »ich voreilig gehandelt und einen Unschuldigen ins Jenseits befördert haben sollte«.[162]

August Urbański verwies wiederum auf die Konsequenzen, die das allgegenwärtige Misstrauen auf die Bewohner der Kriegsgebiete hatte: »Als sich die Kämpfe gegen die stets wachsende Überzahl der Russen immer schwieriger und verlustreicher gestalteten, die Nervenanspannung durch die tagelangen, ununterbrochenen Kämpfe und Entbehrungen eine immer größere wurde, führte die Furcht, von Spionen dauernd umlauert zu sein, zu sehr bedauerlichen Auswüchsen. Harmlose Bewohner, denen dauernd der Strick oder das Erschießen drohte, wurden ins feindliche Lager getrieben. Man hatte das erreicht, was die oberste Führung im Interesse der Armee verhindert wissen wollte.«[163]

Dass die von Repressalien bedrängten und von Gräueltaten traumatisierten Menschen dennoch vielfach weiterhin loyale Bürger der Habsburgermonarchie blieben, verstärkte den Eindruck der Unrechtmäßigkeit oder zumindest der Unverhältnismäßigkeit der angeordneten »Strafmaßnahmen«. Abgesehen von vereinzelten Kritikern wie August Urbański, welche aber die harte Gangart grundsätzlich nicht infrage stellten, blieb man jedoch speziell in den verantwortlichen Militärkreisen uneinsichtig. Auch das alles in allem vorsichtige Nachfragen bei den »Kollegen« in der Armee, beispielsweise von k.u.k. Diplomaten, die im Ausland mit Vorwürfen bezüglich einer brutalen Vorgehensweise der österreichisch-ungarischen Truppen konfrontiert wurden und deren Wahrheitsgehalt nachgehen wollten, führten in den Stäben zu keinem Umdenken.[164] Dass es etwa »Missgriffe der Militärjustiz in Westgalizien« gegeben hatte, wiesen Conrad und andere Befehlshaber der k.u.k. Armee ganz einfach von sich.[165] Unverändert beriefen sich Offiziere auf die »staatliche Notwehr« im Zuge der Kampfhandlungen. Im Reichsrat wollte man davon aber nichts mehr wissen. Der Bauernpolitiker Jan Stapinski von der polnischen Volkspartei sprach aus, was viele dachten:

»Es geht nicht an«, sagte er, »dass wir uns auf den Standpunkt stellen, im Kriege kann dies und jenes vorkommen, im Kriege gilt die Notwehr. Auch für den Krieg gibt es Gesetze. Wenn wir einmal auf den Standpunkt kommen, dass im Kriege die Gesetze außer Kraft sind, dann ist schon alles möglich.«[166]

Einem hohen Repräsentanten der Zivil-, nicht der Militärverwaltung, blieb es vorbehalten, sich vor Stapinski und dem ganzen Abgeordnetenhaus am 15. Juli 1917 zu rechtfertigen. »Das, was geschehen ist, konnte sich unmöglich ganz dem Buchstaben der bestehenden Gesetze anpassen«, argumentierte der k.k. Minister des Innern Friedrich Graf Toggenburg, um prompt unterbrochen zu werden: »Also war es ungesetzlich!« Der Zwischenruf war laut und deutlich zu hören. Der ruthenische Abgeordnete Volodymyr Bačyns'kyj hatte das Wort an sich gerissen und die auf ihn gelenkte Aufmerksamkeit zu einem Nachsatz genützt: »Was sich nicht dem Gesetze anpasst«, hielt Bačyns'kyj dem Minister vor, »soll sich die Regierung nicht erlauben, nur nach dem Gesetze ist vorzugehen!« Von weiteren Zwischenrufen begleitet, setzte Toggenburg seine Rede fort: »Meine Herren, wir müssen das Recht auf die Notwehr doch auch als ein Gesetz betrachten.« Weil dadurch aber »nicht auf Grund strafbarer Tatbestände, sondern nur nach Maßgabe ernster Verdachtsgründe vorgegangen werden konnte, ist es begreiflich, dass Fehler begangen werden mussten, und niemand, gar niemand wird in Abrede stellen, dass solche Fehler – ich gebe es ohne weiteres zu –, leider auch schwere Irrtümer sich ereignet haben (Zwischenrufe). Daß aber Menschen, von denen seit Jahren bekannt ist, dass sie mit allen ihren Sympathien auf der Seite des Feindes stehen, [...] unschädlich gemacht werden mussten [...], das erforderten die primitivsten vaterländischen Interessen. Das ändert aber nichts an unserem Urteile, dass es vollkommen verfehlt war, derartige Annahmen manchmal schon auf allgemeine politische Erwägungen zu gründen und irgendeine einseitige politische Betätigung, wenn dieselbe auch nie eine staatsfeindliche war, als genügenden Grund für diese strenge Auffassung zu verwerten.«[167]

GEFANGENSCHAFT

RACHE

Kreisgericht Sarajewo, 28. Oktober 1914. Fünfundzwanzig großteils junge Männer erwarten ihr Urteil. Zur Last gelegt wird ihnen das Attentat auf den österreichisch-ungarischen Thronfolger Franz Ferdinand und seine Gemahlin. Gavrilo Princip, der die Todesschüsse abgegeben hatte, und seine Mitverschwörer sollten, lautete kurz vor Prozessbeginn eine Stellungnahme von k.u.k. Außenminister Leopold Graf Berchtold, mit einem strengen »Verdikt« entsprechend den »ungeheuren internationalen Konsequenzen« rechnen müssen. Zudem sei die Hauptschuld am Mordanschlag der Belgrader Regierung anzulasten. Andernfalls, so Berchtold, wäre die »diplomatische Aktion gegen Serbien« regelrecht »kompromittiert, ja überhaupt unsere Berechtigung zum Eintritte in den zu einem Weltkrieg ausgewachsenen Konflikt mit Serbien in Frage gestellt«.[1]

Dass sich nun – nach Beginn der Kampfhandlungen – durch ein Tribunal und die »Beweisführung« der österreichisch-ungarischen Justiz weder die Weltöffentlichkeit noch eine einzelne Großmacht oder auch nur irgendein Krieg führender Staat beeindrucken lassen würde, war allerdings vorauszusehen. Der Außenminister schätzte die Wirkung beziehungsweise Außenwirkung und Bedeutung der Gerichtsverhandlung – gelinde gesagt – etwas eigentümlich ein. Schließlich war es gerade die antizipierte Publizität, die der Donaumonarchie eine gewisse Zurückhaltung abzuverlangen schien, die mit dem Bestreben einherging, sich als Rechtsstaat zu präsentieren. In diesem Sinne wollte man jedenfalls, trotz vorbeugender Maßnahmen gegen alle Eventualitäten und entsprechender Einflussnahme auf die Zusammensetzung der Richterkollegien, vor allem korrekt erscheinen. Neun Personen, denen man zubilligte, von den Schwerbelasteten und Hauptverantwortlichen zur Unterstützung genötigt worden zu sein, gingen frei. Von den fünf Todesurteilen wurden drei vollstreckt, zwei in Kerkerstrafen umgewandelt. Haftstrafen trafen auch die Übrigen, darunter die Hauptangeklagten Gavrilo Princip, Nedeljko Čabrinović und Trifko Grabež, die der Hinrichtung entgingen, weil sie zum Zeitpunkt der Tat noch nicht zwanzig Jahre alt gewesen waren.[2]

Kaum hatte das zivile Gericht seine Entscheidung getroffen, forderte jedoch die k.u.k. Armeeführung ihr »Recht« ein. Nachdem sie vergeblich versucht hatte, die Sarajewo-Attentäter vor ein Militärgericht zu stellen, erhielt sie nun – eklatant gesetzeswidrig – die Kontrolle über den Strafvollzug. Die Verurteilten kamen in ihre Obhut, genauer gesagt in die Festung Theresienstadt und in das ehemalige Jagdschloss Möllersdorf bei Baden, das sich seit 1872 in eine der gefürchtetsten Strafanstalten Österreichs verwandelt hatte. Was danach unter Ausschluss der Öffentlichkeit geschah, war nichts anderes als ein offensichtlicher Racheakt an den jungen Straftätern, die knapp dem Galgen entgangen waren. In »feuchten, Ekel erregenden und von Ratten bevölkerten Kellergewölben« sahen die Sarajewo-Attentäter einem qualvollen, langsamen Tod entgegen. Dazu kamen körperliche Züchtigungen beziehungsweise Misshandlungen. Die schäbigen Zellen in den unterirdischen Kasematten Theresienstadts, ungeheizte Räume, in denen im Winter das Wasser in den Krügen gefror, schlechte Kost und verschiedene Verstöße gegen die Strafvollzugsordnung, etwa die Bestimmung, nicht einmal den nächsten Verwandten einen Besuch der Gefangenen zu gestatten, führten zur psychischen und physischen Zerrüttung der Betroffenen.[3] Der Mörder des Thronfolgerpaares und seine engsten Komplizen, die zudem über lange Zeit – entgegen den Verfügungen des Kriegsministeriums – an zehn Kilo schwere Ketten gefesselt waren, gingen elend zugrunde.[4]

Ein Arzt fand Gavrilo Princip 1916 als einen an Selbstmord denkenden, gedrückten, von bösartigen, blutigen Geschwülsten gequälten jungen Mann vor.[5] Princip litt an Knochentuberkulose und starb schließlich am 28. April 1918. Čabrinović und Grabež erwiesen sich als noch weniger widerstandsfähig. Sie kamen schon 1916 um, wobei man auch bei ihnen Knochentuberkulose als Todesursache angegeben hatte – nicht viel anders übrigens als im Falle weiterer Mitverschwörer, die die Haft angesichts der geschilderten Begleitumstände nicht überlebten.[6]

Zwei Verurteilte starben an anderen Unterbringungsorten, sodass schon im April 1917, also vor dem Tod Princips, nur noch sechs Sarajewo-Attentäter am Leben waren. Kurz zuvor war der 21-jährige Lazar Djukić in einer Prager »Irrenanstalt« gestorben. »Todesursache unbekannt«, hieß es in diesem Zusammenhang.[7] Tatsächlich ließ sich Djukićs Ableben relativ einfach erklären: Die Isolierung, der Nahrungsmangel, die Kälte und die Fesselung hatten den Gefangenen um den Verstand gebracht. Sein »Wahnsinn« war die unmittelbare Folge der vorangegangenen Haft in Theresienstadt gewesen.[8]

PARANOIA AN DER »RUSSENFRONT«

In Theresienstadt befanden sich inzwischen aber nicht nur verurteilte Gewalttäter und ausgewiesene Gegner der Habsburgermonarchie.[9] Auch andere »Elemente« galt es wegzusperren. Darüber waren sich die Behörden schon vor Kriegsbeginn einig geworden. In einer geheimen Weisung an alle politischen Landeschefs vom 23. Juli 1914 hieß es: »Es muß getrachtet werden, auch bedenkliche und unverlässliche Inländer, welche im Verdachte stehen, dass sie mit dem Feind konspirieren oder die Mobilisierungsaktion stören könnten, im Alarm- und Mobilisierungsfalle unschädlich zu machen und daher wenigstens für die kritischste Zeit nach Möglichkeit in Gewahrsam zu nehmen.«[10] Der k.u.k. Kriegsminister Alexander Baron Krobatin verfügte weiters am 20. August 1914, dass jene »inhaftierten Russophilen«, gegen »welche konkrete Verdachtsmomente vorliegen, bei denen aber das Verfahren voraussichtlich länger dauern wird, an die Garnisonsarreste in Brünn und Olmütz« – und zwar je 150 Personen – abgeschoben werden sollten, alle anderen aber, bei denen kein triftiger Grund für eine gerichtliche Verfolgung erkennbar war und die »bloß allgemein« als »politisch« suspekt galten, »ehestens nach Theresienstadt« zu schicken seien.[11] Beim k.k. Ministerium für Landesverteidigung vermerkte man kurz darauf, dass demnächst mit einer allgemeinen Verfügung zu rechnen sei, »wonach verhaftete Zivilpersonen, gegen die kein Verdacht einer konkreten strafbaren Handlung vorliegt, sondern die nur allgemein politisch verdächtig sind, in administrative Verwahrung« genommen werden sollten.[12] Mit der genauen Feststellung der tatsächlichen »Gefährlichkeit«, die angeblich von den Arretierten ausging, hielt man sich, wie sich zeigte, für gewöhnlich nicht allzu lange auf. Da sich

Verdächtigungen offenbar kollektiv auf ganze Bevölkerungsteile bezogen, waren davon auch »Mütter minderjähriger Kinder, Halbwüchsige und Greise, Bettler und Analphabeten, Geisteskranke und Alkoholiker« betroffen, obwohl sie dem Profil potenzieller Verschwörer, Aufrührer oder Saboteure kaum entsprachen.[13] »Serbophile« oder »russophile« beziehungsweise so bezeichnete »moskalophile« Strömungen waren nach Ansicht staatlicher Organe offenbar überall zu finden.

Den oben genannten Weisungen wären noch etliche weitere hinzuzufügen, die alle ab Juli – teilweise noch vor Serbiens Antwort auf das »Ultimatum« – ergingen oder zumindest angekündigt wurden. Auf den Kriegsfall und damit in Zusammenhang stehende »Sicherheitsmaßnahmen«, welche die Monarchie selbst betrafen, hatte sich die österreichisch-ungarische Militärverwaltung schon in den vorangegangenen Jahren vorbereitet. Zu den diesbezüglichen Vorkehrungen gehörte nicht zuletzt die Frage des »Zugriffs« auf die Zivilbevölkerung, deren staatsbürgerliche Rechte weitgehend außer Kraft gesetzt werden sollten. Das 1912 verabschiedete Kriegsleistungsgesetz verpflichtete die »zivile Welt«, sich beinahe unumschränkt den Bedürfnissen eines kommenden Krieges unterzuordnen. Tatsächlich verfügte das Militär auf der Grundlage dieses Gesetzes und Dutzender Ausnahmeverfügungen ab dem Sommer 1914 über eine in der Folge noch weiter anschwellende Machtfülle, die den militärischen Verwaltungsapparat unter anderem in die Lage versetzte, von Beginn an die Bekämpfung der »illoyalen« Elemente in der Monarchie mit allergrößter Härte vorzunehmen.[14] Insgesamt besaß die Armee mehr oder weniger diktatorische Handlungsmöglichkeiten, und die zivilen Behörden assistierten zum Teil bereitwillig oder gar übereifrig. »Es kann nicht bestritten werden, dass ähnlich weitgehende Maßnahmen in keinem anderen kriegführenden Land implementiert wurden, nicht einmal im absolutistischen Zarenreich«.[15] Auch im Vergleich zum verbündeten Nachbarland erwies sich die Vorgangsweise der österreichischen Behörden zu Beginn des Kriegs als besonders rigoros: »Während andere Staaten, auch das Deutsche Reich, ihre Rechtsordnung erst nach und nach auf die Kriegserfordernisse umstellten und die Zügel fester anzogen, war der Ablauf in der Doppelmonarchie umgekehrt«, denn hier »wurde bereits Ende Juli 1914 ein an Schärfe kaum mehr zu überbietender Kurs gefahren«.[16] Darüber hinaus bemühte sich das Militär hartnäckig um eine auch nach dem Krieg wirksame Rechtspraxis in ihren eigenen Händen, um gegen gefährliche Elemente vorgehen zu können.[17] Der Widerstand gegen die ausufernden militärischen Begehren regte sich dabei seitens der österreichischen Regierung insgesamt offenbar weniger als seitens der ungarischen.[18]

Eine Abschwächung der harten Gangart wurde erst nach Beginn der Regentschaft Kaiser Karls und angesichts innenpolitischer Veränderungen eingeschlagen, einhergehend mit einem Machtverlust des Kriegsüberwachungsamtes (KÜA)[19] beziehungsweise der später in »Ministerialkommission im Kriegsministerium« umbenannten Institution, welche die Ausnahmeverfügungen gewissermaßen koordinierte. Ob die relative Desorganisiertheit und Überforderung innerhalb des Kriegsüberwachungsamtes, die dem nachmaligen Studium der im Kriegsarchiv in Wien verwahrten Akten der Behörde vor allem in den ersten Kriegswochen zu entnehmen ist,[20] eher den »Eindruck eines unkontrollierten Manövrierens auf stürmischer See als jenen der harten Faust der Kriegsdiktatur« nach sich ziehen sollte, sei dahingestellt.[21]

Die von Misstrauen durchdrungene Haltung der Verwaltung und insbesondere des Heeres korrelierte mit einer nicht enden wollenden Flut von Denunziationen oder zumindest kritischen Berichten nicht zuletzt über die ukrainischen Staatsbürger der Donaumonarchie. So kursierten etwa Gerüchte über geplante Attentate auf den neuen Thronfolger Karl oder andere Mitglieder des Kaiserhauses, denen angeblich »moskalophile«, als »Flüchtlinge« getarnte »Galizianer« nach dem Leben trachteten.[22] Auch in der Steiermark, wo man Slowenen der »Serbophilie« verdächtigte und Italiener als Spione identifizierte, wurde unter anderem vor einem »Putschversuch« der »Garibaldianer« gewarnt.[23]

Eine regelrechte Hysterie griff um sich. Abgesehen von Verleumdungen gegen Einzelpersonen vor dem Hintergrund des Nationalitätenstreites zwischen Polen und Ruthenen im Habsburgerreich[24], ging es zunehmend um Anschuldigungen, die bestimmte Gesellschaftsgruppen, Regionen und Ortschaften insgesamt betrafen. »Ich selbst«, hieß es beispielsweise im Schreiben eines Beamten an das »k.u.k. Verteidigungsbezirkskommando« in Ost-Žurawica, »domiziliere als Bezirksforstinspektor in Brody und kenne die Verhältnisse dortselbst sehr genau und habe Gelegenheit gehabt, die Bevölkerung kennen zu lernen und das Gefühl gewonnen, dass sowohl in diesem Bezirke, als auch in den angrenzenden (Radziechow, Kamionka, etc.)« Distrikten, »was Patriotismus und Vaterlandsliebe anbelangt«, die Lage »viel zu wünschen übrig lässt«.[25] Beim 1. Feldbataillon des k.k. Landsturminfanterieregimentes Złoczów

Nr. 31 kam man wiederum zu dem Schluss, dass die »jahrelangen Umtriebe der russophilen Propaganda in den Grenzgebieten« nicht ohne Erfolg geblieben waren. Die »Sinne der Leichtgläubigen« seien verwirrt worden, ergänzte man hier, um solcherart unter anderem Desertionen zu erklären.[26] Immer öfter wurden nun auch ruthenische Soldaten der Habsburgerarmee der Illoyalität verdächtigt. »Österreichische Kriegsgefangene, die aus Ost-Galizien herkommen«, meldete diesbezüglich etwa ein »Konfident« im Jänner 1915 an das Festungskommando Przemyśl, »werden von den Russen zur Ablegung des Untertaneneides überredet und nach Ablegung des Eides in ihre Heimatgemeinden frei gelassen«.[27]

Aufgrund der Befehlslage konnte hart durchgegriffen werden. Die Zahl der Arretierten stieg schnell. Am 21. August 1914 meldete das k.u.k. Festungskommando Przemyśl, dass »jeden Tag neue Zivilgefangene eingeliefert« würden und deshalb »in kürzester Zeit kein Raum mehr vorhanden« gewesen sei.[28] Die Militärs ebenso wie die Zivilbehörden baten um die Unterbringung der betroffenen Personen an anderer Stelle. Der Statthalter von Galizien wusste bereits Anfang September 1914 von »mehr als 1000 Internierten« zu berichten und ersuchte den k.k. Ministerpräsidenten Karl Graf Stürgkh, deren Überstellung »in ein anderes Kronland« zu veranlassen.[29] Darüber hinaus befanden sich schon bis Ende August allein im Garnisonsgericht Lemberg 1625 Personen in »Untersuchungshaft«.[30]

Unter solchen Bedingungen mussten im Landesinneren neue Unterkünfte für die aus dem nordöstlichen Frontgebiet der Donaumonarchie deportierten vermeintlichen oder tatsächlichen »Freunde des Zarenreiches« gefunden werden. Dass sich unter diesen »auch solche« befanden, »die nur infolge von Missverständnissen oder falschen Denunziationen mit betroffen« waren, konzedierte auch das Kriegsüberwachungsamt, das am 9. November 1914 außerdem Zahlen der bis dahin festgenommenen, »nach dem Hinterlande zur Internierung gebrachten Russophilen« nannte. Abgesehen von einzelnen »Delinquenten« bei Landwehrgerichten beziehungsweise in Ungarn waren demzufolge bis zu diesem Zeitpunkt bereits mehrere Tausend »Russophile« interniert: »Am Thalerhof in Graz … ca. 5700, Theresienstadt in Böhmen … ca. 890, Schwaz in Tirol … ca. 40, Kufstein in Tirol … ca. 50, Niederösterreich und Oberösterreich … ca. 20.«[31]

Diese Angaben waren allerdings unvollständig, wenn man einer Stellungnahme ruthenischer Parlamentarier folgt, die am 5. Juni 1917 konstatierten, dass »die ersten Sammeltransporte« unter anderem aus den Bezirken »Skole und Turka« stammende »Verdächtige« zunächst nach Kärnten, und zwar nach St. Veit und Wolfsberg, gebracht hatten.[32] Obwohl nicht geklärt werden kann, ob es sich bei diesen »Evakuierten« um »als vertrauenswürdig angesehene Zivilisten« handelte, die aus strategischen Erwägungen das Kampfgebiet zu verlassen hatten, oder um »zu einfachen Verrätern« gestempelte »Tiroler des Ostens« – so die von den »Volksvertretern« verwendete Redewendung zur Verdeutlichung der besonderen Loyalität vieler ukrainischer Untertanen des Habsburgerreiches –, steht eines fest: Die Züge mit Deportierten beziehungsweise Evakuierten rollten auch nach den ersten Kriegsmonaten weiter in das »Innere« der Monarchie. Russische Offensiven führten im Laufe des Jahres 1916 überdies zu neuerlichen »massenhaften Zwangsverschickungen«. Das Misstrauen der Behörden verwischte auch hier vielfach die Grenzen zwischen »Internierten« beziehungsweise »politisch Verdächtigen« einerseits und Flüchtlingen beziehungsweise »Evakuierten« andererseits.[33]

Bereits wenige Tage nach den Ausführungen des Kriegsüberwachungsamtes im November 1914 war allein in Thalerhof die Zahl der zivilen »Insassen« laut Militärkommando Graz weiter gestiegen, nämlich auf 6680.[34] Wie viele Personen aufgrund des oft unberechtigten Vorwurfes, mit den Russen zu sympathisieren oder sogar zu kollaborieren, insgesamt arretiert und an verschiedenen Internierungsorten festgehalten wurden, ist nicht eindeutig nachzuweisen. Die vorhandenen Zahlen schwanken sogar bei einzelnen Lagern erheblich.[35]

INTERNIERUNGSWELLEN

Vergleichbare Maßnahmen wurden zur selben Zeit auch auf dem Balkan durchgeführt. Die bereits mit dem Attentat auf Franz Ferdinand einsetzende Verhaftungswelle erreichte ungeahnte Ausmaße. Mitte August 1914 brachte man etwa potenziell als unverlässlich eingeschätzte Bewohner Dalmatiens via Zagreb und Budapest in die Steiermark.[36] Aus Bosnien und der Herzegowina trafen parallel dazu die ersten Transporte in Arad ein. Mehr als 3400 Serben wurden hier im Laufe des Krieges interniert, zusätzliche 600 in Bihać.[37] Hinzu kamen weitere »unverlässliche«, meist serbische, aber etwa auch slowenische Untertanen der Donaumonarchie, die unter anderem in den Lagern Sopronnyék, Komorn,

Kecskemét, Talersdorf und Turonj untergebracht wurden. Viele Betroffene stammten neben Bosnien auch aus Srem, wo etwa 20 000 Einwohner deportiert wurden und vielfach deutschen beziehungsweise ungarischen Ansiedlern weichen mussten. Eine ebenso große Zahl musste Slawonien verlassen, darunter hauptsächlich Frauen und ältere Männer, die weit vom Frontbereich entfernt lebten und eigentlich kein Sicherheitsrisiko darstellten. Wer dabei nicht in das Kerngebiet des Habsburgerreiches deportiert wurde, kam unter anderem in ein großes Lager im bosnischen Doboj, wo sich in Summe rund 46 000 Internierte befunden haben sollen – unter ihnen ungefähr 17 000 Frauen und Kinder, die man in einer Art Sippenhaft dafür büßen ließ, dass sich ihre Männer und Väter angeblich der Belgrader Regierung als freiwillige Kämpfer zur Verfügung gestellt hatten.[38]

Allein die zahlenmäßige Größenordnung der Festnahmen zeigt freilich, dass immer öfter kaum begründete Verdachtsmomente einen wachsenden Teil der eigenen Bevölkerung trafen. Beim Kriegseintritt Italiens und Rumäniens in den Jahren 1915 und 1916 trat zutage, dass mit jedem neuen Kampfschauplatz eine vergleichbare Repressionsdynamik einherging. Schon im Mai und Juni 1915 waren beispielsweise knapp 6000 »politisch Unzuverlässige« aus dem Küstenland und dem Trentino in das Hinterland deportiert worden. Viele von ihnen kamen nach Katzenau bei Linz.[39] Weitere Transporte folgten, sodass in Summe etwa fünf Prozent der aus den Grenzgebieten zu Italien kommenden Evakuierten in Internierungslagern landeten.[40]

Die Tendenz, viele Evakuierte, Flüchtlinge, Verdächtige und Verhaftete generell als »illoyale Elemente« zu stigmatisieren, basierte nicht zuletzt auf vorhandenen Feindbildern und dem Bedürfnis, nicht nur mit den Serben, sondern auch mit dem »italienischen Erzfeind« abzurechnen. Erwiesene Verratsfälle verschärften die Lage, wobei jener des für das Apenninenkönigreich kämpfenden österreichischen Parlamentariers Cesare Battisti, der 1916 hingerichtet wurde, einer der bekanntesten sein dürfte.[41]

Unter solchen Umständen verwundert es nicht, dass die Habsburgermonarchie im internationalen Vergleich nicht bloß generell aufgrund seiner großen Zahl an Zivilinternierten auffällt, sondern im Unterschied zu den meisten anderen Krieg führenden Staaten, mit Ausnahme von Russland, keineswegs nur »Feindstaatenausländer«, sondern auch eine große Zahl eigener Staatsbürger ins Visier nahm. Letztere wurden der

Illoyalität verdächtigt und entsprechend überwacht beziehungsweise »konfiniert« oder in diverse Internierungslager gesperrt.[42] Die beiden großen Vielvölkerreiche taten sich in Anbetracht diverser innerer Konflikte vor Kriegsausbruch offenkundig schwer damit, vor allem den Staatsbürgern im Bereich der umkämpften Gebiete Vertrauen entgegenzubringen. Ebenso wenig überrascht es, dass unter den festgenommenen Ausländern in der Donaumonarchie wiederum die »Erzfeinde« eine besondere Rolle spielten. 11 600 wehrfähige Männer des Apenninkönigreiches waren solcherart schon vor dem Beginn der Gefechte an der Südwestfront und vor allem am Isonzo als »zweifelhafte Elemente« in Verzeichnissen erfasst worden. Nach der Kriegserklärung Italiens wurden die »politisch Unzuverlässigen« in Leibnitz, Linz, Waidhofen/Thaya, Steinklamm, Oberhollabrunn und Hainburg interniert.[43] Hinzu kamen zirka 16 000 »Reichsitaliener«, die während der österreichisch-ungarischen Besetzung von Gebieten im westlichen Friaul und in Venetien nach der 12. Isonzoschlacht im Oktober beziehungsweise November 1917 nach Böhmen, Mähren oder Niederösterreich deportiert wurden.[44]

Eine noch größere Personengruppe trafen Verfolgungsmaßnahmen wiederum am Balkan. Als hier nach mehreren erfolglosen österreichisch-ungarischen Operationen k.u.k. Verbände mit deutscher und bulgarischer Waffenhilfe Serbien okkupierten, kam es zu Massenverhaftungen. Die vorgenommenen Festnahmen, wollte die Besatzungsadministration der Donaumonarchie bemerkt haben, würden eine »merkliche Änderung« der Stimmung »zu unseren Gunsten« bringen.[45] Ungeachtet derartiger Meldungen der Kundschafts- beziehungsweise K- oder Passkontroll-Stellen des k.u.k. Militär-General-Gouvernements (MGG) in Serbien hielten aber gerade diese Berichte permanent gegenteilige Trends fest. Aus »Furcht vor der Internierung«, meldete etwa die »K-Stelle Semendria[46]«, flüchteten »sich noch immer wehrfähige Individuen« in die »Weinberge und Kukuruzfelder« der Gegend.[47] Trotz aller »Erfolge«, ergänzten die Kollegen der »K-Stelle Kruševac«, verstecke sich »ein grosser Teil« der »zu internierenden Leute in den einzelnen Ortschaften« und nahezu die gesamte »männliche Bevölkerung« in »den Bergen«.[48]

Die Reaktion der MGG-Stellen war über weite Strecken identisch. »Schuld sind nur wir allein, nachdem die an und für sich schwer zu Ertappenden gar nicht oder nur minimal bestraft werden«, urteilte die »Kundschaftsstelle Belgrad«. Es müsse daher »rücksichtslos vorgegangen« werden, meinte wiederum die »K-Stelle Šabac«, die noch hinzufügte, dass das »hiesige Gericht seit Kurzem selbst jene Leute, die wegen verschiedener Delikte auf Grund der bestehenden Gesetzesparagraphen nur zu geringen Strafen verurteilt werden können, bei der K-Stelle zur Internierung beantragt werden«.[49]

Die Folgen dieser Vorgangsweise spiegeln sich in entsprechenden Statistiken des Militär-General-Gouvernements wider. Allein vom 30. August bis zum 10. November 1916 waren insgesamt 16 577 wehrfähige und als unverlässlich eingestufte Serben insbesondere aus dem Raum Belgrad, Kruševac, Kragujevac[50] interniert worden. »Abgeschoben« wurden die Betroffenen – wie in vielen anderen Fällen – vornehmlich in das »Innere« der Monarchie: »4399 Personen kamen nach Aschach, 4252 nach Braunau, 4667 nach Heinrichsgrün, 593 nach Nezsider (Neusiedl)«. Weitere 1576 Internierte teilte man »Arbeiter-Abteilungen« zu.[51]

Einer zu Beginn der 1930er-Jahre erstellten Statistik für »Kriegsgefangene und Zivilinternierte in den wichtigsten kriegführenden Staaten« zufolge brachte es Österreich-Ungarn beispielsweise in Russland zwar auf mehrere Zehntausend Zivilisten, die während des Ersten Weltkrieges arretiert, deportiert, überwacht und eingesperrt worden waren. Umgekehrt scheint das Habsburgerreich aber als Staat auf, in dem es kurioserweise überhaupt keine Internierten aus dem feindlichen Ausland gab. Ehemalige k.u.k. Offiziere und Mitarbeiter der österreichisch-ungarischen Heeresverwaltung hatten in einem zweibändigen Werk, das sie unter dem Titel »In Feindeshand. Die Gefangenschaft im Weltkriege in Einzeldarstellungen« veröffentlichten, bezeichnenderweise lediglich Berichte über Zivilinternierte im ehemaligen Zarenreich und in Rumänien beziehungsweise in Frankreich und Großbritannien oder in deren überseeischen Kolonien aufgenommen.[52]

UNBEGRENZTES MISSTRAUEN

Seitens der früheren militärischen Befehlshaber der Habsburgerarmee unterblieb nach 1918 für gewöhnlich jegliche kritische Auseinandersetzung mit den Ursachen des Argwohns und den Zielsetzungen der Repressalien gegenüber vielen Zivilisten. Gewisse Nationalitäten waren – wie auch in diversen Akten der k.u.k. Heeresadministration festgehalten – kollektiv der »Illoyalität« beschuldigt worden. Hatte man vorerst mit begründeter Skepsis bestimmte antimilitaristische Vereinigungen und Kundgebungen, oppositionelle Politiker, Organisationen und »periodische Druckschriften« ins Visier genommen,[53] so ging es bald um umfassendere Konzepte. Obwohl beispielsweise die militärischen Anträge zur Umbenennung der italienischen Ortsnamen im Trentino in deutsche vom Tiroler Statthalter abgelehnt wurden, beweist allein die Existenz solcher Forderungen, wie weit man in Hinblick auf den Umgang mit den Nationalitäten des Reiches zu gehen bereit war.[54] Im Falle der serbischen Bevölkerung wurden rigorose Maßnahmen umgesetzt. Die Verwendung der serbischen Kyrilliza in den kroatischen Schulen musste sich per Verordnungen vom 3. und 13. Oktober 1914 auf religiöse Anweisungen beschränken. Weitere Verfügungen mit vergleichbaren Intentionen betrafen den Schriftwechsel mit Behörden und das Unterrichtswesen in Dalmatien. Schließlich dekretierte man am 25. Oktober 1915 von »allerhöchster Seite« das Verbot der öffentlichen Verwendung der kyrillischen Schrift in Bosnien und Herzegowina.[55] Lediglich Tätigkeitsbereiche der serbisch-orthodoxen Kirche blieben davon ausgenommen, obwohl sich seitens österreichisch-ungarischer Repräsentanten gerade auch das Verhältnis zur serbischen Geistlichkeit beträchtlich verschlechterte.

Dieser Radikalisierungsprozess ließ sich dann erst recht konstatieren, als die Mittelmächte das Königreich Serbien besetzten. Die Kundschaftsstelle Valjevo des k.u.k. Militär-General-Gouvernements hielt beispielgebend für andere Dienststellen der Donaumonarchie in ihrem Monatsbericht für den Juni 1916 fest: »Der schädliche Einfluss der Popen und Lehrer […] ist allenthalben konstatierbar.«[56] Um »die Religion und mit ihr« die »Moral des Volkes wiederherzustellen«, schlug man bei dieser Gelegenheit vor: »Zuerst muss der Klerus von Grund auf reorganisiert« werden. Da es in diesem Fall, wie die Ausführungen der Nachrichtenabteilung, der Vertrauensleute und der »Kundschafter« des MGG zeigen, insbesondere auch um »Erziehungsfragen« ging, versuchte die Okkupationsmacht, die Bildungsanstalten, die sie als wichtigste Grundlage einer Agitation gegen die Monarchie und für die »panslawistisch-russischen« Interessen empfand, gründlich zu »säubern«.[57] Schon seit dem Jahresbeginn 1916 schärfte das MGG in seinen »Direktiven für das Schulwesen« den Kreiskommanden ein, »dass serbische einheimische Lehrkräfte absolut nicht angestellt werden« dürften.[58] K.u.k. Militärs, etwa kroatische Unteroffiziere, sollten nach Ansicht der Besatzungsadministration unterrichten. Aus den Schulordnungen und Unterrichtsplänen verbannte man nicht allein die kyrillischen Schriftzeichen, sondern sogar das Wort »Serbien«.[59]

»Alle schädlichen Einflüsse und feindlichen Elemente« galt es zu bekämpfen,[60] eine Zielsetzung, die sich gravierend auch auf das Zusammenleben der Bevölkerung an sich auswirkte. Wieder waren es die »Kundschafter« der Nachrichtenabteilung des k.u.k. Militär-General-Gouvernements in Serbien, die diesbezüglich Fehlentwicklungen registrierten. Die »K-Stelle Grn. Milanovac« wies im Sommer 1916 etwa darauf hin, dass den »Gemeindevorstehungen« oftmals »aus Parteienhader verschiedene Vergehen in die Schuhe geschoben« würden. Es sei eine »Tatsache«, dass – »um eine Kleinigkeit« und »für was auch immer« – die »nötigen«, teilweise »sehr zweifelhaften Zeugen« für »An- und Beschuldigungen« jedweder Art zur Verfügung stünden.[61] Vor diesem Hintergrund komme es wiederum vor, meldete im Juni des gleichen Jahrs die »K-Stelle Palanka«, dass »beinahe alle Gemeindevorstehungen« umgekehrt »ihre Stellung« zur »Ausbeutung der Bewohner und zum Denunzieren ihrer persönlichen Feinde missbrauchen«.[62] Prinzipiell, fügte die »K-Stelle Grn. Milanovac« hinzu, gebe es eine Menge »Anzeigen«, bei denen »man sicher sein« könne, dass sie »auf alten unausgetragenen politischen« und »persönlichen Feindschaften« basierten. Nicht selten würden die Besatzungsbehörden daher Zeugen, wie einer »Anzeige sofort die Gegenanzeige« folge.[63] Darauf angemessen zu reagieren, sei aber meist unmöglich, und zwar auch deshalb, weil sich sogar bei der »Verwaltungsbehörde erster Instanz« niemand befinde, »der der Landessprache mächtig ist«.[64] Beipflichtend meinte zur selben Zeit auch die Kundschaftsstelle Kruševac: Die »oberste Aufgabe der eigenen Verwaltung«, den zweifelhaften und feindlich gesinnten »Elementen nachzuspüren« und »sie im gegebenen Fall rücksichtslos zu beseitigen«, werde »wesentlich durch den Umstand erschwert, dass vielfach Leute im exekutiven Verwaltungsgebiete tätig sind, welche der Landessprache ganz und gar nicht mächtig sind«.[65]

Angesichts derartiger Verhältnisse wurden Denunziationen als Ursache massenhafter Arretierungen, Deportationen und Internierungen allmählich zu einem grundlegenden Problem. Dennoch dauerte es noch ein volles Jahr, bis das Militär-General-Gouvernement zu der Einsicht gelangte, dass über »Zweck und Handhabung der Internierungen vielerorts unrichtige Auffassungen zu bestehen scheinen«.[66] So sollte es etwa laut Schreiben vom 19. Juni 1917 »nicht vorkommen, dass z. B. ein ganz harmloser Mann, der überhaupt keinen Einfluss auf die Bevölkerung hat, interniert wird, weil er eventuell im angeheiterten Zustande eine gegen uns«, also die Donaumonarchie, »gerichtete Äußerung machte [...], eine Meldung unterließ oder dgl. [...] Es ergibt sich daher, dass vor der Entscheidung über die Internierung genaue Erhebungen über die Handlung oder Unterlassung eingeleitet werden, um die materielle Wahrheit zu ergründen, damit einerseits eine Internierung nicht aus Gehässigkeit, durch Denunziation etlicher Leute heraufbeschworen wird und damit andererseits von der Internierung ev. abgesehen werden kann.«[67] Das MGG bemängelte zudem, dass »etwaige Verleumder« bislang »straflos« ausgegangen waren und dass Verfolgungsmaßnahmen oft schon aufgrund der »bloßen passiven Zugehörigkeit zu einer politischen Partei« eingeleitet würden. In Hinkunft genauer hinzusehen, hieß es abschließend, werde das »Vertrauen« der lokalen Bevölkerung »in die Gerechtigkeit und Objektivität der k.u.k. Behörden festigen«. Daneben behielt die österreichisch-ungarische Okkupationsverwaltung aber ein ihr gleichermaßen wichtiges Anliegen im Auge, nämlich, wie explizit festgehalten wurde, nicht durch »schlecht begründete« Massendeportationen dem »Hinterland« Versorgungsschwierigkeiten aufzuhalsen und dem Gouvernement selbst wiederum Arbeitskräfte zu entziehen. Kriegswirtschaftliche Kalkulationen der Habsburgermonarchie hatten laut derartigen Erwägungen demnach ein mindestens ebenso großes Gewicht wie das Bemühen, die ohnehin bereits bestehende Kluft zu den Einheimischen nicht noch durch manch »kleinliche Chikane«, wie es hieß, zu vertiefen.[68]

DIE LEIDEN DER BETROFFENEN

Mit »Chikane« waren in diesem Fall die Internierungen gemeint. Für die Festgenommenen und Deportierten, aber auch für ihre zurückgebliebenen Angehörigen und letztlich für die gesamte Einwohnerschaft der Grenz-, Etappen-, Front- und Okkupationsgebiete erwies sich die Vorgangsweise der Habsburgerarmee freilich keineswegs bloß als »kleinliche Chikane«. Viele, die interniert wurden, verstanden zunächst gar nicht recht, was überhaupt mit ihnen geschah. Vor allem die Betroffenen aus ländlichen Regionen, die zum Teil nicht lesen und schreiben konnten, mussten in dieser Situation auf hilfsbereite »Schriftkundige« hoffen, die ihre Lage zu Papier brachten. Im Namen des Internierten Peter Kopecki, eines 25-jährigen »Grundwirtes« aus dem Bezirk Žółkiew, wurde etwa notiert: »Derselbe wurde am 12. April 1916 zum zweiten Mal durch die Gendarmerie [...] verhaftet und nach einem kurzen Verhör nach Thalerhof abgeliefert. Die Ursache der Verhaftung ist ihm jedoch unbekannt geblieben.« Kopecki sei »sich einer Schuld nicht bewusst«, bitte »um seine Entlassung aus der Haft« und berufe sich, »was seine politische Unbedenklichkeit anbetrifft, auf die k.k. Bezirkshauptmannschaft in Žółkiew«.[69] Für den galizischen Landwirt Sofron Krynicki hielt ein Schreiber gegenüber den offiziellen Stellen fest: »Derselbe wurde am 5. September 1914 in Krynica Bez. Neusandez durch k.k. Gendarmen verhaftet und ohne Verhör nach Thalerhof abgeliefert. Die Ursache ist ihm jedoch unbekannt geblieben.« Krynicki ließ noch niederschreiben, dass er vielleicht durch den Streit um seine heimatlichen Liegenschaften »Konkurrenten« auf den Plan gerufen habe, »welche jetzt die Gelegenheit ausgenützt« hätten, ihn loszuwerden.[70] Von »böswilligen Verdächtigungen« sprachen indes ganz unverblümt 16 vorwiegend der römisch- und griechisch-katholischen Geistlichkeit angehörende Personen: »Ohne Vorbehalt irgendwelcher konkreten strafbaren Handlungen, vielmehr« nur »deshalb, weil uns angeblich eine staatsfeindliche Gesinnung zugemutet wird«, kamen sie ihrer Einschätzung nach in Haft.[71]

Tatsächlich waren die vorgebrachten Beschwerden nicht aus der Luft gegriffen. Selbst den zuständigen Behörden kamen in Bezug auf die angebliche Illoyalität der Internierten Bedenken. Unbefriedigend musste auch der Mangel an Informationen wirken, der sich in diesem Zusammenhang auftat. Schon am 7. Oktober meinte das k.u.k. Militärkommando in Graz gegenüber dem k.k. Ministerium für Landesverteidigung: »Bezüglich des weitaus größten Teiles der am Thalerhofe internierten Leute aber ist der Grund der Einlieferung hieher nicht bekannt gegeben worden, bis auf die allgemeine Bezeichnung des Transportes als politisch Verdächtiger. Sehr viele dieser politisch Verdächtigen haben Ansuchen um ihre Befreiung eingebracht, indem sie ihre Anhaltung als Missgriff bezeichnen, der durch anonyme Anzeigen von gehässiger Seite oder sonst auf unerklärliche Weise veranlasst worden sei. Insbesondere behaupten etwa 60 Personen in einer Eingabe, dass sie als Ruthenen der ukrainischen Partei angehören, deren russenfeindliche und staatstreue

Gesinnung bekannt sei. Allem Anschein nach ist diese Behauptung auch zutreffend, wie sich der k.k. Militäranwalt durch Vernehmung einiger dieser Internierten überzeugt hat.«[72]

In anderen Fällen kamen nachforschende Institutionen zu ähnlichen Ergebnissen. Dennoch erhielten Internierte selten eine Antwort auf ihre Bitten und Sachverhaltsdarstellungen, die sie oft an »höhere und allerhöchste Stellen« des Habsburgerreiches sandten. Der Monarch galt den Arretierten ungeachtet des Widerfahrenen vielfach als moralische Instanz: »Ich dachte da an das gütige, edle und menschenfreundliche Herz unseres Kaisers, dem von diesen furchtbaren Dingen sicher nichts bekannt ist«, schrieb zum Beispiel der »siebzigjährige Pfarrer von Czorna, Hochwürden Ill. Tuna«, der angesichts seiner eigenen Erlebnisse explizit den Schutz Franz Josephs erflehte. Tuna war mit einer Reihe anderer am 8. September 1914 verhaftet und nach Przemyśl eskortiert, auf dem Weg mit Kolben geschlagen, beschimpft und bespuckt worden. Nach beschwerlicher Überstellung ins Innere der Monarchie kam er schließlich im Lager Thalerhof an, das er nur mit »Gestank und Schmutz« assoziierte und wo er, so seine Worte, »zitternd und fröstelnd, ausgehungert und völlig erschöpft, an Körper und Seele gebrochen dalag«.[73]

»Hochwürden Tuna« wählte starke Worte und emotionelle Schilderungen. Seine Eindrücke teilten aber auch andere Betroffene. Die vielen »Entbehrungen und Strapazen« der »Internierung haben mich gänzlich entkräftet«, meinte etwa am 19. Dezember 1916 der 60-jährige Landwirt Lukas Plaskon, der hinzufügte: »Ich leide viel unter Brustbeschwerlichkeiten, an Kopfschmerzen und bekomme Bluthusten. Ich bitte ergebenst, mich in Thalerhof unnötig nicht sterben zu lassen.« Plaskon ersuchte schließlich darum, in seinem »Heimatorte sterben« zu dürfen.[74] Anfang 1917 wandte sich die Internierte Maria Modrycka an ihre Mutter in Borysław mit der Bitte, ihr Brot zu schicken, »denn unser Schwein hat Besseres zum Essen bekommen als wir«. Am gleichen Tag meinte ein anderer Lagerinsasse, der ebenfalls an seine Mutter in Galizien schrieb: »Wenn es Dir möglich ist, so schicke mir Brot. Hier kann ich keines bekommen.«[75]

Dass zu den katastrophalen Lebensbedingungen mitunter noch physische Gewalt hinzukam, erwähnte indes keineswegs nur Pfarrer Tuna. Der galizische Landtagsabgeordnete und »k.k. ukrainische Freischütze Michael Nowakowskyj«, der seine Loyalität gegenüber der Habsburgermonarchie besonders betonte, empörte sich beim Ministerium für

Landesverteidigung, dass man nicht bloß viele Bekannte und »österreichische Patrioten arretiert«, sondern speziell seine Frau »brutal schikaniert« habe.[76]

Schwer wog in Bezug auf die Verhältnisse in Thalerhof indessen auch der Vorwurf eines Häftlings, der Ende September 1914 meldete, »durch einen Bajonettstich« eines Wachpostens in die »rechte Brustseite« verletzt worden zu sein. Die Lagerleitung verteidigte jedoch das Vorgehen als »vollkommen berechtigt« und »korrekt«.[77] Überhaupt fiel auf, dass die erhebenden Organe solchen Fällen wenig Beachtung schenkten, obwohl Emigranten in den Vereinigten Staaten diesbezüglich harte Kritik übten. Darauf Bezug nehmend, verlangten Reichsratsabgeordnete schließlich genauere Nachforschungen. Das Militärkommando Graz, das Kriegsüberwachungsamt und die Steiermärkische Statthalterei wurden in der Folge aktiv. Unter anderem entschloss man sich, ehemalige Lagerkommandanten zu befragen – eine Vorgehensweise, die zu durchaus bedenklichen Resultaten führte. Selbst die verantwortlichen Offiziere gestanden nämlich ein, dass beispielsweise einzelne Internierte zu erniedrigenden Arbeiten gezwungen worden waren. Auch im Verlauf weiterer Einvernahmen stellte sich heraus, dass man den Arretierten aufgrund des »Verdachtes des Hochverrates« mit »keinen besonderen Gefühlen der Freundschaft« begegnete, wodurch selbst »ganz unschuldige Personen« herabgewürdigt wurden. Dass es in diesem Zusammenhang nicht immer bei Beschimpfungen blieb, gaben die Befragten offen zu. Internierte, die sich häufig aus nachvollziehbaren Gründen ungerecht behandelt fühlten, waren in den Augen der k.u.k. Militärs meist »äußerst renitent«. Die Disziplin, hieß es, konnte für gewöhnlich nur durch die »Anwendung größter Strenge und eiserner Disziplin aufrechterhalten werden«. Wiederholt habe man von der Waffe Gebrauch gemacht und teilweise harte, oft abschreckende und unzeitgemäße Strafen wie das mehrstündige Anbinden oder Schließen in Spangen verhängt. Es waren also die Verantwortlichen der Heeresverwaltung selbst, die zahlreiche Übergriffsvorwürfe bestätigten. Immerhin 41 Menschen wurden allein in Thalerhof schwer verletzt, acht weitere Häftlinge kamen infolge von Gewalteinwirkung ums Leben.[78]

MASSENSTERBEN

Die auch seitens der Behörden mehr oder weniger offen eingestandenen katastrophalen sanitären und infrastrukturellen Zustände in den Internierungslagern zogen Konsequenzen nach sich, die in Hinblick auf die Opferzahlen noch schwerwiegender waren als die geschilderten Übergriffe. Zunächst konnten Missstände in den Lagern auf eklatante Mängel in der vorbereitenden Planung zurückgeführt werden. Die eintreffenden Züge luden Menschenmassen in Ortschaften aus, die für deren Empfang keine Vorkehrungen getroffen hatten. Als etwa am 4. September 1914 der erste Transport in Thalerhof eintraf, mussten die Verschleppten die ersten Nächte unter freiem Himmel verbringen. Die entstehenden Unterkünfte, Aborte, Latrinen beziehungsweise Wasserversorgungen trugen allerdings auch in den kommenden Wochen wenig zur Besserung der Lage bei.[79] Mediziner kamen zu einem vernichtenden Befund: »Die Inhaftierten«, notierten sie, waren »total verunreinigt und mit Körperläusen bedeckt«. Darüber hinaus »gab es nicht wenige mit Krätze und Trachom. Eine durchgreifende Körper- und Bekleidungsreinigung war jedoch vorderhand mit Rücksicht auf die grosse Personenzahl«, darunter »viele Frauen und Kinder, von denen fast niemand über eine zweite Wäschegarnitur oder Kleidung verfügte, sowie aus Mangel an geeigneter Wasch- und Desinfektionsgelegenheit unmöglich«.[80]

Auch die Bezirkshauptmannschaft Graz klagte über das Fehlen von »Desinfektions-Vorkehrungen« bei einer »fortwährenden Zunahme der Zahl der Internierten«. Die Betroffenen selbst, die unter anderem bei allerhöchsten Stellen nachfragten, ob denn tatsächlich auch »Kinder im vorschulpflichtigen Alter« oder gebrechliche »Greise« als gefährliche Verräter einzustufen seien, waren »untergebracht in aus leichtem und feuchtem Holzmateriale errichteten, allen möglichen Witterungsunbilden zugänglichen, der Gesundheit äußerst schädlichen Baracken, in denen auf sie tags- und nachtsüber von der Innenseite des Daches das Wasser ununterbrochen« herabtropfte. »Je zweihundertfünfzig Personen« befanden sich auf einem Raum von 400 Quadratmetern. Sie schliefen »auf verfaultem, am feuchten Erdboden ausgestreuten, von Ungeziefer wimmelnden Stroh, ohne jedwedes Bettzeug, ja selbst ohne Decken, […] ohne warme Wäsche, Kleidung und Beschuhung«, und waren »der rauen Winterkälte und infolgedessen den schwersten Lungen-, Herz-, Haut-, Magen- und rheumatischen Leiden, wenn nicht der Todesgefahr selbst ausgesetzt«.[81]

Angesichts der dürftigen Ernährung, der mangelnden Barackenreinigung und fehlenden Desinfizierungsmöglichkeiten begannen sich, wie auch das inspizierende Sanitätsdepartement des k.k. Ministerium des Innern aufzeigte, Seuchen auszubreiten. Über 6000 Krankheitsfälle wurden im Laufe von vier Jahren registriert. Bei einer Gesamtzahl von rund 16 400 Internierten im selben Zeitraum erkrankte demgemäß mehr als ein Drittel der Lagerinsassen. Cholera und insbesondere Bauch- und Flecktyphus, die auch fast das gesamte medizinische Personal in Mitleidenschaft zogen, forderten zahlreiche Opfer. Gemeinsam vor allem mit »Ödemkrankheiten« und der Tuberkulose waren sie für 82 Prozent aller Todesfälle verantwortlich, wobei der Großteil der 1448 Betroffenen innerhalb weniger Monate, vom November 1914 bis zum März 1915, starb.[82] Bis zum 23. Jänner erkrankten insgesamt 658 Menschen, von denen 104 ums Leben kamen. Bis zum 2. Februar waren 1223 Erkrankungen und 237 Tote, bis zum 15. Februar weitere 395 Flecktyphus- und 174 Sterbefälle zu beklagen. Ab dem Frühjahr 1915 entspannten sich dann die Verhältnisse merklich, auch wenn in den nachfolgenden Jahren immer wieder erhöhte Mortalitätszahlen beziehungsweise -raten registriert wurden.[83]

Gleichzeitig wurde offensichtlich, dass es sich bei den Zuständen in Thalerhof um keine Ausnahme handelte. Die Situation vieler Serben im Lager Arad war um nichts besser. Die Internierten, vorwiegend Untertanen der Donaumonarchie aus den Grenzgebieten, befanden sich in einer mittelalterlichen Burg, die für die Unterbringung größerer Menschenmassen – darunter etliche Familien mit Kindern und alte Menschen – nicht im Geringsten geeignet war. Die elenden Verhältnisse in den Gemäuern begünstigten den Ausbruch von Epidemien, allen voran von Flecktyphus. Hinzu kamen Tuberkulose und Unterernährung bei gleichzeitiger Anhaltung zu teils schwerer Arbeit. Zahlreichen Häftlingen – und speziell vielen jungen Leuten – mussten als Folge von Erfrierungen Arme oder Beine amputiert werden.[84] Viele gingen elend zugrunde, heißt es etwa in den Tagebuchnotizen des internierten Damjan Djurić. Ihm zufolge gab es in Arad hauptsächlich aufgrund von »Erschöpfungen und Infektionen« allein am 21. Jänner 1915 58 Tote, am nächsten Tag 32, am übernächsten 28, am 24. Jänner 46, am 27. Jänner 21, am 28. 27, am 29. 38, am 2. Februar 46, am 3. Februar 25 und am 6. Februar 30 Sterbefälle.[85]

Dass der Jahresbeginn 1915 durch katastrophale Mortalitätszahlen auffiel, zeigten im Übrigen auch Nachforschungen bezüglich des dem Militärkommando Pozsony (Bratislava) unterstehenden Lagers

Nezsider.[86] Hier kamen nach statistischen Angaben in der ersten Jahreshälfte 1915 mehr als 1300 vorwiegend serbische, montenegrinische und albanische Internierte ums Leben. Bis zur Jahreswende waren zudem bereits 534 Personen gestorben. Anders als in Thalerhof hatte man aber in Neusiedl auch während der nachfolgenden Jahre immer noch vergleichsweise viele Tote zu beklagen: In der ersten Jahreshälfte 1916 beziehungsweise 1917 waren es 993 beziehungsweise 748 Personen.[87]

Die Lebensbedingungen, denen im Lager Nezsider von Oktober 1914 bis März 1918 nachweislich 4593 Serben, Montenegriner und Albaner zum Opfer fielen, spotteten jeder Beschreibung. Oberstabsarzt Dr. Schattenfroh sprach in einem Inspektionsbericht am 20. März 1915 von »sanitär außerordentlich bedenklichen Stall-Ubikationen« für viele Internierte. Dass die Bevölkerung noch dazu seitens der Lagerleitung dazu angehalten wurde, den Festgehaltenen – darunter viele Frauen und Kinder – »keine Lebensmittel zuzutragen«, musste aufgrund der miserablen Versorgungslage gleichfalls nachdenklich stimmen.[88] Während dem k.u.k. Kriegsministerium seitens der zuständigen Militärs vor Ort zur selben Zeit der Eindruck weitgehend zufriedenstellender und geordneter Verhältnisse vermittelt werden sollte,[89] kam Dr. Schattenfroh zu einem ganz anderen Urteil. Am 28. März 1915 konstatierte er: »Die Internierten sind notdürftigst in der Kaserne untergebracht und die meisten verbringen die Nacht auf dem nackten Fußboden, ohne Strohsäcke«, zumal »die Wohnbaracken im Lager noch immer nicht bezugsfähig sind. Die sanitären Zustände sind bei dichtestem Belag außerordentlich bedenklich [...]. Es mangelt an Wäsche und Kleidern. Die Kranken sind zum Teil in Stallungen untergebracht und diese sind vollkommen überbelegt. Infektionskranke und Nichtinfektiöse sind nicht ausreichend voneinander getrennt.« Außerdem »fehlen Naphtalinsalbe und Desinfektionsmittel [...]. Völlig mangelhaft ist auch die ›Abfallstoffbeseitigung‹, die derzeit nur aus Latrinen besteht, ergänzt durch Blechtonnen in Verschlägen als Nachtaborte vor den Baracken. [...] Überall ist der Boden durch die Witterung verschlammt, der Kot um die Brunnen manchmal mit menschlichen Exkrementhaufen vermengt.«[90]

Einige Zeit später nahmen sich Abgeordnete des 1917 wiedereröffneten Reichsrates der diesbezüglichen Tragödie unter den serbischen Internierten in der Donaumonarchie an. Als es im Verlauf dieses Jahres hinsichtlich der Verhältnisse in Nezsider sowie Vasmegye, wo ebenfalls Serben interniert waren, zu einer parlamentarischen Anfrage kam, wischten die damit konfrontierten Instanzen die vorgebrachten Vorwürfe vom Tisch. Die als Folge der Flecktyphusepidemie zu verzeichnende hohe Opferzahl zu Beginn des Krieges wurde nicht in Abrede gestellt. Verantwortlich hierfür machte man aber den bereits bei Ankunft der Betroffenen konstatierten schlechten Gesundheitszustand derselben. Die beanstandete Unterversorgung der Internierten wurde zurückgewiesen, und man verabsäumte es nicht, darauf hinzuweisen, dass sich die Ernährungslage »des Gros unserer einheimischen Bevölkerung [...] gewiß wesentlich ungünstiger« gestalte als jene der betroffenen Serben. Ausführlich geschildert wurden des Weiteren die als ideal präsentierten Lebensbedingungen im Lager Nezsider mit Desinfektions- und Badeanstalt, serbischer Kirche, weiten Arealen für Spaziergänge, kleineren Werkstätten sowie Kinderspielplätzen. Die Internierten durften sogar in Begleitung von Aufsichtspersonen Kinovorstellungen im nahe gelegenen Ort besuchen. Bis auf den Umstand, dass die Internierten »untereinander unverträglich« seien, erschien das Leben in Nezsider demnach als geradezu idyllisch. Freilich, wurde eingestanden, war die Sterblichkeit unter den Ende 1917 immer noch 10 000 Internierten »tatsächlich verhältnismäßig hoch«. Pro Tag verstarben im Durchschnitt 4 Personen.[91] Die Reaktion auf die erhobenen Vorwürfe las sich als nüchterne, selbstrechtfertigende Entgegnung einer Administration, die den Zynismus ihrer Darlegungen wohl gar nicht erst bemerkte.

Nichtsdestoweniger drängt sich der Eindruck auf, dass die bisweilen grob fahrlässige Handlungsweise der Verwaltungsorgane und die in vielen Akten nachweisbare Skepsis, Despektierlichkeit oder offene Feindseligkeit gegenüber »Feindstaatenausländern«, oftmals völlig zu Unrecht verdächtigten »Elementen« und »Völkern« auf vermeintlich niedrigerem Kultur- beziehungsweise Zivilisationsniveau wohl in einer bestimmten Größenordnung mitverantwortlich am Elend und an den hohen Opferzahlen unter den Internierten gewesen waren.[92] Warnungen vor entsprechenden Fehlentwicklungen, wie etwa eine Note des k.k. Justizministers vom November 1914, die auf das »Zusammenpferchen von Gefangenen«, auf die damit verknüpften Probleme in »gesundheitlicher Beziehung« und die mögliche »Ansteckungsgefahr« aufmerksam gemacht hatte,[93] trugen zu keiner grundlegenden Kursänderung bei. Die Realisierung des als notwendig empfundenen »Wegsperrens« tatsächlicher oder vermeintlich gefährlicher »Elemente« war gegenüber umgehenden Schritten zur Beseitigung von Missständen prioritär. Ein im Zuge des Krieges seitens ziviler Behörden erkennbarer Wille, die Repressionsmaßnahmen zu lockern und die allgemeinen Lebensbedingungen der Betroffenen zu verbessern, schwächelte immer dann sehr schnell, wenn es zu schweren Gefechten an der Front kam, militärische Niederlagen drohten und der Kampf gegen neue Kriegsgegner aufgenommen werden musste. Wieder kam es zu Vertreibungs- und Verhaftungswellen auf der Basis legaler, quasi-legaler und illegaler Mittel, und wieder zeigte sich, dass die Verwaltung der beargwöhnten Massen kaum zu bewältigen war. In vielerlei Hinsicht engte sich der Handlungsradius der offiziellen Stellen nun sogar noch ein, da es mit Fortdauer des »Völkerringens« zunehmend an Ressourcen mangelte und sich bald untrügliche Zeichen für eine schwere Versorgungskrise häuften.[94] Bezeichnenderweise appellierten untere Verwaltungsebenen etwa in Niederösterreich im Jahr 1916 an die zuständige Statthalterei, ausländische Internierte angesichts der sich verschlechternden Nahrungssituation »wenigstens annähernd so gut wie Kriegsgefangene [!] zu behandeln«.[95] Im folgenden Jahr wurde darauf aufmerksam gemacht, »dass im Waidhofener Bezirk jetzt ein paar tausend Ausländer hungern«, weil die Verwaltungsbehörden die Gelder für die Verpflegung um mehr als die Hälfte gekürzt hatten.[96] Längst aber hungerten im Jahr 1917 nicht nur die Internierten, und die Kriegsgefangenen, denen es vermeintlich besser erging, starben lauf Chef des Ersatzwesens im letzten Kriegsjahr vor allem infolge des Nahrungsmangels »haufenweise«.[97]

EVAKUIERTE UND FLÜCHTLINGE

Besonders betroffen von den Verschlechterungen der Lebensbedingungen sowie von den behördlichen Kontrollen und Schikanen waren neben den »aus politischen Gründen« Internierten jene Staatsbürger der Donaumonarchie, die aus den Operationsräumen der Armee evakuiert wurden oder »auf eigene Faust« geflohen waren.[98] Da sie vielfach gleichermaßen den Argwohn der Behörden und der Bevölkerung im Hinterland zu spüren bekamen, empfanden auch sie ihr Schicksal als Verfolgung und Gefangenschaft im eigenen Land. Ihr Eindruck entsprach relativ genau der Sichtweise sowohl der Generalität als auch der zivilen Führung, deren Vorgehensweise in diesem Bereich bis zur Verabschiedung eines Flüchtlingsgesetzes durch den wieder einberufenen Reichsrat im Jahr 1917 bisweilen nur wenig mit sozialstaatlichen Fürsorgepflichten zu tun hatte. Auf einer eher allgemeinen ethischen Ebene wurden Hilfsmaßnahmen als freiwillig übernommene »subsidiäre Leistungen« verstanden, die Festlegung rechtlicher Anspruchsleistungen vermied man jedoch.[99] Während der Regentschaft des »alten Kaisers« blieben hinsichtlich der durch bewaffnete Auseinandersetzungen »heimatlos gewordenen Untertanen« militärische, kriegswirtschaftliche und ordnungspolitische Interessen maßgebend.[100] Signifikant waren die diesbezüglichen Detailbestimmungen: Das k.u.k. Kriegsüberwachungsamt legte am 27. August 1914 Regeln für die Behandlung internierter In- und Ausländer vor, die vierzehn Tage später im Wesentlichen von den für die Flüchtlingsunterbringung zuständigen Behörden übernommen wurden. Die hinkünftigen Richtlinien bedeuteten eine vielfache Gleichsetzung von Häftlingen und Internierten, Kriegsgefangenen und zivilen Feindstaatenausländern, Zwangsevakuierten, Deportierten, Vertriebenen und »Entwurzelten«.[101] Staatsbürger Österreich-Ungarns – in der Mehrzahl Frauen, Kinder und ältere Menschen – gerieten unter diesen Voraussetzungen »ohne gesetzlich geregelte Ansprüche und ohne internationalen Konventionsschutz« zusehends »zwischen die Mühlsteine der Forderungen eines menschenverachtenden Militärapparates und einer zwar zentral organisierten, aber völlig unvorbereiteten zivilen Ministerialbürokratie«.[102]

Viele der als mittellos eingestuften Flüchtlinge landeten in Barackenstädten mit äußerst mangelhafter Ausstattung. Zugleich wurden die Zivilisten in den Lagern als potenzielle Arbeitskräfte betrachtet, die es nach entsprechenden ökonomischen Kalkulationen einzusetzen galt. Die Flüchtlinge firmierten als »unnütze Esser«, von denen eine entsprechende Gegenleistung für ihre – allerdings oft unzureichende – Versorgung erwartet wurde. Behördliche Restriktionen verdeutlichten diese Intention, wenn sie etwa die Abgabe von Kartoffeln an hungernde Lagerinsassen an deren Verwendbarkeit in verschiedenen Tätigkeitsbereichen knüpften.[103] Ende 1915 vermeldete das k.k. Ministerium des Innern nicht »ohne bürokratischen Stolz, dass ›rund 135 000 Flüchtlinge den Interessen der Approvisionierung und der Landwirtschaft nutzbar‹ gemacht werden konnten«.[104]

Angesichts administrativer Mängel, aber auch der vielfach elenden Lebensumstände, denen beispielsweise 1915 schätzungsweise insgesamt eine Million »Heimatlose« im Habsburgerreich ausgesetzt waren, wurden die Flüchtlinge mit unterschiedlichem Erfolg in den Arbeitsprozess der österreichisch-ungarischen Kriegswirtschaft integriert.[105] Das galt vor allem für die außerhalb von lagereigenen Werkstätten und Betrieben vorhandenen Erwerbsbereiche in der Industrie oder im Bereich der Landwirtschaft. Obwohl bereits Kinder ab zehn Jahren für diverse Tätigkeiten herangezogen werden durften, gestaltete sich jedoch die Anwerbung von Arbeitskräften angesichts des hohen Anteils an Frauen unter den Flüchtlingen, an Kindern unter zehn Jahren und an alten und gebrechlichen Menschen sowie in Anbetracht der stetig größer werdenden Zahl durch Mangelernährung geschwächter Personen schwierig. Darüber hinaus kamen antisemitische Ressentiments zum Vorschein. Jüdischen Kriegsflüchtlingen wurde zunächst die Arbeitserlaubnis verweigert, um einer befürchteten »Seßhaftwerdung« entgegenzuwirken.[106] Wie in den Gemeinden, welche die »Entwurzelten« aufnahmen oder gegen ihren Willen aufnehmen mussten, zeigten sich auch in Zusammenhang mit dem Arbeitseinsatz der Flüchtlinge grundsätzliche Vorbehalte seitens der Einheimischen.[107]

Jene, die man zu diversen Beschäftigungen heranzog, hatten nicht selten mit folgenschweren Widrigkeiten zu rechnen. Der polnische Aristokrat und Reichsratsabgeordnete Sigismund Lasocki beklagte sich zum Beispiel beim k.k. Minister des Innern wegen der Anwendung von massiven Zwangsmaßnahmen gegenüber den Flüchtlingen. »Die Baracken«, so Lasocki, »wurden in der Nacht von Gendarmen umzingelt, die Männer aus dem Schlaf geweckt, viele ihrer Frauen und Kinder mit Gewalt entrissen und nach Serbien expediert. Dort wurden sie von Hunger und Kälte gepeinigt, sie erhielten keinen Lohn«, fanden den Tod oder brachten »Keime ansteckender Krankheiten, u. a. Flecktyphus« mit und »bilden nunmehr eine eminente Gefahr für das ganze Barackenlager«.[108] Zwangsweise vorgenommene Deportationen dieser Art waren keine Besonderheit. In Ostgalizien hatte man die Bestimmungen des Kriegsleistungsgesetzes »auch auf Frauen und Kinder angewandt, die mit Gewalt aus den Dörfern verschleppt und im Hinterland zu Arbeiten in Fabriken gezwungen« worden waren.[109] Zwangsarbeit musste die eigene ebenso wie die Bevölkerung der okkupierten Gebiete leisten. Allein »im Rahmen der zweiten österreichisch-ungarischen Invasion« in Serbien waren »rund 100 000« Einheimische »als Zwangsarbeiter nach Bulgarien und Ungarn deportiert worden«.[110] Zehntausende Personen – »vor allem auch Frauen und Jugendliche« – rekrutierten wiederum die Mittelmächte in den italienischen Besatzungsgebieten.[111]

Während nicht bloß polnische, sondern auch ruthenische Parlamentarier die »Ausbeutung« der Evakuierten und ihre schlechte Verköstigung sowie niedrige oder gänzlich fehlende Bezahlung weiterhin anprangerten,[112] ließ sich kaum übersehen, dass die Flüchtlingsschicksale oft generell den Erfahrungen der Internierten glichen. Die betroffenen Bewohner der Grenz-, Etappen- und Fronträume schilderten beklemmende Vorgänge – die Zerstörung von ganzen Ortschaften »aus strategischen Gründen« und die unmenschliche Behandlung der Einwohner, die man, so ein Abgeordneter im Wiener Reichsrat, »mit dem Bajonett« hinausgetrieben hatte, ohne sie »über den Zweck und die Ursache aufzuklären« und »wenigstens einen Teil ihres beweglichen Vermögens« mitnehmen zu lassen.[113] Allein im Bezirk Przemyśl, berichtete ein weiterer Parlamentarier, habe man »47 Gemeinden auf diese Weise evakuiert, wobei die Leute, wie sie im Felde bei den Arbeiten angetroffen, meist im Hemde ohne andere Überkleider, oft bloßfüßig, weggeschleppt und weiterbefördert wurden«.[114]

Entsprechend katastrophal waren die Transportbedingungen. Auf dem Weg zu den neuen Bestimmungsorten seien »Männer von Frauen, Mütter von kleinen Kindern« auf rücksichtslose Weise getrennt worden, empörten sich Volksvertreter in der Donaumonarchie. Ihre Darstellungen über die »Evakuation« aus Galizien erwiesen sich im Laufe genauerer Nachforschungen durchwegs als zutreffend. Die Militärs pferchten Tausende in Transportzüge, die speziell im Winter nicht selten wochenlang unterwegs waren, bis sie die westlicheren Kronländer der Habsburgermonarchie erreichten. In offenen und ungeheizten Viehwaggons starben mangelhaft bekleidete Menschen an Unterkühlung. Ein Telegramm aus Lemberg informierte über die »Perlustrierungsstation« Sambor, die »zur Begräbnisstation der Evakuierten ausgeartet« sei. »Totgefrorere Leute« waren hier »weggeschafft« worden, wobei die hohe Sterblichkeit auch mit der Verpflegungssituation und der Verbreitung von Infektionskrankheiten in Verbindung gebracht wurde.[115]

Ein Beschwerdebrief an das k.k. Ministerium des Innern berichtete von »Waggons ohne Sitze und Bänke«, deren »Wände mit noch frischem Blute der vorhin beförderten Verwundeten bespritzt waren oder welche unmittelbar zuvor zum Transport von Leichen oder seuchenkranken Soldaten verwendet worden waren«. Ungeachtet dieser Missstände würden, so ein weiteres Schreiben, die Bemitleidenswerten schlecht behandelt. In gewisser Weise nehme man ihnen ihr Schicksal sogar übel, obwohl doch in Wirklichkeit die eigenen Truppenverbände und Ordnungskräfte dafür verantwortlich seien. »Gendarmen oder Landsturmsoldaten«, vermerkte man im Ministerium des Innern, umstellten die Wagengarnituren, niemandem werde »gestattet auszusteigen«, um »einen Bissen warmer Nahrung einzunehmen oder Wasser zu schöpfen oder sich zu waschen« – trotz der langen Reise.[116]

Vor diesem Hintergrund kam es wiederholt zu Handgreiflichkeiten. Flüchtlinge wurden mit Gewalt daran gehindert, die Züge zu verlassen. Aufsehen erregte vor allem das brutale Vorgehen gegen Mütter, die für ihre Kinder Nahrung beschaffen wollten. Eine Frau wurde dabei in Pardubice von einem Soldaten »spitalsreif geschlagen«. Eine Schwangere gehorchte den Anweisungen, musste dann ihr Kind im Waggon auf die Welt bringen und starb kurze Zeit später, noch während des Transportes.[117]

In weiterer Folge kreiste der Konflikt zwischen Exekutive und »Entwurzelten« insbesondere um Hygiene- und Sicherheitsdebatten, die gerade durch die massenhafte Flucht infolge des Bewegungskrieges im Osten mit seinen Umfassungsmanövern und zum Teil bedeutenden Geländegewinnen eine Hinwendung zur »bürokratischen Totalität« förderten. Die Aufgabe, große Menschengruppen zu administrieren, vollständig zu definieren und zu kategorisieren, sie nach Nützlichkeitsregeln zu integrieren oder »auszusondern«, leistete den Kontrollfantasien eines allerdings überforderten Verwaltungsapparates Vorschub und bewirkte die »Ohnmacht der Betroffenen gegenüber der Allmacht der staatlichen Organe«.[118] Wie eifersüchtig die Behörden dabei ihren Kompetenzbereich gegenüber Privaten schützten, zeigten die weiteren Entwicklungen: Offizielle Stellen appellierten zwar an die »Untertanen«, karitative Aktivitäten zu unterstützen. Die Entscheidungsbefugnisse aber wollte eine »Reichsführung«, die meist im Geist des Paternalismus handelte, niemand anderem überlassen.[119]

Während man in Kompetenzfragen zudem regelmäßig mit den ungarischen Organen in Streit geriet, die sich für die »cisleithanischen Galizier« nicht zuständig fühlten, behielten die Wiener Zentralstellen noch ein anderes Ziel im Auge: Die Lager sollten gewissermaßen als Experimentierfelder einer »deutschen«, »westlichen« Erziehung »zugunsten« ökonomisch »unterentwickelter«, kulturell »niederstehender«, »analphabetisierter« und »unsauberer Völker« dienen.[120] In den Lagern wurden unter anderem diverse Kurse, die beispielsweise der Verbesserung der beruflichen Qualifikationen der Insassen zugute kommen sollten oder aber der Zerstreuung dienten, angeboten. Dabei drängt sich allerdings die Frage auf, wer wie lange und überhaupt von derlei Einrichtungen profitierte. Abgesehen davon ist in Zweifel zu ziehen, ob der diesbezügliche Enthusiasmus der betroffenen Menschen in Anbetracht des bereits Erlittenen auch nur annähernd jener Begeisterung entsprach, mit der Lagerkommandanten oder andere Verantwortliche ihr »Werk« der Öffentlichkeit präsentierten.[121] Nicht wenige erlagen dabei der eigentümlichen »Faszination«, die von den Lagern auszugehen schien.[122] Dabei figurierte das »Barackensystem« als Inbegriff der »Modernität des ›Westens‹«[123], als ideale Umsetzung des Konzeptes von einer umfassenden Ordnung. Demgegenüber stellte sich das Lager für die Insassen als ein Ort dar, an dem eine zumindest angestrebte »totale Kontrolle« selbstbestimmtes Handeln weitgehend verhinderte und die Insassen entmündigte.[124]

Wie bei den Zwangsinternierungen überforderte die Verwaltung Hunderttausender Heimatloser den Staatsapparat.[125] Kritik an den Leistungen der Administration wurde – wie bereits mehrfach gezeigt – gemeinhin abgeschmettert, das Leiden und Sterben der Betroffenen als »Kollateralschaden« unbeeinflussbarer Faktoren (Seuchen) beziehungsweise notwendiger Entwicklungen (Maßnahmen zur Sicherung militärischer Erfolge) dargestellt. Dass sich freilich auch einzelne Behörden, darunter Lagerkommanden oder Bezirksstellen, für korrektive Maßnahmen gegen aufgetretene Fehler und Missstände einsetzten, ist indessen offenkundig. Immerhin liegen in den Archiven unzählige Berichte auf, in denen Unzulänglichkeiten unumwunden angeprangert wurden.

Während indessen die österreichische Regierung teilweise dazu überging, Flüchtlinge aus den Barackenstädten verschiedenen Aufenthaltsgemeinden zuzuweisen, ohne allerdings gänzlich vom »Lagersystem« abzugehen,[126] waren die Lebensbedingungen der bereits in diversen Orten untergebrachten Betroffenen, die mitunter einfach ihrem Schicksal überlassen wurden, in vielen Fällen kaum besser oder sogar eklatant schlechter als in den Lagern.[127] In Wien, wo die Not rasant um sich griff, befanden sich schon im Oktober 1915 137 000 Flüchtlinge, wobei bis zu diesem Zeitpunkt bereits 70 000 repatriiert worden waren.[128] Die »gemeindeweise Unterbringung« sollte laut Plänen des Ministerium des Innern »nur solange gelten, bis ausreichende Lagerkapazitäten« erreicht werden konnten. Dazu kam es aber nicht.[129]

DIE BERICHTE DER PARLAMENTARIER

Kaum war 1917 der Reichsrat in Wien nach rund dreijähriger Pause wieder zusammengetreten, thematisierten die Volksvertreter unter anderem auch die Flüchtlingsproblematik. In ihren Wortmeldungen, Anträgen und Interpellationen zogen sie zugleich Bilanz. Der Rückblick auf die Entwicklungen seit dem Beginn der Kampfhandlungen 1914 wurde zu einer bisweilen überaus harten und ernüchternden Abrechnung mit der zivilen und insbesondere mit der militärischen Führung des Habsburgerreiches. Die erhobenen Vorwürfe wogen schwer und waren keineswegs als reine politische »Agitation« abzutun. Den Behörden selbst waren die Kritikpunkte aufgrund zahlreicher Berichte durchaus bekannt. Diese fasste etwa der ukrainische Abgeordnete Lev Levyc'kyj im »Hohen Haus« so zusammen: »Die ersten Sammeltransporte« mit Evakuierten aus Galizien und der Bukowina, hieß es in seinem Antrag vom 5. Juni 1917, kamen »im Monate September 1914 nach Kärnten (St. Veit und Wolfsberg)« und »stellten ein grässliches Bild des größten Elends dar. [...] Während der strengsten Kälte und in ungeheizten Waggons« gelangten »die Leute« dann auch »am 15. Dezember nach Wolfsberg im Zustande der größten Not. Viele Kinder und ältere Personen gingen bereits unterwegs zugrunde. Auch diejenigen, die im Winter 1914/15 als Evakuierte nach Bruck an der Leitha, Premstetten und nach St. Michael kamen, waren demselben Schicksal preisgegeben. Sie hatten die Wahl, entweder während des Winters unter freiem Himmel ihren Aufenthalt zu nehmen oder in alten, verfallenen Fabrikgebäuden untergebracht zu sein. Epidemien, wie Seuchen, Flecktyphus, Scharlach, folgten ihnen auf den Fersen. Die Kinder wurden auch von den Masern dezimiert. Zur Verbreitung der Krankheiten«, setzten Levyc'kyj »und Genossen« fort, »haben mehrere Umstände, darunter folgende, beigetragen: a) Die Zentraltransportleitung entledigte sich ihrer Aufgabe auf die Art, dass der Abtransport der Evakuierten wochenlang dauerte und im Unendlichen sich hinzog, währenddem verschiedene Krankheiten um sich griffen. Besonders die Sammeltransporte, die über Ungarn ihren Weg nahmen, wurden nachlässig vorgenommen und die Evakuierten verschiedenen Schikanen ausgesetzt. Die Überführung der Evakuierten in nicht geheizten Waggons wurde zur Regel. b) Die Evakuierten wurden aus ihrer Heimat vorerst in eine von den in Mähren errichteten Quarantänestationen [...] gebracht, verblieben hier einige Wochen unter ärztlicher Beobachtung und wurden erst nach überstandener Quarantäne, in welcher sich viele wegen der schlechten Unterbringung sehr oft lebensgefährliche Krankheiten zugezogen haben«, zu den Zielorten »dirigiert«. Es »muss hervorgehoben werden, dass die Quarantänen« bisweilen »ganze Monate in Anspruch nahmen und doch zur Bekämpfung der Epidemien nicht beigetragen haben. Merkwürdigerweise brachen nämlich gleich nach Ankunft der Evakuierten in einem Barackenlager Epidemiekrankheiten aus und forderten zahlreiche Opfer. In Wolfsberg brach gleich im Oktober 1914 Cholera aus, in St. Michael wütete der Flecktyphus bis zur gänzlichen Auflösung des Barackenlagers (Ende Mai 1915).«[130]

Kaum aber war es zu neuerlichen Bewegungen an der Front gekommen, hätten sich die entsetzlichen Geschehnisse wiederholt, wie die ukrainischen Reichsratsabgeordneten betonten: »Im Laufe des Frühjahrs und des Sommers 1916«, erklärten sie, »wurden wiederum Evakuierungen angeordnet, die schon einen massenhaften Charakter annahmen und bei denen sogar ganze Ortschaften evakuiert wurden«. Die »lang dauernden Transporte« und die »längere Zurückhaltung der Evakuierten in verseuchten Quarantänestationen haben wiederum auch bei diesen Evakuierungen verhängnisvolle Folge gezeitigt. In der zweiten Hälfte 1916 brachen Epidemiekrankheiten in den Barackenlagern Chotzen und Gmünd mit erneuerter Kraft aus. In Chotzen herrschte Flecktyphus als kontinuierliche anhaltende Epidemie, in Gmünd verbreitete sich in den Monaten August, September und November eine Masernepidemie, deren Verlauf anderswo leicht bekämpft werden konnte, hier aber große Dimensionen annahm und viele Opfer forderte. Die dortigen Spitäler wiesen täglich über tausend masernkranke Kinder auf, und zwar mit einer sehr bedeutenden Sterblichkeit (30 bis 50 Kinder pro Tag).«[131]

Obwohl sie ansonsten meist konträre Meinungen vertraten, fanden in dieser Causa Ruthenen und Polen ähnliche Worte. Letztere waren durch ihre politischen Führer auf vielerlei Weise in den Eliten und Spitzenbehörden der Donaumonarchie vertreten. Dennoch nahmen auch sie sich kein Blatt vor den Mund, als sie die staatliche Flüchtlingsfürsorge in einem parlamentarischen Antrag vom 26. Juni 1917 anprangerten. Im Gegensatz zu den privaten Hilfskomitees, konstatierte man, habe die Regierung »alles versäumt«, was in den entsprechenden Verordnungen vorgesehen war. Sie sei »ferner« nicht in der Lage gewesen, »die Evakuierten von sonstigen Kriegsflüchtlingen zu unterscheiden«[132] – ein Umstand übrigens, der sich auch in der mangelhaften Trennung von Flüchtlingen und zu internierenden Personen zeigte. »So gingen zahlreiche

Transporte mit Evakuierten anstatt in die für sie bestimmten Flüchtlingslager zunächst in das Interniertenlager Graz-Thalerhof ab.«[133]

Im Falle der – nicht erfolgten – Unterscheidung zwischen Evakuierten und Kriegsflüchtlingen hätten übrigens Erstere, so der Vorwurf an die Behörden, geringere Unterstützungen bekommen, »ungeachtet der sofort einsetzenden Teuerung«. Bei alledem müsse überdies hervorgehoben werden, dass man die damit verbundenen »Pflichten auf die Gemeinden abwälzen wollte«. Heimatlose, Vertriebene und Entwurzelte seien außerdem zu »Entrechteten« herabgewürdigt worden, zu »übelbeleumundeten oder sogar eines Deliktes verdächtigen Individuen« – ein behördliches Verhalten, das im »Barackensystem mit allen seinen Nebenerscheinungen« seinen Höhepunkt gefunden habe, in mangelhaften Unterkünften und in »einer unter dem Gefängnisniveau stehenden, sanitätswidrigen Behandlung« sowie »einer Polizeiwillkür, die nicht einmal durch ein für Strafanstalten übliches Reglement eingeschränkt wurde«.[134]

In den Plenarsitzungen des Abgeordnetenhauses nahmen die polnischen Mandatare darauf noch einmal explizit Bezug. In ihren Ausführungen war von einer Art »chinesischen Mauer« die Rede. Diese habe vor Augen geführt, dass man die Evakuierten beziehungsweise Flüchtlinge mit »politisch Verdächtigen« verwechselt habe. Die Bevölkerung empfinde diese »polizeiliche Abschließung« zudem als »Beweis« der »Unverlässlichkeit« vieler »Entwurzelter«. Es könne unter solchen Umständen daher nicht überraschen, dass die Lager inzwischen regelrecht gefürchtet würden. Die Missstände fänden aber kein Ende. Nach dem »Leid der polnischen Flüchtlinge« träfen die miserablen Zustände in den »Barackenstädten« nun viele Italiener.[135]

»... DIE LEBHAFTESTEN STRATEGISCHEN NOTWENDIGKEITEN ...«

Im Oktober 1918 wurde der Minister des Äußeren, Graf Stephan Burián von Rajecz, über die Ergebnisse der »Okkupations-Verwaltung im besetzten Gebiete Italiens« in Kenntnis gesetzt. Das Resümee fiel hinsichtlich der erwartbaren weiteren Folgen der Besatzung einigermaßen pessimistisch aus. Der Verfasser des Berichts hielt fest: »Was nun die eigentliche politische Verwaltung betrifft, so kann begreiflicherweise eine okkupierende Macht, welche mit leeren Händen kommt und noch aus dem okkupierten Lande Alles wegträgt, so dass die einheimische Bevölkerung nur gerade ihr Leben fristen kann, nicht die Sympathien des okkupierten Landes erwerben. Wir müssen uns damit abfinden, dass unsere Okkupation für das Land eine schreckliche Erinnerung sein und Gefühle des Hasses und der Feindschaft zurücklassen wird; der mit aussergewöhnlicher Härte von allen Seiten geführte Krieg hat es uns unmöglich gemacht, anders zu handeln.«[136]

Wie sich zeigte, erging es allerdings nicht wenigen Trentinern kaum besser als den »Reichsitalienern«. Die allgemeinen Begleitumstände machten die offiziellen Stellen auch in Zusammenhang mit der Behandlung der dem Habsburgerreich entstammenden italienischen Bevölkerung, die ihre Heimat auf die eine oder andere Art verlassen musste, als »Entschuldigungsgrund« geltend. Für sie sprach in der Sitzung vom 12. Juli 1917 der Abgeordnete Alcide Degasperi, der vor allem zwei »Hauptfehler« der staatlichen Flüchtlingspolitik kritisierte: einerseits den »Mangel der rechtlichen Grundlage« und andererseits »den Verfolgungsgeist«. Schließlich, so seine Ansicht, wisse man, wenn man zum Beispiel an das Trentino denke, dass »mindestens 70 Prozent der evakuierten Bevölkerung nicht aus wirtschaftlichen Gründen und nicht aus rein militärischen Gründen«, sondern aus »politischen« und »polizeilichen Gründen« evakuiert wurden. Genau genommen sei das Wort »Evakuierung« allerdings »euphemistisch«, vielmehr müsse von »Verbannung« gesprochen werden. Dann werde verständlich, warum man »natürlich keine besondere Rücksicht üben« konnte. Vor diesem Hintergrund ließe sich auch die »Art der Evakuierung« erklären und »das Bestreben, überhaupt jede Mitarbeit der Gesellschaft bei der Evakuierung auszuschließen«. Der »Verfolgungsgeist und Evakuierungsgeist« habe am Anfang gestanden, gefolgt von einem Lagersystem, das den Insassen kaum Mitsprachemöglichkeiten eingeräumt habe. Sogar Vertretern des Landeshauptmannes von Tirol hatte man nur zögerlich die Erlaubnis erteilt, zum Beispiel »nach Mitterndorf zu gehen und zu schauen, wie es eigentlich den Landeskindern [...] dort ging. So streng war die Konfinierung und Absonderung der Leute«, erklärte Degasperi, um noch anzumerken: »Die wenigen« Insassen, »meistens Geistliche, die sich um die Leute gekümmert haben, sind gleich in den Verdacht gekommen, Hetzer zu sein, und es ist vorgekommen, dass jemand, welcher ein starkes Wort über die Verpflegung gesagt, tags darauf verschwand. Man hat zwei Wochen später gewusst, dass er irgendwo konfiniert oder interniert wurde.«[137]

»Da muss ich nun ohne weiteres zugestehen«, erwiderte der k.k. Minister des Innern Friedrich Graf Toggenburg in der Plenardebatte vom 12. Juli 1917 auf die erhobenen Beschuldigungen, »dass aus Anlass dieser Instradierungen sowohl in den Verteilungsstationen wie in den Bestimmungsgemeinden sowie endlich in den Lagern sich schwere Stockungen und die bedauerlichsten Vorfälle ergaben (Zwischenrufe: Hört! Hört!), welche unser ganzes Mitgefühl für die Schwerbetroffenen verdienen«. Gleich darauf aber behauptete er, dass »angesichts der enormen sich bewegenden Massen« Unzulänglichkeiten »bei bestem Willen oft unvermeidbar waren«. An einer wohlmeinenden Haltung der Behörden zweifelten die Abgeordneten allerdings nicht ohne Grund. Das gestand ihnen der Minister des Innern auch zu. Demgemäß stellte er nicht »in Abrede, dass die Baracken bei längerem Aufenthalte gewisse Nachteile« hätten, »vor allem gesundheitliche Gefahren« aufgrund »der engen Zusammendrängung der Bewohner und wegen der Einschränkung des Selbstbestimmungsrechtes derselben«. Allerdings folgten auch jetzt auf vorsichtige und partielle Schuldeingeständnisse Rechtfertigungen: »Nur diese Lager boten die Möglichkeit der sofortigen Unterbringung vieler Tausender«, setzte Toggenburg fort und erntete die Entrüstung des Plenums. Neuerlich waren Zwischenrufe zu hören. »Kennen Sie, Exzellenz, die Kindersterblichkeit?«, fragte ein jüdischer Parlamentarier. »Es sind nur Friedhöfe entstanden«, konstatierte ein anderer Mandatar. Der Minister versuchte es weiterhin mit Relativierungen: »Ich bitte, nicht zu vergessen«, so seine Argumentation, »dass diese betrübliche, katastrophale Sterblichkeit, speziell unter den Kindern, die in einigen Lagern beobachtet wurde, doch nicht nur auf die Barackenlager zurückzuführen ist, sondern auch darin begründet war, dass diese armen Menschen schon in einem hygienisch sehr heruntergebrachten Zustand angekommen waren«.[138] Mit der Kindersterblichkeit war freilich eine der entsetzlichsten Folgen der grauenhaften Lebensbedingungen und sanitären Verhältnisse in den Lagern und einer überforderten, aber auch zynischen Bürokratie angesprochen worden, die sich mit dem Hinweis auf scheinbar unbeeinflussbare Gegebenheiten selbst exkulpierte. Allein in Mitterndorf starben bis Kriegsende fast 2000 Personen aus dem Trentino. Unter den Opfern waren unfassbare 46 Prozent Kinder unter zehn Jahren! Mit anderen Worten: Fast 900 Kinder überlebten die Internierung nicht.[139]

An dieser Stelle der Debatte wurde Toggenburg übrigens unterbrochen. Die Protokollführer notierten »Lebhafte Zwischenrufe«, der

Präsident des Abgeordnetenhauses gab das Glockenzeichen. Ein galizischer Abgeordneter, der einmal mehr auf die bereits während der Reise in die Lager unzumutbaren Bedingungen zu sprechen kam, war zu vernehmen: »Die Flüchtlinge wurden wochenlang in offenen Viehwagen herumgeführt!« Der k.k. Minister des Innern musste wiederum einlenken: »Es ist richtig, was einige Herren betont haben, dass die Flüchtlinge unter den Transporten in den offenen Viehwaggons furchtbar gelitten haben. (Zwischenrufe – Unruhe) Präsident (das Glockenzeichen gebend): Ich bitte, meine Herren, nicht zu unterbrechen. Sonst ist die Debatte nicht möglich! Minister des Innern Graf Toggenburg (fortfahrend): Es besteht gar kein Zweifel darüber, dass der Transport in diesen Viehwagen ein außerordentlich peinlicher, nicht nur für die Flüchtlinge (neuerliche lebhafte Zwischenrufe), für die Insassen dieser Wagen, sondern für alle war, die derartige Flüchtlingstransporte passieren gesehen haben. Es war herzzerreißend, das Elend dieser Familien anzusehen; das ist außer Zweifel. Aber andererseits, meine Herren, müssen Sie bedenken, dass sich diese Transporte in einer Zeit abgespielt haben, wo unsere lebhaftesten strategischen Notwendigkeiten einen Truppentransport nach dem anderen jagten, wo das Wagenmaterial nicht in einer solchen Weise zur Verfügung stehen konnte, wie die Eisenbahnverwaltung es auch diesen Flüchtlingen gewiss gerne zur Verfügung gestellt hätte.«[140]

Die Ausführungen Toggenburgs gingen auch jetzt wieder in Zwischenrufen unter. Obwohl die aufgezeigten Fehlentwicklungen und menschlichen Tragödien von keiner Seite bestritten wurden, versuchten Regierungsvertreter, sich mit Ausflüchten und Entschuldigungen, Verharmlosungen und Beschönigungen aus der Affäre zu ziehen. Doch das Vertrauen in die Behörden war irreparabel zerstört. Längst waren es nicht nur Einzelfälle, die nach der Wiedereinberufung des Reichsrates die Volksvertreter auf den Plan riefen. Mit allgemeinen Hinweisen auf »strategische Notwendigkeiten« oder »höhere Gewalten«, die von der Verantwortung der betreffenden Instanzen ablenkten, wollten sich die Parlamentarier nicht zufriedengeben.

Dass es nicht nur Einzelfälle waren, die im »Hohen Haus« zur Sprache kamen, haben im Übrigen in den letzten Jahren auch Historikerinnen und Historiker in verschiedenen Publikationen vor Augen geführt und damit ein lange Zeit von der Geschichtsschreibung völlig vernachlässigtes Thema aufgegriffen. Aktuellen Forschungen zufolge sollen allein im Lager Gmünd 30 000 Flüchtlinge gestorben sein.[141]

FEINDSOLDATEN

In der 21. Szene des 5. Aktes von Karl Kraus' »Die letzten Tage der Menschheit« geht es um die im Sommer 1918 geplanten propagandistischen Bemühungen der k.u.k. Militäradministration, die »ungünstigen« Erfahrungen, welche die russischen Kriegsgefangenen in der Doppelmonarchie gemacht hatten, »abzuschwächen«, die »erfreulichen und angenehmen jedoch zu beleben und zu befestigen«. Die kurz vor der Heimkehr stehenden Russen sollten als »Sendboten öst.-ung. Kultur in ihrem eigenen Vaterland tätig« werden. Ihnen sei außerdem klarzumachen, wie wenig das Habsburgerreich »den Krieg gewollt, wie sehr es den Frieden gewünscht« hatte. Anders gesagt, bilanzierte der Hauptmann, der das Konzept über die unter den heimkehrenden russischen Kriegsgefangenen zu entfaltende Propaganda einer Schreibkraft diktierte: »Mir san ja eh die reinen Lamperln«.[142] Die der Wienerischen Mundart beziehungsweise Umgangssprache zuzuordnende Ergänzung des Hauptmannes über die Monarchie als »Unschuldslamm« geht wohl auf Karl Kraus zurück. Ansonsten ist das von ihm als Grundlage der 21. Szene verwendete Schreiben über den Plan der Heeresverwaltung, die russischen Gefangenen vor ihrer Heimkehr im Schnellverfahren zu glühenden Anhängern der österreichisch-ungarischen Kultur zu machen, authentisch. Es beruht auf zwei Dokumenten des k.u.k. Kriegsministeriums, die heute im Haus-, Hof- und Staatsarchiv in Wien verwahrt werden.[143]

Die Tendenz zur Realitätsverweigerung, zu Euphemismen und Verzerrungen hinsichtlich der tatsächlichen Lage etwa von Gefangenen in der Habsburgermonarchie trat noch vor dem Ende der Kampfhandlungen in zahlreichen Fällen hervor und kam in den Memoiren ehemaliger k.u.k. Offiziere nach 1918, die zum Teil im Gefangenenwesen tätig gewesen waren, oft noch viel deutlicher zum Ausdruck. Das galt insbesondere für die Beschreibung der Verhältnisse in den Gefangenenlagern. Den Feindsoldaten gegenüber stellten die Verfasser von Erinnerungswerken und mehr oder minder detailreichen historischen Darstellungen darüber hinaus fest, habe man nicht bloß ein »korrektes Verhalten« an den Tag gelegt; vielmehr sei das »Auftreten« der österreichisch-ungarischen Heeresadministration diesbezüglich eines »Rechts- und Kulturstaates« würdig gewesen. Demgemäß könne man mit Stolz an die »Voraussicht beim Aufbau großer Lagerstädte« und die »peinliche Ordnung« an geradezu »idyllischen« Unterbringungsorten erinnern.[144]

Hier gilt es festzuhalten, dass grundsätzlich von mindestens zwei »Arten« der Gefangenschaft gesprochen werden muss: Kriegsgefangene Offiziere, denen auf Grundlage der Haager Landkriegsordnung diverse Privilegien bezüglich der Behandlung durch den Feind zugestanden worden waren, erlebten die Gefangenschaft im Regelfall völlig anders als die Mannschaften.[145] Während, wie in allen Krieg führenden Staaten, Offiziere im Großen und Ganzen den geltenden internationalen Vereinbarungen entsprechend behandelt wurden, waren die sogenannten »einfachen Soldaten« nicht nur in der Donaumonarchie Lebensbedingungen ausgesetzt, die sich gravierend von jenen ihrer Vorgesetzten unterschieden. Selbst jene »Feindsoldaten« aus dem Zarenreich – darunter Ukrainer, Polen oder Muslime –, denen seitens der k.u.k. Behörden infolge von Propagandamaßnahmen verschiedene Vergünstigungen zugestanden wurden, konnten sich angesichts der sich rasch ändernden allgemeinen Rahmenbedingungen sowie der Prioritäten der Heeresverwaltung ihrer Privilegien nur vorübergehend erfreuen.[146] Die Lager im Hinterland, die als Reaktion auf diverse Missstände ab 1915/16 teilweise tatsächlich aufwendig umgestaltet und ausgestattet wurden, verloren für die Masse der Gefangenen rasch an Bedeutung. Wenn demnach in einigen Fällen Inspizierende des Roten Kreuzes zufriedenstellende bis euphorische Berichte über die österreichisch-ungarischen Lager verfassten, dann erfolgten solche Bewertungen im Regelfall zu einem Zeitpunkt, als sich nur ein Bruchteil der ursprünglich im Lager befindlichen Gefangenen dort aufhielt. Der überwiegende Anteil der Kriegsgefangenen war bereits ab der zweiten Jahreshälfte 1915 diversen Arbeiten außerhalb der Stacheldrahtzäune zugeführt worden, und immer dann, wenn sich die Lager aus unterschiedlichen Gründen wieder füllten, kam es erneut zu schwerwiegenden Problemen hinsichtlich der Lebenssituation der Betroffenen.[147] Davon abgesehen sei auch darauf hingewiesen, dass die Ausgestaltung von einzelnen Lagern mit parkähnlichen Anlagen, Springbrunnen, kleinen Lusthäusern bis hin zu Hallenbädern eher mit Blick auf deren beabsichtigte Nachnutzung erfolgte als in Zusammenhang mit einer Investition rein zum Wohl der Gefangenen. Insgesamt ist evident, dass Anspruch und Wirklichkeit im österreichisch-ungarischen Kriegsgefangenenwesen oft weit voneinander entfernt lagen.

Realiter entsprachen daher Darstellungen ehemaliger k.u.k. Offiziere, die nach dem Krieg lediglich die Vorzüge des österreichisch-ungarischen Gefangenenwesens hauptsächlich in Hinblick auf dort und da zweifellos vorhandene Meriten des »Lagerbetriebs« priesen und Versäumnisse sowie Missstände weitgehend oder völlig ausblendeten, nur zeitweilig, bedingt oder eben gar nicht den tatsächlichen Gegebenheiten und Lebensumständen der überwältigenden Mehrheit der »Feindsoldaten«.

Andersgewichtete Darstellungen waren nach 1918 allerdings nicht zu befürchten: Die Betroffenen hatten keine Stimme. Aus unterschiedlichen Gründen kam es in den Herkunftsländern der Gefangenen nach Kriegsende zu einer Marginalisierung ihrer Erlebnisse und Erfahrungen. Während aber im Nachkriegsdeutschland zumindest ein Verfahren gegen zwei deutsche Offiziere angestrengt wurde, welche für den Tod von angeblich über 3000 an Flecktyphus gestorbenen Kriegsgefangenen verantwortlich gemacht wurden, die in einem Lager in der Nähe von Kassel zugrunde gegangen waren, zog die um ein Vielfaches höhere Opferzahl von an Seuchen gestorbenen Gefangenen in österreichisch-ungarischer Obhut in der 1918 ausgerufenen Republik keine diesbezüglichen Debatten in der Öffentlichkeit nach sich.[148] Dieses Beispiel verdeutlicht in gewisser Weise den Umstand einer lange dauernden, fast völligen Verdrängung gerade des Schicksals fremder Soldaten, die während des Weltkriegs auf dem Territorium des heutigen Österreich starben.[149] Man konzentrierte sich in der Zwischenkriegszeit – wenn überhaupt – vielmehr auf die zweifellos entsetzlichen Erfahrungen vor allem jener Soldaten der k.u.k. Armee, die in russische Gefangenschaft geraten waren. Der Reflex, das Ausmaß eigener Verfehlungen hinter der eventuell noch größeren Dimension anderer Vergehen und Versäumnisse zu verbergen und damit gewissermaßen zu eliminieren, erweist sich als zeitloses Phänomen in allen (Nachkriegs-)Gesellschaften.

Die österreichisch-ungarische Heeresverwaltung sah sich zu Beginn des Krieges mit Problemen konfrontiert, die in vielen Krieg führenden Ländern im Prinzip dieselben oder wenigstens ähnlich gelagert waren. Nirgendwo hatte man damit gerechnet, es mit so vielen Kriegsgefangenen so schnell zu tun zu bekommen. Die Masse der Gefangenen, die speziell im Rahmen größerer Offensiven an der Ostfront eingebracht wurde, war nur schwer zu versorgen und adäquat unterzubringen gewesen. Mehr als zwei Millionen Mann der Mittelmächte, die meisten davon aus der Donaumonarchie, befanden sich auf Jahre hin in Lagern und an Arbeitsstätten des Zarenreiches.[150] Umgekehrt verlor das Romanowimperium ungefähr eine Million Soldaten an Österreich-Ungarn und 1,4 Millionen an Deutschland.[151] Der überwiegende Teil der Gefangenen in der

Donaumonarchie stammte also aus Russland, gefolgt von Italienern, Serben und Rumänen. Verhältnismäßig gering bis verschwindend blieb die Anzahl der Gefangenen aus Montenegro, Albanien, Frankreich, Großbritannien oder den USA. Die vorhandenen Gesamtzahlen schwanken beträchtlich. Insgesamt dürften bis zu zwei Millionen Feindsoldaten oder sogar mehr in österreichisch-ungarische Gefangenschaft geraten sein.[152]

Die mit der Unterbringung der Gefangenen verbundenen Probleme für die Militäradministrationen stellten sich speziell in Mittel- und Osteuropa rasch ein. Im Hohenzollernreich führten Planungsfehler zu schweren Unzulänglichkeiten in den schnell errichteten, provisorischen Unterkünften.[153] Infektionskrankheiten breiteten sich seuchenartig aus – eine Entwicklung, von der Russland in noch viel höherem Maße betroffen war. Allein in Tockoe im Militärkreis Kazan' kamen bis März 1916 17000 von 25000 Kriegsgefangenen um. Nicht viel besser erging es den Deutschen, Österreichern und Ungarn im Troickij-Lager bei Taškent, in Novo Nikolaevsk oder in Omsk, um nur einige jener Internierungsorte Mittelasiens, Sibiriens beziehungsweise des Fernen Ostens zu nennen, in denen sich durch epidemische Krankheiten und infolge mangelnder oder gänzlich ausbleibender Maßnahmen der Behörden zur Eindämmung der Seuchen über längere Zeit wahre Katastrophen ereigneten und Tausende Gefangene elend zugrunde gingen.[154]

Die ungenauen statistischen Informationen erschweren es zwar, einigermaßen verlässliche Mortalitätsraten zu ermitteln.[155] Dennoch darf als erwiesen angenommen werden, dass das Zarenreich hinsichtlich der Sterblichkeit von Kriegsgefangenen im internationalen Vergleich traurige Spitzenwerte erreichte. Ebenso gewiss ist aber, dass selbst die niedrigsten Schätzungen für die Gefangenen in der Habsburgermonarchie über den ermittelten Daten Deutschlands oder etwa Englands liegen.[156] Lückenhaften Daten zufolge könnte die Mortalitätsrate unter den russischen Gefangenen im Habsburgerreich bei 8 Prozent und mehr gelegen sein, wobei vorbehaltlich der schwierigen Faktenlage insgesamt von einer Sterblichkeit in der Höhe von 10 Prozent unter allen im Gewahrsam der Donaumonarchie befindlichen gegnerischen Soldaten die Rede ist.[157] Es bleibt weiteren Forschungen vorbehalten, womöglich genauere und verlässlichere Zahlen zu ermitteln.[158]

Eine über dem genannten Durchschnitt liegende Todesrate nimmt man zudem bei den Italienern in k.u.k. Gewahrsam an, wobei auch diese Angaben, ebenso wie die Schilderungen vom Elend der Russen, durch die Berichte über die katastrophale Lage der Rumänen übertroffen werden. Wegen ihres schlechten Gesundheitszustandes seien bereits »viele Standesabgänge« wahrzunehmen, meldete etwa 1917 das 5. Armeekommando, das die Betroffenen »nicht einmal zum Feldanbau« einsetzen konnte und sie deshalb durch Männer aus den Reihen der Zarenarmee ersetzt wissen wollte.[159]

Horrende Zustände hatten in den vorangegangenen Jahren überdies die Zahl der serbischen Kriegsgefangenen dezimiert. Von ihnen starb angeblich bis zu einem Drittel während des Zwangsaufenthaltes in der Donaumonarchie, wobei andererseits Hinweise vorliegen, dass etwa 27 Prozent der Gefangenen unter der »Obhut« der Serben umkamen.[160] Dem AOK und dem Ministerium des Äußern gingen erschütternde Berichte über das Los der in serbischem Gewahrsam befindlichen k.u.k. Soldaten zu. Der nach Niš entsandte »Rittmeister Prinz Wilhelm Windisch-Grätz« schilderte 1915 seine Eindrücke folgendermaßen: »Ich fand 11 Offiziere, 365 Mann, Krüppel, Kranke und Rekonvaleszente unserer Armee, alle in größtem Elend. Sämtliche andere Gefangene, 600 Offiziere und zirka 20 000 Mann (27 000 österreichisch-ungarische Soldaten hier verstorben) wurden am 19. v. M. von hier mit Fußmarsch über Prokuplje nach Albanien abtransportiert. Viele von diesen sollen nach übereinstimmender Aussage bereits auf dem Weg als marschunfähig erschossen worden sein.«[161]

Die hohen Opferzahlen unter den österreichisch-ungarischen, aber auch serbischen Soldaten in Gefangenschaft verweisen nicht zuletzt auf die besonders aggressive Konfrontation zwischen Belgrad und Wien sowie auf die Radikalität der Balkanfeldzüge. In diesem Zusammenhang trugen Gerüchte und Schilderungen von Misshandlungen der Kriegsgefangenen wiederholt zur Brutalisierung des Konflikts bei. Die k.u.k. Militärs sammelten Nachrichten über eigene Soldaten, die nach der Gefangennahme vom Gegner angeblich grausam gefoltert, verstümmelt und getötet worden waren. Hervorgehoben wurde überdies die mangelhafte Verpflegung und allgemeine Versorgung der Gefangenen. Die Rede war unter anderem immer wieder von k.u.k. Soldaten, die verhungert waren.[162] Demgegenüber räumte etwa Erzherzog Eugen ein, dass »das elende Los unserer Gefangenen« in serbischem Gewahrsam »auch auf den Mangel aller Mittel des durch drei Kriege in allen Ressourcen erschöpften und von Krankheiten verseuchten Landes zurückzuführen« sei: »Ausser Stande die eigenen Soldaten entsprechend zu verpflegen, zu bekleiden und menschenwürdig zu bequartieren, kann es noch viel weniger den dem verhassten Gegner abgenommenen Gefangenen die nötige Fürsorge widmen.« Interessanterweise bestätigte der Erzherzog hier beiläufig das, was später in Zusammenhang mit dem viel diskutierten Kriegswillen Serbiens ins Treffen geführt wurde: Das Königreich war im Jahr 1914 in Anbetracht der vorangegangenen Balkankriege in einem desolaten Zustand. Der Habsburger bezog sich in seinem Schreiben aber auf etwas anderes, nämlich auf die Folgen der serbischen Gefangenenbehandlung für die Truppen der k.u.k. Armee. Diese, so Eugens Überzeugung, sollten angesichts von Nachrichten über das Leiden in serbischer Gefangenschaft bis zur letzten »Patrone« kämpfen. Der »ehrenvolle Soldatentod« sei einem von Hunger, Seuchen und Misshandlung geprägtem Schicksal vorzuziehen. Das Los jener, die dennoch in Feindeshand geraten würden, sei freilich »eine verdiente Strafe«.[163]

Während Gefangenenaussagen über angebliche Gräuel in österreichisch-ungarischem Gewahrsam, die den Behörden in Wien zugetragen wurden, im Regelfall als erfunden oder zumindest übertrieben abgetan wurden, dienten umgekehrt Aussagen über Missstände bei der Gefangenenbehandlung etwa seitens Serbiens dazu, entsprechende Repressionen anzukündigen.[164] Man werde – wie andere Staaten auch – im »Reziprozitätswege« reagieren und Härte mit Härte beantworten, hieß es seitens der Donaumonarchie. Berichte über tatsächliche oder vermeintliche Grausamkeiten an den k.u.k. Soldaten in »Feindesland« hatten daher immer wieder Verschlechterungen der Lebenssituation von gegnerischen Heeresangehörigen in Österreich-Ungarn zur Folge. Im Juli 1916 wurden die zuständigen Militärinstanzen angewiesen, in Anbetracht der überaus beklagenswerten Lage der eigenen Soldaten in russischer und serbischer Gefangenschaft gegenüber den eingebrachten Feindsoldaten aus Serbien und dem Zarenreich »drakonische Strenge« an den Tag zu legen und »jede Rücksicht auf Humanität beiseite zu lassen« – natürlich, so wurde festgehalten, »im Rahmen der geltenden Gesetze«.[165] Schon im Februar desselben Jahres hatten höchste Stellen Wert auf den Hinweis gelegt, dass »die verschärfte Behandlung der in unseren Händen befindlichen Kriegsgefangenen« von niemand Geringerem gebilligt worden war als von Seiner »k.u.k. Apost. Majestät«.[166] Inwiefern beziehungsweise ob nationale Kriterien und damit in Zusammenhang stehende spezielle Ressentiments dafür verantwortlich waren, dass Gefangene aus bestimmten Herkunftsländern (noch) schlechter als andere behandelt wurden, kann erst im Zuge weiterer Untersuchungen beantwortet werden.[167]

Die Ignoranz gegenüber jenen Bestimmungen der Landkriegsordnung, welche einen Einsatz der Feindsoldaten in der eigenen Kriegswirtschaft untersagten, war im Übrigen keineswegs nur auf die Entscheidungsträger in der Donaumonarchie beschränkt. Hier fühlte man sich dieser Verpflichtung erst recht entbunden, nachdem Meldungen über die Verwendung von Angehörigen der habsburgischen Streitkräfte im russischen Armeebereich eingetroffen waren. »Bei derart erkannter Sachlage«, erklärten Mitarbeiter des Kriegsministeriums (KM) in Wien, »konnte für die österreichisch-ungarische Heeresverwaltung jede Hemmung gleichen Vorgehens entfallen«.[168] Als sich in der Folge unter anderem auch das italienische Rote Kreuz darüber beschwerte, dass italienische Gefangene von den k.u.k. Militärs völkerrechtswidrig »zum Begraben der Toten auf dem Schlachtfelde« eingesetzt wurden, antwortete das Ministerium dementsprechend süffisant: »Was die Einteilung der ital. Kgf. zu Arbeiten bei der Bergung von Toten, dann zur Errichtung und Erhaltung von Kriegsgräbern anbelangt, so kann das KM hierin durchaus keine Verletzung der Haager Konvention erblicken, glaubt im Gegenteile hierin eine schöne Bestätigung der Pietät gegenüber den eigenen und fremden Gefallenen [...] erblicken zu müssen.«[169] Die Wiener Beamten mochten derlei kritische Stimmen aus dem Apenninenkönigreich wohl kaum beeindrucken, wussten sie doch, dass viele »Feindsoldaten« an den Kampfschauplätzen bei weitaus strapaziöseren und auch gefährlicheren Tätigkeiten, etwa als »Minensucher« und »Lastenträger«, Verwendung fanden. Hunderte kamen solcherart durch Lawinenabgänge und »Arbeitsunfälle« ums Leben.[170]

Begleitet waren derartige »Beschwernisse« von einem teilweise inhumanen Gebaren der Wachmannschaften. Selbst bei kleineren Vergehen mussten Gefangene mit schweren Strafen rechnen – mit Karzer, Schlägen und der Herabsetzung ohnehin niedriger Essensrationen. Bei geringsten Verstößen gegen das Reglement, gaben heimkehrende russische Invalide dem Roten Kreuz bekannt, hätte man die Schuldigen mit den Händen an einen Pfahl gehängt, »sodass die Füße kaum den Boden berührten«. Diese »Disziplinierungsmaßnahme« des »Anbindens und Schließens in Spangen« war im Militärstrafrecht der Habsburgermonarchie explizit vorgesehen. Obwohl Kaiser Karl solche Strafmittel 1917 abschaffen ließ, meinte der Generalstab auch danach, gegebenenfalls die aufgehobenen Strafverschärfungen wieder verfügen zu dürfen – ein Umstand übrigens, der auch zu »disziplinierende« Soldaten der k.u.k. Armee betraf.[171]

ELEND OHNE ENDE

Die Misere der gefangenen »Feindsoldaten«, die zunehmend auch von der schlimmer werdenden allgemeinen Lebensmittelknappheit betroffen waren, glich dem Elend zahlreicher Flüchtlinge, evakuierter und internierter Zivilisten. Speziell die Lager wurden wiederum Schauplätze humanitärer Katastrophen. Vorausgeahnt hatte man diese unter anderem schon am 12. September 1914 im ungarischen Esztergom: Der dortige Magistrat bat darum, keine neuen Angehörigen der gegnerischen Armeen mehr aufnehmen zu müssen. Immerhin habe man »jetzt schon seit Ende August minimal gerechnet für 40 000 Kriegsgefangene« Lagerplätze schaffen müssen. Die Verwaltung der Stadt sah sich außerstande, die notwendige Verpflegung zur Verfügung zu stellen. Außerdem bat man um die »Aufstellung von permanenten Baracken, die Errichtung von Anstandsorten und die dringende Lösung der Trinkwasserfrage«.[172] Das bisherige Fehlen adäquater baulicher Anlagen und infrastruktureller Einrichtungen habe schon jetzt »schauderliche Szenen« zur Folge gehabt. Unter »der freien Weide, auf der kotigen Erde, ohne jedes Dach« seien »auf tierische Art sich herumwälzende, darbende Gefangene« zu sehen. Deren Erbitterung könne zu einem Aufstand führen, warnte die Gemeindevertretung, die außerdem hinzufügte: »Unter den Kriegsgefangenen ist der Scharlach und die Ruhr bereits aufgetreten, ja sogar, wie wir erfahren, spricht man davon, dass im Lager auch choleraverdächtige bezw. aus Choleragegenden stammende Kriegsgefangene, serbische Gefangenentruppen, bewacht werden. Wenn nun bei guter Witterung sich solche Erscheinungen zeigen, ist es sicher, dass mit Eintritt des regnerischen und kalten Herbstes unter den Kriegsgefangenen die Epidemie noch verbreiteter sein wird und weil sie z. B. nicht geimpft sind, können massenhafte Erkrankungen in solchen Verhältnissen auftreten.«[173]

Was das konkret bedeutete, schilderte Friedrich Koch, Assistenzarzt im oberösterreichischen Kriegsgefangenenlager Mauthausen, in einem Brief vom 29. Dezember 1914 an seine Mutter: »Täglich vorläufig 600 Ordinationen, alles voll Läuse und Ungeziefer, die Leute zerfetzt und zerrissen, Typhus, Ruhr, Blattern, das sind meine täglichen Genossen, mit denen ich zu verkehren habe, dabei im Lager keine Ordnung, keine Reinlichkeit, überall Schmutz und Koth [...]! Wo man hinschaut, überall die gleiche Schlamperei! [...] Es sind jetzt 14 000 Gefangene hier und dabei 2 Ärzte, zum Lachen die ganze Geschichte.«[174] Eine Hoffnung auf Besserung gab es vorerst nicht. Im Jänner 1915 starben mehr als 180

Gefangene pro Tag an Flecktyphus. Man kam »buchstäblich mit dem Beerdigen der Leichen nicht nach«, befand das medizinische Personal, das selbst unter den Infektionskrankheiten zu leiden hatte: Dr. Koch infizierte sich und starb im Februar 1915.[175]

Mauthausen, wo laut Schätzungen des k.u.k. Kriegsministeriums aus dem Jahr 1917 über 12 000 Tote zu beklagen waren,[176] blieb ebenso wenig eine Ausnahme wie Esztergom. Allein auf dem Territorium des heutigen Österreich waren gemäß einer Mitteilung des Militärkommandos Wien vom Jahresbeginn 1915 die Lager Knittelfeld, Kleinmünchen und Boldogasszony (Frauenkirchen) von Seuchen bedroht. Als ebenso »rückständig« und »überbelegt« galten weiters die Unterkünfte in Marchtrenk, wobei sich in allen Fällen die Verhältnisse nur kurz entspannten. »Restaurierungsarbeiten«, Umbauten, Desinfektionen und andere hygienische Maßnahmen sowie die zunehmende Verteilung der »Feinde« auf diverse Arbeitsstätten konnten aus zweierlei Gründen keine dauerhafte Verbesserung bringen: Erstens waren mit dem Beginn weiterer Offensiven und der Entstehung neuer Fronten gegen Italien und Rumänien wiederum unzählige Kriegsgefangene zu versorgen. Und zweitens wurde der dramatische Engpass an Ressourcen bald für Einheimische und Fremde gleichermaßen zur Existenzbedrohung.[177]

Zur Jahreswende 1916/17 mehrten sich unter solchen Umständen Krawalle, Streiks und »Tumulte«. Die Behörden fürchteten in diesem Zusammenhang, dass die eigene Bevölkerung mit den »Feindsoldaten« gemeinsame Sache machen könnte. Die Angst war nicht unberechtigt: Während sich die Nachrichten über »Entweichungen« und »Fluchtversuche« von Kriegsgefangenen häuften, übten manche unter ihnen zumindest in ihren Korrespondenzen, die freilich von der Zensurstelle einbehalten wurden, offen Kritik an den Zuständen.[178] »Unsere Soldaten sterben«, schrieb etwa der russische Fähnrich Nowikow an seine Angehörigen in Irkutsk und Wladiwostok. »Neben unserer Baracke«, so Nowikow aus dem Lager Hart bei Amstetten, »fährt täglich der schwarze Trauerwagen, auf dem sich stets 4–5 Leichen befinden. Sie sterben alle vor Hunger«. Ein anderer russischer Offizier in Zalaegerszeg schrieb fast zeitgleich, Mitte April 1917, nach Odessa: »Mein Zustand ist elend. Die Hungersnot ist geradezu schrecklich [...]. Die Behandlung durch unsere Feinde ist unmenschlich. Vor drei Tagen wurde ein Offizier in der grausamsten Weise vom Posten getötet«. Ähnliches wusste Leutnant Demjanowskij nach Moskau zu berichten: »Du möchtest wissen, wie wir hier leben? So höre: Gitter und

Wachposten – weiter nichts, wenn man nicht vom Hunger reden will. Es kommen auch ähnliche Fälle vor wie im Lager Marchtrenk. Ein Offizier wurde plötzlich verhaftet, nach dem Gefängnis abgeführt, dann erklärte man uns, dass er sich erschoss – ich möchte wissen, womit? Kurz, man merkt an allem die Kultur. Im Winter starben täglich 40–50 Mann infolge der systematischen Aushungerung, im Sommer 10–15. Ärztliche Hilfe gibt es hier nicht.«[179] Aufgrund der eklatanten Versorgungsmängel befleißigte sich schließlich auch der in Hart befindliche zarische Offizier Golowenko eines sarkastischen Tones: »Das Leben hier ist lustig, jeden Tag hört man Neuigkeiten – dort starben 20 Mann infolge Gefrässigkeit – und da wieder 10 infolge schlechter Verdauung u. s. w., kurz, – ist das ein Leben: Man lässt sie alle ruhig sterben, das Sterben ist hier nicht verboten«.[180] Golowenkos Wortwahl schloss fast nahtlos an einigermaßen befremdliche Äußerungen der österreichisch-ungarischen Heeresverwaltung an. Ein Verantwortlicher für das Kriegsgefangenenwesen der Donaumonarchie etwa hatte allen Ernstes die Unterernährung der Russen auf deren »spezielle Nahrungsgewohnheiten« zurückgeführt. Die eigene Bevölkerung, erklärte er, sei widerstandsfähiger als die Männer aus dem untergehenden Romanowimperium, zumal Letztere wegen ihres spezifischen »Verdauungsapparates relativ große Kalorienmengen« schon nach kurzer Zeit »unverdaut ausscheiden« würden. Derartige Erklärungsversuche lösten allerdings bei der für das Sanitätswesen zuständigen 14. Abteilung des k.u.k. Kriegsministeriums Unverständnis aus. Süffisant bemerkte man, dass zur Bestätigung solcher Theorien aufwendige Untersuchungen unter optimalen Bedingungen nötig wären. Demgegenüber stehe jedoch fest, »dass das Auftreten von Unterernährung bei den Kgf. auf die Knappheit an Nahrungsmitteln zurückzuführen« sei.[181]

Dem Ministerium lagen genug Berichte vor, um diese Ansicht zu untermauern. Die Mortalitätsrate unter den Gefangenen sei »relativ hoch«, in den Lagern »befinde sich vielfach minderwertiges Material«, so die 14. Abteilung, die mit dieser Formulierung die nur mehr eingeschränkt oder gar nicht mehr arbeitsfähigen Gefangenen meinte. Die Belege für diese Behauptungen folgten umgehend. Anfang 1917 starben allein in Kleinmünchen im Jänner 34, im Februar 90, im März 163 und im April 185 Mann.[182] Die Mortalität stieg generell dramatisch; vergleichbare Opferzahlen stammten beispielsweise aus Hart und Wieselburg.[183] Noch besorgniserregendere Informationen kamen aus Ungarn. Von den 21 000 in Ostffyasszonyfa konzentrierten Rumänen kamen pro Tag 16 ums

Leben. Neuerlich wurde so manche medizinische Theorie entwickelt und den rumänischen Soldaten eine noch schlechtere »Grundkonstitution« bescheinigt als den Russen.[184]

Wie sehr sich die Versorgungskatastrophe auf die »Feindsoldaten« im Habsburgerreich auswirkte, bewiesen dann auch statistische Angaben aus dem Jahr 1918: Als die Mittelmächte mit der neuen Sowjetregierung unter Lenin den Frieden von Brest-Litowsk schlossen und dabei auch die Gefangenenrepatriierung vereinbart wurde, hielt das Kriegsministerium in Wien fest, dass von 181 400 Lagerinsassen im Februar 1918 nur 11 400 gesund waren. 20 000 galten als »unterernährt, aber noch transportfähig«, 150 000 hingegen als »unterernährt, krank und nicht mehr transportfähig«.[185] Der Sekretär eines Fürsorgekomitees des »Christlichen Vereines Junger Männer« erlebte persönlich, welche Stimmung unter solchen Umständen etwa im Lager Reichenberg (Liberec) herrschte. Die »Leute« seien an einem »toten Punkt« angelangt, notierte er: »Eine völlige Gleichgültigkeit ist unter ihnen eingetreten. Ob sie leben oder sterben, das ist für die Bedauernswerten einerlei.«[186] Der Bericht unterschied sich in nichts von jenen aus anderen Internierungsorten. In Milowitz (Milovice) starben von Jänner bis März 1918 2966, in Sigmundsherberg im selben Zeitraum 1125 Gefangene. Der Kommandant des Lagers Wieselburg informierte wenig später das k.u.k. Kriegsministerium, dass allein in einer Woche 50 »Insassen« umgekommen seien. Nicht viel anders sah es im benachbarten Purgstall aus, wenngleich die Heeresverwaltung bisweilen immer noch so tat, als handle es sich angesichts solcher Zahlen um böse Verleumdungen und Verunglimpfungen der Monarchie.[187]

Tatsächlich waren nicht nur in den Lagern, sondern auch an unzähligen Arbeitsstätten die Lebensbedingungen der Gefangenen unerträglich geworden. Deren »gänzliche Verelendung« vor Augen, fürchteten die Behörden nachteilige Konsequenzen für die Kriegswirtschaft.[188] Bei der »Österreichischen Alpinen Montangesellschaft« in Eisenerz erbrachten 752 Kriegsgefangene aufgrund ihres Allgemeinzustandes angeblich nur mehr die Leistung von zirka 30 Zivilarbeitern.[189] Erschrocken stellte zudem der inspizierende k.u.k. Feldmarschallleutnant Prager fest, dass die Angehörigen feindlicher Armeen, die in der Artillerie-Zeugsfabrik des Wiener Arsenals Beschäftigung fanden, einen »jammervollen Anblick« böten: »Es sind das nur Todeskandidaten«, konstatierte Prager, der in seinem Bericht – anders als etliche seiner Kollegen – weder beschönigende Worte noch Ausflüchte oder Rechtfertigungen suchte.

Die Gefangenen, so Prager, bettelten auf ihrem Weg zur Arbeit Passanten an, suchten aus Kehricht und Unrat Essbares heraus und begannen, »verscharrte Eingeweide von einer benachbarten Pferdeschlachtstelle« auszugraben. Seine Beschreibungen gipfelten darin, dass die Bedauernswerten sogar »den am Arbeitsorte vergrabenen Fuss eines verunglückten Mannes zum Verzehren ausgraben wollten«.[190]

Solche, wie Prager sich ausdrückte, »schreiendst unwürdige[n] Zustände« wiederholten sich unterdessen auch an anderen Orten. Während Prager sich für eine Verbesserung der Lebensumstände der Gefangenen einsetzte, warnten andere Instanzen jedoch vor einer »Humanitätsduselei«.[191] Dass die Zahl der unterernährten »Feindsoldaten« stark zunahm, wurde allerdings nicht geleugnet.[192] Doch zeigte sich deutlich, dass vor allem die betreffenden militärischen Stellen der »Armee im Felde«, in deren Kompetenzbereich 1917 fast 300 000 Gefangene im Einsatz standen, erwartungsgemäß in erster Linie die Bedürfnisse der eigenen Truppen im Auge behielten und sie daher eine weitere Verwendung der Gefangenen als Arbeitskräfte für unabdingbar hielten – unter welchen Bedingungen auch immer.[193] »Arbeit für den Krieg« leisteten die »Feindsoldaten« vor diesem Hintergrund gleichfalls in diversen besonders wichtigen Rüstungsbetrieben, und auch dort verschlechterte sich der Allgemeinzustand der Gefangenen dramatisch. In der Pulverfabrik Trofaiach etwa erhöhte sich der »Marodenstand« auf über 800 Mann bei rund 5000 kriegsgefangenen Arbeitern. Die unzureichende Ernährung machte daraufhin den Austausch der kranken gegen gesunde Gefangene nötig. Für einige kam die Rücküberstellung ins Stammlager allerdings zu spät. Als 460 körperlich geschwächte und schwer erschöpfte Kriegsgefangene im Lager Spratzern ankamen, waren acht bereits tot. Weitere zehn starben innerhalb der nächsten drei Tage.[194] Nicht viel besser erging es 2000 Gefangenen, die Ende 1917 von Kleinmünchen nach Ungarn transportiert worden waren, um dort beim Eisenbahnbau »Verwendung zu finden«. Sie konnten aufgrund ihrer schlechten Verfassung nur mehr »in Ruhe gelassen« werden. Eine Erholung trat bei vielen von ihnen dennoch nicht ein. Letztlich blieb den Medizinern nur noch die Möglichkeit, durch Obduktionen die Todesursachen zu bestimmen. Ein vollständiger »Schwund des Unterhautfettgewebes«, wurde dabei konstatiert. »Anstelle des Fettgewebes am Mesenterium« fanden die Ärzte »bloß aus sulziger Masse bestehende Knötchen« vor. Mit anderen Worten: Die Gefangenen waren verhungert.[195]

In Anbetracht der katastrophalen Ernährungslage zielten Versuche, das Los der Gefangenen zu verbessern – wie sie etwa vom erwähnten Inspektionsoffizier Prager kamen –, ins Leere. Als alarmierend erwiesen sich indessen insbesondere die Berichte über jene »Feindsoldaten«, die im Front- und Etappenbereich der k.u.k. Streitkräfte verschiedene Arbeiten zu verrichten hatten. Angesichts ihres Elends versuchten viele zu entweichen, während sich einige wenige zur Arbeitsverweigerung und zu Streikaktionen entschlossen. Am Brenner wurden seitens der österreichisch-ungarischen Militärs exemplarische Hinrichtungen angeordnet, die übrigen »renitent« gewordenen Gefangenen wurden mittels Körperstrafen diszipliniert oder durch Essensentzug gemaßregelt.[196] Aufgrund der ohnehin bereits geringen Rationen hatte die weitere Einschränkung der Versorgung schwerwiegende Folgen. In welcher Verfassung angesichts dessen vor allem »einfache Soldaten« ins Hinterland »transferiert« wurden, hielten unter anderem russische Offiziere im Frühjahr 1917 fest. Leutnant Jewlew schrieb zum Beispiel: »Man brachte heute von der italienischen Front ca. 200 unserer Soldaten, die teils durch Geschosse verwundet, teils durch Steinlawinen verstümmelt wurden«. Ganz allgemein, betonte »Leutnant Gussew«, sei die »sofortige Hilfe mit Medikamenten und Lebensmitteln« zugunsten der »kriegsgefangenen Mannschaften dringend notwendig«. Sie würden »ganz gesund an die italienische Front geschickt«, kehrten infolge der »Erschöpfung, des Hungers und der ihre Kräfte übersteigenden Arbeit« aber »als vollständige Invaliden zurück«, bemerkte dazu auch »Fähnrich Nowikow«. Sein »Kollege«, ein »Fähnrich Lukianow«, empfand es deshalb als seine Pflicht, mit anderen gemeinsam über die »verzweifelte Lage unserer, an der italienischen Front beschäftigten Mannschaften nach Hause zu berichten«, zumal »Letztere von der Front nur in sterbendem Zustande zurückgebracht werden«.[197]

DIE ENTTÄUSCHUNG DER HEIMKEHRER

Eine angemessene Unterstützung aus der mittlerweile zudem von der Revolution erschütterten russischen Heimat blieb jedoch vielfach aus. Schon in den vorangegangenen Jahren erwiesen sich die Hilfsmaßnahmen im Vergleich zu dem, was tatsächlich benötigt wurde, als eher bescheiden dimensioniert. Offiziere, die für jene sprachen, die ihr Schicksal ohne Aussicht auf Hilfe oder Besserung erduldeten, begannen daher immer öfter auch die Fürsorgekomitees und Behörden ihres eigenen Landes zu kritisieren. Schließlich, betonten Offiziere aus dem untergehenden Zarenreich, die offenbar wenig bis kaum Kenntnis von den Zuständen im eigenen Land hatten, könne man die »Gesundheit ausnahmslos nur mehr mit aus Russland ankommenden Lebensmitteln aufrechterhalten«.[198] Die Habsburgermonarchie hingegen habe nichts mehr zu bieten, sie sei erschöpft, wie die zunehmende Not und die Unzufriedenheit der Bevölkerung Österreich-Ungarns unzweifelhaft bewiesen. Entsprechend ernüchternd fanden es auch Hunderttausende Angehörige der k.u.k. Armee, nach oft mehrjähriger Gefangenschaft im Zarenreich wieder zu Hause anzukommen.[199] Die meist sehnlich herbeigewünschte Heimkehr, die durch die Russische Revolution und den Vertrag von Brest-Litowsk wenigstens für einen Teil der Betroffenen möglich geworden war, wurde zur großen Desillusion: »Drei Tage hindurch« hat man »uns schlechter als eine Herde Hammeln behandelt«, frierend »hausten wir zwischen Mauerresten«, wieder »mussten wir hungern, da nichts vorbereitet war«, meinte Unteroffizier Franz Praeg, der Mitte April 1918 in dem »traurig zerschossenen Brody« auf österreichisch-ungarischem Territorium eintraf.[200]

Wie Praeg mussten auch viele andere augenblicklich die katastrophale wirtschaftliche Lage der Donaumonarchie erkennen. Die früheren Kriegsgefangenen wandten sich vor diesem Hintergrund an ihre Angehörigen. »Ich bitte Euch, liebe Brüder«, klagte ein Betroffener in einem Brief, »habt Mitleid und helft uns, wir werden vor Hunger hier sicher umkommen. [...] Was nützt das Geld, das ich habe? Es ist dafür nichts zu bekommen, zu essen bekommt man sehr wenig.«[201] Jene, die Heimaturlaub erhielten, mussten jedoch feststellen, dass es den Familien zum Teil noch viel schlechter ging. Das österreichisch-ungarische Militärgeneralgouvernement in Polen gab zu bedenken, dass speziell Ruthenen aus Ostgalizien »in der Heimat Hab und Gut verloren« hatten. »Haus und Hof«, hieß es weiter, »sind abgebrannt, die Familien sind [...] geflüchtet und entweder erst vor kurzem oder überhaupt nicht auf die heimatliche Scholle zurückgekehrt«.[202] Manche ehemaligen Gefangenen fanden ihre Angehörigen in den elenden und oft zerstörten Unterkünften der früheren Verteidigungsstellungen wieder; »ein Moment«, wie die Berichterstatter vermerkten, »das in der Tat tief deprimierend wirken muß«.[203] Österreichisch-ungarische Nachrichtenoffiziere wie beispielsweise Franz Tasch hielten in diesem Sinne fest: »Nun geht der Heimkehrer auf Urlaub und sieht dort die Not seiner Leute«, die »Lebensmittelknappheit« und die »Bekleidungsnot«, die ebenfalls Unmut hervorrief. Die Militärbehörden mussten eingestehen, dass sie die Soldaten, die oft in zerschlissener Kleidung zurückkehrten, nicht einmal mit dem Nötigsten ausstatten konnten.[204]

Neben erneuten organisatorischen Mängeln und schweren Versorgungsproblemen traten außerdem in anderer Hinsicht Kontinuitäten zutage: Den Betroffenen begegnete man mit ebenso großer Skepsis wie zuvor in der Regel den Zivilinternierten, Flüchtlingen, Evakuierten und gegnerischen Soldaten. Auch sie galten jetzt – angesichts ihrer langen Abwesenheit, ihres Aufenthaltes in »Feindeshand« und ihrer Erlebnisse während des politischen Umsturzes in Russland – als »verdächtig« und potenziell »illoyal«. Das k.u.k. Armeekommando beargwöhnte daher nun keineswegs bloß die »nationalistische, staatsfeindliche Propaganda«, die ihrer Ansicht nach speziell bei den »Tschechen und Südslawen« Wirkung zeigte, sondern sie achtete verstärkt auch auf »sozialrevolutionäre Ideen«. Da überdies Lenin und die Sowjetregierung darauf hofften, die Mittelmächte mit dem – wie man es formulierte – »Bazillus des Bolschewismus« nicht zuletzt durch die aus Russland heimkehrenden Kriegsgefangenen zu infizieren, hatten die notorisch misstrauischen Militärbehörden zur Jahreswende 1917/18 mit dem Aufbau eines Kontroll- und Abwehrapparats gegen die »Gefahr aus dem Osten« begonnen. Während eine oberste Leitung des Heimkehrwesens mit Befehls- beziehungsweise Inspektionsbefugnissen ausgestattet und die »Vaterländische Bildungsarbeit« seitens einer »Feindespropaganda-Abwehrstelle« intensiviert wurde, arbeitete speziell der militärische Geheimdienst an einer flächendeckenden »sanitären und moralischen Quarantäne«.[205]

Zunächst behandelte man die Repatriierten in 24 Übernahmestationen »wie am Fließband«: Entlausung, erste Präsentierung, ärztliche Untersuchung, Perlustrierung – das alles ging sehr routinemäßig, regelrecht mechanisch vor sich. Dann kam es zur medizinischen Beobachtung und zur Ausbildungserneuerung in insgesamt 53 Heimkehrerlagern. Ständigen Exerzier- und Appellübungen folgten weltanschauliche Schulungen und protokollarische Einvernahmen. Abwehrorgane und V-Männer horchten die »Rückläufer« aus, um ihre »wahre Gesinnung« herauszufinden. Die Ergebnisse ihrer Recherchen flossen in Rechtfertigungsverfahren ein, denen sich speziell die unverwundet in Kriegsgefangenschaft geratenen Soldaten zu unterziehen hatten. Eine gewaltige Justizmühle setzte sich in Bewegung. »Mannschaften ohne Rangklasse« und Offiziere rechtfertigten sich vor unterschiedlichen Kommissionen. Fiel das Ergebnis negativ aus, wurden die »Überführten« den Gerichten übergeben oder im Disziplinarweg bestraft.[206]

Schon Anfang Mai 1918 war klar, dass es sich bei den »Bedenklichen« und »Ungerechtfertigten« laut Erhebungsunterlagen um eine verschwindende Minderheit handelte: Etwas mehr als 2000 von über 120 000 Heimkehrern sollten bestraft oder weiter observiert werden.[207] Die überwiegende Mehrheit aber hatte man mit diesem Verfahren gedemütigt. Zusätzlich verbittert durch elende Lebensverhältnisse, die Misere ihrer Familien, die irritierenden Erlebnisse während eines meist kurzen Urlaubs und die trübe Aussicht, bald wieder in Marschformationen eingereiht und an verschiedenen Kampfschauplätzen eingesetzt zu werden, gingen nicht wenige Betroffene in Anbetracht des Verhaltens der k.u.k. Militärverwaltung auf Distanz zur eigenen Armee und zum eigenen Staat. Bezeichnend hierfür sind die Aufzeichnungen des Wieners Eduard Stoß, der nach geglückter Flucht aus Russland im April 1918 folgende Erfahrungen machte: »In der Quarantänestation Wladimir-Wolynski sind ich und meine Kameraden gleich entlaust«, zu »unserer ›Rechtfertigung‹ gründlich verhört und sofort in scharfen, militärischen Drill genommen« worden. »Ganz eigenartig berührte das unglaubliche Misstrauen, mit dem man uns begegnete. Die Art der Aufnahme, die man allenthalben den Heimkehrern bereitete [...], kränkte und verbitterte. Als Märtyrer des Vaterlandes hatten sie jahrelang fast Undenkbares ertragen müssen. Jetzt wurden sie von Hinterlandshelden verdächtigt, schikaniert und bespöttelt. [...] Dem jahrelangen Traum, die Heimat wieder zu finden, wie wir sie verlassen hatten, folgte nunmehr Enttäuschung und bitteres Erwachen.«[208] Ein Schicksalsgenosse von Eduard Stoß, der aus Siebenbürgen stammende Michael Walesch, urteilte nach seiner Heimkehr aus der Gefangenschaft in Mittelasien nicht viel anders: »Aus unserer Heimatbegeisterung«, so Walesch, »reißt uns schon der nächste Morgen. Wir müssen Salutierübungen machen. Als ob das nach vier Jahren Krieg noch immer die Hauptsache ist. Will man uns erwärmen oder abkühlen für unser neues Leben, für unser Vaterland?«[209]

Bei »tiefem Groll« und Verärgerung blieb es allerdings speziell dann nicht mehr, als es um die neuerliche Einreihung in Ersatzkörper und Marschbataillone der k.u.k. Armee ging. Weitere Gefechtseinsätze vor Augen, verwandelte sich mancherorts der Zorn über die bisherige

Behandlung in offene Rebellion. An mehreren Orten, etwa in Judenburg, Radkersburg und Murau in der Steiermark, im nordböhmischen Rumburg, im südungarischen Pécs oder im serbischen Kragujevac, kam es Mitte des Jahres 1918 zu Meutereien von Einheiten, denen insbesondere Heimkehrer aus der Kriegsgefangenschaft eingegliedert worden waren. Die nachfolgenden Untersuchungen ergaben, dass einige »Aufwiegler« durchaus mit revolutionären und vor allem nationalen Ideen liebäugelten.[210] In Summe jedoch mussten auch k.u.k. Nachrichtendienstoffiziere wie Franz Tasch erkennen, dass daneben die Beschwernisse des Alltags und die Vorgangsweise der militärischen Vorgesetzten nicht unwesentlich zu den Revolten beigetragen hatten.[211] Überall, wo es zum Aufruhr gekommen war, glichen sich die Motive: »Hass auf den Krieg, Hass auf jene, die ihn führten«, begleitet von schlechter Versorgung, hohem Alkoholkonsum, revolutionären Losungen und nationalen Gefühlen.[212]

Die Niederschlagung der Meutereien lag unterdessen in den Händen von Assistenztruppen, denen auch die Durchführung des »Strafgerichtes« oblag. Und dieses sollte nach Wunsch der vorgesetzten Stellen drakonisch ausfallen. In Pécs exekutierte man 19, in Rumburg zehn, in der Steiermark 20 und in Kragujevac 44 Soldaten. Wie schon bei früheren »Füsilierungen« spielten sich gespenstische Szenen ab. »Belustigte« Zuschauer suchten die Nähe der Hinrichtungskommandos. Über Nacht stampften Pécser Wirte am Rande der Richtstätten Würstelstände und Bierbuden aus dem Boden. Das bedrückende Spektakel verwandelte sich in eine Jahrmarktattraktion.[213] »Bravo! Ganz richtig!«, waren einige Zurufe aus der Menge meist deutschsprachiger Zuschauer in Rumburg zu vernehmen.[214] Die anwesenden Tschechen reagierten befremdet, während in Judenburg manche Zeugen sogar ihre Sympathie für die »Aufständischen« bekundeten. Vergleichbares spielte sich in Kragujevac ab, als die Delinquenten am Nachmittag des 8. Juni 1918 durch die von der Bevölkerung dicht gesäumten Straßen der Stadt geführt wurden: »Der Großteil der Verurteilten schritt den letzten Weg ruhig und gefasst«. Am »Schießplatz angelangt«, trat ein aus bosnischen Assistenzeinheiten gebildetes Peloton vor. Der Kommandant »senkte den Säbel, die Salven krachten. Furchtbare Szenen – eine Reihe der Exekutierten war nur schwer verletzt, wand sich im Blut. Die Soldaten schossen erneut auf die Sterbenden …«[215] Die zum Tode verurteilten Aufrührer der Radkersburger Garnison, wo die Meuterei ähnlich wie im Falle der anderen Aufstände heftige Feuergefechte mit mehreren Toten zur Folge gehabt hatte, starben indes »mit slowenischen und Anti-Habsburg-Parolen auf den Lippen«.[216]

Manche Armeeführer hielten das bisherige Vorgehen der Justiz dennoch für zu lasch. Sie wollten das Kriegsgesetz »in voller Schärfe« zur Anwendung gebracht wissen. »Rigoroses Durchgreifen«, meinten sie, sei letztlich humaner als »Schwäche, die sich als Milde drapiert«.[217] Schließlich werde das Reich von separatistischen und immer öfter auch von »roten Emissären« regelrecht unterminiert, begründete man in Offizierskreisen die eigene unnachgiebige Haltung, die nicht zuletzt durch Polizeiberichte untermauert wurde.[218]

Tatsächlich war der »Bolschewismusverdacht« in seiner verallgemeinernden Form gleichermaßen unhaltbar beziehungsweise unverhältnismäßig wie etwa die anfängliche Angst vor »russophiler Subversion«. Von einem »Zusammenhalt« im Habsburgerreich, wie er 1914 noch existiert haben mochte, war unter solchen Bedingungen im letzten Kriegsjahr nur mehr wenig zu bemerken. Bezeichnenderweise ließ man bei den Exekutionen der Meuterer die Angehörigen der einen auf Angehörige der anderen Nationalität schießen.[219] Die kontraproduktive Strategie der Repression, der Kontrolle und des Misstrauens brandmarkten dann einmal mehr die Reichsratsmandatare. Aufgrund der Unruhen im Hinterland und der erfolglosen Piave-Offensive gegen Italien fand am 24. Juli 1918 eine Geheimsitzung im Abgeordnetenhaus statt, die privat mitstenographiert wurde und somit der Nachwelt erhalten blieb. Dieser Mitschrift zufolge nutzte nicht zuletzt der Sozialdemokrat Karl Leuthner seine Rede für eine scharfe Anklage der Regierung und insbesondere der militärischen Führung. »Sie behandeln die heimkehrenden Soldaten als Verbrecher«, griff Leuthner die k.u.k. Heeresleitung an: Man setze diese einem »läppischen Verhör aus, das gar nie etwas zutage fördert. […] Glauben sie« – Leuthner meinte die Offiziere –, »damit die Grundlagen der Ruhe und Ordnung im Heer zu sichern? Da irren sie sich aber gewaltig. Denn sie sind es, nicht die Bolschewiken sind es, sie, die Herren Offiziere sind es, die die Revolution im Heer vorbereiten!«[220]

Schon zwei Tage zuvor hatten überdies die südslawischen Parlamentarier unter der Führung des Slowenen Anton Korošec auf die Empörungen bei den Ersatzkörpern der Habsburgerarmee Bezug genommen und die »lächerlichen Methoden der ›Bolschewikenreinigung‹« ins Visier genommen, bei denen »genau das Gegenteil herauskam. Denn die Heimkehrer«, so Korošec, »sahen sofort, dass es in Österreich noch nicht besser geworden ist. Die an den Mannschaften begangenen Fehler fanden in den Unruhen einigen Ausdruck. Statt sich gegen die Fehlerquellen zu wenden, unterdrückte man wahllos, wobei sich wieder die seit 1914 und 1915 bekannten Militärgerichte auszeichnen mussten.«[221]

[1] Kaiser Franz Joseph am Schreibtisch

[2] Die zerstörte Kirche in Šabac

[3] Standrechtliche Hinrichtung von angeblichen russischen Spionen

[4] Nach Ansicht des Nachrichtendienstes der Habsburgerarmee der »von den Russen als Spion entsandte elfjährige Knabe Wasyl Bojko«

[5] Das Kriegsgefangenenlager Hart (Niederösterreich)

[6] Auf dem Weg in eine ungewisse Zukunft: Flüchtlinge in der Donaumonarchie

[7] Laut k.u.k. Nachrichtendienst »verdächtige rumänische Bauern« im Befehlsbereich eines österreichisch-ungarischen Kommandos

[8] »Feldgericht in Podgrodzie«

[9] Von den Behörden der Donaumonarchie arretierte Spionage-verdächtige im Eisenbahntransport

[10] Die Einnahme Belgrads durch die Mittelmächte, Herbst 1915

[11] Die Besetzung Polens: Truppen der Mittelmächte im Hintergrund, Lublin 1916

[12] Mitglieder der österreichischen Friedensdelegation in Saint-Germain. Im Hintergrund (Mitte): der Völkerrechtsexperte und ehemalige k.k. Ministerpräsident Heinrich Lammasch

[13] Der österreichische Völker- und Militärrechtler Georg Lelewer (1872–1960)

[14] K.u.k. Außenminister Leopold Graf Berchtold (1863–1942)

[15] Szene aus dem Film »Der Engel mit der Posaune« (A 1948)

[16] Szene aus Peter Patzaks Film »Gavre Princip – Himmel unter Steinen« (A/BRD/GB/YU 1990)

ORDNUNG SCHAFFEN

ANSÄTZE EINES UMDENKENS

»Er hat es nicht gewollt«: das ausufernde Misstrauen, das Elend, die Organisationsmängel, die Masseninternierungen, Gräueltaten und Massaker. Als die »Militärkanzlei Seiner Majestät« durch die Ministerpräsidenten Ungarns und Österreichs von den Fehlentwicklungen, Übergriffen und Brutalitäten erfuhr, erging ein kaiserliches Befehlsschreiben, in dem Franz Joseph am 17. September 1914 festhielt: »Ich will nicht, dass durch unberechtigte Verhaftungen auch loyale Elemente in eine staatsschädliche Richtung getrieben werden«.[1] Eine am 3. November 1914 vom nominellen Armeeoberkommandanten Erzherzog Friedrich gezeichnete Order ermahnte in diesem Sinne die Soldaten, die die »Bevölkerung und das Ansehen der Armee in hohem Grade schädigenden Ausschreitungen« bei Androhung von »verdienten Strafen« zu unterbinden.[2] Wenige Tage später ersuchte zudem das k.k. Ministerium des Innern die Statthalterei in Galizien, »strenge Weisungen zu erlassen, um eine ungehörige Behandlung« von »staatstreuen Angehörigen der ruthenischen Nation hintanzuhalten«.[3]

Während vor diesem Hintergrund die Diskussionen über das Verhalten der polnischen Landesadministration an den nordöstlichen Grenzen des Habsburgerreiches anhielten, befasste man sich andernorts mit den vor allem in Thalerhof und Theresienstadt festgehaltenen, als »Russenfreunde« bezeichneten Internierten. Eine Untersuchungskommission wurde eingesetzt, Rehabilitierungsverfahren eingeleitet, die Freilassung der Unschuldigen in Aussicht gestellt. Das Armeeoberkommando ermahnte seinerseits am 14. Jänner 1915 »sämtliche Truppen«, den »wesentlichen Unterschied zwischen der loyalen und reichstreuen ukrainischen

Bevölkerung und den Russophilen« zu beachten.[4] Dass es ungeachtet solcher Erlässe in Galizien weiterhin zu Übergriffen kam, ließ sich allerdings nicht verleugnen. Im Februar 1915 war man sich in höchsten militärischen Kreisen der Gefahr des »unmotivierten rücksichtslosen Vorgehens« der eigenen Truppen bewusst. Die Bevölkerung, befürchtete die k.u.k. Generalität, könnte deshalb in diesen »den Feind, und in den [...] Kosaken den Erlöser sehen«.[5] Dass auch die italienische Bevölkerung die k.u.k. Soldaten vor allem als Bedrohung wahrnahm, konstatierte 1916 auch der spätere Minister für soziale Fürsorge, Joseph Baernreither: In Südtirol hasse man »die eigenen Truppen, die rücksichtslos vorgehen, zerstören und plündern. Die Häuser und Güter der italienischen Signori sind vogelfrei. [...] Die Militärverwaltung durchstöbert auch ohne Anhaltspunkte die Häuser der als italienisch gesinnt bekannten Einwohner. Die treue italienische Bevölkerung wird tief verletzt, und es wird Südtyrol nach dem Krieg ein physisch und moralisch zerstörtes Land sein.«[6]

Mit dem Vormarsch der Mittelmächte an der Ostfront im Laufe des Jahres 1915 waren es die Zivilbehörden, die gemeinsam mit dem Kaiser selbst auf die Einhaltung kalmierender Anordnungen pochten. Am 21. April empfahl deshalb das k.k. Ministerium des Innern: »Es wäre darauf hinzuwirken, dass die Kommandanten Weisungen erhalten, die Todesstrafe an Zivilpersonen nur in ganz besonders krassen Fällen tatsächlich vollziehen zu lassen. Das Standrecht soll ja in erster Linie als Abschreckungsmittel wirken und wäre deshalb nur dort anzuwenden, wo es wirklich keinen anderen Ausweg mehr gibt. Sind schon im gewöhnlichen ordentlichen Verfahren Justizirrtümer nicht ausgeschlossen, um wie viel größer ist eine solche Gefahr bei einem in aufgeregter Zeit durchgeführten höchst summarischen Verfahren! Es ist elementare Pflicht der Menschlichkeit, aber auch höchstes Interesse der Staats- und Rechtsordnung, den Gefahrenkoeffizienten irreparablen Unrechts soweit als nur irgend möglich herabzumindern.«[7]

MILITÄR UND JUSTIZ

Diese Differenzierung fiel jedoch insbesondere den Militärs äußerst schwer, wie unter anderen der letzte Chef des österreichisch-ungarischen Militärgeheimdienstes, Maximilian Ronge, einräumte.[8] Tatsächlich zeigte gerade Ronge, wie viele andere k.u.k. Offiziere, gar keine

Bereitschaft, von der ursprünglichen »harten Gangart« abzuweichen. Sich selbst rechtfertigend und entschuldigend, hatte auch das AOK Ende 1914 relativierend festgehalten, dass die Klagen bezüglich Plünderungen und anderer »Missbräuche« in »vielen Fällen übertrieben« und »Straftaten des Feindes irrtümlicherweise den eigenen Truppen zugeschrieben« worden seien.[9]

Zu den Bestrebungen, Verantwortungen abzustreifen, kam neben dem fortgesetzten Misstrauen gegenüber vermeintlichen oder tatsächlichen Staatsfeinden sowie der nicht selten paranoiden Angst vor dem »allseits lauernden Verrat« noch eine Art systembedingte Repressionsbereitschaft hinzu. Die »energisch zupackende« Armee erweiterte ihren Zuständigkeitsbereich: Nicht nur die Fronträume, sondern auch das Hinterland der Kampfgebiete wurde von ihr kontrolliert. Selbst das Kernland der Monarchie bekam die wachsende Macht der Heeresverwaltung zu spüren.[10] K.k. Ministerpräsident Karl Graf Stürgkh sah sich etwa mit dem Ansinnen des AOK konfrontiert, diesem die Befugnisse ziviler Landesbehörden zu übertragen. Der Streit um Kompetenzen betraf neben Galizien und der Bukowina hauptsächlich Böhmen beziehungsweise die »Sudetenländer«, wo die Militärs das »hochverräterische Treiben der Tschechen« ins Visier nahmen.[11]

Konkret zeigten die Begehrlichkeiten der Generalität vor allem im Justizwesen ihre Wirkung. War Österreich in Bezug auf Todesstrafen und Begnadigungen vor 1914 durch ein international vergleichsweise mildes »Regime« aufgefallen, so stellte sich die Lage seit Kriegsbeginn ganz anders dar. Eine Reihe von Gesetzesbestimmungen speziell auf der Basis des Notverordnungsrechtes, des Paragraphen 14, und der daraus hervorgehenden Regelungen schuf nun die Voraussetzungen für ein »strenges Vorgehen«. Dementsprechend suspendierte man Ende Juli 1914 die Geschworenengerichte zunächst in Dalmatien und dann auch in Galizien, der Bukowina, in Krakau, im Kreisgerichtssprengel Teschen und Neutitschein in Schlesien beziehungsweise Nordmähren.[12] Schon am 29. August erfolgte eine Ausweitung dieser Verfügung auf das gesamte Territorium der westlichen, österreichischen beziehungsweise cisleithanischen Reichshälfte der Monarchie – eine Maßnahme, die 1915 und 1916 jeweils um ein Jahr verlängert wurde und in zeitlicher wie geografischer Hinsicht nichts anderes als einen eklatanten Gesetzesbruch darstellte: Da es sich hierbei »um die Rechtsprechung für Zivilisten handelte«, stellten ukrainische Reichsratsabgeordnete 1917 fest, »seien prinzipiell Geschworenengerichte zuständig, deren Aufhebung längstens auf die Dauer eines Jahres und für ein bestimmtes Gebiet«, also nicht »für ganz Österreich«, gestattet sei.[13]

Bei der Einsetzung von Ausnahmegerichten handelte es sich um eine Begleitmaßnahme zur Übertragung aller politischen Delikte auf die Gerichtsbarkeit der Armee. Die »Kaiserliche Verordnung vom 25. Juli 1914 über die Unterstellung von Zivilpersonen unter die Militärgerichtsbarkeit« zielte schließlich darauf ab, den Streitkräften unmittelbar weitreichende justizielle Befugnisse zu übertragen. Bei zahlreichen Gesetzesübertretungen wie etwa »Hochverrat, Majestätsbeleidigung, Beleidigung der Mitglieder des kaiserlichen Hauses, Störung der öffentlichen Ruhe«, Aufstand, Aufruhr, Mord, Totschlag oder Raub hatten mit der Generalmobilmachung die Landwehrgerichte in der österreichischen Reichshälfte das Sagen. Parallel dazu erweiterte man die Zuständigkeit der Streitkräfte auf der Basis der Militärstrafprozessordnung von 1912 für die Landwehr, womit alle Zivilpersonen insbesondere bei »Verletzung der eidlichen Heeresdienstverpflichtung« und bei »Ausspähung oder anderer Einverständnisse mit dem Feind« dem Urteil der »bewaffneten Macht« überlassen wurden.[14] Darüber hinaus spielten die Notverordnungen den Höchstkommandierenden der Streitkräfte zunächst in Bosnien-Herzegowina und Dalmatien, dann in Galizien, der Bukowina, Krakau, Schlesien und Nordmähren und schließlich, nach dem Kriegseintritt Italiens im Mai 1915, auch in Tirol, Vorarlberg, Salzburg, Kärnten, der Steiermark, Krain, Istrien, Triest, Görz und Gradisca in die Hände. Ihnen blieb es vorbehalten, »zur Wahrung der militärischen Interessen« im Wirkungskreis des »politischen Landeschefs« Verordnungen zu erlassen und Befehle zu erteilen.[15] Wie tiefgreifend die Abänderung geltender Normen die Rechtspraxis veränderte, belegen Zahlen: Allein bei den auf dem »Territorium des heutigen Österreich amtierenden Hinterlandsgerichten stieg die Anzahl der Verfahren von 5431 im Jahr 1914 auf 56 232 Straffälle im letzten Kriegsjahr«.[16]

Obwohl die Generalität ihren Einfluss in sämtlichen Krieg führenden Ländern vergrößerte, herrschten in der Habsburgermonarchie besonders rigorose Bedingungen. Der Handlungsspielraum der Zivilverwaltung war beträchtlich eingeschränkt, nicht zuletzt im Hinblick auf die Ahndung aller politischen Delikte und das Verhalten der Bevölkerung insgesamt. Dass dies vorrangig für die cisleithanische Reichshälfte zutraf, hoben die Parlamentarier nach Wiedereröffnung des Reichsrates 1917 hervor: Als das Wiener Abgeordnetenhaus 1917 »einstimmig die Genehmigung der betreffenden kaiserlichen Verordnungen verweigerte«, entschied es sich für die Einschränkung der Militärgerichtsbarkeit »auf den Umfang, den er während des ganzen Krieges in den Ländern der ungarischen Krone gehabt hatte, ohne dass sich dort Schwierigkeiten gezeigt hätten«.[17]

Sachverständige im k.k. Ministerium für Landesverteidigung meinten angesichts dieser Gegenüberstellung der beiden Reichshälften relativierend: »In den Ländern der ungarischen Krone trat keine analoge Ausdehnung der Militärgerichtsbarkeit ein, doch wurde dort auf Grund des Gesetzesartikels LXIII vom Jahre 1912 ungefähr für denselben Kreis strafbarer Handlungen, die in Österreich durch die angeführte kaiserliche Verordnung [...] vom Jahre 1914 der Militärstrafgerichtsbarkeit zugewiesen wurden, ein so genanntes ›beschleunigtes‹ Strafverfahren eingeführt und außerdem wurden die Geschworenengerichte suspendiert und die Möglichkeit eines standrechtlichen Verfahrens geschaffen, die sonst im Königreich Ungarn im Gesetze nicht vorgesehen ist.«[18] Die Einschätzung der Experten im Heer schloss mit einer Aufzählung von Strafdelikten und von diesbezüglichen Befugnissen der Armee in zivilen Bereichen, die sich auf das Territorium der »ganzen Monarchie« bezogen. Hauptsächlich für Österreich, wenngleich mit gewissen Analogien zu Ungarn, kann wiederum festgehalten werden, dass Landwehrdivisionsgerichte, Ausnahme- und Standgerichte im Hinterland sowie Feldgerichte und »als Standgerichte tagende Feldgerichte« bei der »Armee im Felde« Todesurteile verhängen konnten.[19]

Wie zögerlich die Generalität auf die parlamentarischen Beschlüsse, die Beschränkung ihrer Kompetenzen und die Milderung der Rechtspraxis ab 1917 reagierte, zeigte sich in verschiedenen Belangen: Das »standrechtliche« ebenso wie das »Feldverfahren« finde »als außerordentliches Verfahren seine Rechtfertigung darin, dass Zuständen tiefer Erschütterung der öffentlichen Ordnung durch außerordentliche Repressivmaßregeln begegnet werden« müsse, hatte der k.k. Oberste Landwehrgerichtshof im Juni 1915 konstatiert und dabei empfohlen, »im Wege öffentlicher Verlautbarung zu warnen und darauf aufmerksam zu machen«, dass die »abgeurteilten Zivilpersonen keine ordentlichen Rechtsmittel besitzen«.[20] Als diese Prinzipien 1917 zur Diskussion standen, bemerkte der Chef des Generalstabes dazu: »Obwohl sich das Armeeoberkommando nicht der Erkenntnis verschließt, dass die ordentlichen Rechtsmittel und der geregelte Instanzenzug den Hauptpfeiler einer jeden Strafrechtspflege bilden, und dass ein jeder Staatsbürger deswegen, weil er in Erfüllung der allgemeinen Wehrpflicht unter die Fahnen tritt, nicht in seinem Rechte auf die gleiche gerichtliche Behandlung geschmälert werden soll, so erachtet es doch den gegenwärtigen Zeitpunkt nicht für geeignet, diese tief in das bei der Armee im Felde bestehende Rechtsleben einschneidende[n] Reformen durchzuführen. […] Von allen Fronten laufen beim Armeekommando seitens der Heerführer Klagen ein, dass die Disziplin im Felde unter der Aufhebung der empfindlicheren Strafmittel stark gelitten habe, alle Kommandanten verlangen die Erweiterung ihrer Strafbefugnisse«. Für »pflichtvergessene Elemente wird nämlich« beispielsweise ganz konkret »die Kunde, dass dem zuständigen Kommandanten nunmehr das Bestätigungsrecht der Urteile entrückt ist, und dass ihnen gegen Entscheidungen der Feldgerichte alle Rechtsmittel zu Gebote stehen, gleichbedeutend klingen mit der vollen Straflosigkeit.«[21]

Konfrontiert mit wachsender Unzufriedenheit, Widersetzlichkeiten und Insubordinationen in der Bevölkerung und in den Truppenverbänden, ging es der Heeresleitung gerade angesichts von »Liberalisierungstendenzen« um scharfe »Disziplinierungsmaßregeln«.[22] Seit 1914 bedeutete das vor allem: weitgehende Verfügungsgewalt zuständiger Offiziere als vollziehende Instanz der Militärjustiz sowie Ermächtigung gemäß Standrecht, »in Krisenzeiten für bestimmte Delikte in Schnellverfahren Strafgerichtsbarkeit auszuüben«.[23]

»RECHTSPRAXIS«

Die von höchster und »allerhöchster« Seite eingeforderte Unterscheidung zwischen Feinden beziehungsweise Verrätern einerseits und Verlässlichen beziehungsweise Loyalen andererseits wurde angesichts dieser Rahmenbedingungen zumindest erschwert, wenn nicht verunmöglicht. Was zählte, war das Tempo. Ermittlungen sollten so rasch wie möglich zum Abschluss kommen. Beim Feldgericht hatte man kaum Zeit, Beweise für die Unschuld der Beklagten zu erbringen, beim Standgericht sah man von Vorerhebungen nicht selten überhaupt ab; zudem sollten diese Verfahren insgesamt nicht länger als drei Tage dauern. Solche Vorgehensweisen ermunterten regelrecht zu drakonischen Strafen oder vollkommenen Fehlurteilen.[24]

Aus Serbien etwa, wo die Anwendung des Standrechtes und des Militärstrafgesetzes eine direkte Verletzung der Haager Konvention darstellte, zumal völkerrechtliche Bestimmungen die Aufrechterhaltung der Rechtspflege des okkupierten Landes nach besten Kräften und Möglichkeiten verlangten, liegen entsprechende Informationen über Einzelfälle vor. Als Tomanija Terzić beispielsweise zwei Männern von Geldbeträgen in Nachbarhäusern erzählte und die beiden wenig später eine dieser Wohnungen ausraubten, wurde sie nach beschleunigter Untersuchung als Komplizin der Räuber zum Tode verurteilt und am selben Tag öffentlich gehängt. Im Laufe der Zeit waren aber nicht einmal mehr Eigentumsdelikte nötig, um die schärfste Reaktion der Militärs heraufzubeschwören: Vor dem Hintergrund der Versorgungsnot hatte etwa Milica Mitrović, eine 43-jährige Mutter zweier Kinder, Holz zu sammeln versucht. Als sie von einem Forstbediensteten daran gehindert wurde, beschimpfte sie die »Deutschen«, das Habsburgerheer und den Kaiser Franz Joseph. Der Tatbestand der Majestätsbeleidigung war für das Standgericht daraufhin erfüllt – Milica Mitrović starb zwei Stunden nach dem Urteilsspruch am Galgen.[25]

In Summe wird die Zahl der feldgerichtlich Beschuldigten auf unfassbare drei Millionen Personen geschätzt. Ungeachtet dessen halten jüngere Studien die »im Militärgerichtsarchiv aufbewahrten Verzeichnisse der Feldstandrechtsurteile« für »ziemlich vollständig«, wobei sich freilich die Frage stellt, ob die betreffenden Urteile wirklich alle »verschriftlicht«, überliefert beziehungsweise weitergereicht wurden. Zirka »6000 Schriftstücke, Urteile und Akten umfasst der Archivbestand im Zusammenhang mit den standrechtlichen Todesurteilen«. Allerdings, hieß es 2004, konnte »bis dato« das von der 4. Abteilung des k.u.k. Kriegsministeriums geführte Verzeichnis über die vollstreckten standrechtlichen Justifizierungen nicht gefunden werden. Immerhin 1468 Todesurteile sind aktenmäßig aufgrund von Unterlagen des Wiener Kriegsarchivs belegt, laut »numerischer« Zusammenstellungen sei jedoch von rund 1900 Hinrichtungen auszugehen.[26] Die 1468 genauer dokumentierten Fälle sind wiederum größtenteils den »Krisenzonen« auf dem Balkan zuzuordnen, wobei allerdings die Frage offenbleibt, wie genau die Tätigkeit aller Standgerichte im Hinterland oder in den Besatzungszonen beziehungsweise sämtlicher Stand- und Feldgerichte bei der »Armee im Felde« bislang tatsächlich erforscht wurde. Abgesehen von weiteren Entscheidungen der Militärjustiz beziehungsweise der Ausnahmegerichte fällt immerhin eines auf: Laut statistischer Auswertung der 1468 standrechtlich vollstreckten Todesurteile entfallen 454 beziehungsweise 611 auf die Jahre 1915 und 1916 sowie 178 beziehungsweise 216 auf die Jahre 1917 und 1918. Im Jahr 1914 hingegen sollen es nach dieser Aufstellung nur neun Fälle gewesen sein.[27]

Die betreffenden Berechnungen müssen zumindest für das »Ausgangsmaterial« allerdings gar nicht grundsätzlich in Zweifel gezogen werden. Viel wahrscheinlicher ist, dass die von vielen zivilen und militärischen Institutionen bestätigten Tötungen beziehungsweise Gräueltaten zum überwiegenden Teil auf der Basis des »Kriegsnotwehrrechtes« erfolgten. Damit wurde einerseits auf das Selbstverständnis und die »Moralbegriffe« der Offiziere rekurriert, die sie dazu anhielten, ihre »Ehre« bei Verbal- oder Realinjurien mit dem Säbel oder im Felde mit dem Dienstrevolver zu »schützen«. Andererseits handelte es sich diesbezüglich um das Tötungsrecht im Kriegsfall, das durch das Militärstrafgesetzbuch regelrecht zur Pflicht erklärt wurde, wenn jene zu bestrafen waren, die sich zum Beispiel weigerten, »gegen den Feind vorzugehen«, beziehungsweise wenn »die Feldflüchtigkeit eines Untergebenen von augenblicklicher Gefahr für den Dienst oder für den Geist der Truppen sein könnte«. Obwohl die Regelungen darauf verwiesen, dass es in erster Linie um kampfentscheidende Momente und augenblickliche Gefahren infolge von »Defätismus, Panik und Disziplinlosigkeit« ging, überrascht es auf der Grundlage vieler und zum Teil schwammiger Formulierungen nicht, dass militärische Kommanden speziell in schwierigen Gefechtssituationen zu exzessiver Gewalt neigten. Wichtig waren in diesem Zusammenhang auch die Erwähnung von Zivilpersonen in den entsprechenden Gesetzen sowie die Tatsache, dass die Militärs ihre Zuständigkeiten auf immer größere Teile der Bevölkerung ausdehnten.[28]

DIE HALTUNG DER BEHÖRDEN

Die Verstärkung von Feindbildern sowie Spionage- und Verratsängste, aber auch Denunziationen unter den einander bekämpfenden Ethnien trugen schließlich zu den Exzessen an der Peripherie des Reiches, in Ostgalizien oder am Balkan, in den Etappen-, Front- und Besatzungsgebieten, ebenso bei wie das Selbstverständnis der k.u.k. Administration. Ihr hatte man über Dekaden eingeschärft, gewissermaßen über den Niederungen menschlicher Leidenschaften und Parteilichkeiten für Pflicht, Ordnung und Gerechtigkeit zu stehen.[29]

Obwohl eine vielfach deutschösterreichische oder magyarische Beamtenschaft nicht zuletzt ihre Ressentiments gegenüber »slawischen Völkern« pflegte und von katholisch-monarchistischen Werten oder der »Untertanenerziehung« und »Menschenführung« des josephinischen »Vernunftstaates« geprägt war, definierten die Exponenten des »schwarz-gelben« Staatsapparates sich selbst – nicht ohne einen Anflug von Überheblichkeit – als Verfechter der »Objektivität«. Den zivilen Behörden des Habsburgerreichs muss aber immerhin zugestanden werden, sich während des Krieges in verschiedenen Fällen den Forderungen schier maßlos gewordener Militärs entgegengestellt zu haben. Letztere pochten unter anderem auf über den Krieg hinausgehende Befugnisse bei der »Unschädlichmachung« potenzieller Feinde der Monarchie und beschuldigten ihrerseits zivile Stellen nationaler Parteilichkeiten bei der Verfolgung gefährlicher Elemente. Der Krieg, der das Militär mit ungeheuren Rechten ausstattete, schien eine einmalige Gelegenheit dazu zu bieten, den Staat nach den Vorstellungen hoher und höchster Offiziere komplett neu zu ordnen. Bei der solcherart geplanten »Sanierung der inneren Verhältnisse« wirkten Stellungnahmen der Zivilverwaltung einmal mehr als störend, konnten aber leichter abgewehrt werden als noch in Friedenszeiten.[30]

Innerhalb der Heeresverwaltung und speziell der Offizierskreise war bereits seit Dekaden eine latente Aversion gegen alle Zivilisten und speziell gegen Parlamentarier und Journalisten vorhanden gewesen. Es darf daher nicht verwundern, wenn man sich während des Krieges auf militärischer Ebene mit Konzepten einer »innerpolitische[n] Neuordnung Österreichs mit oder ohne Mitwirkung des Parlaments« beschäftigte.[31]

Unter solchen Umständen gerieten gerade Demokratisierungsprozesse ins Visier einer militärischen Elite, die sich auf Tradition und autoritäres Denken stützte. Nahezu jede abweichende Meinung galt unter diesen Bedingungen als unsachlich, polemisch und einseitig. Das Stichwort von der »Entpolitisierung« machte die Runde – mit langfristigen Konsequenzen für die Geschichte Österreichs auch nach dem Ende der Donaumonarchie.[32]

Zunächst, vor 1918, sollte unter solchen Umständen etwa das »Serbentum« zur »Ordnung« gerufen und »entpolitisiert« werden.[33] Intellektuelle Kreise und das Bildungswesen beobachtete die k.u.k. Armeeführung dabei ebenso aufmerksam wie die »nationalen Leidenschaften«.

Neben dem Balkankriegsschauplatz behielt man diesbezüglich die »inneren Fronten« im Auge. In keinem anderen Krieg führenden Land unterlag auch deshalb das politische und öffentliche Leben derartigen Einschränkungen wie in Österreich. Die Voraussetzungen waren geschaffen, um überall dort Härte und Entschlossenheit zu zeigen, wo sich Unmut regte. Ein Aufruf zum Eisenbahnerstreik und die Erklärung des russischen Zaren, allen Völkern der Habsburgermonarchie zu »Freiheit und Gerechtigkeit« zu verhelfen, veranlasste die Behörden zu exemplarischen »Disziplinierungsmaßnahmen« in Böhmen und Mähren. Eine Reihe von teilweise vollstreckten Todesurteilen, etwa in Mährisch-Ostrau, sollte Ende 1914 den innenpolitischen Widersachern des militärbürokratischen Regimes als Warnung dienen.[34]

Die Opfer waren nicht immer grundlos »hochverräterischer und aufwieglerischer Reden« bezichtigt worden. Allerdings traten hier bald gleichfalls bedenkliche Radikalisierungsprozesse zutage. Eine Reihe junger Mädchen wurde etwa nur deshalb verhaftet, weil sie vorbeifahrenden Transporten russischer Kriegsgefangener zugewunken hatten.[35] Innerhalb weniger Monate ab Beginn der Kampfhandlungen fanden sich Hunderte arretiert und vor Gericht gestellt.[36]

NEUE VERFOLGUNGEN

Misstrauen und Übergriffe kennzeichneten auch die nachfolgende Zeit. Kaum hatten die Mittelmächte 1915 den Rückzug der Zarenarmee erzwungen und stabilere Verhältnisse in Ostgalizien geschaffen, machte zum Beispiel die jüdische Familie Rosenkranz mit den eigenen Truppen folgende Erfahrung: »Den kämpfenden Einheiten, die mit bewaffneter Hand die fremden Eroberer vor sich hertrieben, folgten auf dem Fuß vollmächtige Rafferverbände, die aus den Ställen, Scheunen und Häusern der Bauern Vieh, Getreide und Türklinken und die Glocken aus den Kirchen entführten. Der dritte Arm, den die Alte Staatsmacht, wieder Besitz ergreifend, auf ihr Kronland legte, war die Kriegsjustiz: sie erschien, getragen von Standgerichten, mit Henkern und Häschern, und nahm die Greise und Frauen aus den Häusern, die nur noch sie enthielten. Die Landschaft wimmelte von Galgen.«[37]

Dass es zugleich Zwangsvertreibungsversuche der »Israeliten« gab, belegt ein Schreiben vom 3. Mai 1915, in dem sich die Betroffenen direkt an Kaiser Franz Joseph wandten, um ihr Schicksal zu beschreiben: »Hunderte Familien samt ihren Säuglingen«, »ohne Brot, ohne Kleidungsstücke«, seien in Kolomea angekommen, hieß es darin. Und weiter: »Früher, als die barbarischen Russen hier waren, wurde plakatiert, dass in kurzem die Juden aus Galizien ausgewiesen werden, weil in dem jüdischen Herz die Verräterei kein Platz gefunden hat und auch nicht finden wird. [...] Was aber haben wir gegen Österreich gesündigt? Daß man uns die Ruhe nicht gönnt? [...] Demütig und fußfällig vor unseren treuherzigen Kaiser stellen wir die Frage: ob ein solcher [Ausweisungs-]Befehl von unserem treuherzigen Kaiser ausgegangen ist, in die tausende Frauen und Säuglinge auf die Hände in einem solchen Wetter und in offenen Wagen fortzujagen?«[38] Der Verfasser, der sich für gewöhnlich in jiddischer Sprache ausdrückte und daher nicht immer korrekte Ausdrücke fand, wartete allerdings vergeblich auf Antwort. Franz Joseph erfuhr gar nichts von der »schriftlichen Eingabe«. In den Akten des k.k. Ministeriums des Innern verschwand sie mit dem Vermerk: »Zu einer Verfolgung« des Vorgangs »kein Anlass«.[39]

»Mosaische« aus Galizien mussten sich weiterhin als unerwünscht im eigenen Land betrachten. Die nachweislich brutalen antisemitischen Ausschreitungen, die Deportationen und Vertreibungen, die unter der Herrschaft der zarischen Streitkräfte vorgekommen waren, hatten etwa im März 1915 Gerüchte genährt, die Russen würden »1500 jüdische Familien bei Kamiona und Tysmieniczany sammeln« und als »lebende Schutzschilder« über ihre »Linien hinaus zu den österreichisch-ungarischen Truppen abschieben«. Einige Tage später konstatierte man zwar sowohl im k.u.k. Armeeoberkommando als auch in der »Militärkanzlei Seiner Majestät«, dass derartige Vorgänge »nicht stattgefunden hätten«. Sollte es aber doch noch zu solch »barbarischen« Aktionen kommen, waren die österreichisch-ungarischen Kampfverbände vor Ort angewiesen, »zunächst den Raum vor den anrückenden Menschen, speziell durch Artillerie, unter Feuer zu nehmen, um die Leute womöglich zum Umkehren zu veranlassen«.[40]

»Warum seid ihr zurückgekommen? Wir brauchen euch hier nicht. Wir waren froh, dass wir euch los sind«, bekamen »mosaische Bürger« auch vom Bezirkshauptmann in Dolina zu hören.[41] Vorwiegend polnische Beamte, erklärten jüdische Organisationen, setzten sich das »Verdrängen, die Pauperisierung und Erniedrigung« der »Israeliten« zum Ziel. Während oft ausgerechnet jene Organe der Landesverwaltung die

Stichhaltigkeit der Vorwürfe prüften, die wegen ihrer Voreingenommenheit kritisiert wurden und ihrerseits nun die jüdische Bevölkerung diffamierten, fehlte es Repräsentanten der k.u.k. Armee vielfach gleichfalls an der notwendigen Zurückhaltung. Unreflektiert übernahmen sie immer wieder Vorwürfe und Anschuldigungen, in denen etwa darauf hingewiesen wurde, dass das Verhalten der Lemberger Juden während der russischen Invasion im »höchsten Maße das Ärgernis der übrigen Bevölkerung« erregt habe.[42]

Während unter solchen Umständen antisemitische Strömungen weiter an Einfluss gewannen, beargwöhnten die Regierungsorgane der Donaumonarchie verstärkt auch die polnische Bevölkerung. Das k.k. Ministerium des Innern berief sich dabei etwa gegenüber dem k.u.k. Kriegsministerium auf einen Oberleutnant des Infanterieregiments Nr. 15, wenn es gleich mehrere Männer und Frauen beschuldigte, Österreich-Ungarn ein baldiges Ende zu prophezeien und den »Anschluss der Polen Galiziens an Russland« zu propagieren.[43]

Ganze Landstriche und Gemeindevertretungen hätten sich in den vergangenen Monaten mit den russischen Invasoren zusammengetan, ergänzten weitere Berichte des Ministeriums des Innern und des k.k. Ministeriums für Landesverteidigung, wobei Denunziationen nunmehr jede Volksgruppe und Glaubensgemeinschaft treffen konnten.[44] Bezeichnenderweise galt dies zum Beispiel explizit für die Rumänen in der Bukowina bereits vor der Entscheidung der Bukarester Regierung, sich auf die Seite der Entente zu stellen.[45] Der Krieg gegen Italien und Rumänien löste schließlich neue Verfolgungs- beziehungsweise Internierungswellen aus, die im Übrigen auch in Serbien und Galizien weitere Repressalien zur Folge hatten.[46]

Selbst in einigen Belangen differenzierter urteilende Beobachter wie der Dichter und k.u.k. Diplomat Leopold von Andrian-Werburg konnten mittels »Informationsreisen nach Ostgalizien« wenig dazu beitragen, das Misstrauen der Armee zu beseitigen, fanden sich doch in Andrians Bericht vom 26. Juli 1915 unter anderem folgende Worte: »Immerhin bestand, durch das Regime in Galizien erzeugt, durch den russischen Rubel genährt, eine moskalophile Partei«. Eine »polnische Partei, die allpolnische oder nationaldemokratische, hat sich« im Übrigen durch »ein bewusstes Hinüberschielen nach Russland« in »der letzten Zeit traurig berühmt gemacht«. Trotz »austrophiler Haltung« des »Judentums ist« weiters »natürlich hiermit sehr wohl vereinbar, dass jüdische Elemente aus Feigheit und weil die Gefahren, die den Juden durch die Russen drohten, viel größere waren, als die der anderen Bevölkerungsschichten, sich den russischen Machthabern an den Hals geworfen haben. Auch will ich nicht bezweifeln, dass, wie an vielen Orten behauptet wurde, die Juden durch Lieferungen und Vermittlungen unter der Russenherrschaft glänzende Geschäfte gemacht haben.« Die Ruthenen wiederum seien der Habsburgermonarchie gegenüber großteils loyal geblieben. Allerdings, so Andrian weiter, galten einige Bezirke »als Herde der moskalophilen Gesinnung«. Abgesehen von jenen »russophilen Intellektuellen«, die mit den Zarentruppen geflohen waren, sei immerhin auch ein »gewisser Exodus der ruthenischen Landbevölkerung zuzugeben, [...] welche unter der Russenherrschaft bei den Juden und Gutsherren straflos geplündert und gestohlen haben«. Obendrein »muss darauf hingewiesen werden, dass die Russen in politisch sehr geschickter Weise ihr Regime möglichst angenehm für die ruthenischen Bauern zu gestalten bemüht waren«.[47]

HOCHVERRATSPROZESSE

Ungeachtet aller Anweisungen des Kaisers und verschiedener staatlicher Organe, Sicherheitsmaßnahmen und Strafaktionen auf berechtigte Verdachtsmomente einzuschränken, agierten vor allem die militärischen Befehlshaber unverändert in einem Klima weitverbreiteter Paranoia. Die Konsequenz waren neuerliche Arretierungen und Exekutionen, wie die Anfragen von Reichsratsabgeordneten im Jahre 1917 belegen.[48] Während man im Übrigen den »öffentlichen Vollzug der Standrechtsurteile« zunächst nur dahingehend eingeschränkt wissen wollte, wo es beispielsweise um eine Vollstreckung in der Nähe von »Gotteshäusern« ging,[49] erachtete man jedoch speziell ab 1916 die Kenntnisnahme der Justifizierungen durch eine breitere Öffentlichkeit als »weniger erstrebenswert«.[50] Die Intention, gezielt abzuschrecken, hatte nun geringeres Gewicht als die Sorge um das Ansehen der Donaumonarchie im Ausland. Mit Blick auf das eigene Image und die internationalen Medienberichte verschwanden Fotos der Gehenkten aus der österreichisch-ungarischen Presse.[51]

Gleichzeitig verzeichnete die Heeresführung einen Rückgang an vormals beanstandeten Übergriffen. Die Ursache dafür lag ihrer Meinung nach in den stabileren Verhältnissen – eine Einschätzung, die im Großen und Ganzen lediglich für eine kurze Zeit im östlichen Front- und

Etappenraum gelten mochte. Hier schien man sich im Zuge erfolgreicher Offensiven tatsächlich seltener vor allem auf die Kriegsnotwehr zu berufen. Eine Haltungsänderung seitens des Generalstabs war damit aber keineswegs verbunden. Den »Verrat« wollte man jetzt lediglich in mehr oder weniger geordneten Bahnen bekämpfen. »Staatsfeindlichen Gruppen«, ihrer Propaganda und ihren »Verbindungen zueinander und zum Ausland« solle nun eine »spezielle Gruppe« des militärischen Nachrichtendienstes entgegentreten, erklärte Generalstabschef Franz Conrad von Hötzendorf gegenüber dem k.u.k. Kriegsministerium am 15. August 1915. Denn, so Conrad, der »Russophilismus der Ruthenen und Tschechen« müsse »mit allen Mitteln bekämpft werden«.[52]

In diesem Sinn hatten schon knapp zwei Monate zuvor beim Landwehrdivisionsgericht in Wien Hochverratsprozesse gegen die »Führer der russophilen Partei in Galizien« begonnen. Vom k.k. Ministerium für Landesverteidigung waren diesbezüglich »besonders energische Richter« angefordert worden. Die »Verhandlungen« endeten mit Schuldsprüchen. Auf die Angeklagten wartete der »Tod durch den Strang«. Kaiser Franz Joseph sah jedoch von einer Vollstreckung des Urteils ab und sprach »schwere Kerkerstrafen« aus, bis schließlich sein Nachfolger Kaiser Karl eine nicht bloß in Armeekreisen wenig geschätzte Amnestie verkündete. Der allerhöchste Gnadenakt änderte indes nichts an der Tatsache, dass die Urteilssprüche, »im Namen Seiner Majestät« ergangen, den Standpunkt der Armeeführung bestätigten.[53] Der vor allem gegen den tschechischen Abgeordneten Karel Kramař gerichtete Prozess endete deshalb mit folgendem Zusatz: »Soll die Behandlung der gegen den Staat gerichteten Bestrebungen nicht nur an der Oberfläche haften, dann ist vor allem darauf hinzuweisen, dass die Gerichtsverfahren gegen russophile Ruthenen […], aber auch eine beträchtliche Anzahl anderer Prozesse gegen Angehörige der tschechischen Nation […] Tatsachen zur allgemeinen Kenntnis brachten, welche die Überzeugung begründen, dass die staatsfeindlichen Bestrebungen nicht akuter, sondern chronischer Natur sind.«[54]

Dem AOK, einer treibenden Kraft hinter den Hochverratsprozessen[55], wurde damit selbst ein Urteil und ein Freibrief ausgestellt: Die Tribunale sprachen die Militärs im Prinzip frei und rechtfertigten sowohl die bisherigen Gewaltaktionen in Galizien und am Balkan als auch hinkünftige Repressalien. Geheimdienstoffizier Max Ronge zog ein entsprechendes Resümee: Das »scharfe Eingreifen« und die »Internierungen« seien vollauf begründet, notierte Ronge, der von zahlreichen Gesinnungsgenossen unterstützt wurde.[56] Umso empörter reagierte man in diesen Kreisen auf die Amnestiebestimmungen unter Kaiser Karl. »Lang lebe der Hochverrat!«, skandierten auch deutschnationale Parlamentarier, die ihre »Treue« zur Monarchie enttäuscht und die »slawische Wühlarbeit« belohnt sahen.[57] Unter derartigen Umständen wurde bald erneut der Eindruck erweckt, dass die Bevölkerung insbesondere der nord- und südöstlichen Kampfschauplätze Österreich-Ungarns fortwährend unter »Generalverdacht« stand.[58]

KEINE PRÜFUNG UND ENTSCHÄDIGUNG

Aufgrund der militärischen Kräfteverhältnisse speziell seit dem Kriegseintritt der USA, der Auswirkungen der Russischen Revolution und der immer katastrophaleren Lebensbedingungen nahm auch der ethnische Konflikt innerhalb des Habsburgerreiches neue Formen an. Einige nationale Vereinigungen blickten in eine Zukunft jenseits der bestehenden Ordnung. Nicht zuletzt die tschechische Unabhängigkeitsbewegung, südslawische Vereinigungstendenzen und die Frage der Wiedererrichtung Polens berührten die territoriale Integrität der k.u.k. Monarchie. Angesichts dessen verzichteten auch die Reichsratsabgeordneten auf längere Debatten etwa über die Gewalttätigkeiten der Jahre 1914/15. Massenexekutionen, Geiselaushebungen und Dörferzerstörungen dienten nun eher der »parlamentarischen Rhetorik«, die auf andere Themen abzielte. Selten stand eine genauere Erforschung der Vergangenheit am Programm. Kam es dennoch in einzelnen Fällen zu Ermittlungen, so stellte sich die Heeresadministration hinter die verantwortlichen Truppenkommandeure, suchte Ausflüchte, sprach von Verleumdungen[59] oder berief sich auf einen generellen Informationsmangel. Die Ermordung eines Mannes im Festungsbereich Przemyśl kommentierte das Ministerium für Landesverteidigung daher mit den Worten: »Die Bewohner« der umliegenden Ortschaften »vermochten keinerlei zur Aufklärung des Falles dienliche Angaben zu machen. […] Bei der großen Anzahl von Truppen, die angesichts der Unbestimmtheit des angeblichen Todestages in Frage kommen, dann bei dem Fehlen entsprechender Aufzeichnungen (Festungsakten) versprechen weitere Nachforschungen nach der ganzen Sachlage keinen Erfolg und wird der Fall voraussichtlich unaufgeklärt bleiben. Er kann daher auch nicht zur Grundlage irgendwelcher bestimmter Verfügungen genommen werden.«[60]

Nachteilig wirkte sich für die betroffenen Familien überdies die Dauer der amtlichen Erhebungen aus. »Die Witwen angeblich schuldlos erschossener Bauern von Tomaszowce, Bezirk Kalusz«, so eine Randnotiz der Heeresadministration, »bitten um größere Unterstützung«. Die Angelegenheit hatten ruthenische Mandatare am 13. Juni 1917 dem Abgeordnetenhaus des Reichsrats zur Kenntnis gebracht. Im Dezember 1917 warteten die militärischen Zentralbehörden dann immer noch auf »das Resultat der beim Militärkommando Przemyśl über den Vorfall eingeleiteten Erhebungen«. Akten über parlamentarische »Anfragen und Interpellationen« aus dem hierfür zuständigen Präsidialbüro des Ministeriums für Landesverteidigung enthalten keine weiteren Angaben über die »Witwen von Tomaszowce«.[61]

Gleiches gilt für andere Anfragen, die sich mit der Entschädigung galizischer Familien befassten. In diesen Fällen ging es allerdings vorrangig um die Zerstörungen von Gebäuden und Ortschaften durch die k.u.k. Armee. Die Heeresadministration sah auch hier die »Möglichkeit von Erhebungen durch die Statthalterei«, bezweifelte aber den Wert der Ergebnisse. Den »Wünschen« und »Interessen«, erklärte das Ministerium für Landesverteidigung, habe man eher im Zuge der Wiederaufbauaktivitäten Rechnung zu tragen. Es sei daher abzuwarten. Demgegenüber könne von finanzieller »Wiedergutmachung« der Behörden im Sinne einer »Kriegsschadensfrage natürlich keine Rede sein«.[62] Denn, so der amtliche Vermerk: »Laut der Erläuterungen zum Kriegsleistungsgesetz zählt das Niederbrennen von Ortschaften durch die Kampftruppen aus militärischen Rücksichten nicht zu den Kriegsleistungen.«[63] Immerhin mussten die Repräsentanten der Militärbürokratie einräumen, dass staatliche Verpflichtungen aus »vorbereitenden, planmäßigen und nicht unter der unmittelbaren Einwirkung des Feindes durchgeführten Maßnahmen« resultieren könnten. In diesem Zusammenhang erinnerte das Ministerium für Landesverteidigung am 2. Juni 1918 an den geplanten »Entwurf eines Gesetzes betreffend die Vergütung von Leistungen für militärische Zwecke, der dem Herrn Ministerpräsidenten zur Einbringung im Abgeordnetenhaus übersendet wurde«.[64]

Die Betroffenen merkten von diesen Initiativen hingegen wenig. In Anbetracht der Wirtschaftslage, aber auch der Verzögerungen durch legislative und administrative Abläufe blieben erwartete Hilfsmaßnahmen für die durch militärische Operationen arg in Mitleidenschaft genommenen Kronländer Galizien und Bukowina in der verbleibenden Zeit, den wenigen Monaten bis zum Zusammenbruch der Donaumonarchie, weitestgehend aus.[65] Parallel dazu gab sich die Armeeführung bezüglich ihrer Vorgangsweise seit 1914 nach wie vor größtenteils uneinsichtig. Gerade in Anbetracht der sozialen Unzufriedenheit und der »drohenden Revolution« verlangte sie von ihren Untergebenen, »energisch« durchzugreifen und »Ordnung« zu schaffen. Speziell die südosteuropäischen Besatzungsgebiete wurden solcherart Schauplätze weiterer gewaltsamer Auseinandersetzungen.

KLEINKRIEG

Zu neuerlichen Internierungswellen war es am Balkan speziell nach dem Kriegseintritt Rumäniens gekommen. Wieder entzogen sich viele Einheimische der Verhaftung durch Flucht in die für die Besatzer kaum kontrollierbaren Wälder und Gebirgsketten der Region. Solcherart wurde einem lokalen Guerillakampf ebenso Vorschub geleistet wie durch Desertionen aus der k.u.k. Armee und Gerichtsverfahren in Fällen der Majestätsbeleidigung, Requisitionen oder Hausdurchsuchungs-, Entwaffnungs-, Straf- und Racheaktionen der habsburgischen Sicherheitsorgane. In diesem Sinne informierte während des Sommers 1916 die Kundschaftsstelle Šabac die Leitung des k.u.k. Militär-General-Gouvernements in Belgrad von den besonderen Schwierigkeiten, örtlicher »Räuberbanden habhaft zu werden«.[66]

Nicht viel positiver fiel zeitgleich der Bericht der K-Stelle Čačak aus: »Im Walde bei Vrdila wurde am 27. 7. um 8 Uhr abends eine aus fünf Personen, darunter zwei Weiber, bestehende bewaffnete Bande angetroffen, welche sich der Anhaltung durch die Gendarmeriepatrouille widersetzte. Durch den Waffengebrauch der Gendarmerie wurden zwei Räuber und ein Weib getötet. [...] Aufdeckung und Feststellung serbischer Untaten: Lj. Peric (Markovic), 43 Jahre alt, aus Dolac, welcher im November 1915 mit noch vier bereits justifizierten Serben aus dem Hinterhalte auf eine requirierende Patrouille geschossen, wodurch zwei öst. Soldaten getötet wurden, ist am 1. August l. J. hingerichtet worden.«[67] Die »K-Stelle Grn. Milanovac« machte deutlich, dass es seitens der k.u.k. Militärs immer auch um Abschreckung durch drastische Einschüchterungsmethoden ging. Hinsichtlich der »anti-österreichisch-ungarischen Verhetzung der Schuljugend« hieß es hier: »Insbesondere hat die exemplarische Bestrafung« der »Lehrerin Sorka Rakić« eine »ungemein abschreckende Wirkung unter der Bevölkerung hervorgerufen«.[68]

Die damit zum Ausdruck gebrachte Hoffnung, drakonische Repressalien könnten zur Beruhigung der Lage beitragen, erfüllte sich jedoch nicht.[69] Im Gegenteil. Im September 1916 meldete die K-Stelle Šabac: »Die unter Aushebung von Geiseln eingeleitete Entwaffnungsaktion der Bevölkerung hat das Einliefern zahlreicher, wenn auch meistens unbrauchbarer Waffen zur Folge. Nach Ablauf der gesetzlichen Ablauffrist werden die Waffenbesitzer unnachsichtig mit dem Tode bestraft. In der Gemeinde Metkovic wurden der dortige Einwohner Milan Eric sowie die Geisel Lazar Eric, ferner in der Gemeinde Glogoac wegen unerlaubtem Waffenbesitz der Einwohner Ilija Panic und die Geisel Milan Panic erschossen.«[70]

Von den K-Stellen Belgrad, Šabac, Gornji Milanovac, Kruševac, Valjevo, Užice und Čačak langten in der ersten Novemberhälfte 1916 folgende Berichte ein: »Situation unverändert. Zwei Mitglieder der Bande Stevan Mihajlović wurden am 1. ds. Mts. über Einsagen eines Vertrauensmannes durch die Gendarmerie verhaftet und am 2. ds. standrechtlich erschossen. [...] Räuberwesen: Am 26. Oktober wurde Ostaje Pavić, Vorschubleister der Samarcic-Bande, durch Mobilpatrouille in Ribari, Bezirk Bogatic, bei seinem Fluchtversuche erschossen. [...] Bei dem 12jährigen Djuri Miodrag aus Grn. Milanovac wurde ein altes Gewehr vergraben vorgefunden, derselbe wurde dem Kreisgerichte überstellt. [...] Die Sicherheitsverhältnisse im Kreise [Kruševac] werden durch scheinbar zwei Räuberbanden ungünstig beeinflusst. [...] Am 4. 11. ungefähr um sechs Uhr abends wurde der Leiter der Wirtschaftsstation in Jagodina Oblt. a. D. Julius Skarda, als er sich dienstlich nach der Nebenwirtschaftsstation Monastir-Josanica begab, 400 Schritt vor diesem Kloster aus dem Hinterhalt erschossen. [...] Nach dem Ergebnis der bisherigen Erhebungen, an welchen der Berichterstatter mit drei Detektiven an Ort und Stelle im Vereine mit der Gendarmerie beteiligt war, kann gefolgert werden, dass die Täter am Mordanschlage gegen den genannten Oberleutnant aus den umliegenden Ortschaften Prnjavor, Misevic, Lozovik, eventuell auch aus Deonica stammen dürften. Aus diesem Grunde wurden vorläufig das dem Tatorte zunächst gelegene Dorf Prnjavor, nachdem sämtliches Vieh und alle Getreidevorräte in Sicherheit gebracht wurden, über Befehl des

Bezirkskommandos in Gemässheit der ergangenen Befehle angezündet, die erwachsene Bevölkerung in Jagodina vorläufig in Verwahrungshaft genommen, die Kinder aber anderen Gemeinden zugewiesen. Wegen unbefugtem Besitz von Waffen wurden zwei Einwohner im Bezirk Bacina zum Tode verurteilt und am 30. Oktober l. J. erschossen. [...] Die im Kreise« Valjevo »herrschende Ordnung wird nach wie vor durch fortgesetzte Raubanfälle gestört. Der letzte Raubanfall fand am 4. November statt. [...] Die Bauernbevölkerung« im Raum Užice »ist über das Räuberunwesen empört, weil sie es nur den vorgenommenen Internierungen zuschreibt.« In Čačak »ist es nicht von der Hand zu weisen, dass die in die Wälder Geflüchteten von einigen Hitzköpfen zur Flucht verleitet wurden, da einer von den Erschossenen vor seiner Hinrichtung einen Gastwirt der Verbreitung falscher Nachrichten beschuldigte und dieser wegen Aufwiegelung in Haft genommen wurde. Auf den bei der Morava gelegenen Grabstätten, wo die Erschossenen (Justifizierten) eingescharrt werden, wurden einige primitive aus Zweigen verfertigte Holzkreuze, auf welchen schwarze Fetzen und einige Feldblumen befestigt waren, vorgefunden, welche von Kindern, die dort Vieh weiden, stammen dürften.«[71]

Kurz zuvor hatten wiederum die österreichischen Kundschafter aus Kragujevac neben der »Flucht von Abzuschiebenden« auch den Überfall auf Gendarmerieposten gemeldet. Die »militärischen Gegenmaßnahmen«, setzten sie fort, »beschränkten sich auf Teile des Bezirkes Slepak«, und zwar die »Gemeinden Guncati, Borac, Dragusica, Bumbarevobrdo. Alle mit Waffen Angetroffenen wurden erschossen. Viele von den Aufwieglern wurden eingebracht und justifiziert. Die erwiesenen und nicht eingebrachten Aufwiegler (Vier) wurden in Contumacia zum Tode verurteilt, die Häuser, Hab und Gut aller dieser vernichtet, das Gasthaus in Borac, wo nachgewiesenermassen eine Versammlung dieser bewaffneten Aufwiegler stattfand, wurde desgleichen niedergebrannt. Beim Niederbrennen dieser Häuser explodieren häufig Bomben. Insgesamt wurden 23 erschossen, 14 Häuser niedergebrannt und 760 Flüchtlinge eingebracht. Es wurde nachfolgende Wahrnehmung gemacht: Die zum Tode verurteilten gingen singend zum Richtplatz, benahmen sich respektswidrig.«[72]

Die österreichisch-ungarische K-Stelle Kragujevac unterrichtete die Vorgesetzten in Belgrad außerdem darüber, dass sich »eine große Anzahl von serbischen Soldaten« noch »versteckt herumtreibt. Bandenbildungen kommen vor«, konstatierte man, um zu ergänzen: »Alle diese Elemente beeinflussen das leichtgläubige Volk sehr ungünstig und ist eine gründliche Säuberung nach diesen sehr notwendig.«[73] Derartige Maßnahmen, wie etwa die Gerichtsverhandlung und vorgenommene Hinrichtung von acht Personen im Bezirk Brus,[74] hatten neuerlich nicht das gewünschte Resultat zur Folge. Wieder sprachen die Organe des Militär-General-Gouvernements von der Bildung zahlreicher Räuberbanden und der Empörung der Ortsbewohner über Arretierungen und Durchsuchungsaktionen. Bald kursierten Gerüchte über bevorstehende Aufstände, etwa im »Kreis Kragujevac«.[75] Die Gendarmerie schlug prophylaktische Methoden vor: »Mutter und Bruder« eines »gesuchten Freischärlers und Brandlegers« sollten zum Beispiel als Geiseln genommen werden. Immerhin, hieß es in dem Dossier weiter, seien »durch die aufgestellten Geiseln« beträchtliche Erfolge bei der Waffensuche erzielt worden.[76] Dass diesbezüglich aber oft Lappalien zu harten Unterdrückungsmethoden führen konnten, beweist unter anderem ein Fall aus dem Zuständigkeitsbereich der »K-Stelle Semendria«[77], wo eine Frau »verhaftet und dem Kreisgericht übergeben« worden war, nachdem man in ihrem Haus ein »verrostetes Gewehr« gefunden hatte.[78]

Nicht zum ersten Mal gaben in Anbetracht solcher Umstände die Kundschafter in Belgrad zu bedenken, dass sich unter den Arretierten und Verfolgten viele »uns erwiesenermaßen gut Gesonnene« befänden.[79] Doch einmal mehr folgte einem solchen Eingeständnis gleich wieder der Appell zur Wachsamkeit: Die »wahrhaft Schuldigen« seien immer noch auf freiem Fuß. Damit entfiel jeder Milderungsgrund, speziell wenn es um intellektuelle Eliten ging, deren angeblicher oder tatsächlicher Hass auf die Habsburgermonarchie einen Kampf gegen das Serbentum und die serbische Staatlichkeit an sich rechtfertigte. In dieser Hinsicht wurden die k.u.k. Organe allerdings von den bulgarischen Verbündeten noch übertroffen: In deren Okkupationsgebiet führten antiserbische »Entnationalisierungskampagnen« sowie der Versuch, Bewohner des Besatzungsterritoriums für den Militärdienst zu rekrutieren, im Frühjahr 1917 zu einer größeren Aufstandsbewegung im Bezirk Toplica. Die Mittelmächte schlugen daraufhin mit allen verfügbaren Mitteln zurück. Deutsche Verbände eilten unter anderem von der Salonikifront zur Hilfe, während k.u.k. Diplomaten berichteten, dass die Bulgaren in den »unruhigen Gegenden alles zerstörten, was ihnen in den Weg kam«. Die zur Unterdrückung der Erhebung in Marsch gesetzten Verbände der Habsburgerarmee gingen ähnlich rücksichtslos vor. Von den 5000 bis 6000 Rebellen habe kaum die Hälfte überlebt, vermerkte ein österreichisch-ungarischer Bericht. Darin hieß es überdies, dass – ungeachtet jener, die im Kampf fielen – von den k.u.k. Einheiten rund 600 »Insurgenten« und von den Bulgaren schätzungsweise doppelt so viele exekutiert worden seien.[80]

Trotz der außerordentlich hohen, auch von einer internationalen Untersuchungskommission nach 1918 festgestellten Opferzahl gelang es den Besatzungstruppen allerdings keineswegs, den Widerstand gänzlich zu brechen. Zusammenstöße zwischen Komitadschis und eigenen Patrouillen seien an der Tagesordnung, konstatierte am 30. März 1917 das k.u.k. Militär-General-Gouvernement in Belgrad.[81] Nicht viel anders sah es in Montenegro aus, das seit Anfang März 1916 unter österreichisch-ungarischer Militärverwaltung stand, sowie in Albanien, das im Zuge der Balkanoffensiven bis zum Mai 1916 zu rund zwei Dritteln von Truppen der Habsburgerarmee okkupiert worden war. In beiden Fällen gipfelten sporadische Akte der Auflehnung vor allem 1917 in einem zähen Kleinkrieg, der seitens der k.u.k. Generalität mit Standgerichten, Geiselnahmen und Hinrichtungen beantwortet wurde und auch die zunächst mehrheitlich proösterreichischen Albaner in »hasserfüllte Todfeinde« der Monarchie verwandelte.[82]

Was sich allerdings änderte, war der Charakter des Konfliktes. Hierfür gab es einige Ursachen: Die bewaffnete Opposition gegen die Mittelmächte ging nun sozusagen dezentralisiert vor, in noch kleineren Gruppen als bisher. K.u.k. Offiziere reagierten darauf, indem sie »Jagdkommandos« mit maximal 30 Mann auf die »Komitas« ansetzten. Letztere wiederum, beobachteten Kommandanten österreichisch-ungarischer »Streifkorpsabteilungen«, müssten die Bevölkerung zur Hilfeleistung zwingen. Die Besatzungsbehörden in Belgrad zogen auch aus dem »Toplica-Aufstand« entsprechende Lehren: Dem AOK wurde mitgeteilt, dass sich die Bewohner des General-Gouvernements von der Rebellion vollständig ferngehalten hätten.[83]

Angesichts der innerserbischen Auseinandersetzung, die auch die Nachrichtenabteilung des Gouvernements des Öfteren registrierte, sahen sich die Streitkräfte der Donaumonarchie auf dem Balkan nicht allein in einen ethnischen Konflikt zwischen verschiedenen Völkern und Konfessionen beziehungsweise in einen Guerillakrieg mit den »Komitas« verwickelt. Vielmehr glichen die Rivalitäten zunehmend bürgerkriegsähnlichen Konfrontationen – ein Umstand, den die k.u.k. Armee jedoch kaum auszunutzen vermochte. Schließlich war das Habsburgerreich vom vierjährigen Weltkrieg schwer getroffen. Neben der allgemeinen Unzufriedenheit aufgrund der Versorgungsengpässe mehrten sich speziell in den südöstlichen Gebieten der Monarchie Zeichen des Umsturzes. In Kroatien und Bosnien-Herzegowina bildeten sich aus Deserteuren der habsburgischen Streitkräfte und ungehaltenen Bauern infolge der Zwangsrequirierungen sogenannte »Grüne Kader«, die den militärischen und zivilen Behörden Österreich-Ungarns die Kontrolle über den Südosten des Reiches speziell ab der Jahresmitte 1918 streitig machten.[84]

DIE UNBEFRIEDETE UKRAINE

Mit einer mehr als verwirrenden Mischung aus unterschiedlichen gesellschaftlichen und ethnischen Konflikten, ideologischen und politischen Gegensätzen, autonomistischen und separatistischen Bewegungen, internationalen Einflussfaktoren und Interventionskräften, der Herrschaft von »Warlords«, Bürger-, Bauern- und Guerillakriegen sowie einem teilweise völligen Staatszerfall bis zum Kampf »Dorf gegen Dorf« hatten es indes die Mittelmächte in den westlichen Regionen des untergegangenen Romanowimperiums zu tun.[85] Als sie sich hier im Gefolge der Russischen Revolution und der Machtergreifung von Lenins Bolschewiki als dominanter »Ordnungsfaktor« etablierten, lokale Potentaten politisch am Leben erhielten und dabei gleichzeitig den Einflussbereich der neuen Sowjetregierung zurückdrängten, sahen sich die Mittelmächte wenig überraschend unverzüglich einer Reihe von Widrigkeiten gegenüber. Deutsche und österreichisch-ungarische Truppen verschärften die bewaffneten Konflikte, die von äußerster Brutalität gekennzeichnet waren, allerdings auch durch ihr eigenes Verhalten. Den komplexen Krisenerscheinungen und gewaltsamen Konfrontationen begegneten sie beispielsweise mit vereinfachenden Freund-Feind-Schemata, wobei sie nicht selten dazu neigten, jede Opposition, die als Protest an den herrschenden Verhältnissen aufgefasst wurde, als »Bolschewismus« zu brandmarken.[86]

Obwohl die Mittelmächte mit Lenin und seinen Parteigängern, die sich seit dem Frühjahr 1918 Kommunisten nannten, in Brest-Litowsk Frieden geschlossen hatten, unterdrückten sie nun speziell in der Ukraine alle »Linken«. Neben KP-Aktivisten und Einheiten der im Aufbau befindlichen Roten Armee waren davon nicht zuletzt auch andere sozialistische Parteien, agrarrevolutionäre Kräfte oder lokale »Arbeitermilizen« betroffen. Deutsche und österreichisch-ungarische Heeresverbände starteten eine regelrechte Verfolgungsjagd. Als in der Industriestadt Mykolajiw nach der Beerdigung eines gegen die fremden Besatzer gefallenen »Kameraden« ein Aufstand ausbrach, kam es zu heftigen Gefechten mit Verbänden der Hohenzollern- und der Habsburgerarmee. Nachdem diese die Oberhand gewonnen hatten, begannen sie – wie etwa auch in Serbien – mit einer Entwaffnungsaktion. Wer danach immer noch eine Waffe besaß, wurde umgehend oder noch Tage später infolge von Standgerichtsurteilen liquidiert. Verstörend musste für die lokale Bevölkerung dabei insbesondere der Umstand wirken, dass die »Invasoren« zuvor gegebene Amnestieversprechen einfach brachen.[87]

Aufgrund der Ansichten vieler deutscher und österreichischer Kommandeure war dies freilich nicht weiter überraschend. »Der Russe beugt sich nur brutaler Gewalt«, erklärten sie: »Gleich von Haus aus« sei – »selbstredend nur zur Aufrechterhaltung der Ordnung – mit allergrößter Rücksichtslosigkeit« vorzugehen.[88] Bei Gefechten im Raum Perekop und dem Durchbruch Richtung Krim im April 1918 zeigten solche Befehle ihre Wirkung: Bayerische Regimenter liquidierten auch jene, die sich schon ergeben hatten. Nachdem gegnerische Kampfverbände ihrerseits Gefangene erschossen hatten, radikalisierte sich die Lage. Ein Tagesbefehl der Bayerischen Kavalleriedivision vom 20. April 1918 verschärfte noch einmal den Ton. »Nun vorwärts bis zur vollen Erledigung dieser hasserfüllten Banden«, lautete die Order, die mit den Worten schloss: Den Feind dürfe man »nicht als Soldaten« ansehen, »sondern als Räuber und Mordbrenner«.[89] Bei Taganrog zögerte Mitte Juni 1918 der Kommandeur der 52. Württembergischen Landwehrbrigade daher nicht, entsprechende Härte an den Tag zu legen. »Bolschewiki«, die sich nicht rechtzeitig retten konnten, wurden gnadenlos niedergemacht: »5000 erschlagen, 5000 ins Meer geworfen«, berichtete der k.u.k. Bevollmächtigte Generalstabsoffizier beim deutschen Oberkommando in Kiew.[90] Ergänzend hieß es, dass selbst zehn Mann, die man vorerst zu Verhörzwecken verschont hatte, später exekutiert worden waren.[91] Österreichisch-ungarische Verbände gingen ähnlich vor: Nachdem die »Bolschewiki« in einem Ort namens Pavlovka besiegt worden waren, schreckten die k.u.k. Einheiten nicht davor zurück, die 30 bis 40 Überlebenden des Kampfes zu töten und das Dorf, das diesen Unterschlupf gewährt hatte, niederzubrennen.[92]

Obwohl die Mittelmächte im Februar 1918 Frieden mit der unabhängigen Ukraine geschlossen hatten und somit im Territorium eines befreundeten Staates agierten, führten sie einen brutalen Eroberungsfeldzug. Dementsprechend achteten sie auch die Kiewer Regierung, die ukrainische Rada, nur insofern, als sich diese willens und fähig erwies, den Okkupanten die gewünschten Rohstoffe und Nahrungsmittel zur Verfügung zu stellen. Im gegenteiligen Falle, hatte k.u.k. Außenminister Czernin noch während der Verhandlungen mit der Ukraine gegenüber dem k.k. Ministerpräsidenten Seidler gemeint, müsste man »durch brutalste Gewalt so lange ungarisches Getreide« requirieren, bis die Lieferungen aus der Ukraine sichergestellt seien.[93]

In Anbetracht der katastrophalen Ernährungslage vor allem im österreichischen Reichsteil hatte man in Wien dem Friedensschluss mit der Ukraine, auf deren Kornkammern man hoffte, größere Bedeutung beigemessen als jenem mit den Bolschewiki. Auch das AOK betrachtete das Abkommen mit der Rada allein vom militärischen Standpunkt aus für wichtiger. Ob man »mit Herrn Trotzki« einig würde, sei in Anbetracht des Standorts der eigenen Truppen sekundär: An der »Bolschewiki-Front«, so Arthur Freiherr Arz von Straußenburg, befänden sich keine k.u.k. Einheiten, an der ukrainisch-rumänischen aber »40 Divisionen«.[94]

Die Souveränität der Ukraine missachtend, zwang man durch einen »Feldbestellungsbefehl« die Bauern bei Androhung schwerer Strafen, die gewünschten Getreidemengen anzubauen und abzuliefern. Da diese Politik von der Rada nicht mitgetragen wurde, wurde sie von Deutschen und Österreichern durch ein willfähriges Regime ersetzt, das »Hetmanat« des ehemaligen zarischen Generals Pavlo Skoropad'skyj.[95] Wie sehr die von Versorgungskrisen erschütterten Imperien der Habsburger und Hohenzollern dabei die »Ausbeutung« der Besatzungsgebiete im Auge behielten, verdeutlichte Ende März 1918 ein Handschreiben Kaiser Karls an Eduard Freiherr von Böhm-Ermolli, den k.u.k. Befehlshaber in der Ukraine. Diesem zufolge hätten, so wörtlich, »die Requirierungen rücksichtslos, eventuell mit Gewalt zu erfolgen«.[96]

Nahezu alle Maßnahmen und Anordnungen belegen, dass die Mittelmächte nicht erst infolge der besonderen Verhältnisse im »Osten« und durch die »Wirren der Revolution« zu »energischen Methoden« neigten. Von Anfang an machte man sich durch ein hohes Maß an Radikalität bei den Einheimischen unbeliebt. Hinzu kam der Kurs des »Hetmanats«, das auf die Rückgabe des mittlerweile meist von den Bauern »auf eigene

Faust« in Besitz genommenen Grundbesitzes abzielte. Skoropad'skyjs Anhang, der von deutschen und österreichisch-ungarischen Einheiten gestützt wurde und zum Teil auch die Bestrafung der Landbevölkerung für ihre Vermögensaneignung im Sinne hatte, trug zur weiteren Radikalisierung bei.[97]

Gegen Requirierungen, Entwaffnungsaktionen und die Rückgabe des Landes setzte sich die Bevölkerung der großen Agrarregionen schließlich entschieden zur Wehr. Die bewaffneten Zusammenstöße nahmen den Charakter eines regelrechten Krieges an, der oft in Form von Guerillakämpfen ausgetragen wurde. Besatzungstruppen setzten in der Folge häufig sogar Artillerie ein. Zerstörungen ganzer Ortschaften folgten, ebenso wie Geiselaushebungen und Massenhinrichtungen. Allein nach dem Aufstand in Kaniz im Mai 1918 fielen mindestens 60 Personen den k.u.k. Strafmaßnahmen zum Opfer.[98] »Bandenbekämpfungen« durch österreichisch-ungarische Streitkräfte erfolgten beispielsweise auch im Raum Ekaterinoslav. Ortschaften, deren Bevölkerung sich weigerte, die Waffen abzugeben, wurden entweder schwerem Geschützfeuer ausgesetzt oder mussten diverse Abgaben leisten.[99]

Durch Gegenaktionen bewaffneter Bauern, die Abteilungen der Habsburgerarmee überfielen, drehte sich die Gewaltspirale weiter. Österreichisch-ungarische Einheiten reagierten auf Angriffe und Hinterhalte mit Strafexpeditionen, wie etwa nördlich von Jampil' im Gouvernement Podolien, wo ein Dorf »eingeäschert« wurde. Im Bericht des zuständigen Truppenkommandos wurde zudem vermerkt: »Ca. 100 Bauern sind gefallen, 9 justifiziert. Eigene Verluste 1 Mann tot, 3 verwundet, 1 vermisst«.[100] Schwerwiegende Zwischenfälle waren an der Tagesordnung, wie auch die Abendmeldung eines Korps der k.u.k. 2. Armee vom 22. Juni 1918 belegt. Ohne einen Grund für das rigorose Vorgehen zu nennen, lautete die Information für die vorgesetzten Befehlshaber: »Gelegentlich einer Expedition im Raume Miloradovka, Gulaj Pole wurden 47 Bolschewikimörder niedergemacht, bei Streifungen entlang des westl. Dnieprufers südl. Jekaterinoslaw 37 Räuber justifiziert. Eingebrachte Waffen an deutsche Kolonisten abgegeben. Ordnung hergestellt.«[101]

Obwohl sich anhand der Berichte verschiedener Truppenteile ein Höhepunkt der Revolten, »Streifungen«, »Strafexpeditionen« und »Waffensuchungen« im Mai und Juni 1918 mit über 500 »Justifizierten«, »Erschossenen« oder auf der »Flucht Umgekommenen« ausmachen lässt, blieb die Situation für die Okkupationstruppen auch danach gespannt.

Bis Oktober wurde von weiteren 380 Getöteten berichtet.[102] Nach wie vor gab es »Bandenbildungen«, »lokale Aufstände« und Hinrichtungen. Die k.u.k. Streitkräfte in der Region zeigten sich weiterhin beunruhigt. Speziell in den letzten Oktobertagen, kurz vor dem Zusammenbruch der Donaumonarchie, stieg die Nervosität der Besatzungstruppen erneut. Unruhen wurden etwa in Odessa befürchtet, nachdem bereits zuvor, am 23. Oktober, eine österreichisch-ungarische »Expeditionsabteilung« zur Bandenbekämpfung 30 »Bolschewiki« und ebenso viele Ortsbewohner getötet sowie eine Ortschaft durch Artilleriefeuer eingeäschert hatte.[103]

BESATZUNGS-WIRKLICHKEIT(EN)

An der Tiroler- oder Isonzofront kam es nur eingeschränkt oder sehr spät zur Inbesitznahme fremder Territorien durch k.u.k. Truppen – in Ost- und Südosteuropa hingegen war die Situation eine völlig andere: Die Dimensionen der Operationsschauplätze machten es hier von Kriegsbeginn an nahezu unmöglich, so dichte und gut besetzte Frontlinien entstehen zu lassen, wie wir sie aus dem habsburgisch-italienischen Grenzgebiet kennen. Die geografischen Spezifika Osteuropas – schwer zu überwindende Hindernisse wie Sümpfe, Flüsse oder Gebirgszüge und gleichzeitig riesige Ebenen – beeinflussten die Auswahl möglicher Kampfschauplätze und förderten unter den militärischen Planern Strategien des Bewegungskrieges: Groß angelegte Rückzugs- oder Vormarschoperationen, Umfassungsbewegungen waren im weitläufigen Gebiet zwar eine schwer zu meisternde Herausforderung, allerdings zumindest möglich. Schon die Feldzüge im Sommer und Herbst 1914 eröffneten den militärischen wie politischen Planern Optionen der Machtausweitung. Auch wenn es auf verschiedenen offiziellen Ebenen – insbesondere in Budapest – Vorbehalte gegen eine langfristige territoriale Expansion gab, versuchte man durch eine straffe militärische Verwaltung von fremden Gebieten dennoch Zugriff auf Ressourcen zu erhalten, und man strebte nach einem Faustpfand für spätere Friedensverhandlungen.[1]

FORMEN MILITÄRISCHER KONTROLLE[2]

Den Mittelmächten gelang es erst nach großen Verlusten und langen Kämpfen an den Karpatenhängen, im Laufe des Jahres 1915 »Kongresspolen« zu erobern. Das als Ergebnis des Wiener Kongresses 1814/15 Russland zugeschlagene zentralpolnische Gebiet galt sowohl für Berlin als auch für Wien als strategisch besonders interessant. In der Habsburgermonarchie verfolgten viele den von Leon Ritter von Biliński entworfenen Plan einer »austropolnischen Lösung«, der Polen zum dritten staatskonstitutiven Element erheben sollte. Doch auch in Berlin hatte man an einem möglichen verbündeten neuen Königreich Polen wachsendes Interesse. Die beiden Bündnispartner teilten sich die »Erwerbung« auf: Das deutsche Generalgouvernement wurde mit Sitz in Warschau und das k.u.k. Militärgeneralgouvernement (MGG) mit jenem in Lublin errichtet.

Ab August 1915 amtierte Generalmajor Erich Freiherr von Diller als k.u.k. Militärgeneralgouverneur. Ihm folgte im Mai 1916 Feldzeugmeister (FZM) Karl Kuk nach, und diesem wiederum im April 1917 General der Infanterie (GdI) Stanislaus Graf Szeptycki. Ab März 1918 fungierte Feldmarschallleutnant (FMLt) Anton Lipošćak, der in der Vergangenheit von Vorgesetzten nicht immer das beste Zeugnis ausgestellt bekommen hatte,[3] als Gouverneur. Militärgouvernements wurden errichtet, wenn das besetzte Gebiet zu groß für eine Verwaltung durch das Front- beziehungsweise das Etappenkommando war. Der Militärgouverneur war direkt dem AOK unterstellt und wurde auf dessen Vorschlag gemeinsam mit seinem Generalstabschef vom Kaiser ernannt. Er vereinte die leitende und ausübende Militär- und Zivilgewalt. Das AOK war damit die oberste legislative und exekutive Behörde im Besatzungsgebiet.[4]

Um die polnische Bevölkerung auf ihre Seite zu ziehen, vollzogen die Mittelmächte schrittweise eine Politik der »Pseudoautonomisierung«. Höhepunkt derselben stellte das »Zweikaiser-Manifest« dar, mit dem Kaiser Wilhelm und Kaiser Franz Joseph am 5. November 1916 ein polnisches Königreich ausriefen. Doch im Endeffekt blieb dies eine Art »Propaganda-Coup«: Abgesehen von einigen symbolischen Zugeständnissen – polnische Währung, Provisorischer Staatsrat (ab September 1917 Regentschaftsrat), Aufstellung einer Armee etc. – war das »kongresspolnische« Besatzungsgebiet ein von deutschen und österreichisch-ungarischen Militärs vollständig kontrolliertes Gebilde.[5]

Die vielen Infrastrukturmaßnahmen dienten vor allem dazu, die sicherheitspolitische Kontrolle und die wirtschaftliche Ausnutzung des Territoriums zu optimieren. Auch die Ankurbelung der Wirtschaft hatte letztendlich den Zweck, die eigenen Kriegsanstrengungen zu unterstützen: Die Kohleförderung konnte beispielsweise gesteigert werden, sodass im Sommer 1917 allein das Kohlerevier Dąbrowa einen erheblichen Teil des Bedarfs der österreichisch-ungarischen Eisenbahnen sowie den gesamten der k.u.k. Armee an der Ostfront deckte.[6] Die Getreide- und Kartoffelaufbringung unterlag strenger militärischer Kontrolle, wenn auch mit beschränktem Erfolg. In Summe bewertet Stephan Lehnstaedt die wirtschaftlichen Ergebnisse der Besatzung als »nicht erfolgreich«.[7] In den drei Jahren konnten etwas mehr als eine Million Tonnen Ernteprodukte aufgebracht werden, wovon zwei Drittel nach Österreich-Ungarn transportiert oder für die Versorgung der im Lande stationierten Truppen verwendet wurden. Im Land selbst herrschten Hunger und Arbeitslosigkeit. Requirierungen und Zwangsmaßnahmen prägten die Besatzungsrealität. Entgegen dem von der Propaganda gezeichneten Bild nahmen die Polen weder die Doppelmonarchie noch das Hohenzollernreich als Befreier vom »russischen Joch«, sondern als »einen weiteren Fremdherrscher« wahr.[8]

Wenigstens in einer Hinsicht konnte Wien einen »Sieg« einfahren: Das Militärgeneralgouvernement Lublin wurde durchwegs positiver gesehen als sein deutsches Pendant in Warschau. Dort hatten sich in viel größerem Ausmaß Mangel und Arbeitslosigkeit eingestellt. Auch Zwangsverpflichtungen und Zwangsarbeit sorgten dort für Unmut.[9] Historiker raten ungeachtet dessen bei der Beurteilung der österreichisch-ungarischen Besatzungspraxis zur Vorsicht und verweisen in diesem Zusammenhang auf den »Mythos vom guten Besatzer«:[10] Die österreichisch-ungarische Herrschaft im Militärgouvernement Lublin »war also für die Bevölkerung keinesfalls erträglich oder gar zu deren Vorteil. Allenfalls lässt sich sagen, dass politische Rücksichten und die agrarischen Strukturen größere demographische und ökonomische Katastrophen verhinderten. Selbst dieser Zustand war allerdings nicht intendiert gewesen, sondern eher den Defiziten bei der Umsetzung einer geordneten, gewissermaßen nachhaltigen Ausbeutung des Landes geschuldet, die sich auch mangels sprachlicher Kompetenz und Empathie nicht erreichen ließ.«[11]

Das Verhältnis zwischen Besatzern und Besetzten verschlechterte sich insbesondere im letzten Kriegsjahr. Die Enthebung des bereits legendären Brigadiers der polnischen Legion Józef Piłsudski durch das AOK im September 1916 war ein erster Schritt. Nachdem sich die Lage nach der russischen Februarrevolution verschärft hatte, wurden er und andere Vertreter der polnischen Unabhängigkeitsbewegung festgenommen.[12] Spätestens seit dem Friedensschluss mit der Ukraine vom 9. Februar 1918, der eine für den zukünftigen polnischen Staat sehr ungünstige Grenzziehung im Cholmer Gebiet vorsah, war nicht mehr an »winning hearts and minds« zu denken. Nicht nur in den Besatzungsgebieten, sondern auch in den überwiegend von Polen bewohnten Gebieten des Kronlandes Galizien brach ein Proteststurm los. Dabei war der heikelste Punkt der Vereinbarungen von Brest-Litowsk mit der Ukraine, nämlich die Schaffung eines ukrainischen Kronlandes innerhalb der Habsburgermonarchie, das die Teilung Galizien vorgesehen hatte, geheim geblieben.[13] Auch dank der eindeutigen Position der Entente, die auf die Schaffung eines unabhängigen Polens drängte, wandten sich nun nicht mehr nur die Exil-Polen, sondern auch jene in Galizien und den okkupierten Gebieten mit ihren Autonomiewünschen an Washington, London und Paris. Am 7. Oktober 1918 erließ der Regentschaftsrat einen Aufruf zur Schaffung eines unabhängigen polnischen Staates. Die Ereignisse vom November 1918 beendeten auch formell die Präsenz der Mittelmächte in »Kongress-Polen«.[14]

Am zweiten Hauptkampfschauplatz entsprach die Situation im Spätsommer 1914 ebenfalls nicht den Konzeptionen der Militärstrategen: Erklärtes Ziel der österreichisch-ungarischen Planungen für den Kriegsfall war es gewesen, Serbien möglichst rasch zu überrennen und die solcherart frei beziehungsweise disponibel gewordenen Truppen gegen Russland einzusetzen. Über ein Jahr blieben alle Versuche der habsburgischen Streitkräfte, Serbien zu erobern, erfolglos. Erst der Kriegseintritt Bulgariens ermöglichte eine erfolgreiche Offensive, aufgrund derer das serbische Königreich bis zum Dezember 1915 erobert wurde. Bulgarien erhielt die südlichen Gebietsteile. Zwischen November 1915 und Jänner 1916 wurde das k.u.k. Militärgeneralgouvernement Serbien, das für rund eineinhalb Millionen Menschen zuständig war, mit Sitz in Belgrad aufgebaut.[15] Militärischer Leiter desselben wurde Johann Ulrich Graf von Salis-Seewis. Dieser wurde im Juli 1916 durch General Adolf Freiherr von Rhemen zu Barensfeld ersetzt (dessen Generalstabschef wurde Oberst Hugo Kerchnawe), da der ungarische Regierungschef István Tisza ihn als serbophil und obendrein unfähig kritisiert hatte. Die militärische

Verwaltung versuchte mithilfe des Militärstrafgesetzes und des Standrechts Ruhe und Ordnung herzustellen. Die zivile Verwaltung Serbiens war vollständig aufgelöst worden. Lediglich auf kommunaler Ebene wurde mit serbischen Vertretern kooperiert. Die serbische Regierung befand sich indessen mit den Resten ihrer Armee im Exil.[16]

Aufgabe der Besatzungstruppen war neben der Aufstandsbekämpfung die Aufbringung von Lebensmitteln. Doch Serbien war ein Trümmerfeld: Eineinhalb Jahre heftige Kämpfe, Requisitionen und die fast vollständige Mobilisierung der Bevölkerung hatten das Land ausgeblutet. Die Besatzungsbehörden sahen sich zu Investitionen und Modernisierungen gezwungen. Erst ab Herbst 1916 besserte sich die Situation, sodass sogar Lebensmittelüberschüsse aufgebracht werden konnten. Zu verdanken war dieser Umstand vor allem der »großen Arbeitsleistung der Frauen«.[17] Einige Einheimische verdienten schließlich sogar so gut, dass die Besatzungsverwaltung händeringend versuchte, sie zum Kauf von österreichisch-ungarischen Exportartikeln zu motivieren. Dieser »Überfluss« zog viele Vertreter von öffentlichen k.k. Stellen und Kriegszentralen an, die auf eigene Faust einkauften – sehr zum Missfallen des Militärs.[18] In der zweiten Jahreshälfte 1916 konnten 4600 Waggons Brotgetreide, im Jahr 1917 weitere 9000 und im Jahr 1918 bis Anfang Oktober sogar 11 500 Waggons aufgebracht werden – und dies zu erheblich geringeren Preisen als an anderen Orten, wie Generalmajor Hugo Kerchnawe noch 1928 stolz vorrechnete.[19] Hinzu kam bis Mitte 1917 der Export von 170 000 Rindern, 190 000 Schafen und 50 000 Schweinen.[20]

Um die notwendigen Arbeitskräfte für Baumaßnahmen beziehungsweise für landwirtschaftliche Einsätze bereitzustellen, griff man auf ein »Mischsystem« zurück: Kriegsgefangene und Internierte wurden für Arbeiterkompagnien herangezogen. Hinzu kamen »freiwillige« Zivilarbeiter, die im Rahmen eines serbischen Robotgesetzes aus den 1880er-Jahren (»Kuluk«) zur Arbeit verpflichtet wurden. De facto handelte es sich um ein Zwangsarbeitssystem, mit dessen Hilfe der Militärverwaltung in Summe 14 500 bis 20 000 Arbeitskräfte zur Verfügung standen.[21] Gleichzeitig erfolgte eine Dezimierung der Bevölkerung infolge der Deportation von verdächtigen Personen – zehntausende »Reichsserben« (Angehörige des Königreiches Serbien) wurden in österreichisch-ungarische Internierungslager verbracht.[22]

Der zwischen März 1917 und Oktober 1918 amtierende Generalstabschef, General der Infanterie Arthur Freiherr Arz von Straußenburg, konnte in seinen Memoiren die Ergebnisse der Besatzung Serbiens als äußerst positiv zusammenfassen: »Am günstigsten gestaltete sich unsere Verwaltungstätigkeit im Militärgouvernement Belgrad für das besetzte Gebiet von Serbien. Dort führten wir die Verwaltung unabhängig von unseren Bundesgenossen, wir hatten den Deutschen gegenüber nur einzelne Servitute übernommen, es stand ihnen aber kein Einfluß auf unsere Tätigkeit zu. Die österreichisch-ungarische Begabung in der Improvisation konnte sich daher in diesem Generalgouvernement frei und ungestört entfalten. Die Ergebnisse waren glänzend. Das kleine Gebiet lieferte uns Mehl, Eier, Schlachtvieh, Pferde, Obst, Tabak, Wein, Marmelade und trug wesentlich zur Erhaltung der Monarchie bei.«[23]

Während in den ersten Monaten des Jahres 1916 Hunger in Serbien herrschte, zeigte man sich in der Armeeführung unnachgiebig: Serbien sollte für seinen eineinhalbjährigen Widerstand bestraft werden. Doch schließlich lenkte man ein – nicht zuletzt aus Sorge um das eigene Image, das in Anbetracht der im Ausland laut gewordenen Kritik an der k.u.k. Kriegsführung in Serbien erheblich gelitten hatte. Man schickte eigene Lebensmittel und ließ internationale Hilfslieferungen zu. Das gegenseitige Misstrauen aber blieb. Die Besatzungstruppen, die sich von ihrer Warte aus einer feindlich eingestellten und latent aufrührerischen Bevölkerung gegenübersahen, erwarteten schon kurz nach Beginn der Okkupation einen Aufstand, der jedoch vorerst ausblieb. Zulauf bekam die sich herausbildende Partisanenbewegung nicht zuletzt aufgrund der von Bulgarien betriebenen »ethnischen Säuberungen«.[24] Anfang 1917 kam es zu einem koordinierten Angriff der Komitadschis, der über das bulgarische Okkupationsgebiet hinausging. Österreich-Ungarn reagierte brutal: Die Truppen brannten ganze Dörfer nieder, 600 Personen wurden standrechtlich oder als Geiseln erschossen. In Summe starben im Zuge des Aufstandes 20 000 Menschen, vorwiegend serbische Zivilisten.[25]

Der Aufstand brach rasch zusammen und die Komitadschis verstrickten sich in einen Bürgerkrieg gegen »Kollaborateure«. Danach änderten die habsburgischen Truppen ihre Vorgangsweise: Die Bevölkerung wurde – zumindest tendenziell – nicht mehr pauschal als Bedrohung gesehen, sondern in erster Linie galten die Komitadschis als Gefahr. Serbien sollte immerhin langfristig an die Habsburgermonarchie gebunden werden; da erschien es nicht klug, Angst und Schrecken zu verbreiten. Zur Umsetzung dieser neuen Strategie spürten kleine Jagdkommandos mithilfe eines gut ausgebauten Informantendienstes die Guerillagruppen auf, verfolgten und liquidierten diese – und insbesondere deren Anführer. Die Besatzungstruppen wurden so auch zu Beschützern der Bevölkerung. Eine größere Akzeptanz der habsburgischen Herrschaft stellte sich dennoch nicht ein: Das Verhalten der Leitung des Militärgeneralgouvernements, das sogar von höheren Offizieren der k.u.k. Armee kritisiert wurde, sowie die ungleiche Lebensmittelversorgung brachten die Bevölkerung gegen die Besatzer auf.[26] Im Laufe des Sommers 1918 verloren sie die Kontrolle über das Land, in dem Komitadschis und Räuberbanden ihren Aktionsradius schrittweise vergrößerten. Nachdem der bulgarische Widerstand an der Salonikifront nach einer Offensive der Entente Mitte September zusammenbrach, ging es auch in Serbien schnell: Die Entente-Truppen konnten fast widerstandslos durchmarschieren und nahmen am 31. Oktober Belgrad ein.[27]

Als schwieriger Boden für die k.u.k. Okkupationspolitik erwies sich auch Montenegro. Nachdem Serbien Ende 1915 gefallen war, marschierten die Truppen der Mittelmächte weiter in Richtung Westen. Montenegro konnte rasch überwältigt werden. Bis 11. Jänner 1916 war das strategisch wichtige Lovćen-Massiv, zwei Tage später Cetinje genommen. Die Reste der Regierung in Montenegro nahmen Verhandlungen mit den feindlichen Militärs auf. Die k.u.k. Truppen errichteten Anfang März 1916 ein Militärgeneralgouvernement mit Sitz in Cetinje. Erster Militärgeneralgouverneur war FZM Ing. Rudolf Braun, der noch im April von FMLt. Viktor Weber von Webenau abgelöst wurde. Diesem folgte im Juli 1917 der ehemalige k.k. Ministerpräsident Heinrich Graf Clam-Martinic nach, der bis Kriegsende amtierte.[28]

Im Gegensatz zu Serbien konnte Montenegro auch zu Friedenszeiten auf keine Lebensmittelüberproduktion oder besondere Rohstoffvorkommen verweisen. Das Militärgeneralgouvernement Montenegro musste Lebensmittel aus der Monarchie zuführen. Auch wurde die Bevölkerung angehalten, Gemüsegärten anzulegen. Lediglich Schafwolle, Häute und Tabak konnten in »bescheidenem Umfang« aufgebracht werden, wie der Chef des Generalstabes der Militärverwaltung, Generalstabsmajor Gustav Hubka, feststellte.[29] Die sich zuspitzende Ernährungssituation führte auch hier zu einem Anwachsen des »Räuberunwesens«, das von rund 3000 Mann Feldgendarmerie und 40 000 bis 45 000 Mann regulären Truppen – weit mehr als im wesentlich größeren Militärgeneralgouvernement Serbien, wo 1917 rund 21 000 Mann standen – unterdrückt werden sollte. Insbesondere die gebirgigen Gebiete blieben ungeachtet aller diesbezüglichen Anstrengungen Orte der Unruhe, in denen die Besatzungstruppen de facto keine Herrschaft ausüben konnten.[30]

Erschwerend kam die Planlosigkeit der Okkupanten hinzu. Clam-Martinic selbst hatte noch im Jänner 1918 eingestanden: »Der Krieg neigt sich dem Ende zu. Was geschieht mit Montenegro? Diese Frage, die eigentlich schon bei Beginn unserer Verwaltung klar beantwortet werden hätte müssen, leider nie beantwortet wurde, wird jetzt brennend.«[31] Einzige strategische Funktion der österreichisch-ungarischen Präsenz in Montenegro schien zu sein, den Hafen von Kotor, der vom Lovćen-Massiv aus bedroht werden konnte, zu schützen, ihn als Kriegshafen zu nutzen sowie den Nachschub für Albanien zu sichern. Mit Kotor in ihrem Besitz sorgte die k.u.k. Marine dafür, dass es der Entente nicht gelang, die Otranto-Sperre auszuweiten. Darüber hinaus wollte man durch die Präsenz in Montenegro in der Lage sein, nach dem Krieg Serbien und Italien von der Ostküste der Adria fernzuhalten.[32]

1916 kam noch ein weiteres Gebiet unter die Herrschaft der Mittelmächte: Nachdem um die Gunst Rumäniens lange geworben worden war, erklärte das Königreich an der Donaumündung am 27. August 1916 Österreich-Ungarn den Krieg. Unter dem Eindruck der anfänglich erfolgreichen Brusilov-Offensive erhoffte man sich in Bukarest, durch eine Teilnahme an der Seite der Entente dem lang gehegten Wunsch nach einer Einverleibung Siebenbürgens näherzukommen. Rasch drangen die rumänischen Truppen in das ersehnte Gebiet vor. Doch ein massiver Gegenschlag der Mittelmächte vereitelte den Erfolg: Deutsch-österreichisch-ungarische Kräfte unter GdI Erich von Falkenhayn warfen die rumänischen Einheiten aus Siebenbürgen hinaus und drangen rasch in die Walachei vor. Von Bulgarien aus überquerten deutsch-bulgarische Truppen unter Feldmarschall August von Mackensen die Donau und marschierten in Richtung Bukarest, das sie am 6. Dezember 1916 eroberten. Bis Jänner 1917 war der Feldzug beendet. Die Regierung und der königliche Hof zogen sich in die Moldau zurück und nahmen von Iaşi aus Gespräche mit den Mittelmächten auf.[33]

Österreich-Ungarn blieb – wie bei vielen anderen Gelegenheiten auch – der »Juniorpartner«, im »Schatten des großen Bruders«. Das Gebiet wurde in drei Gouvernements unterteilt: Walachei, Bukarest und Dobrudscha. Alle drei Gouvernements wurden zwar unter Teilnahme der Bündnispartner verwaltet, die deutschen Truppen hatten aber überall die entscheidende Mehrheit; die gesamte Militärverwaltung oblag der

Heeresgruppe Mackensen.[34] Etwas besser als in der militärischen sah die Stellung der Habsburgermonarchie in der wirtschaftlichen Verwaltung aus. Der paritätisch mit den Deutschen besetzte Wirtschaftsstab, der vom k.u.k. Obersten Alexander Kontz de Körpényes und von einem deutschen Generalstabschef geleitet wurde, war für alle ökonomischen Angelegenheiten zuständig: von der Nahrungs- und Futtermittelbeschaffung bis hin zur Kriegsindustrie.[35]

Während im Gegensatz zu anderen Besatzungsgebieten die Lage in der Walachei verhältnismäßig ruhig war, stellte sie sich entlang der noch immer bestehenden Front zur Moldau zumindest bis Sommer 1917 nicht ganz so entspannt dar. Die über die Maßnahmen zur Aufrechterhaltung von Ruhe und Sicherheit hinausgehenden Hauptaufgaben waren wirtschaftlicher Natur: Zuallererst versorgten sich die Besatzungstruppen mit den Ressourcen der Walachei selbst. Wenn es sich bei den aufgebrachten Gütern nicht um den Besitz des rumänischen Staates handelte, musste die Versorgung über amtlich geregelte Ankäufe erfolgen. Alle Beschaffungsanträge hatten über die deutsche Militärverwaltung zu laufen – ein Umstand, der auch die »administrative Machtverteilung zum Ausdruck brachte«. Neben dem Truppenbedarf sollte das als »Paradies« dargestellte Besatzungsgebiet auch Rohstoffe (Holz, Kohle, Erdöl) und Lebensmittel für die Kernländer liefern. Die Verwaltungen sahen es weiters als ihre Aufgabe an, die landwirtschaftliche Produktion wieder in Gang zu bringen und sogar auszuweiten.[36] Und die Ergebnisse ließen sich sehen: Allein im ersten Halbjahr 1917 wurden fast eine Million Tonnen an Nahrungs- und Futtermitteln durch die Verbündeten aufgebracht und exportiert. Ab Herbst 1917 gingen die Zahlen zurück, erreichten im zweiten Halbjahr aber immer noch 670 000 Tonnen. 1918 verschlechterte sich die Lage weiter. Trotzdem konnten noch monatlich über 100 000 Tonnen aufgebracht werden. In Summe gelangten 54 000 Waggons Getreide, Hülsenfrüchte und Mais nach Österreich-Ungarn, 40 000 ins Deutsche Reich, und einige Tausend rollten nach Bulgarien und in die Türkei.[37] Die Güter wurden nach einem am 28./29. Oktober 1916 in Berlin festgelegten Schlüssel aufgeteilt. In Summe erhielt das Deutsche Reich 32,8% der gesamten Nahrungs- und Futtermittelausfuhren, Österreich-Ungarn 45,6%, die Türkei 6,7% und Bulgarien 5%. Der Rest ging an die angrenzenden Etappenverwaltungen und die Fronten.[38] Der massive Export wie auch die Struktur der Besatzungsverwaltung führten dazu, dass sich die Versorgung innerhalb Rumäniens ausgesprochen ungleich darstellte. Die Städte, die gebirgigen Regionen und die durch die Kämpfe stark in Mitleidenschaft gezogene Dobrudscha waren schlecht versorgt. Auch die katastrophalen Ernten der Jahre 1917 und 1918 trugen dazu bei, dass die Lebensmittel rationiert werden mussten, wenngleich festzuhalten ist, dass die jeweiligen Rationen für Bukarest in manchen Bereichen fast doppelt so hoch lagen, wie sie zeitgleich in Berlin oder Wien waren.[39]

Auch am südwestlichen Kriegsschauplatz wurde ein Kampf um die Ressourcen geführt. Nach elf blutigen Schlachten entlang des Isonzo/der Soča brachte erst die zwölfte eine Entscheidung. Die österreichisch-ungarischen Truppen konnten gemeinsam mit deutschen Verbänden in der am 24. Oktober 1917 eingeleiteten Offensive endlich einen Durchbruch erringen. Die italienischen Truppen waren so schwer getroffen, dass sie nicht nur bis zum Tagliamento, dem eigentlichen Ziel der Offensive, sondern sogar bis zur Piave zurückgedrängt wurden. Italien stand kurz vor dem Zusammenbruch.[40] Für ein Jahr lang gerieten die Provinzen Udine und Belluno sowie Teile von Venetien, Treviso und Vicenza unter österreichisch-ungarische Herrschaft. Die Reste der zivilen Verwaltung und Wirtschaft flohen mit den sich zurückziehenden Truppen der Entente. Planungen für die Errichtung eines Militärgeneralgouvernements wurden bald fallen gelassen und das okkupierte Gebiet wurde von den beiden Heeresgruppenkommanden Boroević und Conrad verwaltet. Damit unterlag die Administration den Etappenvorschriften. Das AOK hatte somit nur indirekt Einfluss auf die Besatzungspraxis. Außerdem waren diese Verwaltungsbereiche weitaus kleiner als die Gouvernements.[41] Hinzu kam, dass bei allen Maßnahmen und der Aufteilung der Beute der deutsche Bündnispartner berücksichtigt werden musste. Für gewisse Güter – Nahrungs- und Futtermittel, Textilien, Metalle und Maschinen – wurde ein Übereinkommen geschlossen, das die Bedürfnisse der Bündnispartner berücksichtigte. Die darin nicht enthaltenen Güter wurden eins zu eins aufgeteilt. Alle Erwartungen übertraf lediglich das zurückgelassene Beutematerial: über 11 000 Waggons.[42]

Entgegen den Hoffnungen und der Propaganda, fruchtbare Kornkammern vorzufinden, war das Gebiet durch seine fast zweieinhalbjährige Funktion als Etappe ausgeblutet. Auch wenn die Militärbehörden mit einer Mischung aus »Erklärungen«, »Einladungen« und »Drohungen« versuchten, die Zivilbevölkerung beispielsweise in Venetien zur

Feldarbeit zu »motivieren«,[43] waren die Ergebnisse überschaubar. Die demontierten Betriebe sowie die von der Bevölkerung beziehungsweise von anderer Seite eingebrachten Rohstoffe, Waren, Nahrungs- und Futtermittel brachten nur etwa die Hälfte der als Beute requirierten Mengen: So konnten zwischen Jänner und September 1918 aus dem italienischen Besatzungsgebiet lediglich 3764 Waggons nach Österreich-Ungarn und 1763 Waggons ins Deutsche Reich verbracht werden.[44]

In Österreich-Ungarn hatte man sich lange Hoffnungen gemacht, zumindest kleinere Teile der ab Oktober 1917 besetzten Gebiete nach dem Krieg für sich beanspruchen zu können. Doch bereits die gescheiterte Piave-Offensive und vor allem die Niederlage nach der italienischen Offensive im Oktober 1918 zeigten, dass diese Hoffnungen trügerisch waren. Anfang November musste um einen Waffenstillstand angesucht werden, der am 3. November unterzeichnet wurde.[45]

»HILFE« FÜR DIE »FREUNDE«: ALBANIEN UND UKRAINE

In den Jahren vor dem Ersten Weltkrieg betrachteten insbesondere Österreich-Ungarn wie auch Italien und Griechenland Albanien als strategisch wichtiges Land zur Beherrschung des Westbalkans.[46] Der kurz vor seiner zweiten Berufung stehende Ex-Generalstabschef Franz Conrad von Hötzendorf betonte am Beginn des ersten Balkankrieges Ende Oktober 1912, dass Albanien der »Schlüsselstaat« sei, der von Österreich-Ungarn »kontrolliert« werden müsse.[47] Am 29. Oktober 1912 meinte er: »Albanien nämlich, ganz von der Türkei losgelöst, wird bestimmt zu einem eigenen staatlichen Gebiet. Diese Autonomie Albanien's wäre unbedingt zu stützen, aber unter der Bedingung der Annahme eines österr.-ung. Protektorates, etwa in der Art wie Egypten [sic] unter England.«[48] Doch Conrad von Hötzendorf drang bei Erzherzog Franz Ferdinand nicht durch. Letzterer stellte gegenüber dem im Dezember 1912 wieder eingesetzten Generalstabschef fest, dass es in Albanien nur »elende Ziegenweiden« gebe, derentwegen er keinen Krieg beginnen würde.[49]

Der im Zuge des Ersten Balkankriegs im November 1912 ausgerufene und bei der Londoner Botschafterkonferenz international anerkannte Staat erwies sich jedoch als ein »failed state«. Zerrissen zwischen den Interessen der Großmächte und geprägt von einer ausgesprochen inhomogenen inneren Konstellation, gelang es dem von außen eingesetzten deutschen Fürsten Wilhelm zu Wied nicht, ein tragfähiges System aufzubauen. Das verordnete Staats- und Nationsbildungsexperiment scheiterte. Albanien versank im Schatten der ersten Schlachten des Ersten Weltkrieges im Chaos, der Fürst hatte sich am 3. September 1914 zurückgezogen. Essad Pascha Toptani wurde zwar Präsident des Staatsrates, konnte seinen Machtbereich aber nicht über Durrës hinaus ausweiten. Italienische, serbische und montenegrinische Truppen kontrollierten zeitweilig albanisches Gebiet. So war es ein Leichtes für die österreichisch-ungarischen Truppen, im Jänner 1916 – nachdem der Weg über Montenegro und Serbien frei geworden war – Nord- und Mittelalbanien zu erobern. Im Süden bezogen – vorwiegend italienische und französische – Entente-Truppen Stellung. Langsam bildete sich die »Albanien-Front« heraus, die nördlich von Vlorë bis zum Isthmus zwischen Ohrid- und Prespasee verlief.[50]

Im Gegensatz zu Polen, Serbien, Montenegro und Rumänien war Albanien kein besetztes Feindesland. Hier kam es zu keiner Bildung eines Militärgouvernements. Die stark auf lokalen Stammesstrukturen fußende Verwaltung des Landes blieb aufrecht. Formal war das albanische Gebiet Etappe des XIX. Korpskommandos. Befehlshaber war FMLt. (später GdI) Ignaz Trollmann Freiherr von Lovćenberg. Ihm folgte im Oktober 1917 GdI Ludwig Koennen-Horak Edler von Höhenkamm nach, der im Juli 1918 von Generaloberst Karl Freiherr von Pflanzer-Baltin abgelöst wurde. In Wien hielt man bis kurz vor Kriegsende die Idee aufrecht, Albanien nicht wieder unter die Herrschaft des Fürsten Wied kommen zu lassen, sondern das Land eventuell in ein Protektorat der Habsburgermonarchie umzuwandeln. Konkrete Schritte unterblieben aber nicht zuletzt unter dem Eindruck der unsicheren Machtverhältnisse in dieser Region.[51] Nichtsdestoweniger wurde versucht, »Bleibendes zu schaffen«. Dazu zählten die Gründung von Schulen, die Bekämpfung von Seuchen oder aber geologische Untersuchungen zur Aufspürung von Bodenschätzen.[52]

Die landwirtschaftliche Entwicklung war aus Sicht der Besatzungstruppen in einem katastrophalen Zustand. Ähnlich wie im Falle Montenegros mussten auch nach Albanien Lebensmittel eingeführt werden. Hugo Kerchnawe vermerkte allerdings, dass lediglich 300 Waggons Mais pro Jahr ausreichten und dass die im Land befindlichen Truppen ihren Bedarf an Fleisch und Holz zur Hälfte, an Öl(-Früchten) und Tabak sogar vollständig decken konnten. »Erfreulich«, wie Kerchnawe rückblickend meinte, war auch die Aufbringung von Kohle, Asphalt, Chromerz, Kupfer, Eisenerzen, Goldsand, Schwefel und Salz.[53] Ein k.u.k. Offizier beschrieb die in Albanien vorgefundene Situation weniger positiv: »Seine Wegelosigkeit und Ressourcenarmut, die Gefahren seines Klimas, sein Kulturzustand können mit keinem anderen Kriegsschauplatz Europas, sondern höchstens mit einem kolonialen Kriegsschauplatz verglichen werden«.[54]

Bedeutung hatte Albanien für Österreich-Ungarn mehr aus strategischen denn aus wirtschaftlichen Gründen: Indem man die junge Nationalbewegung stützte, wollte man langfristig einen Verbündeten »heranziehen«. Auf diese Weise sollten, wie erwähnt, Italien und Serbien von der Ostküste der Adria ferngehalten werden.[55] Mit den während des Krieges aufgestellten albanischen Freiwilligeneinheiten konnten rund 100 000 Mann unter k.u.k. Befehl die Angriffe der Entente im Frühjahr und Sommer 1918 aufhalten. Nachdem Generaloberst Karl Freiherr von Pflanzer-Baltin die Front übernommen hatte, gelang Ende August sogar noch einmal ein kurzer Vorstoß. Doch auch hier begann im Oktober der Rückzug: Italienische Truppen nahmen Durrës, tags darauf Tirana und schließlich Shkodër ein.[56]

Die letzte territoriale Gebietserweiterung Österreich-Ungarns war auch die größte. Nach dem Bruch zwischen der Kiewer Rada und den russischen Bolschewiki zum Jahreswechsel 1917/18 erklärte sich die Ukraine im Jänner 1918 endgültig für unabhängig. In Char'kiv hatte sich eine bolschewikische Gegenregierung gebildet, deren Truppen gemeinsam mit russischen Sowjetkräften nun gegen Kiew zogen. Die Rada stand kurz vor dem Zusammenbruch. Überhastet schloss man mit den Mittelmächten am 9. Februar den ersten Friedensvertrag von Brest-Litowsk, wobei die Rada-Delegierten bei den Verhandlungen die Lieferung von einer Million Tonnen Getreide in die Waagschale geworfen hatten. In der Folge brach Leo Trotzki mit den Worten »Weder Krieg, noch Frieden« die Verhandlungen russischerseits ab. Die deutschen Militärs nutzten die Gelegenheit, um am nördlichen Abschnitt der Ostfront loszumarschieren. Nachdem die Rada schon aus Kiew vertrieben worden war, richtete sie einen »Hilferuf« an Berlin und Wien, woraufhin die deutschen Truppen am 18. Februar, die österreichisch-ungarischen zehn Tage später ihre Operation starteten. Bis Anfang Mai 1918 marschierten sie bis nach Rostow/Don, auf die Krim und später auch noch in den Nordkaukasus und schnitten die russischen Bolschewiki von elementaren Ressourcen ab.[57] Die österreichisch-ungarischen Truppen nahmen auch den Norden Bessarabiens in Besitz, den sie nach dem Bukarester Frieden an Rumänien übergaben.[58]

Mit der Okkupation des riesigen Gebietes taten sich allerdings zahlreiche Probleme auf – die Mittelmächte hatten in ein Wespennest hineingestochen: Die Ukraine befand sich in einem dramatischen Zerfallsprozess, und die Anwesenheit fremder Truppen sowie ihr anfänglich ausgesprochen brutales Vorgehen bei der Bandenbekämpfung und Lebensmittelaufbringung taten ein Übriges. Letztlich wurde die Rada auch von den Mittelmächten fallen gelassen. Die deutschen Militärs inszenierten einen Putsch, in dessen Folge der zarische General Pavlo Skoropad'skyj als Hetman der Ukraine ausgerufen wurde. Im Frühsommer 1918 standen fast 500 000 Mann der Mittelmächte im Land. Die Lage konnte erst im Laufe des Sommers einigermaßen stabilisiert werden. Doch auch weiterhin tummelten sich anarchistisch orientierte Bauernbanden, angeführt nicht zuletzt von Nestor Machno, und entzogen sich der Kontrolle der Zentralverwaltung.[59]

In der Südukraine versuchte die »k.u.k. Ostarmee« unter GdI Alfred Krauß, eine sowohl von Berlin als auch von Kiew verhältnismäßig unabhängige Position aufzubauen. Nachdem man sich lange nicht auf eine gemeinsame Besatzungsverwaltung einigen hatte können, drängte sich eine solche Vorgehensweise gewissermaßen auf. Doch in Wien wünschte man keine Alleingänge: Außenminister Burián ordnete eine möglichst enge Kooperation mit dem deutschen Bündnispartner an. Kurzfristig sollten möglichst viele Lebensmittel und Rohstoffe abtransportiert werden, langfristig wurde ein gesichertes Maß an wirtschaftlichem Einfluss angestrebt.[60] Doch die österreichisch-ungarischen Truppen hatten Ende Sommer 1918 kaum noch Kontrolle über ihr Besatzungsgebiet. Im Oktober begannen sich die Truppen aufzulösen, im November konnte der noch übrige Rest der Besatzungsadministration lediglich die Rückführung der verbliebenen Einheiten und der Heeresbestände organisieren. Die letzten Offiziere der bereits nicht mehr vorhandenen k.u.k. Armee kehrten im Dezember 1918 nach Wien zurück.[61]

Die Position Kaiser Karls zur Operation in der Ukraine war zunächst nicht klar gewesen: Lange hatte er überhaupt gezögert, die k.u.k. Truppen am Vormarsch teilnehmen zu lassen. Dann aber schickte er Alfred Krauß im Mai 1918 als »Diktator« in die Ukraine, um möglichst rasch möglichst viele Ressourcen für die Habsburgermonarchie sicherzustellen.

Vom Kommandanten der in die Ukraine vorrückenden 2. Armee, Böhm-Ermolli, hatte er bereits im März gefordert, die Requirierungen »rücksichtslos« und gegebenenfalls gewaltsam durchzuführen.[62] Die Ergebnisse fielen am Ende bescheiden aus: Von der in Brest-Litowsk versprochenen einen Million Tonnen Getreide wurde nur ein geringer Teil tatsächlich geliefert. Lediglich Vieh, Pferde und verschiedene Lebensmittel konnten in größerem Ausmaß aufgebracht werden. Die Mittelmächte mussten der taumelnden Ukraine sogar mit Hilfslieferungen unter die Arme greifen. Letztlich wurde aus der »Ausbeutung«, die mit vielen Hoffnungen auf eine Verbesserung der eigenen wirtschaftlichen Lage verknüpft worden war, ein Nullsummenspiel.[63]

»ERFOLGREICHE« BESATZUNG?

Brachten die Okkupationen tatsächlich ein zumindest aus wirtschaftlicher Sicht positives Resultat? »Wenn auch die Verwaltung der Militärgeneralgouvernements bisher bedeutende Kosten an Geld in Anspruch genommen hat [...], so stehen doch diesen Kosten derart große wirtschaftliche Erträgnisse gegenüber, die vom Standpunkte der Kriegführung für das weitere Durchhalten einen Kraftzuwachs von ausschlaggebender Bedeutung darstellen.«[64] – So heißt es in einem Bericht des AOK über die bis Ende 1916 erfolgte »wirtschaftliche Ausnutzung« der Besatzungsgebiete Polens, Serbiens und Montenegros. Bis zu diesem Zeitpunkt seien 660 000 Waggonladungen abtransportiert worden – und in dieser Bilanz fehlten noch die in der Phase der Kriegsoperationen requirierten Güter! Generalmajor Hugo Kerchnawe, ab 1916 Generalstabschef des Militärgouvernements Serbien, bekannte noch Jahre nach dem Krieg: »Die schon in den ersten Monaten des Weltkrieges in Österreich-Ungarn aufgetauchten Verpflegungsschwierigkeiten machten die Erwerbung landwirtschaftlich leistungsfähiger Gebiete und deren systematische Ausnützung für den Ernährungsdienst der Wehrmacht, bald aber auch für den Ernährungsdienst des Hinterlandes selbst, zu einer wirtschaftlichen Notwendigkeit, ohne deren Erfüllung eine erfolgreiche Fortsetzung des Krieges in Frage gestellt erschien.«[65]

Aus ökonomischer Sicht waren jedoch lediglich Rumänien, Polen und Serbien »erfolgreiche« Okkupationen. Nur hier kann von Ausbeutung im Sinne tatsächlich gewinnbringender Ergebnisse die Rede sein.[66]

Montenegro, Albanien und das italienische Gebiet waren viel eher aus strategischer Perspektive »profitabel«. Bei der Ukraine hingegen kann – gemessen an den Erwartungen – nur von versuchter, aber in letzter Konsequenz gescheiterter Ausbeutung gesprochen werden.

IMPERIALISMUS UND KOLONIALISMUS

In Bezug auf Bosnien-Herzegowina wird Österreich-Ungarn in der Historiographie schon seit geraumer Zeit eine Art Binnenkolonialismus vorgeworfen. Die 1878 besetzten osmanischen Gebiete wurden systematisch als strategisch wichtiges Hinterland im Kampf um Einfluss in Südosteuropa auf- und ausgebaut. Infrastrukturmaßnahmen (Straßen und Eisenbahnlinien) sowie eine konsequente Schul- und Kulturpolitik sollten den langfristigen Anspruch der Habsburgermonarchie auf die Führungsrolle gegenüber den Südslawen untermauern und verwiesen auf die »Vereinheitlichung kultureller Differenzen«.[67] So gesehen war die 1908 erfolgte Annexion des Okkupationsgebiets logische Folge einer mehr oder weniger linearen Politik zur Vergrößerung des Einflusses am Balkan.[68] Die »Falken« in Wien, allen voran Generalstabschef Conrad von Hötzendorf, hätten die Gelegenheit gerne dazu genutzt, gleich auch noch gegen Serbien und eventuell Montenegro vorzugehen. Auf diese Weise sollte die strategische Position der Habsburgermonarchie am Balkan langfristig abgesichert werden. Doch waren zu viele Entscheidungsträger in Wien und Budapest in Anbetracht der damit verbundenen Risiken abwehrend geblieben. Conrad forderte unterdessen immer wieder die Führung von Präventivkriegen. Seine jährlichen Denkschriften waren darüber hinaus dominiert von Vorstellungen einer Bevormundung der »unreifen« Nationen des Balkans. Dahinter standen ein vom Sozialdarwinismus beeinflusstes Denken und das innerhalb der Armee weitverbreitete »deutsche Sendungsbewusstsein« gegenüber »rückständigen Völkerschaften«.[69] Insbesondere in den deutschsprachigen Elitendiskursen ist die Konstruktion der slawischen Ethnien – aber auch in Bezug auf Albanien oder Rumänien – als »die Anderen« und »die Zurückgebliebenen« ein wichtiges Element. Das von solchen Sichtweisen stark beeinflusste k.u.k. Militär versuchte, sich als scheinbar pragmatischer, »unpolitischer« Beschützer des Staates vor Nationalismus,

Revolution und generellem »Chaos« zu positionieren. Dabei setzte das AOK die zivile Staatsführung immer wieder unter Druck, indem es klarere Richtlinien und härteres Vorgehen in der strategischen Ausrichtung der Monarchie einforderte.[70]

Hatte die Habsburgermonarchie in Friedenszeiten – abgesehen von Bosnien-Herzegowina – keine territoriale Expansion erlebt, so gelang ihr während des Krieges ein verhältnismäßig großer Gebietsgewinn. Damit verbunden waren – nicht immer stringente – Planungen einer längerfristigen Präsenz bis hin zur Einverleibung der entsprechenden Gebiete. Beurteilungen der diesbezüglichen Interessen und Vorgangsweisen des Habsburgerreichs und seiner verantwortlichen Führungspersönlichkeiten oszillieren zwischen den Adjektiven »kolonial« und »imperial«.[71] Gerade das Konzept der auch innerhalb der Donaumonarchie keineswegs unumstrittenen »austropolnischen Lösung« verweist auf verschiedene Zugänge und Motive. Die Interessen des »Reichs« galt es dann auch in Form der Wahrung eines langfristigen wirtschaftlichen Einflusses auf verschiedene Gebiete zu sichern, die man zwar nicht unbedingt dauerhaft besetzen, aber immerhin zumindest »mitbeherrschen« wollte.[72] Dabei schwang immer wieder die Überzeugung mit, die Deutschösterreicher seien berufen, den »kleinen Nationen« eine »höhere Kultur« zu bringen, und die Magyaren seien prädestiniert, womöglich die »Überlieferungen staatlicher und sozialer Gemeinarbeit in ihnen wachzurufen und zu festigen«.[73]

Der Umgang Österreich-Ungarns mit den fremden Gebieten ebenso wie zum Teil mit eigenen Territorien, die aus der Perspektive eines hegemonialen und zentralen Verwaltungsapparats als fremd und zivilisatorisch unterlegen wahrgenommen wurden, verweist auf »koloniale« oder wenigstens »semikoloniale« Attitüden ebenso wie auf die Fallhöhe zwischen Ansprüchen und realen Grundlagen »imperialer Herrschaft«.[74] Hier gilt es zu ergänzen, dass koloniale oder imperiale Politik eine Frage der Möglichkeiten war – und diese waren letztlich beschränkt.[75] So musste sich Österreich-Ungarn im Zuge der Kampfhandlungen von teilweise ambitionierten Kriegszielen verabschieden, wobei sich in dieser Frage nur schwer eine gemeinsame Position der maßgeblichen politischen und militärischen Führungspersönlichkeiten erreichen ließ.[76] Während Conrad von Hötzendorf beispielsweise Anfang 1917 auf einer Annexion Serbiens und Montenegros bestand und auch sonst von diversen territorialen Zugewinnen sprach, gaben sich andere

Entscheidungsträger der Monarchie sehr viel vorsichtiger und bescheidener. Immerhin galt es auch, die eigenen Pläne mit jenen des deutschen Bündnispartners abzustimmen – ein Unterfangen, das auf beiden Seiten für viel Kopfzerbrechen sorgte und vor allem den Vertretern der Donaumonarchie ihre Schwäche gegenüber dem Hohenzollernreich vor Augen hielt. Dass das MGG Lublin nicht viel mehr als eine Art Faustpfand oder Tauschobjekt sein würde, hielt dementsprechend Kaiser Karl im Jänner 1917 fest, und auch bezüglich Serbien legten sich abseits des AOK nicht alle Entscheidungsträger Österreich-Ungarns auf eine Einverleibung des ungeliebten Nachbarlandes fest, sondern strebten »lediglich« eine nachhaltige Schwächung sowie eine enge wirtschaftliche Bindung des Königreichs an die Habsburgermonarchie an.[77] Solche Ansichten waren allerdings Momentaufnahmen. Sie änderten sich aufgrund unterschiedlicher Einflüsse beziehungsweise wurden immer wieder aufs Neue diskutiert. Außenminister Czernin erklärte im Oktober 1917 in Anbetracht der offensichtlich unmöglichen Emanzipation der Donaumonarchie von Deutschlands Kriegszielpolitik gegenüber Kaiser Karl, »am Ende« seines »Lateins« zu sein. Den Brief an den Souverän schickte er zwar nicht ab, die verbleibenden Monate bis zu seinem Rückzug vom Posten des Außenministers verdeutlichten aber, dass der Spielraum, der dem Habsburgerreich im Sinne eines eigenständig agierenden Staatswesens geblieben war, zur Nichtigkeit schrumpfte.[78]

Ungeachtet eines solchen Szenarios verabschiedeten sich viele Akteure nur schwer oder gar nicht von vormals eingenommenen Positionen. »Koloniale Gelüste« – wurden sie auch nicht ausreichend befriedigt – blieben eng verknüpft mit einem problematischen Selbstverständnis und einer wohl noch problematischeren Fremdwahrnehmung. Im Spannungsfeld der »eigenen Überhöhung« und der »Erniedrigung des Anderen« bewerteten die Besatzer die Besetzten.[79] Julius von Lustig-Prean, Verbindungsoffizier beim Heeresgruppen-Kommando Mackensen und später Generalstabschef des für Montenegro und Albanien zuständigen XIX. Korps, schilderte seine Eindrücke als Oberst bei der Eroberung von Cetinje 1915/16 in seinen 1940/41 verfassten, unveröffentlichten Memoiren: »Eine höchstens als Dorf zu benennende Niederlassung mit wenigen halbwegs europäisch aussehenden Häusern, wie dem Konak und den Behausungen der paar diplomatischen Vertretungen, sonst nur eingeschossige steinerne Hütten. Primitiv in Allem und Jedem. So war die Innenausstattung des Konaks, des Sitzes der Regierung und der parlamentarischen Vertretung, der Gipfel der Geschmacklosigkeit, die Fresken erinnerten lebhaft an die Zeichnungen der Höhlenbewohner der Neandertal-Zeit oder Zentral-Afrika's.«[80] Schwülstig umschrieb indessen Hugo Kerchnawe, hoher Offizier in verschiedenen Besatzungsorganisationen und nach 1918 einflussreich in der Geschichtsschreibung über den »Großen Krieg«, die Leistungen für »die Werke des Friedens, der Kultur und der Zivilisation«, die »der k.u.k. Soldat« in Albanien vollbracht habe. Das »wilde Bergvolk« bewunderte laut Kerchnawe sogar noch zehn Jahre nach dem Krieg, dass die österreichisch-ungarischen Soldaten »Straßen, Eisenbahnen, Kirchen und Schulen gebaut, Urwälder gerodet und unfruchtbaren Boden urbar gemacht, Seidenraupenzucht und Baumwollanbau gelehrt« hatten.[81]

WELCHES RECHT?

FORTSCHRITTE AUF UNSICHEREM TERRAIN

Dass der Krieg nicht ohne Regeln stattfindet oder stattfinden sollte, hatte seit frühester Zeit die Vorstellung nach sich gezogen, begangenes Unrecht in bewaffneten Auseinandersetzungen ahnden zu müssen. Verstöße gegen das »Ius in Bello« beschäftigten Gelehrte seit der Frühen Neuzeit. Das Völkerrecht, soweit existent, aber auch das Naturrecht sah man in diesem Zusammenhang als Grundlage für die Bestrafung der Täter an. Seit der Mitte des 19. Jahrhunderts kam es verstärkt zu einer Kodifizierung entsprechender Bestimmungen – eine Entwicklung, die mit veränderten Rechts- und Moralvorstellungen einherging. Manifestierten sich Fürsorge- und Humanitätsideale sowie prinzipielle Einwände gegen die gewaltsame Austragung von Konflikten unter anderem in der Gründung des Roten Kreuzes und in der Entstehung pazifistischer Vereinigungen, so drängten gleichzeitig Juristen nicht mehr nur auf die Festlegung von entsprechenden Normen in den einzelnen Staaten, sondern auf verbindliche internationale Vereinbarungen.[1]

Ausdruck dieser Tendenz waren nicht zuletzt die Genfer Konvention von 1864 beziehungsweise 1906, die Deklaration von Brüssel 1874 und die Haager Friedenskonferenzen von 1899 und 1907. Gemessen an den bisherigen Übereinkünften stellten diese Absprachen und Vertragswerke ohne Zweifel einen völkerrechtlichen Fortschritt dar. Aus der Sicht maßgeblicher Initiatoren blieben die Ergebnisse allerdings oft hinter den Erwartungen zurück.[2] Vergeblich wartete zum Beispiel der Präsident des Internationalen Rot-Kreuz-Komitees Gustave Moynier auf die Schaffung eines internationalen Tribunals zur Ahndung von Regelwidrigkeiten. 1872 hatte er den Vorschlag unterbreitet, einen solchen Strafgerichtshof zu schaffen. Tatsächlich dauerte es mehr als 125 Jahre, bis seine Vorschläge zumindest teilweise umgesetzt wurden.[3]

Demgemäß mussten grenzüberschreitende Prinzipien zunächst auf der Ebene des nationalen Rechts ihre Verankerung finden – ein Vorgang, der in der Berücksichtigung der Haager Landkriegsordnung durch zahlreiche Staaten tatsächlich Ausdruck fand.[4] Allerdings war damit eine Reihe von Unsicherheiten verknüpft. Schließlich ging es darum, wie die einzelnen Länder die völkerrechtlichen Übereinkünfte interpretieren und vor allem, wie sie sich im Verlauf von Kriegshandlungen tatsächlich verhalten würden. Unterschiedliche Rechtstraditionen sowie eine stärkere Festlegung konkreter Regelungen in einer »Lex scripta« gegenüber gewohnheitsrechtlichen Standpunkten und der »dynamischeren« Auslegung anhand von Präzedenzfällen spielten hier eine ebenso große Rolle wie grundsätzliche Vorbehalte gegen eine »Bändigung der Waffengänge« durch das Vorbild eines »zivilisierten Kräftemessens«. Kritiker warnten nicht ohne Grund davor, die Verletzungen der Konventionen würden von den Streitparteien lediglich dazu benutzt, einander propagandistisch möglichst effektvoll ins Unrecht zu setzen. Darüber hinaus stellten Repräsentanten der Friedensbewegung den Krieg an sich als Konfliktlösungsmechanismus in Frage, während umgekehrt speziell die Armeeführungen auf den Vorrang der »militärischen Notwendigkeit« pochten.[5]

Außerdem gab es Definitionsschwierigkeiten: Waren mit »Kriegsregeln« zunächst im engeren Sinn das »Handwerk der Soldaten« beziehungsweise die militärischen Operationen sowie hauptsächlich das bis dahin kodifizierte oder gewohnheitsrechtlich anerkannte »Ius in Bello« gemeint, so kamen bald Erscheinungen der sogenannten »Makrokriminalität« wie Völkermord und Terrorismus hinzu. In diesem Umfeld entstanden kurz vor dem Ersten Weltkrieg die Begriffe »Kriegsverbrechen« und »Verbrechen gegen die Menschlichkeit«, obwohl für gewöhnlich noch von »Gräueln« oder »Grausamkeiten« die Rede war.[6] Erst nach 1918 kam die Debatte über derartige Formulierungen beziehungsweise Delikte im Rahmen der Pariser Friedenskonferenzen wieder in Schwung, auch wenn sie letztlich erst nach dem Zweiten Weltkrieg und der Schreckensherrschaft des Nationalsozialismus größere Bedeutung erlangte. Hatte es bis dahin lediglich zu Diskussionen gereicht, so fanden die umstrittenen Termini nun Aufnahme in die Charta für das Internationale Militärtribunal in Nürnberg. Von jetzt an verstand man unter »Verbrechen gegen die Menschlichkeit« alle Verbrechen, die nicht als »konkrete

Verstösse gegen die Gesetze und Gebräuche des Krieges« aufgefasst werden konnten, wobei es neben diesen beiden Bereichen noch das im Gefolge des Ersten Weltkrieges gleichfalls bereits diskutierte »Verbrechen gegen den Frieden« beziehungsweise die Frage der Auslösung bewaffneter Auseinandersetzungen zu beachten galt.[7]

Von einer endgültigen Regelung des Themenkomplexes aber war und ist man trotz Nürnberger Tribunal, Erklärung der allgemeinen Menschenrechte, Fortbildung des Völkerrechts nach 1945 und Einführung des Strafbestands des Genozids weit entfernt.[8] Experten sehen in diesem Bereich auch aktuell genügend Probleme für die Wissenschaft, nachdem etwa noch bis zum Beginn des 21. Jahrhunderts der Begriff des Kriegsverbrechens wiederholt enger gefasst worden war. Aus dieser Perspektive und unter Berufung auf das Statut des Internationalen Strafgerichtshofes von 1998 bezog sich der Terminus explizit nicht auf »Völkermord« oder »Verbrechen gegen die Menschlichkeit«. Allerdings, schränkten Fachleute ein, »sei diese Definition nicht abschließend und müsse immer wieder angesichts neuer Formen von gewalttätigen bewaffneten Auseinandersetzungen überprüft werden«.[9]

DIE DEBATTE ÜBER DEN »SCHMUTZIGEN« KRIEG

In diesem Sinne waren Juristen auch schon in der Vergangenheit dafür eingetreten, jeweils aktuelle Kriegserfahrungen insbesondere bei der Modifizierung völkerrechtlicher Bestimmungen zu berücksichtigen. Dass den Initiatoren entsprechender Tagungen und Arbeitsgruppen oft schon während der Ausarbeitung neuer Regelwerke die Unzulänglichkeit und Lückenhaftigkeit der vereinbarten Bestimmungen bewusst wurde, gehörte nicht nur bei den Gesprächen über die von Gustave Moynier ventilierte Idee eines internationalen Strafgerichtshofes gewissermaßen zum Alltag der Beteiligten. Probleme bei der Sanktionierung von Verstößen traten zum Beispiel auch besonders deutlich hervor, wenn es um Grauzonen der Gewalt ging; um Konflikte, in denen zwischen regulären und irregulären Streitkräften, Kombattanten und Nichtkombattanten nicht mehr getrennt wurde. Dabei hatte etwa die Haager Landkriegsordnung von 1907 mit ihrem Bemühen um eine »Beschränkung der unmittelbar legitimen tödlichen Gewaltanwendung« auf einen

»Kern des Krieges« unter anderem neben Waffenverboten und der Wahrung von Ansprüchen der Kämpfenden, Verwundeten und Gefangenen explizit auch die »Unterscheidung von Zivil- und Militärpersonen« in den Mittelpunkt gerückt.[10]

Schwerpunktmäßig regelten kriegsvölkerrechtliche Bestimmungen in dieser Hinsicht vor allem die Behandlung von Angehörigen fremder, vornehmlich feindlicher Staaten – ein Sachverhalt, der dann auch im Ersten Weltkrieg Bedeutung erlangte.[11] Signifikanterweise nannte das k.u.k. Armeeoberkommando bezüglich der Übergriffe an der »Russenfront« erst am 15. November 1917 die »Haager Konvention«; zu einem Zeitpunkt, als es um »Requisitionen« und »Kriegsleistungen« zugunsten der Mittelmächte in den von ihnen »besetzten Gebieten« ging.[12] Selbst die gegen das Verhalten der Militärs Stellung nehmenden ruthenischen Reichsratsabgeordneten beklagten wenige Monate später, im Februar und März 1918, die »Außerachtlassung der Bestimmung der Haager Konferenz über die Unantastbarkeit des Privateigentums« am Beispiel des Verhaltens der deutschen Verbündeten in Galizien.[13] Polnische und ukrainische Parlamentarier aus den nordöstlichen Kronländern der Donaumonarchie orientierten sich in ihren Anfragen und Anträgen ansonsten am nationalen Recht und insbesondere an der Aufhebung der Geschworenengerichte beziehungsweise der gesetzeswidrigen Erweiterung und Verlängerung des Standrechtes.[14]

Anders sah es für die Donaumonarchie im Ersten Weltkrieg von Anfang an am Balkan aus. Abgesehen von der Tatsache, dass den österreichisch-ungarischen Besatzungsorganen in Serbien der Vorwurf gemacht werden konnte, mit der Anwendung eigener Straf- und Militärgesetze die völkerrechtlichen Richtlinien zur weitestgehenden Aufrechterhaltung der Rechtspflege des gegnerischen Staates missachtet zu haben, mussten brutale Gefechte am südöstlichen Kampfschauplatz und demgemäß auch das rücksichtslose Vorgehen der k.u.k. Truppen »im Feindesland« Protest hervorrufen. Die nachweislichen Übergriffe, Gräueltaten und Befehle zur Radikalisierung der Kriegsführung blieben international keineswegs unbemerkt. Besonders heftig wurde die Habsburgerarmee dabei von dem in Fachkreisen bekannten, aus Deutschland stammenden und in Lausanne tätigen Kriminologen Rudolf beziehungsweise Rodolphe Archibald Reiss angegriffen. Dieser präsentierte seine Untersuchungsergebnisse in Vorträgen, Artikeln und in einem 1915 fertiggestellten Bericht sowohl der Öffentlichkeit in England und Frankreich als auch jener in der Schweiz und in Holland, wobei er schließlich seine Überzeugung kundtat, dass »die Übergriffe und die Verstöße gegen das Kriegsvölkerrecht auf ein planmäßiges Vorgehen der österreichisch-ungarischen Behörden zurückzuführen seien«.[15] Des Weiteren behauptete Reiss, dass man die bereits vor dem Krieg als »Königsmörder« dargestellten Serben pauschal zu Barbaren gemacht und die Bevölkerung der Donaumonarchie mental auf die »Hinrichtung des lästigen Nachbarn« vorbereitet habe.[16]

Vor allem hinsichtlich der Gewalt gegenüber Zivilisten und des Einsatzes irregulärer Truppen waren Fragen des Völkerrechts anhand von bewaffneten Auseinandersetzungen auf dem Balkan schon des Öfteren behandelt worden. Der Russisch-Türkische Krieg 1877/78 hatte diesbezüglich eine große Rolle gespielt, zufriedenstellende Lösungen konnten in weiterer Folge jedoch aus völkerrechtlicher Sicht nur bedingt erreicht werden. In einer Subkommission der Haager Friedenskonferenz 1899 war beispielsweise der Frage nachgegangen worden, in welchem Ausmaß Zivilisten im Fall einer Invasion zu den Waffen greifen und sich gegen die Okkupanten zur Wehr setzen dürften. Die Vertreter der Habsburgermonarchie und des Deutschen Reiches plädierten dabei für weitgehende Freiheiten der Besatzer und möglichst starke Restriktionen für die betroffene Bevölkerung. Eine Einigung kam in der Kommission allerdings nicht zustande. Die Zweite Haager Friedenskonferenz im Jahr 1907 erzielte zwar in einzelnen Punkten Fortschritte – etwa in Bezug auf das Verbot, Zivilisten aus dem feindlichen Ausland zur Arbeit gegen den eigenen Staat zu zwingen. Ansonsten traten jedoch die Unklarheiten in diesem Themenbereich gerade anhand der Untersuchung von Grausamkeiten während der beiden Balkankriege 1912/13 erneut zutage. Eine internationale Untersuchungskommission der Carnegie-Stiftung drückte sich entsprechend vage aus: Zwar verurteilte sie die Morde, Plünderungen, Verwüstungen und Vergewaltigungen »auf beiden Seiten«. Im gleichen Atemzug erschien es ihr jedoch geboten zu betonen, dass sich etwa die bulgarischen Truppen in einem von »sehr patriotischen Griechen und Türken« bewohnten Gebiet befunden und »deshalb das Recht gehabt« hätten, Vorkehrungen gegen einen bewaffneten Widerstand der Zivilbevölkerung zu treffen. Die gewählten Maßnahmen hätten freilich »das akzeptable Maß der legitimen Selbstverteidigung oder der erlaubten Repressalie weit überschritten«.[17]

Gleichzeitig kursierten Erklärungsversuche, welche die betreffenden Gräueltaten auf die Un- oder Halbzivilisiertheit der Balkanregionen zurückführten; eine Einschätzung, die allerdings bei einigen Kommentatoren Skepsis auslöste. Selbst in den Reihen der Kommission der Carnegie-Stiftung zweifelte man daran, dass sich die Armeen des »zivilisierten Europa« nach dem Beginn von Feindseligkeiten besser benehmen würden.[18]

Abgesehen von der Überheblichkeit der Staaten des »alten Kontinents« gegenüber ihren »überseeischen Besitzungen« und ungeachtet zahlreicher brutaler Kolonialkriege standen damit keineswegs bloß ausgesuchte Gebiete und Gesellschaften Europas unter dem Verdacht, für eine Anwendung des Völkerrechts noch nicht die notwendige »Reife« zu besitzen. Die Interpretationsspielräume öffneten vielmehr überall Polemiken und der nicht zuletzt von Pazifisten befürchteten »Schlammschlacht der Propagandisten« Tür und Tor. Der Erste Weltkrieg kann hierfür als Beleg dienen: Anhand der Vorgehensweise deutscher Truppen in Belgien zeigten die Ententemächte auf, wie der Feind die von ihm akzeptierten Bestimmungen des »Ius in Bello« mit Füßen trat. Im Hohenzollernreich aber standen – wie auch anderswo – unzählige Intellektuelle bereit, um das »Vaterland« zu verteidigen. Deutsche Fachleute konstatierten demgemäß, dass Handlungen als »Rechtsverletzungen« gedeutet würden, die eigentlich als »Kriegsrepressalie« anzusehen seien und »der Ursache wie des Zweckes willen als geboten, als völkerrechtsgemäss« erschienen. Die Belgier hätten sich der Konsequenzen bewusst sein müssen, hieß es weiter: »Gemäß Haager Landkriegsordnung dürften Zivilisten nämlich nur in unbesetztem Gebiet spontan zu den Waffen greifen. Zwar gebe es keine konkrete Bestimmung im Hinblick auf Zivilisten in besetztem Gebiet, doch sei das Schweigen der Haager Landkriegsordnung in diesem Punkt so zu interpretieren, dass die Bevölkerung im besetzten Gebiet kein Recht zum Aufstand habe […]: ›Unsere Feinde scheinen von ihren eigenen ungeheuerlichen Rechtsverletzungen, die der Franktireurkrieg entfesselt hat, den Blick des Auslandes dadurch ablenken zu wollen, dass sie nichtswürdig unseren braven Soldaten Greueltaten andichten.‹«[19]

Genau diese Argumentation muss nach heutiger Sicht jedoch in Zweifel gezogen werden. Die deutsche Vergeltung für den »irregulären Krieg«, in deren Verlauf rund 6500 Zivilisten in Belgien und Frankreich getötet wurden, beruhte auf unhaltbaren Behauptungen. Dem gegenwärtigen Wissensstand folgend, kann »mit Bestimmtheit festgestellt« werden, »dass es 1914 weder einen kollektiven Widerstand von Zivilisten gab, noch militärische Aktionen von Franktireurs wie 1870/71«. Abgesehen von Einzelfällen muss dabei auch die Erklärung zurückgewiesen werden, dass die »belgische Garde Civique die eigentliche Ursache der vermeintlichen Franktireurzwischenfälle war. [...] Für sich allein konnte dies das deutsche Heer nicht entlasten, denn die Beteiligung einer solchen zivilen Miliz an den Gefechten, soweit es überhaupt dazu kam, war erkennbar legal, keine Überraschung für die deutschen Kommandeure und hätte keine Repressalien gegenüber Nichtkombattanten auslösen dürfen. Tatsächlich kam es gerade dort zu den meisten deutschen Greueln, wo keine Garde Civique beteiligt war, und die Deutschen behaupteten gar nicht, dass eine solche Miliz in Frankreich existiert hatte.«[20]

Wie sind nun aber im Gegensatz zur Reaktion auf mutmaßliche »feindliche Greuel« an der Westfront die österreichisch-ungarischen Feldzüge gegen Serbien speziell in den ersten Wochen und Monaten des Krieges zu bewerten? Wenig überraschend hatte man für die Erhebungen von Rodolphe Archibald Reiss auf dem Balkan oft nicht mehr als Spott und Hohn übrig. Die Aussagen des »Pseudo-Kriminalisten«, kommentierte die »Deutsche Strafrechts-Zeitung« im Frühjahr 1915, »verdienen es kaum ernster genommen zu werden, sind aber bei weitem nicht so unterhaltend wie die Kriminalgeschichten von Conan Doyle, den sein Deutschenhass jetzt zu Berichten über die deutsche Kriegführung hingerissen hat, gleichwertig den Reiss'schen Schilderungen«.[21] Obwohl man gerade auch in Österreich-Ungarn die Anschuldigungen von Reiss als Verleumdungen abtat, sah man sich hier dennoch genötigt, Richtigstellungen vor allem in der Presse des neutralen Auslands zu platzieren. Zu diesem Zweck wurde beispielsweise 1916 eine umfangreiche Broschüre mit dem Titel »Die Lügen über die österreichisch-ungarische Kriegsführung in Serbien« angefertigt.[22] Längst schon befand man sich in einem Propagandakrieg, in dem es darum ging, die angeblichen oder tatsächlichen Verfehlungen des jeweils Anderen anzuprangern. Selbst Mächte, die noch gar nicht in den Krieg eingetreten waren, schienen sich am »Krieg der Worte« zu beteiligen. Im Frühjahr 1915 hatten die k.u.k. Behörden beispielsweise von rumänischen Broschüren über »die Gräueltaten gegen die Bukowinaer Rumänen« inklusive der »Fotographie des im Czernowitzer Strafgebäude errichteten Galgens« Kenntnis erlangt.[23]

DIE VERANTWORTUNG DER DONAUMONARCHIE

Sowohl in der Schweiz als auch im Hohenzollernreich und in der Donaumonarchie wurde das Lausanner Institut von Reiss, der im Auftrag der serbischen Regierung ermittelt hatte und alles andere als ein neutraler Beobachter war, Ziel von Polemiken und Angriffen.[24] Dennoch sind auch ohne seine Ausführungen genügend Hinweise in den zugänglichen Quellenbeständen vorhanden, die bestätigen, dass zivile und militärische Institutionen des Habsburgerreiches für Übergriffe und Grausamkeiten verantwortlich waren. Interpretationsbedürftig ist die Feststellung, es habe sich um ein »planmäßiges Vorgehen der k.u.k. Behörden« gehandelt. Immerhin blieben jedoch zahlreiche Befehle erhalten, die eine umfassende radikale Vorgehensweise, auch gegenüber Zivilisten und noch vor Beginn der Kampfhandlungen, belegen. Eine rein spontane Reaktion der »nervösen Truppen« und der zuständigen offiziellen Stellen – gewissermaßen als Ausdruck »unvermeidlicher Willkürakte« und Normüberschreitungen in der »Hitze des Gefechts« – kann demnach keineswegs als eine allein zufriedenstellende Erklärung für die Brutalität der österreichisch-ungarischen Kriegsführung betrachtet werden. Die zunehmende Radikalität war ohne Zweifel auch auf Nachrichten über Gräuel des Gegners zurückzuführen. Diese sind unter anderem während des kurzfristigen Vordringens serbischer Verbände auf österreichisch-ungarisches Territorium belegt und dürften zur Gewalteskalation ebenso beigetragen haben wie die mangelhafte Adjustierung der feindlichen Streitkräfte. Anders als in Belgien existierten zudem »irreguläre« Verbände. Ihre Bedeutung in den Darlegungen der Mittelmächte stand aber in einem auffälligen Missverhältnis zu ihrer Zahl, insbesondere bei Kriegsausbruch.[25]

Problematisch war zudem der oft wiederholte Vorwurf, die lokale Bevölkerung stünde auf einer »niedrigeren Kulturstufe« und habe sich überdies auf die Seite des Feindes gestellt, ihn auf verschiedene Weise unterstützt oder sogar mit ihm gemeinsam gegen die eigenen Streitkräfte gekämpft. Derartige Berichte der Fronttruppen ließen sich im Nachhinein ohnehin schwer verifizieren oder falsifizieren. Während der bewaffneten Konfrontationen waren Fehleinschätzungen wiederum nicht ausgeschlossen, konnten etwa das Feuer der eigenen Einheiten oder das Geräusch des Gefechtslärms falsch gedeutet werden. Bei alldem existierte nach den Regelungen der Militärjustiz kein geeignetes Untersuchungs- und Beweismittelverfahren. Alles war schnell zu entscheiden, der Irrtum nachgerade systemimmanent. Die Richtigkeit solcher Überlegungen bestätigten letztlich die Regierungsinstanzen der Donaumonarchie selbst: In ihren Korrespondenzen sprachen sie von Vorkommnissen, die dazu dienen konnten, vor allem den Ruf der k.u.k. Armee zu schädigen. Nachforschungen der eigenen Behörden ergaben die Haltlosigkeit von Verdachtsmomenten gegen vermeintliche Verräter, von Beschuldigungen, Verhaftungen und Hinrichtungen angeblich illoyaler, unverlässlicher und irregulär kämpfender »Elemente«. Vor den Parlamentariern in Wien sah sich unter anderen der k.k. Minister des Innern dazu genötigt, schwere Verfehlungen zu konzedieren.[26]

Dieses Eingeständnis traf insbesondere für die Geschehen in Galizien und in der Bukowina zu, wobei die vielen Opfer unter der dortigen Zivilbevölkerung in geringerem Maß mit einem »regellosen Krieg unter Einbeziehung von Nichtkombattanten« in Zusammenhang gebracht werden konnten als auf dem Balkan. Die Ereignisse an den einzelnen Kampfschauplätzen – in Belgien, in Südosteuropa und an der »Russenfront« – glichen sich demzufolge nur teilweise. In unterschiedlichem Ausmaß spielten überdies vorhandene Feindbilder und Erwartungshaltungen sowie bestehende Konflikte zwischen Nationalitäten und Konfessionen eine Rolle. Zur Entlastung jener Streitkräfte, die Gräueltaten zu verantworten hatten, konnten derlei Argumente jedoch kaum dienen. Das galt obendrein für den Rechtfertigungsversuch von Angehörigen der Habsburgerarmee, hauptsächlich in Serbien gegen einen »unfairen Gegner« angetreten und solcherart in einen »schmutzigen« Waffengang »verwickelt« worden zu sein.

KLAGEN DER ÖSTERREICHER

Bemerkenswert ist in diesem Zusammenhang auch die Haltung der Entscheidungsträger in Wien. Wegen der vielen Vorwürfe gegen die serbische Kriegsführung, vor allem seitens der Habsburgerarmee, müssten sich derartige Anklagepunkte unter anderem in der »Sammlung von Nachweisen für die Verletzungen des Völkerrechtes durch die mit Österreich-Ungarn kriegführenden Staaten« finden. Diese vom k.u.k. Außenministerium herausgegebene Schrift enthält inklusive dreier Nachträge bis zum 30. Juni 1916 jedoch vergleichsweise wenige Vorfälle, die den Vorwürfen der eigenen Militärs entsprechen. Das überrascht umso mehr, als in den einleitenden Bemerkungen zur ersten Ausgabe explizit von den »furchtbaren Greueltaten« gesprochen wird, »deren sich die Truppen Serbiens und Montenegros schuldig gemacht haben«. Und weiter: »Diese zügellose Art der Kriegführung sowie die grausame und hinterlistige Beteiligung der ganzen Bevölkerung an den Kämpfen geben neuerlich Zeugnis für die Verwilderung, die das Volk dieser Staaten ergriffen hat.«[27]

Realiter kann die Aufzählung von insgesamt 360 Völkerrechtsverstößen durch die Gegner Österreich-Ungarns diesen Befund nicht bestätigen. Vielmehr beziehen sich 49 Fälle auf die unkorrekte Behandlung des diplomatischen Personals der Habsburgermonarchie in verschiedenen Ländern und weitere 47 »Vorkommnisse« generell auf das Schicksal österreichisch-ungarischer Staatsbürger »in Feindeshand«, wobei es in diesem Zusammenhang hauptsächlich um Internierungen geht. Die größte Zahl der »Rechtsbrüche«, nämlich 176, lastete das Wiener Außenamt aber Russland an, wobei sich 58 Anklagepunkte auf Plünderungen, Verwüstungen, Vergewaltigungen und Mordtaten beziehen, von denen großteils Zivilisten betroffen gewesen sein sollen. Weitere 49 Mal wirft man der Zarenarmee die Verwendung von »Dumdumgeschossen« oder anderer unerlaubter Munition vor. Zudem wird sie 37 Mal für Misshandlungen oder ähnliche regelwidrige Verhaltensweisen gegenüber Kriegsgefangenen verantwortlich gemacht. Im Gegensatz dazu erreichen die 58 Beschwerden wegen der »Verletzung des Kriegsrechts«, die sich auf Serbien und Montenegro beziehen, schon rein numerisch nur etwa die Dimension der Kritik an den westlichen Ententestaaten. Obwohl Belgien, Frankreich und Großbritannien wohl kaum als nennenswerte militärische Kontrahenten der Habsburgerarmee gelten können, werden sie zwar nachvollziehbarerweise nicht für das Verhalten im Kampf, aber immerhin 59 Mal im Zusammenhang mit Internierungen und Unregelmäßigkeiten im Umgang mit Diplomaten beschuldigt.[28]

Alles in allem treten also zahlenmäßig anhand der Aufstellung des österreichisch-ungarischen Außenministeriums die Gefechte mit Russland als wichtigster Operationsbereich der k.u.k. Truppen speziell in den ersten Kriegsjahren deutlich hervor, zumal sich die zweite Hauptfront im Südwesten aufgrund des späteren Kriegseintritts Italiens im Mai 1915 mit in Summe 21 Anklagepunkten noch nicht ausreichend in den Dokumenten der Wiener Regierung niederschlägt.[29]

Im Gegensatz dazu ist Serbien, das bei der Veröffentlichung des dritten »Nachtrages« Ende Juni 1916 bereits militärisch geschlagen und besetzt war, nicht nur insgesamt vergleichsweise seltener in den österreichisch-ungarischen Auflistungen über gegnerische Völkerrechtsverletzungen vertreten. Auffallend ist vielmehr auch, dass die 58 vorgelegten Fälle zum überwiegenden Teil, nämlich 35 Mal, die Kriegsgefangenenbehandlung betreffen. Letztlich bleiben vor diesem Hintergrund acht Punkte, in denen die Teilnahme der »Zivilbevölkerung«, von »Frauen, Kindern und Greisen« an Kampfhandlungen sowie die »Greueltaten der Komitadschis« Erwähnung finden.[30] Nicht außer Acht gelassen werden sollte, dass eine Reihe von Vorfällen, die k.u.k. Einheiten mit der irregulären Kriegsführung der Feinde auf dem Balkan in Verbindung brachten, keine Aufnahme in die Anklageschrift der österreichisch-ungarischen Regierung fand. Eine Ausnahme stellen die Vorfälle in Šabac dar, die explizit genannt wurden, die aber unzweifelhaft zu besonders rücksichtslosen Vergeltungsaktionen der habsburgischen Truppen geführt hatten. Wie sehr es am Beispiel Šabac darum ging, die eigenen Vergehen und Völkerrechtsbrüche zu entschuldigen, belegte schließlich das Außenamt in Wien selbst mit einem Eingangsstatement zur »Sammlung von Nachweisen« für die vermeintlichen oder tatsächlichen leichteren oder schwerwiegenderen Rechtsbrüche der »Feindstaaten«. Darin heißt es wörtlich: Juristen »lehren, dass die Staaten, welche mit weniger zivilisierten Völkern Krieg führen, sich gezwungen sehen, ein Kriegsrecht in Anwendung zu bringen, das dem Grad der Sittlichkeit ihrer Gegner angepasst ist. ›So verfuhren […] die Franzosen in Afrika, Tonking, China und Dahomey, die Engländer in Indien, die Russen im Kaukasus und in Turkestan.‹«[31]

REZIPROZITÄT

Die Donaumonarchie legitimierte die Gewalt eigener Truppen solcherart einmal mehr mit dem Hinweis auf die Brutalität der Kolonialkriege und dem von ihr vielfach bemühten Argument der »Reziprozität«; der Maxime, Gleiches mit Gleichem zu vergelten. Anklageschriften in Bezug auf die »Regelverstöße« des Feindes konnten daher wiederholt als Freibrief gelten, bei eigenen Vorgehensweisen »jede Hemmung« fallen zu lassen, wie es die k.u.k. Heeresverwaltung bisweilen selbst formulierte.[32] Unter anderem Nachrichten über vermeintliche Grausamkeiten, die an österreichisch-ungarischen Soldaten in »gegnerischem Gewahrsam«

begangen wurden, rechtfertigten eine weitreichende Ignoranz gegenüber den Bestimmungen der »Landkriegsordnung«. Die völkerrechtswidrige Verwendung von Kriegsgefangenen in der Rüstungsindustrie oder im Frontbereich nahm die Donaumonarchie deshalb, ebenso wie andere Staaten, ohne Wimpernzucken in Kauf. Der Erste Weltkrieg zeigt, mit welcher Leichtigkeit sich viele Länder von den Auflagen und »Einschränkungen« internationaler Vereinbarungen lossagten, um unumwunden nach dem Prinzip »Auge um Auge, Zahn um Zahn« zu verfahren. Dass diese Haltung mitunter unmittelbare negative Folgen für Hunderttausende Betroffene nach sich zog, führt nicht zuletzt das Schicksal der Feindsoldaten in der Habsburgermonarchie vor Augen: Laut Generaloberst Sámuel Baron Hazai, dem Chef des Ersatzwesens, befanden sich im Frühjahr 1917 insgesamt rund 1,1 Millionen gegnerische Soldaten in österreichisch-ungarischer Gefangenschaft, davon 660 000 im Hinterland und knapp 300 000 – rechtswidrig – an den Kampfschauplätzen.[33] Dass die k.u.k. Militäradministration hierbei immer wieder unangenehme Daten aus dem Bewusstsein drängte oder gezielt verschwieg, manifestiert sich überdies im Umgang mit den »Sterblichkeitsziffern«: Die Zahl der Todesopfer unter den Kriegsgefangenen, die der »Armee im Felde« zugeteilt waren, kann nämlich nur geschätzt werden, zumal das k.k. Ministerium des Innern und das k.u.k. Kriegsministerium bereits im Herbst 1915 darüber einig geworden waren, »bei allen in Betracht kommenden Veröffentlichungen [...] Erkrankungen und Todesfälle bei Heeresangehörigen und Kriegsgefangenen im engeren Kriegsgebiet [...] überhaupt nicht« auszuweisen.[34] Aber auch »intern« hörte man auf »mitzuzählen«.[35] Bereits im Frühjahr 1916 galten etwa 160 000 Kriegsgefangene als nicht erfasst.[36] Mit anderen Worten: Sie schienen in keinem Verzeichnis der Administration auf. Nach Kriegsende sah man sich im in Auflösung begriffenen k.u.k. Kriegsministerium geradezu folgerichtig außerstande, genaue Zahlen der in österreichisch-ungarischer Gefangenschaft verstorbenen Soldaten weiterzuleiten.[37]

Die Vertuschung des wahren Ausmaßes an Missständen und rechtswidrigen Vorgehensweisen ging Hand in Hand mit der Orientierung am Prinzip der »Reziprozität«. Das galt auch bezüglich des in der Zweiten Haager Friedenskonferenz ausgesprochenen Verbotes, Zivilisten aus den Feindstaaten zur Arbeit zu verpflichten, sowie für die Verwendung geächteter Waffen, Munition beziehungsweise Kampfstoffe. Die Habsburgermonarchie verhielt sich in dieser Frage nicht anders als die übrigen

Streitparteien: Abgesehen vom Internationalen Komitee des Roten Kreuzes protestierte niemand gegen die Missachtung des Völkerrechts, als etwa an den Fronten in Summe mehr als 110 000 Tonnen Giftgas zum Einsatz gebracht wurden.[38]

Anders aber als in dieser Frage schienen die k.u.k. Truppenverbände hauptsächlich am Balkan und an der »Russenfront« zu besonderer Radikalität zu neigen. Deportationen, Internierungen, Durchsuchungen, Dörferzerstörungen, Requisitionen und Exekutionen, die das k.u.k. Außenministerium zu Recht auch der Zarenarmee anlastete, führten die Mittelmächte ihrerseits nicht nur während des Bewegungskrieges im »Osten und Südosten« durch. Speziell der Versuch, eroberte Regionen zu »disziplinieren« und gleichzeitig wirtschaftlich auszubeuten, begünstigte erneut Übergriffe und Grausamkeiten deutscher und österreichisch-ungarischer Einheiten im Zuge brutaler Klein- und Guerillakriege. Verschiedener Rechtsbrüche, Vergehen und Verbrechen gegen die Menschlichkeit machten sich die Streitkräfte des Hohenzollern- und des Habsburgerreiches daher bis kurz vor deren jeweiligen Untergang schuldig, wenn es etwa – vornehmlich in Besatzungsgebieten – um Befehle ging, Exempel zu statuieren, Gefangene zu liquidieren, Geiseln auszuheben, Rohstoffe und Lebensmittel notfalls mit Waffengewalt zu konfiszieren, Auf- und Widerstände rücksichtslos zu brechen, nicht bloß Kriegs-, sondern auch nationale, kulturelle und ideologische Gegner zu vernichten oder Ortschaften unter Artilleriebeschuss zu nehmen und dem Erdboden gleichzumachen.[39]

DIE PROBLEMATIK DES GENOZIDS

Oft waren es unter solchen Bedingungen weniger die auf den »Kern des Krieges« zielenden Bestimmungen der Konventionen und Landkriegsordnungen, sondern nicht oder nur unzureichend definierte Formen der Gewaltausübung, um die es in den bewaffneten Konfrontationen ging und in deren Verlauf es zu den schlimmsten Gräueltaten kam. Propagandakampagnen und militärische Anordnungen, die den Feind regelrecht dämonisierten, leisteten diesem Radikalisierungsprozess Vorschub, wie gerade auch das Beispiel der österreichisch-serbischen Rivalitäten beweist. Dennoch bedarf es hinsichtlich dessen der Differenzierung. Mit Parolen wie »Serbien muss sterbien« hatte man Hass- und Rachegefühle in der Donaumonarchie geschürt, große Teile der Gesellschaft verhetzt und mittels militärischer »Belehrungen« speziell den einfachen Soldaten auf eine »energische Strafaktion« vorbereitet. Im Gegensatz dazu blieben die Entscheidungsträger des Habsburgerreiches bezüglich der Kriegsziele auf dem Balkan vorsichtig. 1914 hatten die meisten Verantwortlichen in Wien kein Interesse an der Zerstückelung oder auch nur an einer Verkleinerung des serbischen Staates geäußert. Mit Letzterem wollte sich Stabschef Conrad von Hötzendorf sogar noch Anfang September 1915 arrangieren. Die neuerliche Offensive der Mittelmächte am Balkan, die nicht lange auf sich warten ließ, konnte aber dann keineswegs allein nach seinem Dafürhalten nur eine weitere Unterordnung des Habsburgerreiches unter die Hegemonialmacht Deutschland zur Folge haben. Siegreiche Feldzüge der österreichisch-ungarischen, deutschen und bulgarischen Verbündeten und die Existenz der von ihnen eingerichteten Besatzungszonen änderten die Zielrichtung weiter. Nun war es gerade Conrad, der die »Annexion« oder »Angliederung« Serbiens und Montenegros beziehungsweise die »Vereinigung aller südslawischen Gebiete in der Monarchie« anvisierte.[40]

Die k.u.k. Okkupationspolitik, die sich durch zahlreiche Maßnahmen gegen die intellektuelle und politische Führung, das Bildungswesen, die Kultur und Eigenstaatlichkeit Serbiens »auszeichnete«, war allerdings kein »Vernichtungsfeldzug« gegen die gesamte feindliche Bevölkerung.[41] Am südosteuropäischen Kampfschauplatz gleichermaßen wie in Galizien beziehungsweise an der Ostfront ist der bisweilen im Raum stehende Vorwurf eines »Völkermordes« an bestimmten als »illoyal« eingestuften Nationalitäten der Donaumonarchie in den Quellen nicht nachweisbar.[42] Der Genozid an den Armeniern im Osmanischen Reich bleibt unter diesen Umständen ein exzeptionelles Ereignis und trauriger Höhepunkt der Gewaltgeschichte des Ersten Weltkrieges.[43] Zugleich wird in Bezug darauf auch das Unbehagen unter den Verbündeten der Türkei erkennbar: Das k.u.k. Ministerium des Äußeren intervenierte »zugunsten der armenischen Frauen und Kinder«. Die bilateralen Beziehungen kühlten sich ab. Istanbul verweigerte jede weitere Debatte, während man in der katholischen Habsburgermonarchie zumindest unter vorgehaltener Hand die »Christenverfolgung der Osmanen« kritisierte. Die k.u.k. Botschaft bei der »Hohen Pforte« zeigte sich in einer »mündlichen Äußerung« keinesfalls bereit, die »türkische Haltung in der armenischen Frage irgendwie zu verteidigen«. Österreichisch-ungarische Diplomaten teilten die

Argumentation des Vatikans: Armenier mögen sich des Landesverrats und der Kollaboration mit den Russen schuldig gemacht haben. »Dies könne die Bestrafung der Schuldigen notwendig machen, es aber nicht rechtfertigen, dass das ganze armenische Volk dafür büssen müsse.«[44]

Allerdings ließen es sowohl das Hohenzollernreich als auch die Donaumonarchie zumindest auf offiziellem Wege bei halbherzigen und bisweilen auch scheinheiligen Interventionen bewenden. »Höhere Interessen« behielten letztlich Oberhand. In Deutschland ebenso wie in Österreich-Ungarn sollte zumindest die Bevölkerung von den Gräueln in Kleinasien beziehungsweise im Nahen Osten nichts erfahren: Eine Nachrichtensperre wurde verhängt. In einer Pressebenachrichtigung am 7. Oktober 1915 ließen die Mittelmächte wissen: »Über die Armeniergreuel ist folgendes zu sagen: unsere freundschaftlichen Beziehungen zur Türkei dürfen durch diese innertürkische Verwaltungsangelegenheit nicht nur nicht gefährdet, sondern im gegenwärtigen, schwierigen Augenblick nicht einmal geprüft werden. Deshalb ist es einstweilen Pflicht, zu schweigen. Später, falls direkte Angriffe des Auslandes wegen deutscher« und österreichischer »Mitschuld erfolgen sollten, muss man die Sache mit größter Sorgfalt und Zurückhaltung behandeln und stets hervorheben, dass die Türkei schwer von den Armeniern gereizt wurde«.[45]

Der Einfluss Deutschlands in militärischer wie ökonomischer Hinsicht wurde gegenüber dem Osmanischen Reich nicht ausgespielt, zumindest nicht zugunsten der Armenier. Letztere stellten für die Berliner Entscheidungsträger aufgrund ihrer eigenen geostrategischen und wirtschaftlichen Zielsetzungen im »Orient« eher eine Verlegenheit dar. Journalisten und Orientalisten aus dem Hohenzollernreich reisten daher an, um Stimmung für die Türken und gegen die Armenier zu machen. Österreich-Ungarn hielt nach außen hin den Kurs seines wichtigsten Bündnispartners. Die Presse der Monarchie berichtete einseitig und armenierfeindlich, auch wenn die Nachrichtenabteilung des k.u.k. Armeeoberkommandos schon Ende September 1915 erfuhr, dass es die Regierung in »Konstantinopel« auf »die Vernichtung der ganzen armenischen Rasse abgesehen zu haben scheint«.[46]

Indirekt hatte die Behandlung des Völkermordes im Osmanischen Reich überdies eine weitere Auswirkung auf das Habsburgerreich und insbesondere seine Streitkräfte: Die Vorgänge in der Türkei stießen in der Weltöffentlichkeit letztlich auf wesentlich größeres Echo als die Gräueltaten am Balkan oder an der Ostfront. Sowohl Rodolphe Archibald Reiss als auch gleich gesinnte Autoren in Frankreich konnten daran wenig ändern. Ihre Darlegungen fanden verhältnismäßig wenig Gehör. Die ohnehin nur zaghafte Diskussion über Verantwortlichkeiten der Habsburgerarmee für Grausamkeiten und Völkerrechtsbrüche rückte aber auch noch aus zusätzlichen Gründen in den Hintergrund. In Westeuropa mussten zwangsläufig die Verhaltensweisen der deutschen Streitkräfte in Belgien und Nordfrankreich größere Aufmerksamkeit erregen, während gleichzeitig die Kommentatoren nahezu aller Großmächte der bereits weitverbreiteten Argumentationslinie des k.u.k. Außenministeriums etwas abgewinnen konnten: Speziell der Balkan mit seinen »wilden, barbarischen Völkern« war auch aus Sicht der Entente noch nicht für eine Kriegsführung nach den Regeln der »zivilisierten Welt« geeignet.[47]

AUSLIEFERUNGSBEGEHREN

Die Frage, wie mit Gräueltaten, kollektiven Repressalien oder Massentötungen bis hin zum Genozid in weiterer Folge umzugehen sei, spielte nach dem Waffenstillstand im November 1918 und im Zuge der Pariser Friedenskonferenzen eine wichtige Rolle, verlagerte sich jedoch speziell in der breiteren Öffentlichkeit vor allem auf die Auslieferung von prominenten Kriegsverbrechern.[48] Die darauf Bezug nehmenden Artikel 227 bis 230 des Versailler Vertrages und speziell die aufsehenerregende Forderung, den abgedankten deutschen Kaiser Wilhelm II. vor ein Tribunal zu stellen, erwiesen sich als völkerrechtliche Präzedenzfälle mit Langzeitwirkung und hatten auch Konsequenzen für die ehemaligen Verbündeten des untergegangenen Hohenzollernreiches. Obwohl der letzte Monarch aus der Habsburgerdynastie nicht in gleicher Weise zur Rechenschaft gezogen werden sollte, galten ansonsten für Österreich, Ungarn und Bulgarien analoge Klauseln.[49]

Das Thema fand Widerhall in den Medien. Im Zeitraum zwischen der Unterzeichnung und der Ratifizierung des Vertrags von Saint-Germain, den die alliierten Siegermächte und die junge Alpenrepublik schlossen, vermerkten etwa Wiener Zeitungen zur Jahreswende 1919/20: »Von Österreich und Ungarn werden seitens Rumäniens, Jugoslawiens, Italiens und der Tschechoslowakei Kriegsschuldige zur Verurteilung gefordert. Die umfangreichste Liste ist die italienische, dann folgt die rumänische und dann erst die serbische beziehungsweise jugoslawische. Die letztere«

beinhaltete außer »den seinerzeitigen Generalgouverneuren von Serbien«, Johann Ulrich Graf Salis-Seewis und Adolf Freiherr von Rhemen zu Barensfeld, unter anderen die »Generale« und vormaligen k.u.k. Befehlshaber am Balkan, Oskar Potiorek und Hermann Baron Kövess von Kövessháza.[50] Hinzugefügt wurde allerdings, dass man nach Ansicht »hoher militärischer Persönlichkeiten« die Ausführbarkeit derartiger Prozesse für eher unwahrscheinlich halte. Hinsichtlich verschiedener Mitglieder des »Erzhauses«, hieß es weiter, falle »die Konstruierung irgend eines strafbaren Tatbestandes« der Entente »sehr schwer«. Außerdem sei sich diese »der rechtlichen Schwierigkeiten sehr gut bewusst, die daraus erwachsen, dass ein Österreich-Ungarn, sonach das Subjekt, das den Krieg geführt hat, nicht mehr besteht«.[51]

Wie in anderen Angelegenheiten machte man sich den Zerfall der Donaumonarchie zunutze, um unangenehme Rechtskontinuitäten auch im Hinblick auf völkerrechtswidrige Kriegshandlungen und Verantwortlichkeiten von sich zu weisen. Begünstigt wurde diese »österreichisch-ungarische Besonderheit« indes durch die internationale Debatte. Experten waren sich nämlich alles andere als einig, wie die betreffenden Bestimmungen vor allem des Versailler Friedens umzusetzen waren. Die Diskussion kreiste um die Haltung Hollands, wo Wilhelm II. Zuflucht gesucht hatte,[52] vor allem aber um die für etwaige »Kriegsverbrecherprozesse« zuständigen Institutionen. Eine naheliegende Lösung wäre die Behandlung der Causa durch den Internationalen Schiedsgerichtshof in Den Haag gewesen. Da hinsichtlich dessen aber auch die Zustimmung des Deutschen Reiches nötig gewesen wäre, lehnten diesen Vorschlag hauptsächlich französische Fachleute ab.[53]

In nicht geringem Ausmaß ging es außerdem in den Diskussionen nicht zuletzt aus formaljuristischen Gründen um Vorbehalte gegen den Makel der »Siegerjustiz«. Darüber hinaus galt es zu bedenken, dass sich zahlreiche Angeklagte auf den Befehlsnotstand berufen hätten können – etwa mit dem Hinweis auf das bis 1944 geltende britische Militärrecht, das unter anderem festhielt: »Angehörige der Streitkräfte, die Verstöße gegen die anerkannten Regeln der Kriegführung auf Befehl ihrer Regierung oder ihres Kommandeurs begehen, sind keine Kriegsverbrecher und können daher vom Feind nicht bestraft werden.«[54]

Ausschlaggebend für die weitere Vorgehensweise unmittelbar nach dem Ersten Weltkrieg war schließlich eine bereits angekündigte Note der britischen Regierung vom Februar 1920, die das Einlenken der

Siegermächte in Bezug auf die umstrittenen Bestimmungen des Versailler Vertrages bestätigte. Damit existierten die Voraussetzungen, entsprechende Streitpunkte vor dem Leipziger Reichsgericht zu verhandeln. Wie von den informierten »militärischen Persönlichkeiten« auch in Österreich erwartet, wurden Beschuldigte nicht ausgeliefert. Sie hatten sich – trotz des alliierten Vorbehalts, bei nicht zufriedenstellender Durchführung der Verfahren eventuell einzugreifen – gegenüber ihrer eigenen, nationalen Rechtssprechung zu verantworten.[55]

WER HAT DEN KRIEG AUSGELÖST?

Noch wesentlich mehr Medienecho fand in der Zwischenzeit aber die Suche nach den Verantwortlichen für die Auslösung des »vierjährigen Massenschlachtens«. Dieser Aspekt, der wiederum insbesondere mit der Diskussion über die Anklagen gegen Kaiser Wilhelm und dessen mögliche Auslieferung an ein »Kriegsverbrechertribunal« verknüpft war,[56] bot von Anfang an genug Stoff für gegenseitige Schuldzuweisungen, hinkünftige Spannungen und Konfliktverschärfungen. Die Gräben verliefen hierbei, wie in vielen anderen Streitfällen, nicht bloß zwischen den verschiedenen Nationalstaaten. Vor allem in den besiegten zentraleuropäischen Ländern waren die Gesellschaften tief gespalten, kam es zu schweren inneren Unruhen, herrschte auf längere Zeit eine gefährliche Bürgerkriegsstimmung vor. In der gerade gegründeten Alpenrepublik wurde solcherart die Zusammenarbeit zwischen »bürgerlich-bäuerlichen« Parteien und der Arbeiterbewegung im Rahmen einer 1920 endgültig gescheiterten Koalitionsregierung von Anfang an erschwert. Unter derartigen Umständen vermengte sich das parteipolitische Kalkül in besonderer Weise mit Staatsinteressen. Die von Roderich Gooß betreuten und vom sozialdemokratisch geführten Staatsamt für Äußeres edierten »Nachträge und Ergänzungen zum österreichisch-ungarischen Rotbuch« von 1914 waren von diesem Hintergrund nicht zu trennen.[57] Der Grundtenor der Publikation aus dem Jahr 1919 legte nahe, dass, wie es in holländischen Printmedien hieß, »nicht Deutschland, sondern Österreich-Ungarn die Hauptschuld, die unmittelbare Ursache des Kriegsausbruches war und dass von allen österreichischen Staatsleuten« der ehemalige k.u.k. Außenminister Leopold »Graf Berchtold der grösste Kriegshetzer gewesen ist«.[58] Auch in manchen deutschen Blättern war daraufhin zu lesen, dass die österreichische »Aktengruppierung« und »Tatsachenwertung« ganz »auffallend dem Zwecke« diene, »die deutschen Kriegsschuldigen auf Kosten« der k.u.k. Regierungsmitglieder »zu entlasten«.[59]

Die Entscheidungsträger des Hohenzollernreiches nicht allein als »leichtgläubige, unwissende und hintergangene Komplizen der Wiener Weltbrandstifter« darzustellen,[60] lag dann vor allem im Interesse französischer Zeitungen. »Le Temps« hob am 24. Oktober 1919 demgemäß die Argumentation Berchtolds hervor, der, wie es hieß, den »Berliner Persönlichkeiten den ihnen gebührenden Anteil an der Mitschuld am Kriege zuteile«.[61] Bereits vier Wochen zuvor ging sie diesbezüglich auf die Verhältnisse in der Alpenrepublik ein, um dabei die damals gerade von SP-Mandaten ventilierten und den Zielsetzungen der »Grande Nation« zuwiderlaufenden Pläne eines »Anschlusses« Österreichs an Deutschland zu thematisieren. Wörtlich dazu »Le Temps«: »Wenn die Veröffentlichung« der neuen Wiener Regierung die »allgemeine Überzeugung«, dass »Deutschland einen entscheidenden Krieg mit seinen französisch-slawischen Gegnern vorbereitet und gewollt habe«, zu »modifizieren« versuche, »so rühre dies daher, dass sie tendenziös sei«. Diplomaten aus der Alpenrepublik hätten den Pariser Journalisten bereits »vorausgesagt, dass die österreichische sozialistische Partei, deren Bewunderung für das marxistische Deutschland sie gewissermaßen zum linken Flügel der alldeutschen Armee mache, darin den doppelten Versuch unternehme, ihr Idol, das ihrer Ansicht nach von der gesamten zivilisierten Welt unschuldig angegriffen werde, weiß zu waschen«.[62]

Im Fadenkreuz der »Temps« befand sich vor allem Otto Bauer, dem es als Staatssekretär für Äußeres beim »Rotbuch« ebenso wie bei dem gleichfalls von Gooß verfassten Werk »Das Wiener Kabinett und die Entstehung des Weltkrieges«[63] tatsächlich in erster Linie um politische Zielsetzungen zu gehen schien. Der Staatssekretär für Äußeres orientierte sich offenbar am bayerischen Ministerpräsidenten und Unabhängigen Sozialdemokraten Kurt Eisner, der die Reichsregierung in Berlin dazu aufgefordert hatte, Materialien über den Ursprung des Krieges umgehend zu publizieren, damit die kommenden Friedensgespräche »im Gefühl gegenseitigen Vertrauens geführt« werden könnten.[64] Hinzu kamen aber in Wien Überlegungen hinsichtlich eines deutsch-österreichischen Zusammengehens. Bauer wollte deshalb nichts von einer Veröffentlichung der »Gooßschen Arbeiten« in der deutschen Hauptstadt wissen, weil sonst »das Ganze«, wie er betonte, zu sehr als »Berliner Mache« erscheine. Mit Blick auf das größere Deutsche Reich und die zukünftigen Verhandlungen mit den alliierten Siegermächten in Paris meinte Bauer allerdings: »Eine sofortige Herausgabe erscheint mir« dann »zweckmäßig, wenn Deutschland die Unterschrift des Friedensvertrages verweigert. Kommt dagegen der Friede Deutschlands mit der Entente jetzt schon zustande, dann kann die sofortige Veröffentlichung Deutschland nichts Wesentliches mehr nützen, während sie Deutsch-Österreich schaden könnte.«[65]

Obwohl Otto Bauer bereits im Sommer 1919 seine Funktion als Leiter des Außenressorts niederlegte beziehungsweise an den SP-Kollegen und Regierungschef Karl Renner übergab, wirbelten die von ihm initiierten Editionen im folgenden Herbst noch einmal kräftig Staub auf. Neben einer europaweiten Mediendebatte fand speziell auf österreichischem Boden die parteipolitische Polemik ihre noch wesentlich heftigere Fortsetzung. In St. Pölten, vor »Deutschvölkischen« und »Christlichen Vereinen« sowie vor örtlichen Honoratioren, Priestern, Landtagsabgeordneten, Gemeindevertretern und Funktionären des Niederösterreichischen Bauernbundes, gelangte etwa am 11. Oktober 1919 im Verlauf seiner Rede »Universitätsprofessor Dr. Karl Gottfried Hugelmann« zu folgender Einschätzung: »Alle Buntbücher verfolgen mehr oder minder die Tendenz, ihren Staat zu entlasten. Nur bei uns setzen die sozialistischen Minister ihren Stolz darin, nachzuweisen, dass das eigene Land der schuldige Teil am Kriege sei.« Dabei könne doch der »Mord in Sarajewo nicht als ein für sich allein stehendes Ereignis verstanden werden, und gerade darin« bestehe doch »die verbrecherische Tendenz, die den Veröffentlichungen unseres Auswärtigen Amtes zugrunde liegt und von der ›Arbeiter-Zeitung‹ und verwandten, meist jüdischen Organen ins Schamlose übertrumpft wird, dass sie von allen vorhergegangenen Ereignissen absehen und die Sachlage so darstellen, als ob der Prinzenmord ganz allein die Ursache des großen völkermordenden Ringens gewesen sei.«[66]

Im Unterschied zu jenen Kommentatoren, die einmal die Donaumonarchie oder das Hohenzollernreich und ein anderes Mal Russland und die mit ihm verbündeten Ententemächte für die »Katastrophe« verantwortlich machten,[67] zielte Hugelmann in seinen rechtskonservativen und teilweise antisemitischen Ausführungen darauf ab, weder »persönliche Schuldfragen« aufzurollen, noch die »moralische Schuld« allein bei einem einzigen Staat zu suchen. Diese Interpretationslinie passte wiederum in gewisser Weise – wenngleich mit gegensätzlicher ideologischer Ausrichtung – zu einigen Kommentatoren aus den Reihen der politischen Hauptgegner. Die tschechische Linke meinte zur Causa jedenfalls: »Die Schuld für den Krieg falle auf alle Grossmächte ohne Unterschied, ob nun ihre Schuld geringer oder größer sei. Die Kapitalisten seien in allen Völkern und Staaten gleich habgierig, brutal und verbrecherisch. Bei allen europäischen Mächten sei vor dem Kriege ihr Einfluss auf die Politik maßgebend gewesen und deshalb sei es zum Weltkriege gekommen. Solle es nicht zu einem solchen in Zukunft kommen, so sei es notwendig, dass die arbeitende Bevölkerung die Macht der Kapitalisten über die Welt breche. Diesen wahren Schuldigen des Weltkrieges werde man allerdings in den Staatsarchiven kaum finden, auch wenn man sie noch so eifrig durchforsche. Dieser Schuldige sei immer hinter den Kulissen gestanden, wie der Regisseur im Theater.«[68]

Weltanschauliche Positionen der Arbeiterbewegung und Verteidigungsstrategien der »patriotischen« beziehungsweise deutschnationalen Kräfte favorisierten auf solche Weise aus unterschiedlichen Perspektiven die These von der geteilten Schuld. Isabel Hull, Professorin an der Cornell University in New York, kam daher in einem kürzlich publizierten Interview zu dem Schluss: »Nachdem der Versailler Vertrag dann feststand, war das Ziel, ihn ganz zu annullieren. Das Argument war, dass die rechtlichen Grundlagen des Vertrages irrtümlich sind. Die Deutschen haben das auf die Kriegsschuldfrage fokussiert: Wenn man beweisen konnte, dass alle Staaten schuld waren, dann könnte man den Vertrag aufheben und mit ihm auch den Verlust des Krieges. Das deutsche Auswärtige Amt hat viel Geld für diese Kampagne ausgegeben, es wurden rasch frisierte Dokumente veröffentlicht. Bücher wurden subventioniert, andere aufgekauft, damit sie niemand lesen konnte etc. In Amerika war die Kampagne sehr erfolgreich. In unseren Schulbüchern herrscht immer noch das Argument von der geteilten Kriegsschuld – etwas, das man heute« auch noch des Öfteren lesen kann. »[…] Ich finde das sehr enttäuschend.« Solche Darstellungen betonen »die These der geteilten Kriegsschuld und tun so, als ob das etwas Neues wäre. Tatsächlich ist das ganz alt und stammt aus der Unschuldsdebatte der Deutschen von 1918. Für die Geschichtsschreibung werden diese Bücher keine bleibende Wirkung haben. Die Dokumentation spricht viel zu stark gegen sie.«[69]

PROZESSE

Neben der Kriegsschulddebatte und den Diskussionen zur Auslieferung von »Kriegsverbrechern« existierten aber immer noch genügend Klagen über Verstöße gegen die Regeln des »Ius in Bello«, die speziell in Österreich und Deutschland nicht ohne Weiteres von der Hand zu weisen waren. Immerhin gab es in diesen Ländern gleichfalls Politiker und Juristen, die eine prinzipielle Strafbarkeit von Rechtsbrüchen im Krieg anerkannten. Ein Blick in die Haager Landkriegsordnung genügte, um klarzumachen, dass es um eine Reihe von schwerwiegenden Delikten ging. Keineswegs nur der Arbeitszwang für die Zivilisten der Feindländer, sondern auch deren Deportation und Internierung waren demzufolge geächtet. Das betraf nicht zuletzt Geschehnisse auf dem Balkan und an der Ostfront. Obwohl darüber hinaus die Vertreibung und Arretierung der Bevölkerung auf eigenem Territorium bei der Beurteilung des Vorgehens zarischer und habsburgischer Truppen mindestens ebenso relevant war, ließen sich diese Vorkommnisse jedoch nicht als Völkerrechtsverletzungen im eigentlichen Sinn verstehen.[70]

Heikel waren hingegen Artikel betreffend die Plünderung und »Zerstörung oder Wegnahme des Eigentums«. Es existierten Grauzonen, ungeachtet der Tatsache, dass zum Beispiel die Demolierung von Häusern in der Gefechtszone keine grundlegende Verurteilung erfuhr. Oft ging es um Interpretationsspielräume, wenn beispielsweise »Erfordernisse des Krieges« Erwähnung fanden oder die Bewertung der Operationen von Milizen und Freiwilligen-Korps zur Disposition stand. Letzteren war unter bestimmten Auflagen sehr wohl eine Beteiligung an bewaffneten Auseinandersetzungen gestattet. Das galt schließlich sogar für die Zivilbevölkerung, die »beim Herannahen des Feindes aus eigenem Antrieb zu den Waffen greift« und sich an die »Gesetze und Gebräuche des Krieges hält«. Es ging also auch hier um Details der Beweisaufnahme und um Auslegungsfragen. Keinesfalls jedoch war die von den Hohenzollern- und Habsburgertruppen kritisierte »levée en masse«, die »Erhebung« des gesamten feindlichen »Volkes«, grundsätzlich untersagt.[71]

Zusätzlich hielten viele Rechtsexperten die Beachtung eines erweiterten Völkerrechtes beziehungsweise der Ahndung schwerer Vergehen und »Verbrechen gegen die Menschlichkeit« für dringend nötig. Die angestrengten Prozesse fanden jedoch auf nationaler Ebene statt und hatten zudem oft nur wenige energische Unterstützer. Der Aufstieg der nationalistisch-kemalistischen Bewegung in der Türkei und ein erkennbares

Desinteresse insbesondere Frankreichs führten dazu, dass eine angemessene Verurteilung des Völkermordes an den Armeniern ausblieb und die damit verbundenen Verbrechen für lange Zeit fast völlig in Vergessenheit gerieten.[72]

Entsprechende Verfahren waren gescheitert und veranlassten Beobachter wie Winston Churchill dazu, den Sinn, ein politisches Problem mit rechtlichen Mitteln zu lösen, gänzlich in Zweifel zu ziehen. Churchill hatte dabei nicht nur das Beispiel der Türkei vor Augen, sondern auch die Erfahrungen in Deutschland.[73] Das Leipziger Reichsgericht hatte in Bezug auf deutsche Kriegsverbrechen bis zur Einstellung der öffentlichen Prozesse Ende 1921 Verfahren gegen 17 Angeklagte eingeleitet, die – soweit sie auf alliierten Druck hin zu Urteilen führten – mehrheitlich mit Freisprüchen endeten. Weitere 1700 Fälle erledigte man in Leipzig daraufhin bis 1927 durch Einstellungsbeschlüsse.[74] Während die Reaktionen der Rechtsexperten in der Folge zwiespältig ausfielen, empörte sich insbesondere die nationalistische Opposition durchaus mit Zuspruch weiter Bevölkerungskreise in der Weimarer Republik generell über das »Tribunal«, obwohl von einer alliierten Sieger- und Rachejustiz keine Rede sein konnte.[75]

Ein ähnlicher Widerspruch zwischen der Aufregung in Teilen der Öffentlichkeit und der tatsächlichen Tätigkeit der zuständigen Richter und Untersuchungsgremien ließ sich in der Zwischenzeit auch in Österreich wahrnehmen. Dabei gab es durchaus Voraussetzungen für eine einigermaßen sachliche Aufarbeitung der Thematik. Die Nationalversammlung in Wien hatte am 19. Dezember 1918 ein Gesetz erlassen, auf dessen Grundlage eine »Kommission zur Erhebung militärischer Pflichtverletzungen« den Vorwürfen über Regelverstöße der k.u.k. Armee nachgehen sollte. Von erfahrenen Juristen und verschiedenen Parteien gebildet, konnte die Kommission sehr wohl als Instanz gewertet werden, Angehörige der habsburgischen Streitkräfte von ungerechtfertigten Anwürfen reinzuwaschen.[76]

Realiter waren die gesellschaftlichen Rahmenbedingungen für eine gründliche und vorurteilslose Aufarbeitung der Geschehnisse ab 1914 jedoch alles andere als günstig. Die bisherigen Oberschichten hatten infolge des Umsturzes, des Zerfalls der Monarchie und der Unruhen des Jahres 1919 an Macht verloren. Nun sahen sie sich von protestierenden »Massen«, »sozialistisch geführten Ämtern«, Arbeiter- und Soldatenräten herausgefordert. Selbst moderatere Sozialdemokraten empfanden sie dabei vielfach als »Sendboten des Bolschewismus«, denen vor dem Hintergrund des ansteigenden Antisemitismus oft genug vorgeworfen wurde, nicht bloß »linke Volksverhetzer« zu sein, sondern auch »archaischen Figuren der Brunnen vergiftenden ewigen Juden« zu gleichen. In keinem geringen Ausmaß pflegten Offiziere derartige Vorurteile und Feindbilder, nachdem sie bei Kriegsende als »Aushängeschilder des abgewirtschafteten Militarismus« angegriffen worden waren. Eine aufgebrachte Menge beschimpfte die ehemalige Elite des Habsburgerheeres immer wieder, riss ihr die kaiserlichen Embleme von den Mützen, die Rangabzeichen und Kriegsauszeichnungen von jener Montur, auf die sie einstmals so stolz gewesen war. Die »große Beleidigung« einer Gesellschaftsgruppe, die gerade noch das Sagen gehabt und Befehle erteilt hatte, war begleitet von Medienkampagnen, welche teilweise tatsächlich über das Ziel hinausschossen. In der »Arbeiter-Zeitung« wurde beispielsweise die sittliche »Fäulnis und Verkommenheit« des ganzen Offizierkorps angeprangert und der österreichisch-ungarischen »Wehrmacht« in ihrer Gesamtheit unterstellt, im Vergleich zu den Armeen aller anderen Länder die »geringsten moralischen Werte verkörpert« zu haben.[77]

Parallel dazu erschienen Broschüren, die sich mit dem brutalen Vorgehen der Armee gegen die Bevölkerung der Monarchie auseinandersetzten. In einem dem Schriftsteller Leo Perutz zugeschriebenen Pamphlet, das die Sozialdemokraten verbreiteten, wurde wortgewaltig gegen die Verbrechen der vorangegangenen Jahre gewettert. Perutz, der selbst in Galizien zum Einsatz gekommen und später zum Leutnant befördert worden war, verwies auf eine Statistik des Kriegsministeriums, in der 1832 Hinrichtungen verzeichnet gewesen waren, wobei er die Lückenhaftigkeit der Statistik hervorhob und eine um ein Vielfaches höhere Zahl suggerierte.[78] Den ehemaligen k.u.k. Offizieren stellte er ein denkbar schlechtes Zeugnis aus. Die »Militärkaste« sei skrupellos und unfähig gewesen und habe schon aus diesem Grund an die »allein selig machende Gewalt des Aufhängens« geglaubt. Perutz sprach von »Neros und Caligulas der fünften und sechsten Rangklasse«, die, von willfährigen Juristen ermuntert, gewütet und wahllos Justifizierungen vorgenommen hätten.[79] Zitiert wurden obendrein Befehle, die dem Heer ebenso wie diversen Landesgendarmeriekommandos zugeordnet wurden. Sie dokumentierten das brutale Vorgehen der Behörden außerordentlich drastisch und sollten die Herrschaft der Habsburger besonders ablehnenswert erscheinen lassen. Das »mörderische, alte Österreich«, so der Autor im Jahr 1919, sei glücklicherweise tot, doch die Gefahr noch nicht gebannt: »Und sie [die Habsburger] werden wiederkommen, wenn wir nicht alle auf der Hut sind. [...] Dann wird ein Hängen und Morden anheben, gegen das die Militärjustiz der Kriegsjahre nur ein schwächliches Vorspiel gewesen ist. Mit Habsburg zugleich kommt wieder der Galgen ins Land!«[80]

In der sozialdemokratischen Presse häuften sich unterdessen Berichte nicht nur über das Fehlverhalten verschiedener k.u.k. Offiziere, sondern auch jener Erzherzöge, die während des Krieges diverse Kommandos innegehabt hatten. Hinzu kamen Artikel, die sich insgesamt gegen die Habsburgerherrschaft wandten. Unter solchen Bedingungen wurden bestehende Klüfte noch vertieft. In einem Klima, das von Pauschalurteilen und Rachegefühlen geprägt war, erwies sich die Tätigkeit der »Pflichtverletzungskommission« von Beginn an als schwierig. Deren Berichte seien eine »Ungeheuerlichkeit an Moral«, schimpfte etwa »Danzer's Armee-Zeitung«, ein der Christlichsozialen Partei nahestehendes Militärblatt, das überhaupt dazu aufforderte, die »feine Institution« besser zu ignorieren. Nicht viel anders äußerte sich der frühere Armeeoberkommandant Erzherzog Friedrich in einem Brief an Hermann Baron Kövess, der nicht nur auf den Listen alliierter Auslieferungsbegehren zu finden war, sondern auch von der »Arbeiter-Zeitung« ins Visier genommen wurde: »Es wäre gut«, bemerkte Friedrich gegenüber Kövess, »wenn die Leute in Wien an anderen, wichtigeren Dingen arbeiten würden«. Gemeinsam mit seinem Bruder, dem im Weltkrieg mit hohen Frontkommandos betrauten Erzherzog Eugen, lehnte es Friedrich daher ab, die »Pflichtverletzungskommission« anzuerkennen.[81]

Dem habsburgischen »Erzhaus« und den ehemaligen Kommandanten treu ergeben, machten es Mitarbeiter der sich auflösenden, der – wie es hieß – »liquidierenden« Behörden der Donaumonarchie den Kommissionsvertretern bei ihren Nachforschungen so schwer wie möglich. Die Aktenbeschaffung im liquidierenden k.u.k. Kriegsministerium gestaltete sich dementsprechend langwierig. Auf Anfragen der Kommissionsmitglieder wurde anfänglich gar nicht reagiert. Ließ sich in der Folge eine Antwort nicht vermeiden, so argumentierte man ausweichend und bediente sich verschiedener bürokratischer Schikanen.[82]

Zur Abwehrhaltung ehemals kaiserlicher Beamter kamen die Koordinationsschwierigkeiten mit den Nachfolgestaaten Österreich-Ungarns sowie die Empörung betont patriotischer und monarchistischer Kreise hinzu. Deren Aufregung erreichte einen vorläufigen Höhepunkt mit der

Verhaftung des Generals der Infanterie Kasimir Freiherr von Lütgendorf. Dieser hatte drei Soldaten an der Balkanfront durch Bajonettstiche »niedermachen« lassen, ohne die Anklage – Missachtung des Schieß- und Plünderungsverbotes – zu untersuchen und den Beschuldigten Gelegenheit zur Rechtfertigung zu geben. Obwohl das Gericht es als erwiesen ansah, »dass Lütgendorf die zuständige Strafgewalt zur Seite zu schieben beabsichtigte«, fiel das Urteil milde aus, zumal man im Verhalten des Angeklagten keinen Missbrauch der Amtsgewalt erkennen wollte. Der Fall polarisierte. Links stehende Zeitungen machten ihrer Verärgerung Luft. Umso befriedigter registrierten die »Kaisertreuen« in ihren Blättern den Ausgang des Prozesses. Für sie war »General Lütgendorf – der Märtyrer«.[83]

Aber nicht nur in dieser Sache durften traditionsgebundene Offiziere aufatmen. Das gesellschaftliche Klima hatte sich geändert, die »Umsturzphase« war zu Ende gegangen, die Rätebewegung im Abflauen begriffen und die Sozialdemokratie nicht mehr in der Bundesregierung vertreten, als die Pflichtverletzungskommission 1922 aufgelöst wurde. Eine relevante »Vergangenheitsbewältigung« fand vorerst nicht statt und ließ noch lange auf sich warten.[84]

NOTRECHTSGUTACHTEN

Die Schwierigkeiten, mit denen die Kommissionsmitglieder bei ihrer »Wahrheitsfindung« zu kämpfen hatten, bezogen sich aber auch auf den Kompetenzbereich und die rechtlichen Grundlagen ihrer Recherchen und Bewertungen.[85] Viele Anklagepunkte beschränkten sich auf militärische Angelegenheiten im engeren Sinn. Das bedeutete: Gegenstand der Ermittlungen war oft Fehlverhalten von k.u.k. Offizieren gegenüber ihren Untergebenen. Diese Schwerpunktsetzung war einerseits auf Vorwürfe in der Presse zurückzuführen, denen die Kommission nachspürte, andererseits auf Veteranenverbände, die sich mit den Beschwerden ihrer »eigenen Leute« befassten.[86]

Sehr viel seltener kam solcherart das Schicksal etwa von russischen Kriegsgefangenen in der Donaumonarchie zur Sprache. Abgesehen von der Tatsache, dass die Fokussierung auf Einzelfälle eine Analyse von Prozessen der Gewalteskalation beziehungsweise der Bedeutung von Befehlsketten und Verantwortlichkeiten erschwerte, blieben die

Beschäftigung mit der wichtigen, besonders große Opfergruppen inkludierenden Grauzone des »schmutzigen Krieges« zwischen Kombattanten und Nichtkombattanten sowie schwerpunktmäßige Untersuchungen zum Schicksal der Zivilbevölkerung im Einflussbereich der Donaumonarchie aus. Dabei hatte die »Pflichtverletzungskommission« beschlossen, eine mit Erlass des Staatsamtes für Heerwesen vom 2. Dezember 1918 geschaffene »Feldgerichtskommission« zu Rate zu ziehen.[87] Diese war angewiesen, neben individuellen Begebenheiten den »Tendenzen, die die Feldgerichte leiteten, ihren Urteilen und ihrer Wirksamkeit« nachzuspüren sowie »wahrgenommene Missstände« aufzudecken. Im Ganzen gelangten diesbezüglich 70 Fälle zur Bearbeitung und Darstellung, da sie eine »Untersuchung gegen die beteiligten Personen« zu rechtfertigen schienen. Eine beigefügte Auswahlliste machte klar, dass es bei diesen standrechtlichen Verurteilungen nicht zuletzt um Zivilisten – etwa um einen »Zomborer Kaufmann« oder um zwei »Albanerknaben« – ging.[88]

Die relativ geringe Zahl der weiterverfolgten Verdachtsmomente belegt allerdings, dass die Frage der feld- beziehungsweise standgerichtlichen Verfahren gar nicht im Zentrum der Erhebungen stehen konnte.[89] Zur Behandlung der Vorwürfe gegen die k.u.k. Truppenverbände und der von ihr verübten Gräueltaten bot sich letztlich wieder nur jene Argumentation an, die auf den militärischen Anordnungen seit Kriegsbeginn 1914 und den Verteidigungsstrategien österreichisch-ungarischer Regierungsinstanzen speziell gegenüber den Parlamentsabgeordneten basierten. In diesem Sinne hatte es etwa in einem Schreiben des k.u.k. Armeeoberkommandos an das k.u.k. Ministerium des Äußeren vom 6. März 1915 geheißen: »Ohne weiteres wird zugegeben, dass zumal bei der ersten Offensive nach Serbien im August v. J. eine ganze Anzahl Zivilpersonen, Männer und Frauen, von unseren Truppen aufgrund des Kriegsnotwehr-Rechtes hingerichtet oder niedergemacht wurden.«[90]

Wie unter anderem Feldakten und Reichsratsprotokolle zeigen, argumentierte man bei den Massenexekutionen, Deportationen und Internierungen in Galizien nicht anders. Die »Pflichtverletzungskommission« tat gut daran, sich mit dieser Fragestellung eingehender zu befassen. Es wurden deshalb Gutachten angefordert, etwa von Professor Leo Strisower, der die Frage vorwiegend aus völkerrechtlichem Gesichtspunkt betrachtete und demzufolge das »Kriegsnotrecht« prinzipiell als einen »Akt der Kriegführung« für zulässig erklärte. Aus diesem Blickwinkel, so seine Erkenntnisse, »könnte im Falle der Not der Staat völkerrechtlich ohne Rücksicht auf sonstige rechtliche Vorschriften zu allen Maßregeln und so auch etwa zu sofortiger Tötung von Spionen und Kriegsverrätern greifen, und auch gegenüber eigenen Angehörigen würde sich die Führung des Krieges, sofern der Staat sie auf diese mit bezieht, im Zweifel in derselben Weise verstehen«. Strisower beließ es jedoch nicht bei dieser Feststellung. Niemand Geringerem als Heinrich Lammasch, dem letzten k.k. Ministerpräsidenten, erteilte er als anerkanntem Straf- und Völkerrechtler das Wort. Lammasch brachte in dieser Angelegenheit nämlich folgende recht klare Einschätzung zu Papier: »Zur Herrschaft ist jedoch diese Ansicht (welche sich gegen die allgemeine Erweichung der Rechtsbegriffe durch allgemeine Zulassung eines besonderen kriegerischen Notrechtes, die Untergrabung des ganzen Kriegsrechtes durch Anerkennung eines unklaren allgemeinen Begriffes der Kriegsraison richtet), nicht gelangt, nicht einmal in der Theorie, viel weniger in der Praxis.«[91]

Oberst-Auditor Professor Georg Lelewer, damals Leiter der Fachgruppe VI des Staatsamtes für Heerwesen und später – vor dem Hintergrund des Zweiten Weltkriegs und der NS-Gewaltherrschaft – wiederum mit Kriegsverbrechen befasst,[92] betonte im Gegensatz dazu andere Schwerpunkte. Wie viele seiner Kollegen konstatierte er, dass das »Kriegsnotrecht nicht Strafcharakter« habe, sondern einer »Abwehrhandlung« gegenüber »feindlichen Landesbewohnern« gleiche, die von ihrem Standpunkt aus ebenfalls keine »ehrlose Handlung« begehen würden. Die erste, generelle Schlussfolgerung daraus laute deshalb: »Da das Kriegsnotrecht inhaltlich nicht Strafe ist, bedarf es weder eines geordneten Verfahrens noch einer positiven Strafandrohung für einen bestimmten Tatbestand.« Das Gutachten schränkte allerdings ein: »Von Kriegsnotrecht kann nur gesprochen werden, wenn der Ausübende damit eine dienstliche Tätigkeit vollziehen, also auf Grund seiner dienstlichen Befugnis handeln will.« Es sei »daher falsch, wenn zum Beispiel« ein Parlamentarier in der »Sitzung des österreichischen Abgeordnetenhauses vom 12. März 1918 den in der Öffentlichkeit viel besprochenen Przemyśler Fall als ›Staatsnotrecht‹ bezeichnet« habe, »wo ein aus etwa 40 politisch Verdächtigen bestehender Transport von einer auf der Straße entgegenkommenden Militärabteilung niedergemacht wurde, weil die durch Verrätereien eines Teiles der ukrainischen Bevölkerung erbitterten Soldaten glaubten, ukrainische Spione vor sich zu haben. Solche Morde können weder durch Kriegsnotwehr entschuldigt noch dem Kriegsnotwehrrecht zur Last geschrieben werden.« Ebenso dürfe darauf keinesfalls Bezug genommen werden, wenn ein »Gericht bereits eingeschritten sei«. Das Notrecht stehe also definitiv außerhalb der Rechtsnormen, sei nicht als »Teil der Militärjustiz« oder als »›Verbrechen‹, ›Schuld‹ und ›Strafe‹« zu verstehen. In Summe gelte daher: »Tötung ohne richterliches Urteil ist zulässig: 1. in Notwehr, 2. in Notstand und 3. im Kriege zur Wahrung gefährdeter Staats- oder Kriegsinteressen höchsten Grades.«[93]

Im Herrenhaus des Reichsrates hatte demgemäß die »Kommission für Justizgegenstände« diverse »Mittel und Ziele der Kriegführung außerhalb des Friedensrechtes« anerkannt. Man müsse eben, hieß es, die »Macht der Tatsachen« während eines »Waffenganges« akzeptieren und die »richtige Mitte zwischen den Übertreibungen humanitärer Empfindungen« und »den Übertreibungen des Militärstandes« halten. Lelewer führte ungeachtet der Trennung von Notrecht und Justiz zudem Bestimmungen im Militärstrafgesetzbuch aus, die zum »Niedermachen« beziehungsweise zum »Waffengebrauch« explizit »ermächtigten« und diesbezüglich sogar »Äußerungen« als »verbrecherisch« brandmarkten, die – wie wörtlich ausgeführt wurde – eine »um sich greifende Mutlosigkeit hervorzubringen geeignet sind«. Fast noch radikaler lesen sich die von ihm zitierten »Etappenvorschriften«, in denen »von Haus aus« zur »Härte« und »Entschiedenheit« gegenüber einer »feindlichen, fanatischen Einwohnerschaft« und »feindlichen«, die »eigenen Streitkräfte schädigenden Freischaren« geraten wurde.[94]

Wieder beruhte hier die empfohlene Vorgehensweise auf dem Kriegsnotrecht, das Lelewer abschließend in den Kontext internationaler Debatten stellte, um hervorzuheben, dass die Landkriegsordnung in diesem Zusammenhang bislang nur bezüglich ertappter Spione eine eindeutige Regelung gefunden habe, nämlich dass diese »nicht ohne vorausgegangenes Urteil bestraft werden« könnten. Mit einer solchen Bestimmung für den Spion war im Übrigen für die meisten Sachverständigen die Problematik »in dem Sinne erledigt, dass Hinrichtungen ohne vorausgegangenes strafgerichtliches Verfahren nicht gestattet seien«. Auch hier machte das Gutachten aber Einwände geltend, wenn es unter Berufung auf Schweizer Experten festhielt: »Die regelrechte Behandlung des Spions im Kriege nach dem Gesetze wird durch die besonderen Umstände dieses Zustandes sehr erschwert. Es ist bisweilen unmöglich, den Spion weiter nach hinten zu schicken an Stellen, wo Kriegsgerichte funktionieren.« Das Anraten, dennoch nach Möglichkeit »regelmäßige Verfahren anzuwenden«, relativierte Georg Lelewer jedoch bereits eingangs am Beispiel

Galiziens. Die Befehlshaber der k.u.k. Truppen in Galizien vor Augen, meinte er in diesem Teil seiner Ausführungen: Schließlich »müssen wir auch Verständnis finden für die, die im Sommer 1914 im Nordosten der Monarchie unter dem Druck der Tatsachen handelten, dass unsere etwa 40 Divisionen von mehr als 100 russischen Divisionen erdrückt zu werden drohten und dabei auf Schritt und Tritt von den eigenen Landesbewohnern verraten wurden.«[95]

Die letzten Zeilen waren von einem aufmerksamen Leser, der außerdem eine Reihe von kleineren Verbesserungen durchführte, zur Gänze gestrichen worden. Offensichtlich wiederholten sich in diesem Kommentar eines »Sachverständigen« Vorwürfe, die in dieser Allgemeinheit schon 1914/15 von Regierungsstellen der Donaumonarchie als unberechtigt abgelehnt worden waren. Insgesamt enthielten die Gutachten für die »Pflichtverletzungskommission« kaum eine rechtliche Handhabe, um die vielen Übergriffe und Grausamkeiten, insbesondere im Namen des Kriegsnotrechtes, zu ahnden.[96] Die fragwürdigen Vorgänge während des Ersten Weltkrieges waren überdies ohnehin meist kaum mehr zu rekonstruieren, wenngleich das Eiltempo der Entscheidungen über Leben und Tod zwischen 1914 und 1918 sowie der Mangel an Beweisen für völkerrechtswidrige Verhaltensweisen des Feindes oder den angeblich massenhaft geübten Verrat eigener Staatsbürger unverändert nachdenklich stimmen mussten.

Was blieb, war also ein juristisch kaum verwertbares Unbehagen. Dieses kam im wiedereröffneten Reichsrat 1917/18 zum Ausdruck. Angesichts der Stellungnahmen und Argumentationslinien erschien der Krieg geradezu als anarchischer Zustand.[97] Und der k.k. Minister des Innern, der Rede und Antwort geben sollte, räumte – wie bereits erwähnt – selbst ein, dass sich »schwere Irrtümer ereignet« hatten.[98] Manche Regierungsmitglieder wollten die Kriegsführung der österreichisch-ungarischen Armee keineswegs vorbehaltlos in Schutz nehmen. Der frühere k.k. Justizminister Franz Klein, der nach dem Untergang der Habsburgermonarchie vom sozialdemokratischen Staatssekretär für Äußeres Otto Bauer mit der Leitung eines »Vorbereitungsdienstes für Friedenverhandlungen« betraut wurde,[99] versuchte es dennoch. Als Berichterstatter der »Kommission für Justizgegenstände des österreichischen Herrenhauses« hatte er vor dem »Umsturz« die Voraussetzungen für »Tötungen« ohne Gerichtsurteil erläutert, allerdings immerhin eingewandt: »Es ist geradezu unmöglich, ohne irgendwelche Beziehung zwischen Notwehr und Notstand oder – im Krieg – zur Wahrung gefährdeter Staats- und Kriegsinteressen höchsten Grades den Satz in eine moderne Rechtsordnung aufzunehmen, dass eine Person, die sich eines todeswürdigen Verbrechens schuldig gemacht hat, mit Übergehen jedes rechtlichen Verfahrens und Schuldspruches von jedermann getötet oder schwer beschädigt werden könne. Dagegen sträuben sich Rechtsbewusstsein und Achtung des Menschenlebens.«[100]

Klein sprach von »todeswürdigen Verbrechen« und »Kriegsinteressen höchsten Grades«. Wer aber definierte die Begriffe? Gab es nicht auch völkerrechtliche Vorbehalte? Wer verfügte über die Beweise? Und waren nicht nachweislich viel zu viele Personen unberechtigt unter Verdacht geraten und umgekommen?

VERZERRUNG UND AUSBLENDUNG

SCHULDZUWEISUNGEN UND IDEALISIERUNGEN

Die Rückschau auf den Ersten Weltkrieg, eine Historisierung und Musealisierung des allseits als »groß« empfundenen »Ringens«, setzte unmittelbar nach dem Beginn der Kampfhandlungen 1914 ein und führte schon früh zu einer entsprechenden Dokumentations- und Erinnerungsarbeit.[1] In »vaterländischem Dienste« war sie nicht zuletzt darauf ausgerichtet, Vorwürfe der Gegner zu entkräften. »Buntbücher« über die Auslösung des »vierjährigen Massenschlachtens« bildeten ebenso wie die Anklagen und Verteidigungsschriften in Bezug auf vermeintliche oder tatsächliche Gesetzesbrüche beziehungsweise Völkerrechtsverletzungen die Grundlage der Nachkriegsdebatte. Das Klima während der Friedenskonferenzen war entsprechend vergiftet: Propagandistische Verzerrungen, Parteilichkeit, Schuldzuweisungen und problematische Selbstrechtfertigungen heizten die Stimmung an, als die Unterredungen und Verträge der Jahre 1919 und 1920 bereits neue Konflikte schürten. Gemessen an den erhaltenen Quellen über die Entscheidungen der verantwortlichen Regierungsmitglieder und kaiserlichen Berater in Wien erscheinen zum Beispiel die Wortmeldungen des vormaligen k.u.k. Außenministers Leopold Graf Berchtold mehr als zweifelhaft: »Von einem Kriegswillen bei uns kann auch im Zusammenhang mit dem Ministerratsprotokoll vom 7. Juli 1914 nicht ernstlich die Rede sein«, bemerkte Berchtold Ende September 1919.[2] Im Wissen um die kompromittierenden Stellen in den betreffenden Aufzeichnungen bemühte er sich immerhin um eine Erklärung: »Vorausschicken« wollte er, »dass die Ministerprotokolle kein vollkommenes Spiegelbild der gegenständlichen

Verhandlungen liefern können. Der Schriftführer ist meist nicht imstande, Wort für Wort wiederzugeben, lässt auch bisweilen ganze Passagen weg, wenn er entweder nicht folgen kann oder einzelnes für nebensächlich hält.«[3]

Ungeachtet des einigermaßen befremdlichen Versuches, wenigstens einen Teil des »Argumentationsnotstandes« auf das Unvermögen »subalterner Protokollanten« abzuwälzen, verfügte Berchtold allerdings ohnehin kaum mehr über Einfluss auf gesellschaftsrelevante Geschichtsdarstellungen. Speziell in Mittel- und Osteuropa hatten sich die Verhältnisse geändert, waren die alten Monarchien verschwunden. Die Interpretation der Vergangenheit lag nun in den Händen neuer Machthaber. In Russland etwa wurde mit der Diktatur der Bolschewiki das »große Völkerringen« seit 1914 in erster Linie aus dem Blickwinkel der idealisierten »Oktoberrevolution« und des Aufbaus der »Sowjetmacht« betrachtet.[4] Trotz ungleich stärkerer Elitenkontinuitäten waren zudem die Brüche in den bislang von den Hohenzollern und Habsburgern beherrschten Territorien unverkennbar. Im Donauraum bedeutete das unter anderem ein Auseinanderdriften historischer Narrative. Etwaige Reparationsforderungen seitens der alliierten Siegermächte antizipierend, schickte die Regierung der Alpenrepublik in diesem Sinn ihre Friedensdelegation mit folgender Instruktion nach Frankreich: »Die Verantwortung der österreichisch-ungarischen Monarchie für den Krieg durch das Ultimatum an Serbien, ›das […] die Kriegsabsicht erkennen ließ‹, und durch die ablehnende Haltung Österreich-Ungarns gegenüber den Vermittlungsversuchen Sir Edward Greys sollte zwar nicht geleugnet werden, aber es ist ›mit allem Nachdruck zu sagen, dass dieses Regime, das für den Krieg verantwortlich gewesen ist, kein deutsch-österreichisches war, sondern das Regime der alten österreichisch-ungarischen Monarchie, deren auswärtige Politik damals von einer magyarischen Clique beherrscht worden ist‹.«[5]

Diese Bemerkungen vom Sommer 1919 richteten sich nicht zuletzt gegen Berchtold und sein Umfeld. Vorteilhaft konnten antiungarische Stellungnahmen zu dieser Zeit aber auch aus anderen Gründen sein: Immerhin wandten sich die Westmächte und ihre Verbündeten in Zentraleuropa gerade gegen die in Budapest etablierte Räterepublik. Damit kamen politische und ideologische Konflikte ins Spiel, die gleichermaßen auf interne wie grenzüberschreitende Zerwürfnisse in den Nachkriegsgesellschaften verwiesen. Speziell innerhalb der Arbeiterbewegung hatte man hierbei zunächst scharfe Ablehnung gegenüber den alten Eliten zum Ausdruck gebracht und dabei insbesondere die »imperialistischen« und »bourgeoisen« Kriegsregierungen angeprangert. Die Vorwürfe fußten allerdings nicht selten auf Pauschalurteilen und Übertreibungen, wodurch wiederum die Angegriffenen – und unter ihnen insbesondere die Offiziere der »alten Armeen« – keine echte Bereitschaft zur Aufarbeitung der Vergangenheit zeigten. Initiativen, auf nationaler Ebene Vergehen und Verbrechen gegen Kriegsgesetze und Völkerrechtsbestimmungen zu ahnden, scheiterten vor diesem Hintergrund auch in Österreich, wie die Arbeit der sogenannten »Pflichtverletzungskommission« beweist.[6]

Hauptsächlich in der Zwischenkriegszeit und eher unterschwellig sowie mit nachlassender Bedeutung auch noch in der zweiten Hälfte des 20. Jahrhunderts lebten die Meinungsverschiedenheiten bei der Beurteilung des Ersten Weltkrieges und der Habsburgerherrschaft in den divergierenden Erinnerungskulturen der politischen Lager Österreichs fort.[7] Nachdem sich mit Beginn der 1920er-Jahre die Sozialisten aus der Regierung und im Wesentlichen auf das »Rote Wien« zurückgezogen hatten, dominierten allerdings konservativ-bürgerliche Kräfte neben den meisten Landes- und Regionaladministrationen auch die Bundesverwaltung. Die Bürokratie hielt sich nun fast uneingeschränkt an einen Patriotismus der »retrospektiven Staatsräson«: Die Donaumonarchie und ihre Institutionen fanden eine »wohlwollende« Bewertung; die Darstellung des Krieges von 1914 bis 1918 wurde weitgehend von Offizieren der Habsburgerarmee monopolisiert. Vielbändige militärhistorische Veröffentlichungen, die Errichtung von Denkmälern oder der Kult um »ehemalige Heerführer und Feldherrn« wie den früheren, 1925 verstorbenen Generalstabschef Franz Conrad von Hötzendorf waren die Folge.[8]

Eine nicht nur von den früheren k.u.k. Kommandeuren, sondern auch von vielen Veteranenverbänden getragene Verehrung der »altösterreichischen« Wehrmacht gipfelte schließlich in einer entsprechenden Traditionspflege des österreichischen Bundesheeres und der Geschichtspolitik des autoritären »Ständestaates« unter Engelbert Dollfuß und Kurt Schuschnigg.[9] Parallel zur Zerschlagung der Sozialdemokratie und zur Beseitigung des Parlamentarismus tilgte man antihabsburgische Bestimmungen aus der »Umbruchszeit«, führte die Uniformen der Monarchie wieder ein und gedachte unter anderem im Herbst 1934 bei der Einweihung des Heldendenkmals in Wien der »tapferen Kämpfer für Altösterreichs Macht und Ehre«.[10] Verbunden damit war ein signifikantes

Abrücken der Schuschnigg-Regierung vom mittlerweile nationalsozialistisch beherrschten Deutschland, das, wie es nun hieß, die »Situation« des Habsburgerreiches »bis auf ganz wenige Ausnahmen nicht verstanden« habe. Demgegenüber würdigte die »Österreich-Ideologie« des »Austrofaschismus« das »›Völkerheer‹ der ganzen Monarchie, in dem neben den tapferen deutschen Truppenteilen bosnische, dalmatinische, kroatische, magyarische Regimenter für die Idee des Reiches kämpften und bluteten!«[11]

UNTERSCHIEDLICHE ERINNERUNGEN

Der »Ständestaat«, der für gewöhnlich neben seinen christlichen Grundlagen auch sein »Deutschtum« betonte, zielte mit der Würdigung des multiethnischen Zusammenhalts im Donauraum allerdings ins Leere. Eine engere Kooperation zwischen den Nachfolgestaaten der Habsburgermonarchie scheiterte, und in gewisser Weise spiegelte sich diese Divergenz auch in unvereinbaren Gedächtniskulturen wider. Nicht bloß vor dem Hintergrund der Pariser Vororteverträge wurde etwa eine Kluft zwischen den Weltkriegsverlierern Ungarn und Österreich sichtbar. Die späteren rechtskonservativen und autoritären Regimes, die unter anderem durch ihren strammen Antimarxismus und ihre Anlehnung an das faschistische Italien aufeinander zugingen, fanden in der Geschichtsdarstellung nur bedingt eine gemeinsame Sprache. Schließlich hatten die Revolution von 1848 und demgemäß auch separatistisches Gedankengut einen hohen Stellenwert unter den Magyaren. Wien stand aus dieser Sicht für den Gesamtstaat, Budapest hingegen vor dem Hintergrund des Ausgleichs von 1867 nur eingeschränkt und in mancher Hinsicht lediglich auf Abruf für den Zusammenhalt des Reiches. Wichtige Forschungsimpulse kamen außerdem von Ungarn, die im Ausland lebten, ihre Untersuchungen aber den langfristigen Entwicklungen des Donauraumes unter »Habsburgs Zepter« und weniger der Katastrophe von 1914/18 widmeten.[12]

Der »Erzfeind« Italien war wiederum vor allem mit sich selbst beschäftigt. Die Idee der nationalen Einheit im Kampf gegen die Feinde sowie die Verantwortung für die Niederlage gegen die Mittelmächte in der zwölften Isonzoschlacht wurden fokussiert, später – in der zweiten Hälfte des 20. Jahrhunderts – unter anderem auch die Vorgänge in den

Grenzgebieten und im Hinterland sowie das Schicksal der Kriegsgefangenen oder die Unzufriedenheit in der Arbeiterschaft beziehungsweise unter den Soldaten des Apenninenkönigreiches.[13]

Österreich-Ungarn in seiner Gesamtheit rückte solcherart nicht in das Zentrum der Betrachtungen – ein Sachverhalt, der sich auch in jenen Ländern nachweisen lässt, die teilweise oder zur Gänze aus Territorien der untergegangenen Donaumonarchie hervorgegangen waren. Polen, Tschechen und Slowaken wandten sich schwerpunktmäßig etwa ihren »Befreiungsbewegungen« zu, wobei die Figur des »Legionärs« als Ausdruck des bewaffneten Unabhängigkeitsstrebens eine Schlüsselposition einnahm.[14] Unwidersprochen blieb dieser Ansatz nicht, wenn man etwa an die Debatte über den Beitrag der »Heimatfront« zur Entstehung der ČSR, im Gegensatz zum »Auslandswiderstand«, denkt. Bei genauerer Betrachtung war diese geschichtspolitische Auseinandersetzung jedoch ein gesellschaftliches Phänomen und im engeren Sinn ein Streit der politischen Kräfte. Die tschechische Geschichtswissenschaft war davon weniger berührt, wenngleich auch sie die Ursachen, die zur Entstehung des neuen, eigenen Staates geführt hatten, zum Leitmotiv ihrer »Identität stiftenden Arbeit« erwählte.[15]

Einige herausragende Vertreter der Historiographie lehnten freilich die »teleologischen Ansätze« einer zielgerichteten nationalen Entwicklung zugunsten strenger empirischer Analysen ab[16] – eine Haltung, die dem universitären Leben auch international eine gewisse Autonomie gegenüber der speziell von Regierungsbehörden und Offizierskreisen instrumentalisierten Weltkriegsaufarbeitung der Zwischenkriegszeit verlieh. Dieser Befund trifft gleichfalls für die Alpenrepublik zu, obwohl in diesem Zusammenhang Besonderheiten zu beachten sind: Im Gegensatz zu Deutschland, das beispielsweise Akteneditionen in den Dienst des »zukünftigen Propagandakampfes« stellte und speziell auf die Verantwortung für die Auslösung des vierjährigen Massenschlachtens Bezug nahm, kam der »Kriegsschulddebatte« in Österreich keine vergleichbare Bedeutung zu. Ungeachtet der Frage, ob dadurch und wegen des Zugriffsrechtes der Siegerstaaten auf das Schriftgut des Habsburgerreiches Manipulationen bei weiteren Akteneditionen unterblieben,[17] ist allerdings eines festzuhalten: Eine deutschnationale Ausrichtung unter vielen österreichischen Forschern trat ebenso dauerhaft zutage wie eine prohabsburgische. In beiden Fällen mussten davon abweichende Geschichtsdeutungen, wie sie in den Nachbarländern und Nachfolgestaaten der Donaumonarchie verbreitet wurden, daher Ressentiments der alten k.u.k. Elite und nicht selten neuen Oberschicht der Alpenrepublik fördern, die vor und speziell seit dem Ausbruch des Ersten Weltkrieges viele, vor allem »slawische Untertanen des Kaisers« als unverlässlich beziehungsweise illoyal eingestuft hatte. Betroffen war davon insbesondere das Verhältnis Österreichs zur Tschechoslowakei und zu Polen sowie zum neu formierten Staat der Serben, Kroaten und Slowenen. Mit einigen Ausnahmen, in denen etwa die »Herrschaft des Doppeladlers« mit (positiven) Modernisierungseffekten verknüpft oder der Gegensatz zwischen den Nationalideologien der »Balkanvölker« und dem multiethnischen Imperium der Habsburger in einem größeren, internationalen Zusammenhang gesehen wurde, betonte beispielsweise die jugoslawische Erinnerung hauptsächlich Repressionen und Gräueltaten der k.u.k. Armee, ihre brutale Okkupationspolitik und ihre Versuche, vor allem Serbiens »nationales Bewusstsein« zu schwächen oder überhaupt auszulöschen.[18]

Diese durchaus berechtigten Sichtweisen erschienen aber aus wissenschaftlichem Blickwinkel unter anderem durch die Vernachlässigung eines breiteren Kontexts, längerfristiger Tendenzen oder teils fehlender Untersuchungen der serbischen Kriegsführung problematisch, während sie gleichzeitig in erinnerungspolitischer Hinsicht zur Verhärtung ohnehin divergierender Standpunkte beitrugen. Der Erste Weltkrieg als »serbisches Golgotha«, als ein durch die Mittelmächte verschuldetes »Martyrium eines ganzen Volkes«, stand in direktem Gegensatz zur Rechtfertigung und letztlich zur Heroisierung der alten Monarchie und ihrer »tapferen Krieger« vornehmlich im »austrofaschistischen Ständestaat«. Die nachfolgende Herrschaft des Nationalsozialismus brach dann zwar mit der Verklärung der Habsburger beziehungsweise der Donaumonarchie. Dennoch kam es zu Kontinuitäten in der Geschichtswahrnehmung: Trotz der unvergleichlichen Gewaltdimension des NS-Terrors mussten hauptsächlich Serben, Tschechen und Polen einmal mehr und mit gutem Grund in den Deutschen und Österreichern grausame Besatzer im Dienste eines – allerdings bislang so nicht gekannten – Rassismus und Vernichtungswillens erblicken. Auch die Etablierung realsozialistischer beziehungsweise kommunistischer Regime in Ostmittel- und Südosteuropa vermochte vor diesem Hintergrund spezifische nationale Traditionen und Geschichtsdarstellungen nicht gänzlich zu überwinden.[19]

Der Typus des Legionärs etwa geriet jedoch in Konflikt mit der Figur des Partisans und antifaschistischen Kämpfers. Es folgte eine

Hinwendung zur ideologisch eingefärbten Analyse der Arbeiterklasse: Bilaterale Historikerkommissionen standen innerhalb des Warschauer Paktes an einer »Propagandafront«, die – am sowjetrussischen Paradigma orientiert – den Ersten Weltkrieg weitgehend durch die Überhöhung des »Roten Oktober« ersetzte. Tauwetterperioden während des Kalten Krieges ermöglichten zwar zum Beispiel in Ungarn eine wesentlich differenziertere Aufarbeitung auch der Geschehnisse zwischen 1914 und 1918.[20] Der Eiserne Vorhang, neuerliche »Eiszeiten« zwischen den Supermächten und das Beharren auf nationalen Erzähltraditionen in vielen Ländern behinderten jedoch ein vorurteilsfreies Herangehen an das Katastrophenzeitalter in der ersten Hälfte des 20. Jahrhunderts und insbesondere an dessen »Auftaktereignis«, das vierjährige Massensterben ab dem Sommer 1914.[21]

Der Zusammenbruch der UdSSR und ihrer »Bruderstaaten«, der europäische Einigungsprozess und allgemeine Globalisierungstendenzen haben schließlich einer Internationalisierung der Forschung und einer vergleichenden Untersuchung von Erinnerungskulturen den Weg geebnet. Mit ihr etablierten sich neue Forschungsperspektiven, Themenschwerpunkte und Untersuchungsbereiche. Neben wirtschafts- und sozialgeschichtlichen Interessen erleichterten innovative methodische Zugänge und theoretische Reflexionen sowie kultur-, mentalitäten-, alltags-, geschlechtergeschichtliche und postkolonialistische Schwerpunktsetzungen gemeinsam mit einer »Geschichte von unten« die Abkehr von einer fast ausschließlich auf gesellschaftliche Eliten beschränkten Historiographie beziehungsweise von »klassischen« Feldern der Politik-, Militär- und Diplomatiegeschichte.[22]

Während unter solchen Umständen bisweilen bereits das Veröden der Königswege historischer Forschung beklagt wurde oder wird, ermöglichten es die zahlreichen Paradigmen- und Perspektivenwechsel, breitere Bevölkerungskreise in das Blickfeld der Forschung zu rücken und unter anderem die seit den 1990er-Jahren international wieder intensiv thematisierten Ereignisse von 1914 bis 1918 neu zu interpretieren.[23] Die damit verbundenen Konzepte des »totalen Krieges«, der »Volksbewaffnung« und der »Mobilisierung des Hinterlandes« ließen sich erst auf dieser Basis angemessen erfassen, ebenso wie persönliche und kollektive Gewalterfahrungen, Formen des gesetzes- beziehungsweise völkerrechtswidrigen Verhaltens sowie »Verbrechen gegen die Menschlichkeit«.

VERDRÄNGUNGSPROZESSE

Die Alpenrepublik und ihre Geschichtswissenschaft sind mittlerweile Teil dieser aktuellen Trends geworden, obwohl die Voraussetzungen für eine (selbst)kritische, den Anforderungen der internationalen Forschung gerecht werdende Analyse des Ersten Weltkrieges zunächst alles andere als günstig waren. Wichtig ist diesbezüglich die Feststellung, dass die These, der »verschwindende Rest« der Donaumonarchie sei gewissermaßen generell als »Opfer der Geschichte« zu betrachten, nicht bloß mit der verfälschenden Interpretation des »Anschlusses« an das nationalsozialistische Deutschland und der einseitigen Lesart der Moskauer Deklaration zur Wiederherstellung eines unabhängigen österreichischen Staates verbunden ist. Die eigene Verantwortung für den Kriegsausbruch 1914, für die Untaten im Felde, im Hinterland und in den Okkupationsgebieten sowie für den »Abfall der Völker« leugnend, entwickelten speziell die konservativen Eliten des Kleinstaates gemeinsam mit der vormaligen Herrscherdynastie und mit einigen ihrer engsten Berater die Vorstellung, von unbotmäßigen, national verhetzten Untertanen und Nachbarn sowie von selbstsüchtigen und anmaßenden Großmächten um das Imperium gebracht worden zu sein. In dieser Lesart bleibt teilweise bis heute die Tatsache ausgespart, dass die Nationalitäten seit Mitte des 19. Jahrhunderts bei Versuchen, den Zusammenhalt im Donauraum zu wahren, gerade von der Zentralregierung und von Hofkreisen nicht immer unterstützt oder mitunter sogar gegeneinander ausgespielt worden waren.[24]

Ähnlich einseitig blieb die Kritik am durchaus fragwürdigen nationalen Eifer insbesondere auf dem Balkan. Demgemäß scheint es zum Beispiel auch notwendig, mit der Münchner Ost- und Südosteuropahistorikerin Marie-Janine Calic die Zustände in Bosnien-Herzegowina unter der k.u.k. Verwaltung in keinem allzu günstigen Licht zu präsentieren: »Zwar hatte Österreich-Ungarn«, so Calic, »Industrie und Infrastruktur ausgebaut, doch dies trug nur wenig zum Wachstum von Wirtschaft und Wohlstand bei. Die ethnisch diskriminierende feudale Agrarverfassung aus osmanischer Zeit wollte Österreich-Ungarn bis zum Ersten Weltkrieg nicht abschaffen, um die muslimischen Landeigentümer nicht gegen sich aufzubringen: 1910 waren rund 91 Prozent der Grundbesitzer Muslime, während die persönlich unfreien und wirtschaftlich abhängigen Bauern zu fast 74 Prozent aus der orthodoxen Bevölkerungsmehrheit stammten. Von höheren Posten und Unternehmen blieben Serben, Kroaten und

Muslime ausgeschlossen. 87 Prozent der Bevölkerung waren Analphabeten, und für zwei Millionen Einwohner gab es nur fünf höhere Schulen, keine Universität, was vor allem die Jugend erbitterte.« Die »politisierten Schüler Bosnien-Herzegowinas« richteten »ihren Hass« auf Franz Ferdinand und »seinen Statthalter« Oskar Potiorek als Vertreter einer »aus ihrer Sicht slawenfeindlichen und militaristischen Politik, die der Jugend Bildungschancen vorenthielt und sie mit Unrechtsmitteln drangsalierte. Gavrilo Princip und seine Mitangeklagten prangerten später, als sie wegen der Ermordung des Thronfolgers vor Gericht standen, immer wieder Missstände an. Sie nannten vor allem die Notstandsmaßnahmen, die Auflösung der Kulturgesellschaften, die Aufhebung der Verfassung, die ständigen Hochverratsprozesse sowie die jämmerliche Lage der Bauern und die fehlenden Bildungseinrichtungen.«[25]

Hinsichtlich der »Entfesselung des Weltbrandes« und des Verhaltens der Donaumonarchie im »vierjährigen Blutvergießen« wählten Wiener Entscheidungsträger des Jahres 1914 im Übrigen ansatzweise bereits jene österreichische Selbstrechtfertigungsstrategie, die nach 1945 angewandt wurde: Schuld waren die Deutschen. Leopold Graf Berchtold meinte in diesem Zusammenhang Ende September 1919: »Besonders prägnant wird die Berliner Auffassung« von einer »kraftvollen Politik« gegenüber der Belgrader Regierung im Bericht des deutschen Botschafters in Wien vom 13. Juli 1914 »dargelegt, wo es unter anderem heißt, wir hätten aus den bisherigen Relationen entnehmen können, dass sowohl Kaiser Wilhelm, wie auch alle anderen maßgebenden Faktoren, nicht nur fest und bundestreu hinter der Monarchie stünden, sondern das Wiener Kabinett auch auf das nachdrücklichste ermunterten, ›den jetzigen Moment nicht verstreichen zu lassen, energischest gegen Serbien vorzugehen, und mit dem dortigen revolutionären Verschwörernest ein für allemal aufzuräumen‹«.[26]

Obwohl Berchtold auch erwähnte, dass Berlin die Wahl der Mittel Wien überlassen hatte,[27] mehrten sich Schilderungen, in denen die Spitzen der Habsburgermonarchie ihre eigene Verantwortung für die Katastrophe mittels einer tatsächlichen, aber auch vorgeschobenen Entmachtung durch das Deutsche Reich abstreiften. Die »Anschlussbewegung« und der Nationalsozialismus drängten dann die Erinnerungen an österreichisch-deutsche Rivalitäten zugunsten einer antihabsburgischen Stilisierung der Waffenbrüderschaft zur Seite. »Kamerad Schnürschuh« aus den »Alpen- und Donaugauen« blieb jedoch im Schatten des großen germanischen Bruders aus dem »Altreich«. Die wiedererstandene Alpenrepublik konnte solche Entwicklungen gut verwerten, als sie sich von allem »Preußischen« trennte und bei dieser Gelegenheit – parallel zur Konstruktion einer eigenen Kleinstaatsidentität und zur Förderung einer österreichischen Nationsbildung – auch die Mittäterschaft an den Verbrechen der NS-Regimes leugnete.[28]

Der Verdrängungsprozess vermochte sowohl an die »Österreich-Ideologie« des »Ständestaates« als auch an die eskapistische Goebbels-Propaganda mit ihren Wien-, Walzer- und Weinseligkeitsklischees anzuknüpfen. Die »Marke Habsburg« war auf diese Weise als Unterhaltungsfaktor und als Barockgroßmacht keineswegs nur gefragt, sondern die tragende Säule eines österreichischen Selbstentwurfes insbesondere in den langen 1950er-Jahren mit ihrem konservativen Kulturparadigma.[29] Politik und Militär des alten Reiches waren dabei bestenfalls in Form einer Karikatur oder Verniedlichung präsent. An einer seriösen geschichtswissenschaftlichen Aufarbeitung mangelte es oft zur Gänze. Zwischen 1945 und 1958 erschienen so gut wie keine Publikationen zu den Geschehnissen von 1914 bis 1918.[30]

Bezeichnend ist in dieser Hinsicht auch die Tatsache, dass die für die Bundesrepublik Deutschland zentrale Kontroverse um die 1961 publizierten Forschungsergebnisse des Historikers Fritz Fischer und damit um die österreichischerseits schon während der Zwischenkriegszeit weniger beachtete Kriegsschuldfrage »praktisch keine Resonanz« in der Zweiten Republik hatte.[31]

Befasste man sich dann wider Erwarten trotzdem etwa mit der Kriegsführung der Habsburgerarmee, so überwogen noch auf längere Zeit verharmlosende Darstellungen.[32] Das »kaiserliche Österreich« als Ausdruck des »Anstands« und der »Ehrenhaftigkeit« bildete in diesen Narrativen sozusagen den Gegenpol zum »modernen Krieg« und seinen Gräueln. Der nicht zuletzt auch tourismusgerechten Inszenierung einer »guten alten Zeit« standen Hinweise auf das Elend im Ersten Weltkrieg, auf den speziell von vielen »Deutschösterreichern« als Trauma empfundenen Zusammenbruch der »großen Monarchie« sowie auf die Untaten von k.u.k. Truppenverbänden nur im Weg.[33]

Schrittweise vollzog sich allerdings eine tendenzielle Entmilitarisierung der Gesellschaft nach den Erfahrungen zweier Weltkriege. Das Fehlen eigener Streitkräfte in der Zeit der alliierten Besatzung erschwerte zudem die Wiederbelebung einer amtlichen oder auch »klassischen«

Militärhistoriographie. Das Bundesheer der Zweiten Republik agierte wiederum bereits im Umfeld neuer Forschungstrends und eines veränderten gesellschaftlichen Klimas der 1960er-Jahre. Publikationen und Hochschulschriften vorwiegend ab den 1970er- beziehungsweise 1980er-Jahren reflektierten allmählich die steigende Bedeutung sozialgeschichtlicher Untersuchungen, die sich von den konventionellen politik- und militärgeschichtlichen Zugängen unterschieden.[34]

Traditionelle Heroisierungen des Kampfes gerieten in Verruf, die Offiziersgeschichtsschreibung im Stil der Zwischenkriegszeit gehörte der Vergangenheit an. Der Boden für eine habsburgkritische Geschichtsschreibung in Österreich wurde schrittweise bereitet, vor allem als sich ab der zweiten Hälfte der 1980er-Jahre eine grundlegende Veränderung der Gedächtniskultur abzuzeichnen begann: Die Debatten um die Rolle des Präsidentschaftskandidaten Kurt Waldheim im Zweiten Weltkrieg und das im Jahr 1988 begangene Gedenken an den »Anschluss« leiteten eine nachhaltige Erosion der »Opferthese« ein. Sozial- und kulturgeschichtliche Paradigmen schufen dabei ihrerseits Voraussetzungen, längerfristige Entwicklungen gleichfalls einer Neuinterpretation zu unterziehen, wie unter anderem der von Klaus Amann und Hubert Lengauer edierte Sammelband »Österreich und der Große Krieg« beweist. Zielsetzung dieser 1989 erschienenen Publikation war es, »hinter der Fassade habsburgischen Familientratsches und den auratisierten Schauobjekten des ›Größeren Österreich‹ Gewalt, Zerstörung und die Stereotypien des Hasses als die im eigentlichen Sinne bewegenden Kräfte der österreichischen Geschichte im 20. Jahrhundert« freizulegen.[35]

Vorerst schottete sich die kritische Aufarbeitung der NS-Verbrechen aus durchaus nachvollziehbarer Angst vor relativierenden, verharmlosenden Zeitgeschichtsinterpretationen von Vergleichen mit anderen, weniger zerstörerischen Formen des Terrors und der Repression ab. Es bedurfte zahlreicher Vorstöße, um in den letzten Jahren mit komparatistischen Methoden und Entwicklungsmodellen differenzierte Analysen von Vorbedingungen, Intentionen oder Eskalationsprozessen sowie vom Ausmaß oder von der Wirkung bestimmter Gewaltausübungen beziehungsweise Herrschaftspraktiken zu erstellen und dadurch gleichzeitig simple Generalisierungen, unzutreffende Gleichsetzungen oder ungerechtfertigte Vorwürfe zu entkräften. Dabei ist klar zutage getreten, dass erst die aktuelle internationale Forschung – wie weiter oben erwähnt – ein tief greifendes Umdenken hinsichtlich der späten Donaumonarchie und ihres »letzten Krieges« einzuleiten vermag. Das Gedenkjahr 2014 kann in diesem Sinne als Chance und Wende sowohl aus geschichtswissenschaftlicher als auch aus erinnerungskultureller Sicht verstanden werden. Wenngleich erste Zwischenbilanzen zumindest in Bezug auf die Alpenrepublik und ihr »öffentliches Erinnern« vor allem Skepsis vermitteln und von »Österreichs Krampf mit dem Gedenkjahr« sprechen,[36] profitiert die Historiographie zum Ersten Weltkrieg schon jetzt von vielen neuen Forschungsergebnissen und -ansätzen, Materialsammlungen, Debatten und weiterführenden Fragestellungen, die sich im Rahmen des Schwerpunkts »1914/2014« aufgetan haben.

»VISUELLES ERINNERN«

DER ERSTE WELTKRIEG IM ÖSTERREICHISCHEN FILM- UND FERNSEHSCHAFFEN

ORGANISIERTE PROPAGANDA

Die filmischen Quellen des Ersten Weltkrieges zeigen uns idealisierte Inszenierungen des Kriegsgeschehens, der Ereignisse an der Heimatfront und vor allem repräsentative Bilder des Kaiserhauses. Schließlich hatte die »visuelle Berichterstattung« nicht nur Propaganda im In- und Ausland zu betreiben; sie war außerdem dazu ausersehen, »für die Zukunft jenes Material bereitzustellen«, das die Geschichtsschreibung, aber auch die Kunst »zur nachträglichen Verherrlichung der kriegerischen Großtaten« benötigen würde.[1]

Mit dem Ersten Weltkrieg wurde der Einsatz des noch jungen Mediums Film als Propagandamittel intensiviert.[2] Damit einher ging eine steigende gesellschaftliche Akzeptanz der nun auch im »Dienste des Vaterlands« stehenden Kinematographie, die vor dem Ersten Weltkrieg vielen noch als banale Jahrmarktattraktion galt. Oberst Wilhelm Eisner-Bubna, der ab März 1917 dem Kriegspressequartier vorstand, erkannte die vielfältigen »Aufklärungs- und Belehrungsmöglichkeiten«, die der Film eröffnete. Allen voran sollten der Patriotismus der Bevölkerung und ihr Vertrauen in den Staat gestärkt werden. Vor diesem Hintergrund wurde 1914 die k.u.k. Filmstelle eingerichtet und dem Kriegsarchiv unterstellt. 1917 gliederte man diese dem Kriegspressequartier an. Zu ihren Aufgabenbereichen zählte die Aufstellung von Kinoexposituren. Diese Filmtrupps setzten sich aus wehrpflichtigen Kinofachleuten zusammen, die an der Front wie auch im Etappenraum und im Hinterland Propagandaaufnahmen zu drehen hatten. Des Weiteren wurde in der Abteilung ein kinematographisches Laboratorium eingerichtet.[3]

Zur Umsetzung und Bearbeitung der gewünschten Filmaufnahmen bedurfte es qualifizierter und erfahrener heimischer Produktionsfirmen. Entsprechende Verträge wurden mit der »Sascha-Filmfabrik« und der »Österreichisch-ungarischen Kinoindustriegesellschaft« abgeschlossen. Auch zwei Budapester Firmen konnten für die Produktion gewonnen werden. Die Leitung der Dienststelle wurde im November 1915 Alexander (Sascha) Kolowrat-Krakowsky übertragen; 1917 ging diese Funktion an den gleichfalls filmisch erfahrenen Hauptmann Hans Otto Löwenstein über.[4] Die Filmstelle hatte unter anderem die Aufträge, eine wöchentlich erscheinende Kriegswochenschau zusammenzustellen, monatlich mindestens einen großen künstlerisch gearbeiteten Kriegsfilm zu produzieren sowie Aufnahmen aus der Kriegsindustrie und aus der Landwirtschaft bereitzustellen. Zu den Aufgaben gehörte auch die Herstellung von Propagandadramen und Lustspielen.[5] Präsentiert wurden die propagandistisch ausgerichteten Filme im regulären heimatlichen Kinobetrieb, in Varietés und Vergnügungslokalen an der »Heimatfront«, in festen Kinotheatern und Wanderkinos, im neutralen und verbündeten Ausland sowie »zur Zerstreuung und Auffrischung des Geistes der Truppen« in den eigens eingerichteten Feldkinos.[6]

Der visuellen Propaganda kam nicht zuletzt in Zusammenhang mit der Pflege des Images der Donaumonarchie im Ausland große Bedeutung zu. Dabei setzte man auf die Präsentation militärischer, ökonomischer und kultureller Leistungen und hoffte auf diesem Wege, sich langfristig strategische und wirtschaftliche Vorteile zu verschaffen. Gezielt kamen österreichisch-ungarische Produktionen in den Niederlanden, der Schweiz, in Norwegen, in Schweden, in Dänemark, in Rumänien, am Balkan, in der Türkei und zu Beginn des Kriegs auch in den USA zum Einsatz.

Vor allem die »Wochenschau«, welche die Massen an den »Heimatfronten«, aber auch die Soldaten über das Kriegsgeschehen informieren sollte, hatte einen fixen Platz in der visuellen Propagandastrategie. Schon ab dem Herbst 1914 brachten Aktualitätenschauen der »Wiener Kunstfilm« (»Kriegs-Journal«) und der »Sascha-Filmfabrik« (»Sascha-Kriegswochenbericht«) »heroische« Berichte vom Abmarsch der Truppen und vom Leben im Feld. Bei den diesbezüglichen Filmreportagen gestaltete sich die 1916 geschlossene Allianz zwischen der »Sascha-Filmfabrik« und der deutschen »Messter-Film« besonders erfolgreich. Sie mündete letztlich in eine Fusion. Die »Sascha-Messter-Film« dominierte fortan für zwei Jahre die Kriegsberichterstattung.[7]

Die Wirkungskraft dieser »Aufnahmen vom Kriegsschauplatz« ist nicht zu unterschätzen. Bewegte Bilder setzte man mehr oder weniger mit Authentizität gleich: Was die Kamera-Operateure auf Zelluloid gebannt hatten, galt den Zuschauern in der Regel als unverfälschtes Abbild der Wirklichkeit. Umso mehr schien es nötig, diese »Wirklichkeit« entsprechend dramatisch und heroisch mystifiziert in Szene zu setzen. Die Produktion authentischer Kampfbilder erwies sich ohnehin als schwierig, wenn nicht unmöglich – zunächst aus technischen Gründen: Die Kameras waren schwer und unbeweglich, Teleobjektive praktisch unbekannt; das Filmmaterial war wenig lichtempfindlich, sodass in der Dämmerung oder bei Nacht, wenn viele Kampfhandlungen stattfanden, kaum Aufnahmen möglich waren. Zudem mussten sämtliche Filme die Zensur passieren, was eine unverfälschte Darstellung des Kriegsgeschehens unmöglich machte. Der Umstand, dass die blutigen Gefechte aber selbst von geschickten und geschulten Operateuren nicht adäquat erfasst werden konnten, verleitete die Filmemacher dazu, Gefechte nachzustellen. Derartige »Reenactments« waren mehr die Regel als die Ausnahme. Eine strenge Trennung von fiktionalen und nichtfiktionalen Arbeiten erfolgte auf diese Weise nicht. Heute geht man davon aus, dass maximal 20 Prozent des gesamten Bildmaterials aus dem Ersten Weltkrieg tatsächliche Kriegshandlungen zeigen. Der Rest der zum Teil durchaus spektakulären Bilder wurde bei Manövern oder im Rahmen späterer »Reenactments« aufgezeichnet.[8]

Insgesamt vermitteln die Aufnahmen aus dem Ersten Weltkrieg den Eindruck organisierter und klinischer Kampfhandlungen sowie bester Versorgungs-, Nachschub- und Verwaltungsgestaltung.[9] Die Folgen des Krieges – Tod und Leiden – bleiben ausgeblendet. Waffenarsenale werden präsentiert, der Einsatz der Geschütze wird demonstriert. Ein »sauberer« Krieg, in dem erobert, gesiegt und repräsentiert wird, ist die Regel.[10] Die filmischen Quellen vermitteln eine unwirkliche »Normalität«.

Die so gestalteten Aufnahmen erfüllten verschiedene Zwecke: Nach Jahren der Entbehrungen wollte man weder das Hinterland noch die Kampftruppen mit aufwühlenden Bildern konfrontieren. Sowohl in den Vorführungsstätten der »Heimatfront« als auch in den fahrbaren Feldkinos versuchte man, die »Untertanen« bei Laune zu halten. Diese Art der Berichterstattung entsprach durchaus dem Wunsch des Publikums: Je länger die Kampfhandlungen andauerten, umso geringer war das Interesse an Kriegsszenen. Zunehmend gefragt waren Zerstreuung und Ablenkung von der tristen Realität. Speziell aus den längeren Spielfilmen verschwand daher der Krieg mit Fortdauer der Kämpfe und einer wachsenden Friedenssehnsucht fast vollständig.[11] Der österreichische Reichsteil der Habsburgermonarchie spiegelte internationale Trends wider: 1915 befassten sich 26 Prozent der hier gedrehten fiktionalen Streifen mehr oder minder zentral mit den Kriegshandlungen oder Kriegsfolgen; 1917/18 war es schließlich nur mehr ein Zehntel der 142 entstandenen Arbeiten.[12] Selbst bei jenen Spielfilmproduktionen, die Gefechte, aber auch mittelbare Konsequenzen eines immer weitere Bevölkerungskreise inkludierenden Waffenganges thematisierten, blieb der Krieg jedoch meist Kulisse. In der Komödie »Wien im Krieg« (A 1916) wird nur in einzelnen Sequenzen die »Kriegsbegeisterung« zum Thema gemacht, die Musterung der kampfeswilligen Männer zu einem maskulinen Ritual hochstilisiert: Kraft, Einsatzfreude, Kampfwille werden demonstriert. Die Aufnahme in die Armee dokumentiert die Männlichkeit jedes einzelnen Anwärters. Vor allem ist »Wien im Krieg« aber ein Lustspiel rund um einen Don Juan in Uniform, der sich drei »Herzensdamen« gleichzeitig zuwendet. Bei einem Fronturlaub fliegt seine Promiskuität auf und führt zu einem slapstickartigen Chaos, das mit einem Happy End und einer dreifachen Hochzeit endet.

»Wien im Krieg« belegt als ein Beispiel von vielen, dass unterhaltsame Genres in den letzten Kriegsjahren hoch im Kurs standen. Neben Anrüchigem oder Spektakulärem und anderen Attraktionen dominierten Dramen, Komödien, Liebes-, Kriminal- oder Detektivgeschichten, bisweilen auch historische Stoffe und Literaturverfilmungen.[13]

MYTHENBILDUNG UND SCHULDZUSCHREIBUNGEN

Das Ende des Kriegs brachte kein Ende der Not; die einschneidenden Umwälzungen 1918/19 leiteten eine Phase politischer und wirtschaftlicher Krisen ein. Das Kino beziehungsweise die heimische Filmproduktion reagierte auf die Sehnsüchte eines Publikums, das der tristen Gegenwart entkommen wollte und zum Teil Zuflucht bei einer zunehmend verklärten Vergangenheit suchte. Filme wie »Das Drama von Mayerling« (A 1919), »Der junge Erzherzog« (A 1927), »Erzherzog Johann« (A 1929) oder »Erzherzog Otto und das Wäschermädel« (A/D/ČSR 1930) ließen in nostalgieschwangerer Manier die »gute alte Zeit« und mit ihr die Habsburgerherrschaft wieder aufleben.

Der »Anfang vom Ende« – der Erste Weltkrieg – wurde hingegen selten und dann nur indirekt aufgegriffen. Die Schnitzler-Verfilmung »Der junge Medardus« (A 1923), ein historisches Drama um den Sohn einer Buchhändlerwitwe, der 1809 in den österreichischen Kampf gegen Napoleon verstrickt wird, lässt Erinnerungen an den »Großen Krieg« aufkommen. Unter der Regie von Michael Kertész filmten die Kino-Operateure der Sascha-Film-Produktion Schlachtenszenen, die viele Menschen nur wenige Jahre zuvor erlebt hatten, die die Aktualitätenschau so damals aber nicht hatte zeigen dürfen.[14] Der Horrorfilm-Klassiker »Orlac's Hände« (A 1925) wiederum macht das Trauma der Versehrtheit zum Thema: Der Pianist Paul Orlac verliert bei einem Zugunglück, das in der filmischen Inszenierung an ein Schlachtfeld erinnert, seine Hände. Der Film der Zwischenkriegszeit schöpfte durchaus aus Erfahrungen des Krieges. Bilder der Aggression und Gewalt, Erscheinungen der »männlichen Hysterie« fanden sich hier wieder.[15]

Mitunter wurde in den Filmproduktionen die politische Ausgangslage vor dem »Großen Krieg« thematisiert, wobei beispielsweise der Verrat von Oberst Alfred Redl im Mittelpunkt stand (»Oberst Redl«, A 1925) oder auf mehr oder weniger dramatische und konstruierte Weise Russland als Hauptschuldtragender am Ausbruch des Ersten Weltkrieges identifiziert wurde (»Die Brandstifter Europas«, A 1926).[16] Nur selten setzte man sich mit den Folgen der langjährigen Kämpfe auseinander. So kreist Otto Premingers einzige österreichische Produktion – »Die große Liebe« (A 1931) – um das Schicksal eines Heimkehrers: Franz (Attila Hörbiger) kehrt nach zehn Jahren aus russischer Kriegsgefangenschaft zurück. Niemand wartet auf ihn, alle Verwandten sind tot. Die vereinsamte Witwe Frieda (Hansi Niese) glaubt in Franz ihren im Krieg vermissten Sohn zu erkennen. Sie nimmt ihn bei sich auf, umhegt ihn und findet wieder Sinn in ihrem Dasein. Eine neue Existenz wird aufgebaut, Franz findet in Friedas »Nennnichte« Annie die Frau seines Herzens. Armut und Einsamkeit, Verlorenheit und Sinnfrage werden in »Die große Liebe« greifbar, »familiärer« Zusammenhalt und Nächstenliebe als Lösung dargeboten. Eine christlich motivierte Abhandlung wird einer politischen, die soziale Missstände aufzeigen könnte, vorgezogen.

Allen voran blieben in der Zwischenkriegszeit die Soldaten des »Großen Krieges« letztlich unantastbar; sie wurden vielfach verehrt. Man huldigte weiterhin den soldatischen Tugenden und appellierte an die Vaterlandsliebe. Die Lust am Soldatenspiel und an Uniformen fand in den 1930er-Jahren neuerlich verstärkten Widerhall in der deutschsprachigen Filmproduktion. Es war dies der Ausdruck einer tief greifenden Militarisierung der Gesellschaft: Appelle und Aufmärsche der Wehrverbände sowie rituelle Gedenkfeierlichkeiten für die Helden des Ersten Weltkrieges waren gerade auch Teil der Selbstinszenierung des »Austrofaschismus«.

Besonderes Augenmerk legte man auf die militärische Gesinnung der Jugendlichen. In den Geschichtsbüchern wurden die Werte »Führertum«, »Heldenmut«, »Wehrhaftigkeit«, »Opferbereitschaft« und »Hingabe« besonders betont. Die mentale Aufrüstung der Jugend konnte und sollte durch adäquate Kriegsfilme gefördert werden. Die deutsche Ufa-Filmgesellschaft hatte sich unter der Führung des konservativen und deutschnationalen Industriellen Alfred Hugenberg auf die Produktion heroischer Kriegsdramen spezialisiert. Filme wie »Morgenrot« (D 1933), »Flüchtlinge« (D 1933) oder »Standschütze Bruggler« (D 1936) setzten auf unabdingliche Tapferkeit, soldatische Kameradschaft und dumpfe Todesmystik. Proteste sozialdemokratischer und kommunistischer Kräfte in Österreich gegen diese filmische Bewerbung des »imperialistischen Krieges« blieben ohne Folgen. Das rechte, konservative und deutschnationale Lager konstatierte den Filmen vielmehr einen »ethisch belehrenden Charakter«. Dem Film »Morgenrot« gestanden die Vertreter des österreichischen Unterrichtsministeriums sogar »erzieherischen Wert« zu, welcher in der Darstellung der Opferwilligkeit, des »hohen Mutes«, der unbedingten Disziplin und der Pflichterfüllung bis zum Tode zum Ausdruck käme.[17]

Den Streitkräften ein filmisches Denkmal setzte auch eine Produktion der Heeresfilmstelle: »Schulter an Schulter« (A 1936) entstand unter der Ägide von Major Erwin Wratschko, der in der Zwischenkriegszeit eine Reihe militärischer Filme gestaltete. Das verwendete Material war über Jahre hinweg bei ehemaligen Verbündeten und Gegnern gesammelt worden. Über etwa eine Stunde sind unter anderem Kämpfe in Galizien, Polen, Verdun, Palästina, Tirol, Belgien, Ostpreußen und Serbien zu sehen. In der Luft, zur See, im Gebirge werden »heldenhafte« Schlachten geschlagen. Eine umfassende Geräuschkulisse von Perkussionsinstrumenten, Rasseln und Pfeifen soll vermitteln, wie das Kampfgeschehen in den Schützengräben und auf den Schlachtfeldern erlebt worden war. Der Off-Kommentar von Major Wratschko gibt vor, wie die Bilder zu lesen sind: Der »unglückliche Ausgang des Kampfes« war demgemäß eine

»Folge der ungeheuren zahlenmäßigen, technischen und materiellen Überlegenheit der Entente über die Zentralmächte« gewesen. Der Film endet mit einem Schwenk über Soldatenfriedhöfe und einer Ehrbekundung am Heldenplatz. Das Filmprogramm zur Produktion schließt mit der Behauptung, wonach der Streifen »für alle Zeiten ein Denkmal des Mannesmutes und der Heldenkraft unserer glorreichen Soldaten und ihrer treuen Verbündeten« darstellen werde.[18] Die deutsch-österreichische Waffenbrüderschaft fand keinen Abbruch, ihr wurde auch auf der visuellen Ebene weiter gehuldigt.

Heftige Diskussionen, Krawalle und Verbote lösten hingegen Filme aus, die sich dem Thema »Krieg« komödiantisch oder aber pazifistisch näherten. Vor allem tschechoslowakische Produktionen enthielten sich nicht nur jeder Glorifizierung der Habsburgermonarchie, sie ließen zudem gern groteske und tölpelhafte Figuren der einstigen k.u.k. Armee in Erscheinung treten. Für die österreichischen Behörden und Militärverbände stellten daher Filme wie »Der falsche Feldmarschall« (D/ČSR 1930) oder »Ich und der Kaiser« (ČSR 1933) ein Ärgernis dar. Manche dieser Streifen wurden ungeachtet ihres Erfolgs an der Kinokasse verboten.[19]

Schwere Ausschreitungen begleiteten schließlich den Antikriegsfilm »Im Westen nichts Neues« (USA 1930). Schon im Vorfeld der Veröffentlichung hatte der spätere Bundeskanzler Kurt Schuschnigg erklärt, dass ein Verbot des Films »eine Frage der moralischen, vaterländischen und nationalen Anständigkeit« sei. Aufführungen in Wien hatten Sachbeschädigungen und Verletzte zur Folge. Fensterscheiben wurden eingeschlagen, Straßenbahngarnituren beschädigt, Stinkbomben geworfen, auf den Straßen fielen Schüsse. Schließlich untersagten die Behörden am 8. Jänner 1931 jede weitere Vorführung des Films.[20]

FAMILIENGESCHICHTEN

Nach 1945 wandte man sich der Monarchie abermals in verklärender Art und Weise zu.[21] Die Habsburgerherrschaft und deren Versatzstücke wurden Teil eines tourismustauglichen »österreichischen Selbstverständnisses«. Der österreichische Nachkriegsfilm setzte dementsprechend auf blaublütige »Helden«, auf Kaiser, Erzherzöge und Militärs, die unverdorbenen und »süßen (Wiener) Madln« ihr Herz schenkten. Es wurde exerziert, zelebriert, gemauschelt und getanzt.[22] Österreichische und deutsche Produktionen präsentierten die k.u.k. Armee mitunter als ein Heer mehr oder weniger harmloser Tölpel oder eitler Frauenhelden. Jaroslav Hašeks satirischer Roman »Die Abenteuer des braven Soldaten Schwejk« wurde in verschiedensten Varianten wiedergegeben und adaptiert. An der Darstellung des tschechischen Schelms versuchten sich Peter Alexander, Fritz Muliar und Heinz Rühmann.[23] Eine Abwandlung des komisch-naiven Landsers findet sich auch in der Figur des von Gunther Philipp verkörperten »Mikosch«, der sich von einer Blödelei zur nächsten »hampelt«.[24] Die Kritik an der staatlichen, militärischen oder kirchlichen Obrigkeit, die sich in Hašeks Werk findet, ist in den filmischen Umsetzungen stark abgeschwächt oder überhaupt eliminiert.

Der Erste Weltkrieg erschien nach 1945 im Kino regelrecht absent. Mit Recht stellte der Filmhistoriker Franz Marksteiner daher die Frage: »Wo ist der Krieg?«[25] Nur vereinzelt werden seine Spuren sichtbar. In »Maresi« (A 1948) verändert der Krieg das bislang feudale Leben eines Gutsbesitzers: Den Hof muss er zurücklassen, um dem Vaterland zu dienen; sein geliebtes Pferd »Maresi« verliert er beinahe in den Kampfeswirren. Nach dem Krieg ist er verarmt, den geschätzten Vierbeiner muss er verkaufen. Oftmals sind es groß angelegte, über Jahrzehnte erzählte Familiengeschichten, die den Ersten Weltkrieg als einen dramatischen Wendepunkt aufgreifen und damit ein weitreichendes Identifikationspotenzial bieten. Alle waren betroffen, mussten Entbehrungen bringen, verloren Angehörige im Krieg, womit sich persönliche Schicksale mit jenen der fiktiven Dynastien verbinden ließen. Die große Politik und das daraus resultierende Weltgeschehen veränderten das Leben schwerwiegend. Familien, liebende Paare wurden auseinandergerissen, die Männer mussten in den Krieg ziehen, die Frauen zu Hause sehnsuchtserfüllt den Alltag bewältigen.

Eine Klavierbauerdynastie steht im Zentrum der Produktion »Der Engel mit der Posaune« (A 1948): In Überblendungen, die stets das Portal des Familiendomizils als Konstante im Hintergrund sichtbar machen, wechseln sich dokumentarische Aufnahmen von Gefechten mit Spielfilmszenerien ab. Letztere zeigen, wie die Söhne und schließlich der Vater in den Krieg verabschiedet werden. Ein Spross erhält militärische Ehren, der andere gerät in Kriegsgefangenschaft. Bilder von Zerstörungen, Tod und Elend werden Dokumentarfilmquellen aus dem Ersten Weltkrieg entnommen. Eingeblendete Schlagzeilen und ein theatralisches

Voice-over deuten das Gezeigte. Der Kommentar prangert die »blinde Kriegsbegeisterung« an: »Das fünfte Gebot« laute nunmehr: »Du sollst töten!« »Menschliche Verwirrung« wird konstatiert und solcherart der bedingungslose Glaube des Familienoberhaupts Franz Alt an Kaiser und Vaterland erklärt.

Das Kriegserlebnis wird immer wieder zur Prüfung für Beziehungen, ganz gleich, ob es sich um Liebespaare, familiäre oder freundschaftliche Verbindungen handelt. »Das Riesenrad« (D 1961), eine deutsche Produktion mit fast ausschließlich österreichischer Besetzung und in Wien verortet, setzt gleichfalls auf die »Saga« einer Dynastie: Diesmal ist das Schicksal einer traditionsreichen Uhrmacherfamilie Ausgangspunkt der filmischen Erzählung. Im Mittelpunkt stehen Elisabeth und Rudolf, die gegen den Willen der Familie geheiratet haben. Das Liebesidyll wird durch den Ausbruch des Krieges gestört. Rudi muss an die russische Front, dann an den Isonzo. Schließlich rettet ihn eine Verwundung, die ihn von den Kampfhandlungen fernhält. Das lange Alleinsein macht beiden zu schaffen. Während Rudi das Angebot eines Freudenmädchens annimmt, wird Liesl von einem im Krieg versehrten Musiker umschwärmt. Sie bleibt ihrem Mann treu. Gewissensbisse plagen sie.

Trennend und verbindend wirkt sich der »Große Krieg« auch in der TV-Serie »Ringstraßenpalais« (A 1980–1989) aus. Das Schicksal der Familie Artenberg/Baumann wird in dieser Produktion beginnend 1867 nach der Niederlage Österreichs in der Schlacht von Königgrätz bis in die 1980er-Jahre nachgezeichnet. Zahlreiche Details der politischen, kulturellen und wirtschaftlichen Geschichte Österreichs werden laufend in das Geschehen eingebunden. Mitunter ergeben sich hieraus absurde Gesprächskonstellationen, Begegnungen und Dialoge, die den Versuch, historisches (Schulbuch-)Wissen zu vermitteln, allzu augenfällig machen. In Hinblick auf den Ersten Weltkrieg kommen vor allem die familiären Verbindungen der Familie nach Frankreich zum Tragen: Nicht nur haben sich die Wiener Cousine und der Pariser Cousin kurz vor Kriegsbeginn ineinander verliebt, Probleme bringen auch die wirtschaftlichen Beziehungen. Schließlich wird man sogar Teil der hohen Politik: Die französischen Verwandten werden kontaktiert, um Gespräche hinsichtlich eines Friedensschlusses Österreich-Ungarns mit der Entente anzubahnen (Sixtus-Affäre).[26] Begeistert sind die Artenberg/Baumanns von der Idee eines Sonderfriedens nicht: Man »könne dem Bündnispartner doch nicht so in den Rücken fallen. Doch auch die Fortführung eines zunehmend zerstörerischen Konflikts belastet die Familie, die sich dem Schicksal »nur beugen kann«. Man ist Opfer eines übermächtigen Weltgeschehens. Einen positiven Aspekt bringt die permanente Bedrohung immerhin mit sich: Die seit zehn Jahren zerrüttete Ehe des jungen Grafen und seiner Frau erhält mit dem Krieg eine neue Chance.

Die jüngste österreichische Produktion, die ein familiäres Schicksal unter dem Eindruck des »Großen Krieges« dramatisiert, ist »Der stille Berg« (A 2014). Hier erfolgt die Spaltung der Familie just bei einer Hochzeitsfeier in Tirol: Zwei österreichisch-italienische Paare werden auf unterschiedliche Weise miteinander verbunden und auch gleich wieder getrennt. Bei der Gruppierung zum Erinnerungsfoto wird die Nachricht vom Ausbruch des Krieges zwischen Italien und der Donaumonarchie verkündet; das Entsetzen manifestiert sich schon in dieser Aufnahme. Alles bricht auf, reißt auseinander. Freunde und Verwandte stehen einander bald als Feinde gegenüber.

In Anbetracht der Ausnahmesituation der Jahre 1914 bis 1918 treten positive und negative Charaktereigenschaften der Protagonisten in den Filmproduktionen deutlich hervor. Die Sympathieträger fungieren als Kriegsgegner, Propheten und Warner. In »Das Riesenrad« ist es das »schwarze Schaf« der Familie, der Künstler Rudolf Hill, der seinem Bruder Walter, einem bigotten Nörgler, gegenübergestellt wird. Walter wurde vom Militärdienst befreit, um die Firma weiterhin zu leiten. Rudolf, der als Reserveleutnant an die Front muss, kommentiert das Geschehen trocken: »Militaristen dienen am Schreibtisch und Pazifisten an der Front.« In »Der stille Berg« dominieren die positiven Charaktere. Besonders übel gezeichnete Vertreter finden sich auf beiden Seiten: Bei den Italienern ist es ein narzisstischer Kommandant, der in einer opernhaften Inszenierung jenen Berg sprengen will, auf dem sich das Zuhause und somit ein Teil der Familie eines der Protagonisten befindet. Auf der deutsch-österreichischen Seite wird ein von Neid und Eifersucht getriebener Lehrer zum Denunzianten. In »Der Engel mit der Posaune« stellt – ähnlich wie in »Das Riesenrad« – ein Brüderpaar den Konflikt aus unterschiedlichen Perspektiven dar. Hermann, der Fanatiker, wirft Hans vor, ein Feigling zu sein, da Letzterer erklärt, den Krieg nicht zu wollen. Die Niederlage 1918 verhärtet Hermann zusehends. Er wird in der Folge ein glühender Anhänger des Nationalsozialismus. Hans hingegen beweist Weitblick. Er erkennt früh, dass sich Ruthenen, Tschechen, Italiener, Serben und andere Nationen wohl kaum als Österreicher verstehen, sie den

Militärdienst weniger als Pflicht und mehr als Zwang empfinden. Das Volk bestehe vornehmlich aus »armen Teufeln«, die »nicht gefragt werden«, ob sie in den Krieg ziehen wollen. Als Hans aus der Kriegsgefangenschaft zurückkehrt, findet er seinen kriegsversehrten Vater gelähmt, des Sprechens nicht mehr mächtig. »Für Gott, Kaiser und Vaterland«, stellt er resignierend fest. »Nie wieder Krieg!« ist der mahnende Ruf, der sich durch die Familiengeschichten zieht und wieder verhallt. Der »Große Krieg« wird stets als Auftakt zum »Zweiten Weltkrieg« inszeniert und verstanden. Letzterem wird in der österreichischen Filmproduktion aber allgemein mehr Bedeutung zugemessen.

GÄNGIGE MUSTER UND NEUE WEGE

Ohne auf das Kriegsgeschehen an sich einzugehen, setzen viele österreichische Film- und Fernsehproduktionen in den Jahren 1914 oder 1918/20 an beziehungsweise ein.[27] Das Attentat auf Franz Ferdinand und seine Gemahlin bot Stoff für Spielfilme. 1955 wurde das Thema erstmals unter der Regie von Fritz Kortner umgesetzt. In »Sarajevo« (auch »Um Thron und Liebe«, A 1955) zentrieren sich zwei Perspektiven und Erzählstränge. Der erste zeigt die große Zuneigung des Thronfolgerpaars, das trotz aller Widerstände eine morganatische Ehe eingegangen ist, mit allen negativen Auswirkungen: Sophie wird nicht als ebenbürtig anerkannt, die gemeinsamen Kinder haben kein Anrecht auf den Thron. Persönliches und Familiäres stehen im Zentrum. Vor allem Luise Ullrich muss den Part der Mutter in zahlreichen Momenten hervorheben – selbst in jener Szene, in welcher der erste und der zweite Erzählstrang zusammengeführt werden: Sophie will zu den jungen Männern, die das erste Attentat an diesem 28. Juni 1914 ausgeführt haben, durchdringen und zugleich ihren Standpunkt erläutern – Franz Ferdinand plane ganz anders zu regieren, beabsichtige den Nationen mehr Rechte einzuräumen. Sinnloses Blutvergießen solle doch tunlichst verhindert werden. Sie sei ja auch eine Mutter, die ihre Söhne so wenig verlieren wolle wie die Mütter der Attentäter die ihren. Die radikalisierten jungen Männer sehen ihre Freiheit jedoch nur in einem eigenen Staat, unabhängig von Österreich-Ungarn. Für Blutvergießen seien allein die Regierenden verantwortlich. Allen voran ist Klaus Kinskis Auftritt als einer der fanatisch wütenden Aufrührer, der dem Haus Habsburg reine Verachtung entgegenbringt, unvergesslich. »Verrat« begehen die Gefangenen nicht. Gavrilo Princip führt das zweite Attentat aus. Der Tod Franz Ferdinands und Sophies sowie das Hissen der schwarzen Flaggen beenden das Filmwerk.

Völlig anders ging Peter Patzak in seinem Film »Gavre Princip – Himmel unter Steinen« (A/BRD/GB/YU 1990) an das Thema heran: »Mir war nicht wichtig, zu zeigen, wie Franz Ferdinand von einem Irren erschossen wird. Ich wollte einfach die Gefühle dieser Gruppierung nachvollziehen, dieser Kinder, die ja hochintelligent waren.«[28] Patzak war es ein Anliegen, den jungen Attentäter, seine Gedankenwelt, seine Beweggründe und sein Umfeld in den Fokus zu rücken. Princips Opfer Franz Ferdinand kommt in dem Film gar nicht vor.[29] Patzak zeichnete schließlich einen zerbrechlichen, klugen und bedachten jungen Mann, umgeben von tiefer Armut und geprägt von den Eindrücken einer habsburgischen Herrschaft, die verständnis- und rücksichtslos regiert. Mit besonders bedrückenden Bildern schildert Patzak Princips Kerkerhaft.[30] Der Film stellte einen Tabubruch dar: Während die Tageszeitung »Die Presse« die Produktion als »Gleichnis über Macht und Widerstand« charakterisierte,[31] kritisierten andere Blätter den Streifen scharf. Dazu Patzak in einem Interview: »Die ›Kronen Zeitung‹ schrieb – ›Patzak setzt Mörderbuben ein Denkmal‹ – auf einer Doppelseite! Ich habe keinem Mörderbuben ein Denkmal gesetzt. Ich wollte ein feines Porträt zeichnen. Ich sagte: Lasst doch einmal das alles weg und schaut euch so ein – natürlich verhetztes – Menschenkind an. Weil die Verhetzung kann immer wieder passieren.«[32]

2014 wurden anlassbezogen die Ereignisse rund um das Attentat nochmals in einer österreichisch-tschechisch-deutschen Produktion aufgegriffen: In »Das Attentat – Sarajevo 1914« (A/ČS/D 2014) unter der Regie von Andreas Prochaska unternimmt Untersuchungsrichter Leo Pfeffer den Versuch, die Hintergründe des Anschlags aufzudecken. Er stößt auf Widersprüche und Intrigen in höchsten Kreisen, und er wird in seinem moralischen Eifer, der Wahrheit auf die Spur zu kommen, gebremst und gerät selbst unter Druck. Pfeffer verliebt sich in eine schöne Serbin und muss gleichzeitig als kroatischer Jude gegen Ressentiments kämpfen. Die Produktion vermischt reale Begebenheiten und handelnde Personen mit verschiedenen, der Dramatisierung dienenden, fiktiven Erzählsträngen und Figuren. Die aufgereizte, kriegsschwangere Stimmung wird eingefangen, offene Fragen werden aufgeworfen. Der als melodramatischer Politkrimi angelegte Spielfilm ist geprägt von einer Kammerspiel-Ästhetik und gegen Ende zu höchst spekulativ.[33]

Eine Produktion, die sich als Dokumentation verstanden wissen will und schließlich über 90 Minuten hindurch abstruse Habsburgnostalgie sowie eine fragwürdige visuelle Aufbereitung von Geschichte betreibt, ist freilich anderen Bewertungskriterien unterworfen als eine Spielfilmproduktion. »Sarajevo – Das Attentat« (A 2014) von Kurt Mündl ergeht sich über weite Strecken in einer verklärenden Dramatisierung der »Schicksale des Hauses Habsburgs«. Kronprinz Rudolf hat sich hier aufgrund seiner »Liebe« zu Mary Vetsera entleibt, Kaiserin Elisabeths »melancholischem Wesen« wird empathisch Verständnis dargebracht. Per Stummfilmausschnitt gibt man vor, das Attentat Luigi Luchenis auf die Monarchin sei filmisch dokumentiert worden. Dass es sich tatsächlich um Aufnahmen aus dem deutschen Stummfilm »Kaiserin Elisabeth von Österreich« (D 1920) handelt, bleibt unvermerkt. Zu Beginn der »Dokumentation« wird angekündigt, noch niemals gezeigte Aufnahmen zu präsentieren. Tatsächlich animiert Mündl Fotografien, die laufend mit Sequenzen aus Fritz Kortners Spielfilm »Sarajevo« (auch »Um Thron und Liebe«) kombiniert werden. Luise Ullrich und Ewald Balser sind als Thronfolgerpaar zu sehen, Kinski im Hintergrund als einer der Attentäter. Woher das angeblich »neue« Filmmaterial vom Attentat stammt, wird verschwiegen. Eine Brosche der Herzogin von Hohenberg sowie das Kleid, welches sie beim Attentat trug, werden »erstmals abgefilmt« und daher als neue, noch nie gezeigte Filmaufnahmen ausgewiesen. Ein sich stetig auf dem Kostüm ausbreitender Blutfleck soll emotionalisieren. »Geschichten aus dem Alltag des Thronfolgerpaares« begleitet der wiederholte Kommentar nach dem Muster: »Sie hatten noch x-Tage, x-Stunden zu leben!« Parallel dazu wird eine Fotografie Princips mit einem optisch beigefügten Pistolenlauf eingeblendet. Ein Schuss ertönt, ein Blutfleck ist zu sehen. Zur Auflockerung blendet Mündl gelegentlich tourismustaugliche Aufnahmen von Schloss Artstetten ein. Die Urenkelin des Thronfolgerehepaares ergänzt das Gezeigte um »Familienerinnerungen«. Sie tritt als einzige »Expertin« in Erscheinung und erklärt gegen Ende der Produktion, dass »man nun endlich das Opfer würdigt«, welches ihre Urgroßeltern gebracht hätten. Zum Abschluss des Films wird eine Fotografie des Paares offeriert: Franz Ferdinand und Sophie halten Händchen, eine Vignetten-Kaschierung fokussiert den Blick auf die verschlungenen Hände. Derartige Aufnahmen und Inhalte um und über das Attentat und seine Folgen hat man in einer »Dokumentation« bislang tatsächlich noch nie gesehen. Mündls Werk stellt hinsichtlich der

Aufbereitung des historischen Stoffs und angesichts der Entwicklung des österreichischen Film- und Fernsehschaffens ab der Mitte der 1960er-Jahre einen katastrophalen Rückschritt dar.

Differenziert und aus einer ganz anderen Perspektive nähert sich indessen der Film »Der letzte Werkelmann« (A 1972) den Tagen unmittelbar vor dem Attentat. Elend, Armut, das Leben in Wiener Wohnsilos, der Kampf ums Überleben zeichnen hier die »goldene Kaiserzeit« aus. Frauen prostituieren sich, um ihre Kinder durchzubringen, die trotz Begabung von jedem sozialen Aufstieg ausgeschlossen sind. Abtreibungen verhindern noch mehr Hunger in den Familien. Das alltägliche Leben der Werkelmänner, die um jeden Standort kämpfen und vom mafiösen Werkelverleiher und Schutzgelderpresser Wiesinger bedroht werden, wird in seinen Facetten nachgezeichnet. Berichte über Debatten im Reichsrat und im niederösterreichischen Landtag, wo sich die Sozialdemokratie für die Rechte der Arbeiterinnen und Arbeiter sowie der Mittellosen einsetzte, sowie Zeitungsberichte über Verzweiflungstaten werden als Dokumente der Zeit zur Verdeutlichung des historischen Kontextes eingefügt. Einer der Musikanten will eine Gewerkschaft gründen, damit sowohl die selbstständigen als auch die konzessionierten Werkelmänner eine entsprechende Vertretung haben und Schutz genießen. Die Initiative wird von Wiesinger verhindert, einer der Initiatoren von Handlangern des Werkelverleihers erschlagen. Der Film endet mit der Meldung: »Sarajevo, 28. Juni 1914, 10.50 Attentat auf Thronfolgerpaar«. Der Tod des Musikanten am gleichen Tag bleibt nicht einmal eine Randnotiz.

Einen anderen Blick auf den Ersten Weltkrieg gewährt auch »Das große Fest« (A 1977), der dritte Teil der TV-Serie »Alpensaga« (A 1976–1980), unter der Regie von Dieter Berner. Geschichte wird hier »von unten« erzählt. Die Autoren Peter Turrini und Wilhelm Pevny dramatisieren soziale, gesellschaftliche, ökonomische und politische Entwicklungen von 1900 bis 1945 anhand des Mikrokosmos eines oberösterreichischen Dorfs. »Das große Fest« widmet sich der den Umständen geschuldeten Emanzipation der Frauen: Sie lenken die Geschicke – oftmals durch den Ersten Weltkrieg bedingt. Die Männer sind an der Front, die Bäuerinnen organisieren die Arbeit, bestellen das Feld, versorgen das Vieh. Die Frauen ersetzen die männliche Arbeitskraft, die »Postlerin« stellt nun die Briefe zu, so etwa Benachrichtigungen über die gefallenen Soldaten der Kleingemeinde. Doch auch bereits allgemein akzeptierte Gepflogenheiten der »weiblichen Pflichtübernahme« sind gegenwärtig: Der Besitzer des

Dorfgasthofs ist krank, seine Frau führt den Betrieb und verhandelt mit den Bäuerinnen über Lieferung und Preis der Waren. Ähnlich verhält es sich im Schloss: Die Gräfin kümmert sich um alle relevanten Belange, ihr Gatte ist zusehends dement und depressiv. Geschönt wird hier nichts. Der Krieg ist präsent – Tote sind zu beklagen, Kriegsversehrte sind Teil der Dorfgemeinschaft. Ein vom »internationalen Sozialismus« geprägter Deserteur findet bei einer Landwirtin Unterschlupf und leistet wertvollen Arbeitsdienst. »Kaiser« und »Vaterland« spielen nur mehr eine untergeordnete Rolle. Den Monarchen und seine ausführenden Kräfte fürchtet man mehr, als man ihnen huldigt. Soldaten suchen das Dorf regelmäßig heim, nehmen ohne Rücksicht auf das Auskommen der Landbevölkerung Vieh und Vorräte an sich. Rohe Gewalt ist den k.u.k. Truppen keineswegs fremd. Unabhängig von der sozialen Herkunft solidarisieren sich die Frauen. Die Bäuerinnen verstecken ihr Vieh vor den Truppen im Schloss. Im Gegenzug erfüllen sie der Frau des Hauses einen Wunsch: Sie schlüpfen in vornehme Gewänder und treten als adelige Gäste bei einem Fest auf. Noch einmal wollte der kränkliche Graf ein illustres Bankett erleben, doch seine Freunde sind tot, an der Front oder selbst krank. Nur für ihn inszeniert man eine Scheinwelt, die zur mehr oder minder plumpen Inszenierung der Vergangenheit verkommt. Der Hausherr erkennt wohl den Schwindel, spielt aber freudig mit, ist glücklich ob der (dem Zuschauer komisch anmutenden) Wiederbelebung alter Zeiten.

Der allgemein spürbare Untergang eines althergebrachten Gefüges ist in Joseph Roths Roman »Radetzkymarsch« Thema. Erzählt wird über drei Generationen vom Schicksal der Familie Trotta. Der Großvater rettete Kaiser Franz Joseph bei der Schlacht von Solferino das Leben. In der Folge wurde der Ahnherr geadelt. Von nun an beeinflusst das Haus Habsburg in der Person des Kaisers das Leben der Trottas. Während der Vater Bezirkshauptmann wird, soll sein Sohn wieder in den militärischen Dienst treten. Der gehorcht, entspricht der Tradition – trotz anderer Neigungen und einer zunehmend kritischen Sicht auf eine vielfach absurd erscheinende Umwelt. Die Fassade bröckelt, das Ende einer Ära ist greifbar. Selbst der Vater scheint dies zu erkennen – zuerst ungläubig, dann schicksalsergeben. Der Zerfall des Reichs stellt die eigene Existenz in Frage. Der junge Trotta sieht sich als Gescheiterter – privat und als Offizier. Der Weltkrieg entzieht ihm das Recht auf seine eigenen Entscheidungen. Er stirbt im Kugelhagel. Ob aus Unbedachtheit oder in Anbetracht einer persönlich so empfundenen Ausweglosigkeit, bleibt offen.

Zwei Mal wurde der Roman in Österreich verfilmt: Michael Kehlmanns »Radetzkymarsch« (A 1964) löste einen kleinen Skandal aus. Der Grund: Der senil gezeichnete Kaiser ist im Nachthemd zu sehen.[34] Die Trottas leben in Kehlmanns Streifen in einem »Reich des Absurden«, und am Ende scheint nicht nur der sich in einer Irrenanstalt befindliche väterliche Freund des jungen Trotta, Graf Chojnicki, von Sinnen zu sein: Der junge Protagonist geht vergeistigt in den Tod. Als er die Nachricht vom Tod des Sohnes erhält, läuft der Vater zutiefst erschüttert und völlig aufgelöst durch das Haus und schließlich durch den Ort, um nur einen Satz wiederholt von sich zu geben: »Mein Sohn ist tot!« In dem persönlichen Schicksal eines Vaters, dessen Sohn gefallen ist, verdichtet sich die Sinnlosigkeit des Krieges. Dieser Lesart zufolge ist es überdies nicht ein »organisierter« Krieg, wie ihn die Propaganda darstellte, sondern er wird assoziiert mit Desorganisation und Chaos. Der Waffengang beginnt mit einem überstürzten Rückzug, begleitet von Hinrichtungen, die der Abschreckung dienen sollen. Ein Kamerad wirft die Frage auf, ob es sich denn bei den »Justifizierten« wirklich um lauter Verräter handelt. Trotta (Helmuth Lohner) erwidert ernüchtert: »Ach, wo – voreilige Standgerichte verkündigen voreilige Urteile. Irgendwelche Spitzel liefern unkontrollierbare Berichte über Bauern, Popen, Lehrer, Beamte. Wir haben keine Zeit, wir müssen uns ja zurückziehen, aber auch die Verräter schleunigst bestrafen. Ach, na ja ...«

Axel Cortis »Radetzkymarsch« (A 1995) hingegen ist von größerer Leidenschaft getragen. Er stellt die emotionale Entwicklung von Sohn und Vater stärker in den Mittelpunkt. Die Unfähigkeit beider, in einem patriarchalischen, auf Befehl und Gehorsam basierenden System Gefühle zu zeigen, erzeugt jenes Spannungsfeld, an dem alle Handlungen gemessen werden. Umso tiefgründiger daher die Wandlung des Vaters Trotta (Max von Sydow): Dieser ist nach dem Tod des Sohnes gewissermaßen geläutert. Beide Verfilmungen enden wie die literarische Vorlage mit dem Ableben des Kaisers. In Kehlmanns Version wird ein ganzes Reich zu Grabe getragen, in Cortis Film darüber hinaus das fehlgeleitete emotionale Gebaren einer Familie und damit einer ganzen Gesellschaft.

Mit dem Tod von Franz Joseph beginnt auch eine Dokumentationsreihe, die in Österreich bis heute für Generationen prägend im Sinne einer »Geschichtsaufklärung« wirkte und 2013 in digitalisierter Form mit ergänzten Kommentaren neuerlich vom ORF ausgestrahlt wurde. In der von Hugo Portisch und Sepp Riff gestalteten zwölfteiligen Reihe

»Österreich I« (A 1989) wird dem Publikum die Geschichte der Ersten Republik nähergebracht. Die erste Folge, »Vom Reich zur Republik«, setzt 1916 ein, um sich dem Ausbruch des Ersten Weltkrieges, der weiteren Entwicklung nach dem Tod des »alten Kaisers« und schließlich den Folgen des Waffenganges zu widmen.

Zahlreiche Dokumentationen des Österreichischen Rundfunks, die mehr oder weniger umfassend die Geschehnisse um den »Großen Krieg« behandeln, legen den Fokus auf die beiden letzten Herrscherpersönlichkeiten aus dem Hause Habsburg. Zu nennen sind beispielsweise »Unsere Welt: Kaiser Franz Joseph. Abschied vom Vielvölkerreich« (A 1996), »Ein Leben – ein Jahrhundert. Die ältesten Österreicher erzählen« (A 1999), »Österreich-Bild: Der letzte Kaiser – Karl I. von Österreich« (A 2002), »Kaiser Franz Joseph« (A 2006) sowie »Menschen & Mächte: Kaiser Franz Joseph und der Erste Weltkrieg« (A 2008). Studien belegen, dass Dokumentationen mit einem biografischen Bezug bedeutend häufiger angesehen werden.[35] Persönliche Zugänge erwecken insgesamt mehr Interesse. Anekdoten, Spleens, familiäre Hintergründe dienen der Auflockerung, bilden den Rahmen, um die »schwere Kost« der Fakten, der politischen, wirtschaftlichen und gesellschaftlichen Prozesse anschaulicher, mitunter verdaulicher zu machen.

Wehmütig angehauchte Rückblicke und zum Teil einseitige Schuldzuweisungen waren zwar in der Frühzeit des österreichischen Fernsehens durchaus üblich, mit den 1980er-Jahren begann aber eine durchaus differenzierte Darstellung historischer Ereignisse. Rubina Möhrings ORF-Zweiteiler »Flucht aus dem Frieden. Sarajewo 1914: Wie der Erste Weltkrieg gemacht wurde« (A 1984) lässt die unterschiedlichsten politischen, sozialen, gesellschaftlichen Aspekte und Motivationen einfließen und entzieht sich somit einseitigen Verurteilungen. Das komplexe Konstrukt der Bündnisse am Vorabend des Konfliktes mit ihren vertraglichen Verpflichtungen und nationalen, machtbezogenen Beweggründen wird greifbar.

Die Gestaltung historischer Beiträge ist oftmals an aktuelle Ereignisse und Gedenktage gebunden. In Erinnerung an das Gruber-De-Gasperi-Abkommen des Jahres 1946 wurde etwa 1966 in der Sendung »Horizonte Südtirol« (A 1966) über die Geschichte Südtirols und die Folgen des Ersten Weltkrieges berichtet. 1970 dienten der Vertrag von Trianon und die Abtretung des Burgenlands an Österreich als Anlass, um die Geschichte dieses Bundeslandes ausgehend von den Ereignissen der Jahre 1914 bis

1918 im Film »Von der Stephanskrone zum Bundesadler« (A 1970) zu rekonstruieren. Die erstmalige urkundliche Nennung »Ostarrichis« im Jahr 996 ist ein weiterer Anlass, in zahlreichen Dokumentationen die Historie Österreichs und somit auch des Ersten Weltkriegs Revue passieren zu lassen. Die Jahre 1914 bis 1918 werden in derartigen Überblicksdarstellungen als Endpunkt einer Ära mitbehandelt – so etwa in der vierten Folge (»Es ist ein gutes Land. Traum und Wirklichkeit: Von der Donaumonarchie zum Kleinstaat«) der Reihe »Österreich-Bild am Sonntag: 1000 Jahre Österreich« (A 1996).

Noch bevor das Jahr 2014 zu Ende geht, ist bereits eine Vielzahl an österreichischen Fernsehproduktionen zum Ersten Weltkrieg präsentiert worden. Neben den bereits genannten Filmen waren und sind noch Filmbiografien über die Chemikerin »Clara Immerwahr« (A/D 2014, R: Harald Sicheritz) und deren Ablehnung des Einsatzes von Giftgas sowie über Bertha von Suttner und Alfred Nobel in »Mr. und Mrs. Nobel« (A/D 2014, R: Urs Egger) zu sehen. In einer dokumentarischen Darstellung in zwei Teilen widmen sich Robert Gokl und Andreas Novak unter dem Titel »Die Kriegsjahre« (A 2014) den Geschehnissen der Jahre 1914 bis 1916 und 1916 bis 1918. Günter Kaindlstorfers Dokumentarfilm »Die Macht der Bilder. Lüge und Propaganda im Ersten Weltkrieg« (A 2014) beleuchtet unter Einbeziehung neuer visueller Quellen die propagandistischen Bemühungen im »Großen Krieg«. Die daraus resultierenden Bildikonen werden kritisch hinterfragt. Die Geschichte hinter den erhaltenen Fotos und Filmen wird erhellt, die Quellen und deren Wertigkeit selbst werden in den Fokus genommen.

Die europäische Großproduktion »14 Tagebücher des Ersten Weltkrieges« (D/F/GB/A 2014) wiederum erzählt mittels Tagebüchern und Briefen aus 35 Nationen die Geschichte des Weltkrieges anhand persönlicher Schicksale.[36] Wie der Krieg erlebt wurde, wird aus der Sicht von Soldaten und sogar Soldatinnen, von Krankenschwestern, Kindern, Arbeiterinnen, Journalisten, Hausfrauen, Künstlerinnen und Künstlern geschildert. Die Emotionen, die Ängste, die Entbehrungen verweisen auf vergleichbare Erfahrungen, die Feinde sind jeweils austauschbar. Begebenheiten werden nachgespielt. Geschickt vermitteln die zusammengestellten Szenen Stimmungsbilder vom Ausbruch des Krieges, von der Front, von den Daheimgebliebenen, vom Ende des Kampfes. Die dargestellten Schicksale verbindet mehr, als sie trennt. Die Sinnlosigkeit des Krieges wird auf diese Weise nachhaltig verdeutlicht.

Die Dokumentarfilmreihe »14 Tagebücher des Ersten Weltkrieges« ist bezeichnend für eine Entwicklung im österreichischen und wohl auch europäischen beziehungsweise internationalen Filmschaffen: Große Themen können nur in Kooperation und anhand gemeinsamer, oft grenzüberschreitender Finanzierung bewältigt werden. Nicht mehr der Mikrokosmos eines Staates, einer Nation, steht im Mittelpunkt; die europäische beziehungsweise globale Tragweite der Geschehnisse soll fassbar werden. Im Sinne dieser Ausrichtung versuchen die aktuellen Produktionen, den Ersten Weltkrieg als weltumspannendes Phänomen und vor allem als Mahnmal für die Geschichte Gesamteuropas zu präsentieren. Das gegenseitige Verständnis steht im Zentrum; Schuld am Ausbruch des Ersten Weltkriegs tragen allen voran die politischen und militärischen Machthaber sämtlicher involvierter Kräfte. TV-Anstalten, Filmproduzenten und die (auch politischen) Fördergeldgeber arbeiten daran, das visuelle Gedächtnis zu erweitern und die daraus resultierende Erinnerungskultur nachhaltig zu beeinflussen. Die Botschaft ist klar: Die Schrecken des Ersten Weltkriegs stehen am Anfang eines langen, schmerzvollen und von Rückschlägen geprägten Prozesses in Richtung einer europäischen Verständigungs- und Friedenspolitik. Film und Fernsehen tun hier also – zumindest teilweise – etwas, was eine, meinen manche, vor allem »nationalstaatlich eingerahmte« Erinnerung an den Ersten Weltkrieg und mit ihr die Historiographie bisher versäumt habe.[37]

ANHANG

ANMERKUNGEN

VORBEMERKUNGEN

1 Amann, Klaus/Lengauer, Hubert (Hg.): Österreich und der Große Krieg. Die andere Seite der Geschichte. Wien 1989, Klappentext 1. Vgl. Suppanz, Werner: Der »überschriebene« Krieg. Die Präsenz des Ersten Weltkriegs in der österreichischen Zeitgeschichte. In: Erker, Linda/Salzmann, Alexander/Dreidemy, Lucile/Sabo, Klaudija (Hg.): Update! Perspektiven der Zeitgeschichte. Innsbruck 2012, 208–216, hier 211. Siehe dazu auch die abschließenden Ausführungen des Kapitels »Verzerrung und Ausblendung«.

2 Seledec, Walter: 1914 ...... und heute? In: Truppendienst 6/2013, 533.

3 Vgl. etwa: http://kurtbayer.wordpress.com/2013/09/15/collateral-damage-austrias-culpable-slide, 30.10.2013.

4 Vgl. diesbezüglich aktuell: Uhl, Heidemarie: Der Erste Weltkrieg im Gedächtnis Österreichs und (Zentral-)Europas – Gedächtnistraditionen in (trans)nationaler Perspektive. In: 1914–2014. Gedenken 1. Weltkrieg. Grundlagenpapier österreichischer Wissenschaftlerinnen und Wissenschaftler aus Anlass des Gedenkens des Ausbruchs des Ersten Weltkriegs vor 100 Jahren. Hg. vom Bundesministerium für europäische und internationale Angelegenheiten. Wien 2014, 30ff.

5 Vgl. dazu einen Forschungsbericht, der im Auftrag der Stadt Wien erstellt wurde: http://www.wien.gv.at/kultur/abteilung/pdf/strassennamenbericht.pdf, 17.7.2014.

6 Überegger, Oswald: »Verbrannte Erde« und »baumelnde Gehenkte«. Zur europäischen Dimension militärischer Normübertretungen im Ersten Weltkrieg. In: Neitzel, Sönke/Hohrath, Daniel (Hg.): Kriegsgreuel. Die Entgrenzung der Gewalt in kriegerischen Konflikten vom Mittelalter bis ins 20. Jahrhundert. Paderborn/München/Wien/Zürich 2008, 241–278, hier speziell 247f. Vgl. auch: Dornik, Wolfram/Kasianov, Georgiy/Leidinger, Hannes/Lieb, Peter/Miller, Alexey/Musial, Bogdan/Rasevyč, Vasyl': Die Ukraine zwischen Selbstbestimmung und Fremdherrschaft 1917–1922. Graz 2011, hier vor allem 477–495.

7 Seledec, Walter: 1914 ...... und heute? In: Truppendienst 6/2013, 533.

8 profil, Nr. 3 v. 13.1.2014, 13.

9 Die Presse am Sonntag, Nr. 20093 v. 9.3.2014, 1. Dass es durchaus gegenteilige Meinungen gibt und diesbezüglich auch die Gesamtlage der österreichisch-ungarischen Monarchie positiver beurteilt wird, belegen unter anderem: Schiavon, Max: L'Autriche-Hongrie dans la Première Guerre mondiale. La fin d'un Empire. Paris 2011; Clark, Christopher: The Sleepwalkers. How Europe went to war 1914. London 2013 bzw. die deutsche Ausgabe: Clark, Christopher: Die Schlafwandler. Wie Europa in den Ersten Weltkrieg zog. München 2013.

10 Gründlich und differenziert dazu: Rauchensteiner, Manfried: Der Erste Weltkrieg und das Ende der Habsburgermonarchie 1914–1918. Wien/Köln/Weimar 2013.

11 Vgl. http://www.spiegel.de/kultur/tv/das-attentat-sarajevo-1914-zdf-film-ueber-anschlag-auf-franz-ferdinand-a-966106.html, 28.7.2014.

12 Überegger, Oswald: »Man mache diese Leute, wenn sie halbwegs verdächtig erscheinen, nieder«. Militärische Normübertretungen, Guerillakrieg und ziviler Widerstand an der Balkanfront. In: Chiari, Bernhard/Groß, Gerhard P. (Hg.): Am Rande Europas? Der Balkan – Raum und Bevölkerung als Wirkungsfelder militärischer Gewalt. München 2009, 121–136, hier insbesondere 132–135; Überegger, »Verbrannte Erde« und »baumelnde Gehenkte«, 268; Segesser, Daniel Marc: Kriegsverbrechen auf dem Balkan und in Anatolien in der internationalen juristischen Debatte der Balkankriege und des Ersten Weltkrieges. In: Angelow, Jürgen (Hg.): Der Erste Weltkrieg auf dem Balkan. Berlin 2011, 193–209; Segesser, Daniel Marc: Kriegsverbrechen? Die österreichisch-ungarischen Operationen des August 1914 in Serbien in Wahrnehmung und Vergleich. In: Dornik, Wolfram/Walleczek-Fritz, Julia/Wedrac, Stefan (Hg.): Frontwechsel. Österreich-Ungarns »Großer Krieg« im Vergleich. Wien/Köln/Weimar 2014, 213–233; Le Moal, Frédéric: La Serbie du martyre à la victoire 1914–1918. Paris 2008. Zur älteren Literatur unter anderem: Hautmann, Hans: Kriegsgesetze und Militärjustiz in der österreichischen Reichshälfte 1914–1918. In: Weinzierl, Erika/Stadler, Karl R. (Hg.): Justiz und Zeitgeschichte. Wien 1977, 101–122; Oberkofler, Gerhard/Rabofsky, Eduard: Hans Kelsen im Kriegseinsatz der k.u.k. Wehrmacht. Frankfurt/M. 1988. Dies.: Tiroler Kaiserjäger in Galizien. In: Weiss, Sabine (Hg.): Historische Blickpunkte. Festschrift für Johann Rainer. Innsbruck 1988, 505–527. Nicht zuletzt auf die Kriegsführung Deutschlands und Österreich-Ungarns und damit auch auf die Frage von Kriegsverbrechen dürfte im Übrigen die für Herbst 2014 angekündigte Publikation von Alexander Watson eingehen: Watson, Alexander: Ring of Steel: Germany and Austria-Hungary at War, 1914–1918 (in Druck). Vgl. auch: Staudinger, Martin: Mein Großvater, der Mörder. Der Historiker Gerhard Jagschitz auf den Spuren seines Großvaters, dem Geheimdienstler und Chefspion Max Ronge. In: http://www.zeit.de/2007/13/OE-Jagschitz, 1.8.2014.

13 Unter den vielen seit dem Jahr 2000 erschienenen Publikationen etwa: Hagen, Mark von: War in a European Borderland: Occupations and Occupation Plans in Galicia and Ukraine, 1914–1918. Seattle 2007; Holquist, Peter: Making War, Forging Revolution: Russia's Continuum of Crisis, 1914–1921. Cambridge, Mass. 2002; Prusin, Alexander Victor: Nationalizing a Borderland: War, Ethnicity, and Anti-Jewish Violence in East Galicia, 1914–1920. Tuscaloosa 2005; Lohr, Eric: Nationalizing the Russian Empire: The Campaign against Enemy Aliens during World War I. Cambridge 2003; Dekel-Chen, Jonathan/Gaunt, David/Meir, Natan M./Bartal, Israel (Hg.): Anti-Jewish Violence. Rethinking the Pogrom in East European History. Bloomington/Indianapolis 2011; Eisfeld, Alfred/Hausmann, Guido/Neutatz, Dietmar (Hg.): Besetzt, interniert, deportiert. Der Erste Weltkrieg und die deutsche, jüdische, polnische und ukrainische Zivilbevölkerung im östlichen Europa. Essen 2013; Horne, John/Kramer, Alan: Deutsche Kriegsgreuel 1914. Die umstrittene Wahrheit. Hamburg 2004; Kramer, Alan: Dynamic of Destruction. Culture and Mass Killing in the First World War. Oxford 2007; Dadrian, Vahakn N.: The History of the Armenian Genocide. 6. Aufl. New York 2004; Gust, Wolfgang: Der Völkermord an den Armeniern 1915/16. Dokumente aus dem Politischen Archiv des deutschen Auswärtigen Amtes. Springe 2005; Bloxham, Donald: The Great Game of Genocide: Imperialism, Nationalism, and the Destruction of the Ottoman Armenians. Oxford 2005; Hankel, Gerd: Die Leipziger Prozesse. Deutsche Kriegsverbrechen und ihre strafrechtliche Verfolgung nach dem Ersten Weltkrieg. Hamburg 2003; Wiggenhorn, Harald: Verliererjustiz. Die Leipziger Kriegsverbrecherprozesse nach dem Ersten Weltkrieg. Baden-Baden 2005.

14 Dazu das Kapitel »Verzerrung und Ausblendung«.

15 Seledec, Walter: 1914 …… und heute? In: Truppendienst 6/2013, 533.

16 Als Beleg hierfür darf etwa die Aufnahme kritischer Beiträge in ein dem Ersten Weltkrieg gewidmetes Schwerpunktheft des Fachmagazins »Truppendienst« gewertet werden. Siehe dazu: Truppendienst Spezial, Nr. 22, 2/2014: Der Erste Weltkrieg in Europa 1914/15, insbesondere die Seiten 32 und 33.

17 Dazu am Beispiel der österreichischen Wissenschaftsgeschichte in der zweiten Hälfte des 19. und der ersten Hälfte des 20. Jahrhunderts unter Verweis auf Erwägungen von Pierre Bourdieu: Feichtinger, Johannes: Wissenschaft als reflexives Projekt. Von Bolzano über Freud zu Kelsen: Österreichische Wissenschaftsgeschichte 1848–1938. Bielefeld 2010.

18 Das Unbehagen an Geistesströmungen, die von »Wirklichkeit« nur mehr – wie hier – unter Anfüh-

rungszeichen schreiben, um nicht »unter den Verdacht zu geraten, sie seien so naiv zu glauben«, es gäbe eine »Wirklichkeit wirklich«, hat auch Helmut Lethen in seinem Buch »Der Schatten des Fotografen« dazu veranlasst, sich »gegen allzu viel Konstruktion« zu wehren. In ihrer Rezension zu Lethens Arbeit hat Annette Vowinckel auf eine Reihe vergleichbarer Wortmeldungen hingewiesen. Allerdings lässt sich das intellektuelle Potenzial tief greifender erkenntnistheoretischer Skepsis – auch wenn die »Wiederkehr der Dinge« und »harten Fakten« die »Zunft seit einiger Zeit umtreibt« – nicht allein durch eine postulierte Hinwendung zur vermeintlichen oder tatsächlichen Realität und entsprechende Bekenntnisse ersetzen. – Annette Vowinckel, Rez. GA: H. Lethen: Der Schatten des Fotografen. In: http://hsozkult.geschichte.hu-berlin.de/rezensionen/2014-2-073, 29.4.2014.

19 Vgl. http://www.salzburg.com/nachrichten/oesterreich/politik/sn/artikel/1914-nationaler-blick-auf-krieg-dominiert-95878/, 25.7.2014.

20 Vgl. Andreas Rose: Sammelrezension zu: Krumeich, Gerd: Juli 1914. Eine Bilanz. Paderborn: Ferdinand Schöningh Verlag 2014; McMeekin, Sean: July 1914. Countdown to War. New York: Perseus Book Group 2013; MacMillan, Margaret: The War That Ended Peace. The Road to 1914. London: Random House 2013; Clark, Christopher: Die Schlafwandler. Wie Europa in den Ersten Weltkrieg zog [Aus dem Englischen von Norbert Juraschitz]. München: Deutsche Verlags-Anstalt 2013; Otte, Thomas: July Crisis. The World's Descent into War, Summer 1914. Cambridge: Cambridge University Press 2014. In: H-Soz-u-Kult, 30.07.2014, http://hsozkult.geschichte.hu-berlin.de/rezensionen/2014-3-074, 1.8.2014.

21 Unter anderem sei neben den diesbezüglichen Debatten über die Wirkung postmodernen Denkens die 2012 von der Tübinger Geschichtsphilosophin Doris Gerber vorgelegte Arbeit »Analytische Metaphysik der Geschichte« hervorgehoben. – Gerber, Doris: Analytische Metaphysik der Geschichte. Handlungen, Geschichte und ihre Erklärungen. Frankfurt am Main 2012.

22 Duby, Georges/Lardreau, Guy: Geschichte und Geschichtswissenschaft. Dialoge. Frankfurt am Main 1982, 38 und 44.

23 Dazu etwa: Dornik, Wolfram/Kasianov, Georgiy/Leidinger, Hannes/Lieb, Peter/Miller, Alexey/Musial, Bogdan/Rasevyc, Vasyl': Die Ukraine zwischen Selbstbestimmung und Fremdherrschaft 1917–1922. Graz 2011; Leidinger, Hannes: »Der Einzug des Galgens und des Mordes«. Die parlamentarischen Stellungnahmen polnischer und ruthenischer Reichsratsabgeordneter zu den Massenhinrichtungen in Galizien 1914/15. In: Zeitgeschichte, Nr. 5, 33. Jg., 2006, 235–260.

24 Zum Beispiel: Münkler, Herfried: Der Große Krieg. Die Welt 1914 bis 1918. Berlin 2013, 176–194; Rauchensteiner, 193 und 200.

25 Siehe dazu die Kapitel »Eskalation der Gewalt«, »Gefangenschaft« und »Ordnung schaffen«.

26 Diesbezüglich unter anderem: Dillon, Martin: The Dirty War. Covert Strategies and Tactics Used in Political Conflicts. Routlegde 1999; Robinson, Donald (Hg.): The Dirty Wars. Guerrilla Actions Around the World from WWII to the Present. New York 1968; Woodworth, Paddy: Dirty War, Clean Hands. ETA, the GAL and Spanish Democracy. Yale 2003; Alexander, Martin S./Keiger, John F. V.: France and the Algerian War, 1954–1962. Strategy, Operations and Diplomacy. London u. a. 2002.

27 Segesser, Daniel Marc: Recht statt Rache oder Rache durch Recht? Die Ahndung von Kriegsverbrechen in der internationalen wissenschaftlichen Debatte 1872–1945. Paderborn/München/Wien/Zürich 2010, 58.

28 Siehe diesbezüglich das Kapitel »Welches Recht?«.

29 Dazu das Kapitel »Die ›Kriegsschuld‹«.

30 Hinsichtlich dessen das Kapitel »Verzerrung und Ausblendung«.

31 Zu dieser Frage auch: Liulevicius, Vejas Gabriel: Von »Ober Ost« nach »Ostland«? In: Groß, Gerhard P. (Hg.): Die vergessene Front. Der Osten 1914/15. Ereignis, Wirkung, Nachwirkung. Paderborn/München/Wien/Zürich 2006, 295–310, hier 309.

32 Jones, Heather: Violence against Prisoners of War in the First World War: Britain, France and Germany, 1914–1920. Cambridge 2011, 3, 39, 52 und 56.

33 Ziemann, Benjamin: Gewalt im Ersten Weltkrieg. Töten – Überleben – Verweigern. Essen 2013, 13.

34 Ebd.

35 Schnell, Felix: Räume des Schreckens. Gewalt und Gruppenmilitanz in der Ukraine, 1905–1933. Hamburg 2012, 12.

36 Kramer, Helmut: Die zivilen Falken. In: Die Presse/Spectrum v. 29.3.2014, VII.

37 Moritz, Verena/Leidinger, Hannes: Die Nacht des Kirpitschnikow. Eine andere Geschichte des Ersten Weltkrieges. München 2008, 22.

38 Zur Frage der Verantwortung siehe u. a. den Epilog bei McMeekin, dessen Darstellungen allerdings auf insgesamt überaus spärlichen Belegen aufgebaut sind. Fragwürdig erscheint u. a. die Auswahl von Literatur und Quellen zu Österreich-Ungarn: McMeekin, Sean: Juli 1914. Der Countdown in den Krieg. Berlin 2014, 473–500. Problematische Schuldzuweisungen mit einer prozentuellen Aufteilung der »Kriegsschuld« siehe bei: Geiss, Immanuel: Deutschland und Österreich-Ungarn beim Kriegsausbruch 1914. Eine machthistorische Analyse. In: Gehler, Michael/Schmidt, Rainer F./Brandt, Harm-Hinrich/Steininger, Rolf (Hg.): Ungleiche Partner? Österreich und Deutschland in ihrer gegenseitigen Wahrnehmung. Historische Analysen und Vergleiche aus dem 19. Jahrhundert. Stuttgart 1996, 375–395, hier 377.

39 Vgl. Rose, Sammelrezension.

40 Schnell, 13. Zur Verantwortung der handelnden Personen bezüglich der Krise im Juli 1914 siehe u. a.: Förster, Stig: Wochen der Entscheidung. In: Damals. Das Magazin für Geschichte und Kultur, Nr. 5/2004. Titelthema: Die Juli-Krise, 14–19.

DIE »KRIEGSSCHULD«

1 Vgl. Moritz, Verena/Leidinger, Hannes: Oberst Redl. Der Spionagefall, der Skandal, die Fakten. St. Pölten/Salzburg/Wien 2012, 269.

2 Le Rider, Jacques: Der Fall Otto Weininger. Wien/München 1985, 62.

3 Leidinger, Hannes/Moritz, Verena: Der Erste Weltkrieg. Wien/Köln/Weimar 2011, 24.

4 Förster, Stig: Im Reich des Absurden: Die Ursachen des Ersten Weltkrieges. In: Wegner, Bernd (Hg.): Wie Kriege entstehen. Zum historischen Hintergrund von Staatenkonflikten. Paderborn/München/Wien/Zürich 2000, 211–252, hier 220–233.

5 Leidinger/Moritz, Der Erste Weltkrieg, 20f.

6 Das lange in der Historiographie vorherrschende Narrativ einer allgemeinen Kriegsbegeisterung wurde mittlerweile von einer Reihe differenzierterer Darstellungen abgelöst. Auch Stig Förster weist darauf hin, dass es neben den Jubelszenen im Sommer 1914 beispielsweise in Frankreich zu Massenprotesten gegen den Krieg kam, während in Großbritannien stummes Entsetzen weit verbreitet war. Es lässt sich kaum mehr behaupten, so Förster, »dass die Völker Europas mehrheitlich mit Begeisterung in den Krieg gezogen sind. Es handelte sich auch nicht um einen Zug der Lemminge, der willenlos dem Abgrund entgegengestrebt wäre. Vielmehr ließ sich wirksamer Widerstand nicht organisieren, zumal die sozialistische Internationale versagte, so dass kriegsbegeisterte Minderheiten die Oberhand behielten.« – Förster, 246.

7 Ebd., 219 und 234–237.

8 Die Jahre vor dem Ersten Weltkrieg brachten für die koloniale Welt eine Stabilisierung mit sich: »Die Spannungen zwischen den Kolonialmächten ließen nach und wurden teilweise sogar vertraglich geregelt.« – Osterhammel, Jürgen: Die Verwandlung der Welt. Eine Geschichte des 19. Jahrhunderts. München 2009, 578.

9 Vgl. Förster, 221–227 und 238.

10 Zit. nach Leidinger/Moritz, Der Erste Weltkrieg, 25f.

11 Osterhammel, 578f.

12 Rauchensteiner, Manfried: Der Erste Weltkrieg und das Ende der Habsburgermonarchie. Wien/Köln/Weimar 2013, 111.

13 Förster, 226.

14 Dazu unter anderem: Schmidt, Stefan: Frankreichs Außenpolitik in der Julikrise 1914. Ein Beitrag zur Geschichte des Ausbruchs des Ersten Weltkrieges. München 2009, 62ff., 357f., 360 und 370.

15 Vgl. Schmidt, 355f.

16 McMeekin, Sean: July 1914. Countdown to war. London 2013, 59.

17 Clark, Christopher: The Sleepwalkers. How Europe went to War in 1914. London 2013, 449, 505–516 und 537–551.

18 Kronenbitter, Günther: »Nur los lassen«. Österreich-Ungarn und der Wille zum Krieg. In: Burkhardt, Johannes/Becker, Josef/Förster, Stig/Kronenbitter, Günther (Hg.): Lange und kurze Wege in den Ersten Weltkrieg. Vier Augsburger Beiträge zur Kriegsursachenforschung. München 1996, 159–187, hier 161.

19 Förster, 243f.

20 Clark, 449 und 505–516.

21 Neben den Ausführungen von Christopher Clark vergleiche diesbezüglich auch: Förster, 212–217. Außerdem: Hannig, Alma: Das Attentat, die Julikrise und der Krieg. In: Truppendienst Spezial, Nr. 22, 2/2014: Der Erste Weltkrieg in Europa 1914/15, 47–53, hier insbesondere das kurze Resümee auf Seite 53.

22 Vgl. u. a.: Rauchensteiner, Manfried: Entfesselung in Wien? Österreich-Ungarns Beitrag zum Ausbruch des Ersten Weltkrieges. In: Gehler, Michael/Schmidt, Rainer F./Brandt, Harm-Hinrich/Steininger, Rolf (Hg.): Ungleiche Partner? Österreich und Deutschland in ihrer gegenseitigen Wahrnehmung. Historische Analysen und Vergleiche aus dem 19. und 20. Jahrhundert. Stuttgart 1996, 355–374 oder Moritz, Verena: »Wir sind also noch fähig zu wollen!«. In: Moritz, Verena/Leidinger, Hannes: Die Nacht des Kirpitschnikow. Eine andere Geschichte des Ersten Weltkrieges. München 2008, 66–96.

23 Kramer, Alan: Dynamic of Destruction. Culture and Mass Killing in the First World War. Oxford 2007, 90; Leidinger/Moritz, Der Erste Weltkrieg, 21 und 25.

24 Zit. nach Rauchensteiner, Der Erste Weltkrieg, 95.

25 Dazu das k.u.k. Außenministerium an seinen Gesandten in Serbien: Die »gewählte Bezeichnung Ultimatum« für »unsere Démarche [...] ist insofern unrichtig, als fruchtloser Ablauf der Frist nur vom Abbruch der diplomatischen Beziehungen, nicht auch sofort vom Eintritt des Kriegszustandes gefolgt ist«. – Diplomatische Aktenstücke zur Vorgeschichte des Krieges (DAVK). Hrsg. vom Staatsamt für Äußeres in Wien. Berlin 1923, Erster Teil, 104.

26 Protokolle des Gemeinsamen Ministerrates der Österreichisch-Ungarischen Monarchie (1914–1918). Eingeleitet und zusammengestellt von Miklós Komjáthy. Budapest 1966, 148.

27 Ebd., 93.

28 Zit. nach Rauchensteiner, Der Erste Weltkrieg, 104. Vgl. Kronenbitter, 161–163 und 167.

29 Kramer, 87. Die Formulierungen zu Stürgkhs Haltung zum Krieg in Leidinger/Moritz, Der Erste Weltkrieg, 28 sind Folgen eines missglückten Korrekturvorgangs bei der Fertigstellung des Buches. Die Position des k.k. Ministerpräsidenten ist, wie auch hier und in anderen Publikationen der genannten Autoren betont wird, evident. Die Autoren danken Lothar Höbelt für die kollegiale Art, mit der er auf den Fehler aufmerksam gemacht hat.

30 Rauchensteiner, Der Erste Weltkrieg, 123–125.

31 Hoffmann, Dieter: Der Sprung ins Dunkle. Oder wie der 1. Weltkrieg entfesselt wurde. Leipzig 2010, 204.

32 Rauchensteiner, Der Erste Weltkrieg, 93f.

33 The National Archives (TNA), Foreign Office 371/1900, Maurice de Bunsen an Sir Edward Grey, 1.9.1914, 7.

34 Ebd., 1.

35 Rauchensteiner, Der Erste Weltkrieg, 128. Vgl. DAVK, Zweiter Teil, 25.

36 TNA, FO 371/1900, Maurice de Bunsen an Sir Edward Grey, 1.9.1914, 7; vgl. DAVK, Zweiter Teil, 127.

37 Förster, 242f.

38 Zit. nach Rauchensteiner, Der Erste Weltkrieg, 135.

39 Förster, 243f.

40 DAVK, Dritter Teil, 11.

41 Ebd., 35.

42 Ebd.

43 TNA, FO 371/1900, Maurice de Bunsen an Sir Edward Grey, 1.9.1914, 7f. Zu Berchtolds entschlossenem Kriegskurs im Gegensatz zu den Versuchen der europäischen Diplomatie, einen Waffengang zu verhindern. – McMeekin, July 1914, 244f.

44 DAVK, Dritter Teil, 37.

45 TNA, FO 371/1900, Maurice de Bunsen an Sir Edward Grey, 1.9.1914, 7.

46 Zit. nach Kronenbitter, 183.
47 Clark, 429.
48 Siehe dazu ebd., 411, 414, 445 und 481–483.
49 Moritz, »Wir sind also noch fähig zu wollen!«, 88.
50 Protokolle des Gemeinsamen Ministerrates der Österreichisch-Ungarischen Monarchie, 142–148.
51 Ebd., 148f. und 150–154.
52 DAVK, Erster Teil, 100.
53 Ebd., 106.
54 Ebd., Zweiter Teil, 34.
55 Kanner, Heinrich: Kaiserliche Katastrophen-Politik. Ein Stück zeitgenössischer Geschichte. Leipzig 1922, 370f. Vgl. Kronenbitter, 164, Clark, 452. »Wirklich erklärungsbedürftig ist hingegen die Bereitschaft«, mit der »Niederzwingung Serbiens einen Krieg gegen Russland in Kauf zu nehmen, also den Dritten Balkankrieg zum Weltkrieg werden zu lassen«. – Kronenbitter, 169.
56 Clark, 429. Vgl. DAVK, Dritter Teil, 55.
57 Rauchensteiner, Der Erste Weltkrieg, 123.
58 Leidinger/Moritz, Der Erste Weltkrieg, 30; Rauchensteiner, Der Erste Weltkrieg, 122; Kronenbitter, 164.
59 Moritz, »Wir sind also noch fähig zu wollen!«, 71 und 96.
60 Zit. nach Fellner, Fritz: Die »Mission Hoyos«. In: Les grandes puissances et la Serbie à la veille de la Première guerre mondiale. Assise scientifique de l'Académie serbe des sciences et des arts v. IV, Classe des sciences historiques Nr. 1 Beograd 1976, 387–418, hier 396.
61 Zit. nach Afflerbach, Holger: Der Dreibund. Europäische Großmacht- und Allianzpolitik. Wien/Köln/Weimar 1992, 832.
62 Dornik, Wolfram: Des Kaisers Falke. Wirken und Nach-Wirken von Franz Conrad von Hötzendorf. Innsbruck/Wien/Bozen 2013, 129.
63 Mitrović, Andrej: Serbia's Great War 1914–1918. London 2007, 25.
64 Allerdings behauptete Dimitrijević 1915 in einem Brief an einen Freund aus den Reihen der »Schwarzen Hand«: »Ehrlich gesagt dachte ich in diesem Augenblick, dass ein solches Attentat niemals gelingen könnte. [...] Jedenfalls hätte ich mir nicht einmal träumen lassen, dass das Attentat ein Anlass für einen Krieg gegen Serbien sein könnte. [...] Als ich jedoch später etwas eingehender über diese Sache nachdachte, beschloss ich zu versuchen, die jungen Männer zurückzuholen und das Attentat auf jede erdenkliche Weise zu verhindern.« – Bjelajac, Mile: Serbien im Ersten Weltkrieg. In: Marković, Gordana Ilić: Veliki Rat – Der Große Krieg. Der Erste Weltkrieg im Spiegel der serbischen Literatur und Presse. Wien 2014, 47–70, hier 51f.
65 Marie-Janine Čalić weist in einem jüngst veröffentlichten Beitrag daher Christopher Clarks These zurück, Serbien habe bei der zum Krieg führenden Eskalationsdynamik eine wichtige Rolle gespielt. – Čalić, Marie-Janine: Kriegstreiber Serbien? Die Südslawen und der Erste Weltkrieg: eine Richtigstellung. In: Osteuropa, 02–04/2014, Themenheft: Totentanz. Der Erste Weltkrieg im Osten Europas, 43–58. Zu den serbischen Deeskalationsbestrebungen speziell nach den Balkankriegen 1912/13 auch: Bjelajac, 48f.
66 Arbeiter-Zeitung, Nr. 178 v. 30.6.1914, 3.
67 Mitrović, 7; Bjelajac, 53.
68 Arbeiter-Zeitung, Nr. 178 v. 30.6.1914, 3.
69 Neue Freie Presse, Nr. 17913 v. 9.7.1914, 5.
70 Arbeiter-Zeitung, Nr. 178 v. 30.6.1914, 3.
71 Mitrović, 7.
72 Reichspost, Nr. 306 v. 4.7.1914, 7.
73 Arbeiter-Zeitung, Nr. 179 v. 1.7.1914, 2.
74 Ebd.
75 Interview mit einem Mitarbeiter der »Leipziger Nachrichten«, zusammengefasst in: Reichspost, Nr. 332 v. 18.7.1914, 2.
76 Meldung des »Fremdenblattes« vom 2. Juli 1914, zitiert in: Neue Freie Presse, Nr. 17907 v. 3.7.1914, 4.
77 Clark, 60f.

78 Friedrich Würthle hat allerdings in seinem Buch »Die Spur führt nach Belgrad« behauptet, dass »keine amtliche Warnung« erfolgte und dass »Herr Jovanovič« vom »vor- und umsichtigen Ministerpräsidenten Pašić nicht beauftragt« wurde, »in irgendeiner Form, privat, amtlich oder auch nur andeutungsweise, einen Schritt zu unternehmen, der als Warnung hätte aufgefasst werden können«. Vielmehr habe Jovanović am 4. Juli Pašić berichtet, »dass er am Ende des vorigen Monats einigen Botschaftern gesagt hat, dass die Manöver in Bosnien wie eine Demonstration aussehen«. – Würthle, Friedrich: Die Spur führt nach Belgrad. Die Hintergründe des Dramas von Sarajevo 1914. Wien/München 1975, 34f. Christopher Clark jedenfalls behauptet im Unterschied dazu, dass es ernstzunehmende Hinweise auf bestimmte Warnungen gegeben habe. In diesem Zusammenhang nennt Clark gleich mehrere Quellen. – Clark 60f. und 576; vgl. Bjelajac, 51.

79 Clark, 60f.

80 Ebd. 61; vgl. Morton, Frederic: Wetterleuchten 1913/1914. Wien 1990, 201f.; Weissensteiner, Friedrich: Franz Ferdinand. Der verhinderte Herrscher. 2. Aufl. München /Zürich 1999, 14f.

81 Clark, 61; Mitrović, 7 und 11f.

82 Kontakte sogar bezüglich »eventueller serbischer Waffenbestellungen« in der Habsburgermonarchie beziehungsweise österreichisch-ungarischer »Genehmigungen von Kriegsmaterial-Ausfuhren nach Serbien« sind in den Dokumenten des k.u.k. Außenministeriums noch bis Mitte Juli 1914 nachweisbar. – Agstner, Rudolf (Hg.): 1914. Das andere Lesebuch zum 1. Weltkrieg. Unbekannte Dokumente der österreichisch-ungarischen Diplomatie. Wien/Berlin 2013, 54f. und 91f.

83 Würthle, Friedrich: Die Spur führt nach Belgrad. Die Hintergründe des Dramas von Sarajevo 1914. Wien/München 1975, 93.

84 Mile Bjelajac betont diesbezüglich auch, dass Russland »ebenfalls nicht bereit für den Krieg« war und »von Serbien maximale Zurückhaltung und Entgegenkommen gegenüber eventuellen Forderungen seitens Österreich-Ungarns« verlangte. – Bjelajac, 54.

85 DAVK, Erster Teil, 85.

86 Rauchensteiner, Der Erste Weltkrieg, 108.

87 Mitrović, 50.

88 DAVK, Dritter Teil, 13.

89 Ebd., 97.

90 Ebd., Dritter Teil, 23f.

91 Vgl. auch: McMeekin, July 1914, 253.

92 Protokolle des Gemeinsamen Ministerrates der Österreichisch-Ungarischen Monarchie, 148.

93 Rauchensteiner, Der Erste Weltkrieg,133.

94 DAVK, Dritter Teil, 27.

95 Ebd., Zweiter Teil, 126f.

96 Vgl. die Einschätzungen bei Clark, 483; Bjelajac, 54; Schmidt, 360–363 sowie McMeekin, Sean: The Russian Origins of the First World War. Cambridge/London 2011.

97 Etwas einseitig wirken Erklärungsversuche, Aussagen der Regierungsmitglieder und Diplomaten des Zarenreiches in erster Linie als Täuschung darzustellen und den russischen Mobilisierungsplänen die Hauptschuld am Ausbruch des Weltkrieges zu geben. Wie im Falle Serbiens scheint im größeren Maßstab auch die Haltung des Romanow-Imperiums – oder Frankreichs – von der nachvollziehbaren Maxime geleitet gewesen zu sein, im Falle bewaffneter Konfrontationen militärisch und bündnispolitisch über eine möglichst günstige Ausgangslage zu verfügen. – Vgl. dazu die Ausführungen von: Menning, Bruce W.: War Planning and Initial Operations in the Russian Context, In: Hamilton, Richard F./Herwig, Holger H. (Hg.): War Planning 1914. Cambridge 2010, 80–142 sowie: Menning, Bruce: Nasledie Agenta Nr. 25, in: Rodina 2014 (in Druck). Vgl. außerdem die Einschätzung von Dominic Lieven: »How important was the general mobilisation of the Russian army on 31 July? At first glance it would seem to have been crucial since Russia's move was answered immediately by Germany's mobilisation and within two days by the outbreak of war. Even without the Russian mobilisation there is, however, every reason to doubt whether by 30 July a European conflict could have been avoided since, as Russian diplomats stressed, by then Austria and Germany had gone too far to retreat without serious damage to their prestige and to the stability of their alliance.« – Lieven, D. C. B.: Russia and the Origins of the First World War. London 1983, 150f. Vgl. dazu auch die Darstellungen bei Jelavich, Barbara: Russia's Balkan entanglements 1806–1914. Cambridge 1991, 248–265.

98 DAVK, Zweiter Teil, 116f.
99 TNA, FO 371/1900, Maurice de Bunsen an Sir Edward Grey, 1.9.1914, 7f.
100 Clark, 472.
101 Diesbezüglich im Vergleich zu vielen anderen Darstellungen ausführlicher: McMeekin, July 1914, 241ff.
102 Rauchensteiner, Der Erste Weltkrieg, 118; Mitrović, 50; McMeekin, July 1914, 255.
103 DAVK, Erster Teil, 89.
104 Protokolle des Gemeinsamen Ministerrates der Österreichisch-Ungarischen Monarchie 155f.; DAVK, Dritter Teil, 65f.
105 Kanner, 253.
106 Kronenbitter, 169, 175 und 181; Kramer, 88.
107 Leidinger/Moritz, Der Erste Weltkrieg, 30.
108 Kronenbitter, 172f.
109 Leidinger/Moritz, Der Erste Weltkrieg, 30f.; Kronenbitter, 175. Bezeichnend diesbezüglich auch die Warnung Londons am 24. Juli 1914, »Österreich-Ungarn unterschätze Serbien und werde sich dort verbluten«. – DAVK, Zweiter Teil, 12.
110 Moritz, »Wir sind also noch fähig zu wollen!«, 88; Würthle, 96f. Siehe diesbezüglich auch mit Blick auf das Verhältnis zwischen Deutschland und Österreich-Ungarn: Burz, Ulfried: Die Kriegsschuldfrage in Österreich (1918–1938). Zwischen Selbstverleugnung und Identitätssuche. In: Burz, Ulfried/Derndarsky, Michael/Drobesch, Werner (Hg.): Brennpunkt Mitteleuropa. Klagenfurt 2000, 97–115, hier 99f.

ESKALATION DER GEWALT

1 Leidinger, Hannes/Moritz, Verena: Der Erste Weltkrieg. Wien/Köln/Weimar 2011, 86f.
2 Baberowski, Jörg: Einleitung: Ermöglichungsräume exzessiver Gewalt. In: Ders./Metzler, Gabriele (Hg.): Gewalträume. Soziale Ordnungen im Ausnahmezustand. Frankfurt/New York 2012, 7–27, hier 10–12.
3 Beyrau, Dietrich/Hochgeschwender, Michael/Langewiesche, Dieter: Einführung: Zur Klassifikation von Kriegen. In: Dies. (Hg.): Formen des Krieges. Von der Antike bis zur Gegenwart. Paderborn/München/Wien/Zürich 2007, 9–15, hier 13.
4 Die Österreichisch-Ungarischen Dokumente zum Kriegsausbruch. Diplomatische Aktenstücke zur Vorgeschichte des Krieges 1914. Zweiter Teil, 24. Juli bis 28. Juli 1914. Hrsg. vom Staatsamt für Äußeres in Wien. Berlin 1923, 85.
5 Hohrath, Daniel/Neitzel, Sönke: Entfesselter Kampf oder gezähmte Kriegführung? Gedanken zur regelwidrigen Gewalt im Krieg. In: Dies. (Hg.): Kriegsgreuel. Die Entgrenzung der Gewalt in kriegerischen Konflikten vom Mittelalter bis ins 20. Jahrhundert. Paderborn/München/Wien/Zürich 2008, 9–37, hier 10; vgl. Baberowski, 10.
6 Kramer, Alan: Dynamic of Destruction. Culture and Mass Killing in the First World War. Oxford 2007, 41.
7 Hohrath/Neitzel, 21–23.
8 Ebd., 23–25. Dazu auch das Kapitel »Welches Recht?«.
9 Gumz, Jonathan: The resurrection and collapse of empire in Habsburg Serbia, 1914–1918. Cambridge/New York 2009, 30.
10 Vgl. dazu u. a. die Überlegungen bei Gammerl, Benno: Staatsbürger, Untertanen und Andere. Der Umgang mit ethnischer Heterogenität im Britischen Weltreich und im Habsburgerreich 1867–1918. Göttingen 2010.
11 Geyer, Michael: Urkatastrophe, Europäischer Bürgerkrieg, Menschenschlachthaus – Wie Historiker dem Epochenbruch des Ersten Weltkrieges Sinn geben. In: Rother, Rainer (Hg.): Der Weltkrieg 1914–1918. Ereignis und Erinnerung. Berlin/Wolfratshausen 2004, 24–33, hier 28.
12 Trees, Pascal: Russland und die deutsche Zivilbevölkerung im Königreich Polen während des ersten Weltkriegsjahres 1914/15. In: Eisfeld, Alfred/Hausmann, Guido/Neutatz, Dietmar (Hg.): Besetzt, interniert, deportiert. Der Erste Weltkrieg und die deutsche, jüdische, polnische und ukrainische Zivilbevölkerung im östlichen Europa. Essen 2013, 199–230, hier 212f.

13 Rauchensteiner, Manfried: Der Erste Weltkrieg und das Ende der Habsburgermonarchie 1914–1918. Wien/Köln/Weimar 2013, 174f.

14 K.u.k. Generalstabsabteilung des k.u.k. 2. Korpskommandos an das Kriegsüberwachungsamt betreffend Kriegsgefangene in Wien, 30.7.1914, in: Österreichisches Staatsarchiv (ÖSTA)/Kriegsarchiv (KA), KM 1914, Abt. 10, Kt. 7288, 10. Abt. 10-2/2.

15 Vgl. dazu etwa: ÖSTA/Haus-, Hof- und Staatsarchiv (HHSTA) PA I, Kt. 890: Liasse Krieg 7, Mappe Marokko 1914–1917, Fol. 1–223. Ich danke Univ.-Doz. Dr. Ernst Schmidl für die Einsichtnahme in seine diesbezüglichen Exzerpte.

16 Rauchensteiner, Der Erste Weltkrieg, 850.

17 Gammerl, 315.

18 Moritz, Verena/Leidinger, Hannes: Oberst Redl. Der Spionagefall, der Skandal, die Fakten. St. Pölten/Salzburg/Wien 2012, 249 und 254f. Zur »spymania« in Großbritannien siehe z. B.: Rose, Andreas: Zwischen Empire und Kontinent. Britische Außenpolitik vor dem Ersten Weltkrieg. München 2011, 82–102.

19 Bericht der britischen Botschaft in Wien vom 16.2.1914, in: TNA, FO 371/1898, No 6952; Bericht des französischen Militärattachés in Wien vom 18.12.1913, in: Service Historique de la Défense (SHD)/Archives de l'armée de terre) AAT, Etat-major de l'armée de terre. Attaché militaire, Autriche-Hongrie 1911–1913, 7 N 1131, Nouvelles politiques, 18.12.1913.

20 K.u.k. Kriegsministerium, Abschrift des Berichtes des k.u.k. 10. Korpskommandos K. Nr. 1157, Przemyśl, 27. Juni 1914, an das Präsidium der k.u.k. Statthalterei in Lemberg, in: ÖSTA/Allgemeines Verwaltungsarchiv (AVA), MdI/Präsidium, 22. Russophile Propaganda in genere 1914, Präs. Nr. 8910/191. Vgl. Russische Vertrauensmänner in Galizien, 23.10.1914, in: ÖSTA/KA, Archiv d. k.k. Min. f. LV., Präsidialakten, Justizwesen 1914, Kt. 547, Präs. Nr. 9155/V.

21 Ministerium des Innern betreffend Unterdrückung der russophilen Kundgebungen, 1.8.1914, in: ÖSTA/AVA, MdI/Präsidium, 22. Russophile Propaganda in genere 1914, Kt. 2087, Präs. Nr. 9140/1914.

22 Vorbereitende Maßnahmen – Anträge des Chefs des Generalstabs, An das k.u.k. Kriegsministerium, 16.7.1914, in: ÖSTA/KA, KM 1914, Abt. 10, Kt. 7288, 10. Abt. 5-1/9.

23 Zu den Entwicklungen in Bosnien-Herzegowina, den dortigen »großserbischen Tendenzen« und der Neigung insbesondere militärischer Kreise zur »Härte gegen den inneren wie gegen den äußeren Feind« siehe unter anderem: Jeřábek, Rudolf: Potiorek. General im Schatten von Sarajewo. Graz/Wien/Köln 1991, 45–81; Kronenbitter, Günther: »Nur los lassen«. Österreich-Ungarn und der Wille zum Krieg. In: Burkhardt, Johannes/Becker, Josef/Förster, Stig/Kronenbitter, Günther (Hg.): Lange und kurze Wege in den Ersten Weltkrieg. Vier Augsburger Beiträge zur Kriegsursachenforschung. München 1996, 159–187, hier 176–179.

24 Neue Freie Presse, Nr. 17907 v. 3.7.1914, 4. Dazu auch: Der serbische Gesandte in Wien, Jovan M. Jovanović, an den serbischen Regierungschef und Außenminister Nikola Pasić. In: Marković, Gordana Ilić (Hg.): Veliki Rat – Der Große Krieg. Der Erste Weltkrieg im Spiegel der serbischen Literatur und Presse. Wien 2014, 90f.

25 Der serbische Gesandte in Wien, Jovan M. Jovanović, an den serbischen Regierungschef und Außenminister Nikola Pasić, 90f.

26 Mitrović, Andrej: Serbia's Great War 1914–1918. London 2007, 15. Jüngere Studien bringen gleichfalls unzählige Beispiele für stark antiserbische Färbungen der österreichisch-ungarischen Zeitungsberichterstattung, betonen aber unter anderem, dass die »wenigsten Blätter Wiens« von »Anfang an dezidiert für oder gegen den Krieg Stellung« nahmen. – Ehrenpreis, Petronilla: Kriegs- und Friedensziele im Diskurs. Regierung und deutschsprachige Öffentlichkeit Österreich-Ungarns während des Ersten Weltkriegs. Innsbruck/Wien/Bozen 2005, 35–38.

27 Pfoser, Alfred: Wohin der Krieg führt. Eine Chronologie des Zusammenbruchs. In: Ders./Weigl, Andreas (Hg.): Im Epizentrum des Zusammenbruchs. Wien im Ersten Weltkrieg. Wien 2013, 580–586, hier 582.

28 Arbeiter-Zeitung, Nr. 179 v. 1.7.1914, 2.

29 Mitrović, 17. Vgl. Reichspost, Nr. 302 v. 1.7.1914, 3; Neue Freie Presse, Nr. 17911 v. 7.7.1914, 4; Arbeiter-Zeitung, Nr. 179 v. 1.7.1914, 3.

30 Arbeiter-Zeitung, Nr. 179 v. 1.7.1914, 2f. und Nr. 193 v. 15.7.1914, 3.

31 Zit. nach Hautmann, Hans: Princip in Theresienstadt. In: Mitteilungen der Alfred Klahr Gesellschaft, 20. Jg., Nr. 3, September 2013, 1–9, hier 1.
32 Arbeiter-Zeitung, Nr. 193 v. 15.7.1914, 3.
33 Zit. nach Reichspost, Nr. 300 v. 30.6.1914, 3.
34 Arbeiter-Zeitung, Nr. 179 v. 1.7.1914, 2.
35 Reichspost, Nr. 300 v. 30.6.1914, 3.
36 Arbeiter-Zeitung, Nr. 179 v. 1.7.1914, 2.
37 Jeřábek, 88. Dazu auch Hans Hautmann: Während die zuständigen k.u.k. Landesbehörden in Bosnien-Herzegowina der Wiener Regierung »scheinheilig« mitteilten, »Gendarmen und Militär seien ohnmächtig gewesen«, verhängten sie »über Sarajewo das Standrecht nicht unmittelbar nach dem Attentat, sondern erst am 29. Juni gegen 15 Uhr, nachdem der Mob sein Werk ungestört hatte vollenden können. Eine Stunde später, um 16 Uhr, als die Särge des Erzherzog-Thronfolgers und seiner Gemahlin vom Konak zum Bahnhof überführt wurden, herrschte in Sarajevo plötzlich kein Mangel an Sicherheitskräften mehr.« – Hautmann, 1.
38 Neue Freie Presse, Nr. 17904, 30.6.1914, 2.
39 Reichspost, Nr. 304 v. 2. Juli 1914, 7.
40 Reichspost, Nr. 304 v. 2. Juli 1914, 6f.; Neue Freie Presse, Nr. 17905 v. 1.7.1914, 3; Arbeiter-Zeitung, Nr. 179 v. 1.7.1914, 3.
41 Jeřábek, 88f.
42 Neue Freie Presse, Nr. 17905 v. 1.7.1914, 3.
43 Ebd.
44 Neue Freie Presse, Nr. 17911 v. 7.7.1914, 3.
45 Illustrierte Kronen-Zeitung, Nr. 5218 v. 14.7.1914, 11.
46 Neue Freie Presse, Nr. 17911 v. 7.7.1914, 3.
47 Illustrierte Kronen-Zeitung, Nr. 5214 v. 10.7.1914, 2. Über die Spionagehysterie und ihre Konsequenzen für die weiteren Entwicklungen insbesondere in den Operationsgebieten der k.u.k. Armee: Holzer, Anton: Das Lächeln der Henker. Der unbekannte Krieg gegen die Zivilbevölkerung 1914–1918. Darmstadt 2014, 45–55.
48 Reichspost, Nr. 312 v. 7.7.1914, 1.
49 Reichspost, Nr. 318 v. 10.7.1914, 3.
50 Jeřábek, 88.
51 K.u.k. 6. Armeekommando betreffend Anzeigen und Verhaftungen von Gendarmen, Misshandlung griechisch-orientalischer Bevölkerung, in: ÖSTA/KA, NFA, 6. Armee, Operierendes Armeekommando, Kt. 13, Res. Nr. 356/Mob.
52 Militärischer und politischer Situationsbericht des k.u.k. Militärstationskommandos Banja Luka an das k.u.k. Armeeoberkommando, 8.8.1914, in: ÖSTA/KA, NFA, 6. Armee, Operierendes Armeekommando, Kt. 12, Res. No. 99/Mob.
53 Ebd.
54 Ebd.
55 Kramer, 141.
56 Dazu insbesondere: Moll, Martin: Kein Burgfrieden. Der deutsch-slowenische Nationalitätenkonflikt in der Steiermark 1900–1918. Innsbruck/Wien/Bozen 2007.
57 Mitrović, 64–66.
58 Rauchensteiner, Der Erste Weltkrieg, 851.
59 Gumz, 41. Dazu der Prager Schriftsteller und Journalist Egon Erwin Kisch am 9. August 1914: »Im oberen Stockwerk: die Geiseln. Es sind Honoratioren aus österreichischen Landstrichen, wo Hinterhältigkeiten gegen das Militär vorkamen. Sobald sie sich wiederholen sollten, werden die Geiseln hingerichtet – die einzigen, die an diesen Feindseligkeiten nicht direkt beteiligt sein können, weil sie eben in Präventivhaft sind.« – Kisch, Egon Erwin: Napis to, Kischi! In: Marković, Gordana Ilić (Hg.): Veliki Rat – Der Große Krieg. Der Erste Weltkrieg im Spiegel der serbischen Literatur und Presse. Wien 2014, 110–112, hier 111.
60 K.u.k. 6. Armeekommando betreffend Repressalien gegen die Bevölkerung, in: ÖSTA/KA, NFA, 6. Armee, Operierendes Armeekommando, Kt. 12, Res. Nr. 431. Der Autor Jovan Miodragović dazu: »Eine der schwierigsten und traurigsten Aufgaben, mit der wir« im Bürgerausschuss »zu kämpfen

hatten, war die Frage der Geiseln […]. Österreich-Ungarn hatte bereits auf eigenem Territorium, in Srem, Bosnien und Herzegowina und Dalmatien, in allen Ortschaften, in denen Serben die Bevölkerungsmehrheit bildeten, die Praxis vollzogen, angesehene Personen zu verhaften und sie als Geiseln zu halten, zur Absicherung gegen Aufstände und Aktionen gegen ihre Armee. Falls es doch dazu käme, müssten alle Geiseln dafür mit dem Kopf bezahlen. […] Ein Übel war es, sie auszusuchen, ein anderes, sie zu verhaften, und ein drittes, sie dem österreichischen Kommando zu überstellen.« – Miodragović, Jovan: Dreizehntägige Besatzung von Belgrad 1914. In: Marković, Gordana Ilić (Hg.): Veliki Rat – Der Große Krieg. Der Erste Weltkrieg im Spiegel der serbischen Literatur und Presse. Wien 2014, 136–140, hier 138f. Vgl. Miodragović, Jovan: Tragični dani Srbije. Beograd 1921.

61 K.u.k. 6. Armeekommando betreffend Anzeigen und Verhaftungen von Gendarmen, Misshandlung griechisch-orientalischer Bevölkerung, in: ÖSTA/KA, NFA, 6. Armee, Operierendes Armeekommando, Kt. 13, Res. Nr. 356/Mob.; vgl. K.u.k. 6. Armeekommando, 13.8.1914, in: ÖSTA/KA, NFA, 6. Armee, Operierendes Armeekommando, Res. Nr. 353.

62 Telegramm Tisza an Oberkommando der Balkanstreitkräfte, Potiorek über Behandlung der Geiseln bei der 2. Armee, Militärkanzlei Seiner Majestät an Potiorek, 16./17.8.1914, in: ÖSTA/KA, NFA, 6. Armee, Operierendes Armeekommando, Kt. 12, Res. Nr. 459.

63 Zit. nach Hautmann, Hans: Die österreichisch-ungarische Armee auf dem Balkan. In: Seidler, Franz W./Zayas, Alfred M. de (Hg.): Kriegsverbrechen in Europa und im Nahen Osten im 20. Jahrhundert. Hamburg/Berlin/Bonn 2002, 36–41, hier 38. Im Wortlaut geringfügig abweichend: ÖSTA/KA, KM, KÜA 1914, Kt. 6, Zl. 3777.

64 Zit. nach ebd., 39. Über eine vergleichbare Direktive des 9. k.u.k. Korpskommandos, »deren Inhalt den Soldaten noch vor dem eigentlichen Fronteinsatz zur Kenntnis gebracht wurde«, siehe: Holzer, Das Lächeln der Henker, 115f.; Überegger, Oswald: »Man mache diese Leute, wenn sie halbwegs verdächtig erscheinen, nieder«. Militärische Normübertretungen, Guerillakrieg und ziviler Widerstand an der Balkanfront 1914. In: Chiari, Bernhard/Groß, Gerhard P. (Hg.): Am Rande Europas? Der Balkan – Raum und Bevölkerung als Wirkungsfelder militärischer Gewalt. München 2009, 121–136, hier 128.

65 Vgl. Hoeres, Peter: Die Slawen. Perzeptionen des Kriegsgegners bei den Mittelmächten. Selbst- und Fremdbild. In: Groß, Gerhard (Hg.): Die vergessene Front. Der Osten 1914/15. Ereignis, Wirkung, Nachwirkung. Paderborn/München/Wien/Zürich 2006, 179–200, hier 192f. und 196. Dazu auch: Moritz, Verena: Kriegsgefangenschaft als Erfahrung. Am Beispiel der Deutschösterreicher in russischem Gewahrsam. In: Bachinger, Bernhard/Dornik, Wolfram (Hg.): Jenseits des Schützengrabens. Der Erste Weltkrieg im Osten: Erfahrung – Wahrnehmung – Kontext. Innsbruck/Wien/Bozen 2013, 197–220, hier 217f. Dazu außerdem: Liulevicius, Vejas Gabriel: Kriegsland im Osten. Eroberung, Kolonisierung und Militärherrschaft im Ersten Weltkrieg. Hamburg 2002, 52f.

66 Dazu grundsätzlich und differenziert: Kučera, Rudolf: Entbehrung und Nationalismus. Die Erfahrung tschechischer Soldaten der österreichisch-ungarischen Armee 1914–1918. In: Bachinger, Bernhard/Dornik, Wolfram (Hg.): Jenseits des Schützengrabens. Der Erste Weltkrieg im Osten: Erfahrung – Wahrnehmung – Kontext. Innsbruck/Wien/Bozen 2013, 121–137, hier 123f.

67 Höbelt, Lothar: »So wie wir haben nicht einmal die Japaner angegriffen«. Österreich-Ungarns Nordfront 1914/15. In: Groß, Gerhard P. (Hg.): Die vergessene Front. Der Osten 1914/15. Ereignis, Wirkung, Nachwirkung. Paderborn/München/Wien/Zürich 2006, 87–118, hier 115.

68 Überegger, Oswald: »Verbrannte Erde« und »baumelnde Gehenkte«. Zur europäischen Dimension militärischer Normübertretungen im Ersten Weltkrieg. In: Hohrath, Daniel/Neitzel, Sönke: Entfesselter Kampf oder gezähmte Kriegführung? Gedanken zur regelwidrigen Gewalt im Krieg. In: Dies. (Hg.): Kriegsgreuel. Die Entgrenzung der Gewalt in kriegerischen Konflikten vom Mittelalter bis ins 20. Jahrhundert. Paderborn/München/Wien/Zürich 2008, 241–278, hier 254.

69 Zu diesem Begriff auch: Kramer, 89. Siehe diesbezüglich insbesondere das Kapitel »Welches Recht?«.

70 Hohrath/Neitzel, 23.

71 Mitrović, 121–128.

72 Vgl. Überegger, 125.

73 Gumz, 37.

74 Ebd., 39 und 48; Überegger, 126.

75 Jeřábek, 162; vgl. Überegger, 130. Dazu auch Oberst Oskar von Hranilović: »Der wirksamste Schutz gegen [diese] Banden ist [...], sie als außerhalb des Völkerrechts stehend zu betrachten und unter allen Verhältnissen die ganze Bande restlos niederzumachen, sowie Strafexpeditionen gegen Ortschaften, welche Banden in irgendeiner Weise unterstützen, in energischster und empfindlichster Weise vorzunehmen.« – Zit. nach Holzer, Das Lächeln der Henker, 115.

76 Der Vertreter des k. und k. Ministerium des Äußern beim k. und k. Armee-Oberkommando an das k.u.k. Ministerium des Äußern, 27.12.1915, in: ÖSTA/HHSTA AR F 36, Kt. 349.

77 K.u.k. 5. op. AK an das Kriegsministerium, 26.8.1914, in: ÖSTA/HHSTA PA I Liasse Krieg 13b Serbien Kt. 931, Fol. 21–24.

78 Gumz, 38–40 und 49f.

79 Zit. nach Jeřábek, 165.

80 K.u.k. 6. Armeekommando, 29.8.1914, in: ÖSTA/KA, NFA, 6. Armee, Op. Akten, Kt. 13, Res. Nr. 718 und Res. Nr. 741.

81 Jeřábek, 163.

82 Gumz, 42f.

83 Jeřábek, 165.

84 Überegger, Oswald: »Verbrannte Erde« und »baumelnde Gehenkte«. Zur europäischen Dimension militärischer Normübertretungen im Ersten Weltkrieg. In: Neitzel, Sönke/Hohrath, Daniel (Hg.): Kriegsgreuel. Die Entgrenzung der Gewalt in kriegerischen Konflikten vom Mittelalter bis ins 20. Jahrhundert. Paderborn/München/Wien/Zürich 2008, 241–278, hier 275f. Zur angesprochenen Problematik siehe: Hagemann, Karen/Schüler-Springorum, Stefanie (Hg.): Heimat-Front. Militär und Geschlechterverhältnisse im Zeitalter der Weltkriege. Frankfurt am Main u.a. 2002 oder auch Branche, Raphaelle (Hg.): Rape in Wartime. Basingstoke 2012.

85 K.u.k. 6. Armeekommando, 29.8.1914, in: ÖSTA/KA, NFA, 6. Armee, Op. Akten, Kt. 13, Res. Nr. 717; An das k.u.k. 6. Armeekommando, 29.8.1914, in: ÖSTA/KA, NFA, 6. Armee, Op. Akten, Kt. 13, Res. Nr. 310 Mob.

86 K.u.k. 5. op. Armeekommando an k.u.k. 6. Armeekommando, 25.8.1914, in: ÖSTA/KA, NFA, 6. Armee, Op. Akten, Kt. 13, Op. Nr. 403/20. Über vergleichbare Aussagen deutscher Offiziere: Bjelajac, Mile: Serbien im Ersten Weltkrieg. In: Marković, Gordana Ilić (Hg.): Veliki Rat – Der Große Krieg. Der Erste Weltkrieg im Spiegel der serbischen Literatur und Presse. Wien 2014, 47–70, hier 61.

87 K.u.k. 5. op. Armeekommando an k.u.k. 6. Armeekommando, 25.8.1914, in: ÖSTA/KA, NFA, 6. Armee, Op. Akten, Kt. 13, Op. Nr. 403/20.

88 Vgl. K.u.k. 5. op. Armeekommando an das k.u.k. 6. op. Armeekommando, 26.8.1914, in: ÖSTA/KA, NFA, 6. Armee, Op. Akten, Kt. 13, Res. Nr. 745.

89 Soldatentagebuch: Sommer 1914 in Macva. In: Marković, Gordana Ilić (Hg.): Veliki Rat – Der Große Krieg. Der Erste Weltkrieg im Spiegel der serbischen Literatur und Presse. Wien 2014, 131–133, hier 131f.

90 Schreiben des Bezirksamtes Stolac an das k.u.k. 6. Armeekommando in Sarajewo, 13.8.1914, in: ÖSTA/KA, NFA, 6. Armee, Op. Akten, Kt. 13, Res. Nr. 688.

91 K.u.k. Gendarmeriekommando in Sarajewo an k.u.k. 6. Armeekommando, 27.8.1914, in: ÖSTA/KA, NFA, 6. Armee, Op. Akten, Kt. 13, Nr. 1183.

92 Gemeint ist offenbar Bijeljina.

93 Gemeint ist wahrscheinlich Gusic.

94 K.u.k. 5. op. Armeekommando an das k.u.k. 6. op. Armeekommando, 25.8.1914, in: ÖSTA/KA, NFA, 6. Armee, Op. Akten, Kt. 13, Res. Nr. 714.

95 K.u.k. 13. Korpskommando an das k.u.k. 5. Armeekommando, 25.8.1914, in: ÖSTA/KA, NFA, 6. Armee, Op. Akten, Kt. 13, Op. Nr. 193/58. Zu diesen Übergriffen auch: Schanes, Daniela: Serbien im Ersten Weltkrieg. Feind- und Kriegsdarstellungen in österreichisch-ungarischen, deutschen und serbischen Selbstzeugnissen. Phil. Diss. Graz 2010, 119, 122f., 126f., 130f. und 133.

96 K.u.k. 48. Infanterietruppendivisionskommando an das k.u.k. 5. Armeekommando, 27.8.1914, in: ÖSTA/KA, NFA, 6. Armee, Op. Akten, Kt. 13, Res. Nr. 68.

97 K.u.k. 11. Gebirgsbrigadenkommando an das k.u.k. 48. Infanterietruppendivisionskommando, 26.8.1914, in: ÖSTA/KA, NFA, 6. Armee, Op. Akten, Kt. 13, Nr. 3/26.

98 K.u.k. 13. Jägerbrigadenkommando an das 48. Infanterietruppendivisionskommando, 26.8.1914, in: ÖSTA/KA, NFA, 6. Armee, Op. Akten, Kt. 13, Nr. 196.

99 Bericht des k.u.k. 5. Armee-Etappenkommandos an das k.u.k. 5. Armee-Etappenkommando, 23.8.1914, in: ÖSTA/KA, NFA, 6. Armee, Op. Akten, Kt. 13, Res. Nr. 63.

100 K.u.k. 5. Armee-Etappenkommando an k.u.k. 5. Armeekommando, 28.8.1914, in: ÖSTA/KA, NFA, 6. Armee, Op. Akten, Kt. 13, Res. Nr. 137; K.u.k. 6. Armeekommando betreffend Verhaftungen von Gendarmerieunteroffizieren und Misshandlung von Geiseln, 8.9.1914, in: ÖSTA/KA, NFA, 6. Armee, Op. Akten, Kt. 13, Res. Nr. 345 Mob.

101 Dazu auch: Schanes, 117; Rauchensteiner, Der Erste Weltkrieg, 272f. Zu Šabac ebenfalls: Holzer, Anton: Schüsse in Šabac. Die Massaker an der Zivilbevölkerung 1914. In: Marković, Gordana Ilić (Hg.): Veliki Rat – Der Große Krieg. Der Erste Weltkrieg im Spiegel der serbischen Literatur und Presse. Wien 2014, 71–84, hier 75–80.

102 Zit. nach Jeřábek, 164. Vgl. Rauchensteiner, Der Erste Weltkrieg, 272.

103 Gumz, 56ff.; Holzer, Das Lächeln der Henker, 118–121.

104 Schreiben des Vertreters des k.u.k. Ministerium des Äußern beim k.u.k. AOK, Teschen am 30.1.1915, in: ÖSTA/HHSTA PA I Kt. 932, Fol. 123–138.

105 Gumz, 54; vgl. Reiss, R. A.: Report upon the Atrocities Committed by the Austro-Hungarian Army during the First Invasion of Serbia. London 1916, 78; Landwehrinfanterieregiment Nr. 28 an 42. Infanterietruppendivision, 25.8.1914, in: ÖSTA/KA, NFA, 13. Korps, Kt. 1668.

106 Etappenstationskommando an 13. Korps, 17.8.1914, in: ÖSTA/KA, NFA, 13. Korps, Op. Akten, Kt. 1668, Op. Nr. 185; Reiss, 68; Gumz 55.

107 Gumz, 55.

108 K.u.k. 6. Armeekommando, in: ÖSTA/KA, NFA, 6. Armee, Op. Akten, Kt. 12, Res. Nr. 428.

109 Hoen, Max Ritter von (Hg.): Geschichte des ehemaligen Egerländer Infanterie-Regiments Nr. 73. Wien 1939, 15.

110 Holzer, Das Lächeln der Henker, 127.

111 Čokešina.

112 Holzer, Schüsse in Šabac, 82f.; Holzer, Das Lächeln der Henker, 128f.

113 Holzer, Schüsse in Šabac, 83. Diesbezüglich auch: Janz, Oliver: 14. Der große Krieg. Frankfurt am Main 2013, 123f.

114 Kramer, 151f. Dazu auch: Eisfeld, Alfred/Hausmann, Guido/Neutatz, Dietmar (Hg.): Besetzt, interniert, deportiert. Der Erste Weltkrieg und die deutsche, jüdische, polnische und ukrainische Zivilbevölkerung im östlichen Europa. Essen 2013.

115 Zielinski, Konrad: The Shtetl in Poland, 1914–1918. In: Katz, Steven T. (Hg.): The Shtetl. New Evaluations. New York/London 2007, 102–120, hier 113–115; Kramer, 151, Prusin, Alexander Victor: The Lands Between. Conflict in the East European Borderlands, 1870–1992. Oxford 2010, 47–49 und 53–58; Schuster, Frank M.: »Was hat der Krieg zwischen Zar und Kaiser mit uns zu tun?" Osteuropäische Juden während des Ersten Weltkriegs. In: Eisfeld, Alfred/Hausmann, Guido/Neutatz, Dietmar (Hg.): Besetzt, interniert, deportiert. Der Erste Weltkrieg und die deutsche, jüdische, polnische und ukrainische Zivilbevölkerung im östlichen Europa. Essen 2013, 57–86.

116 K.k. Oberster Landwehrgerichtshof, 3.3.1915, in: ÖSTA/KA, Archiv des k.k. Ministeriums für Landesverteidigung, Präsidialakten, Justizwesen, Kt. 548, Nr. 3819/IV.

117 Festungskommando Przemyśl betreffend Mitteilung des Etappenoberkommando vom 31.8.1914, 9.9.1914, in: ÖSTA/KA, NFA, Feste Plätze, Festungskommando Przemyśl, Kt. 1321, Op. Nr. 51/3, Fol. 846.

118 Festungskommando Przemyśl betreffend Raschheit im Strafverfahren beziehungsweise Kriegsnotwehrrecht, in: ÖSTA/KA, NFA, Feste Plätze, Festungskommando Przemyśl, Kt. 1321, Op. Nr. 51/3, Fol. 846.

119 K.u.k. Verteidigungsbezirkskommando VII der Festung Przemyśl, 29.10.1914, in: ÖSTA/KA, NFA, Feste Plätze, Festungskommando Przemyśl, Kt. 1322, Vert.Bez.Kmdo VII, Op. Nr, 51/3.

120 Auszug aus dem Berichte über die Aktionen des Verteidigungsbezirks während der Einschließung, in: ÖSTA/KA, NFA, Feste Plätze, Festungskommando Przemyśl, Kt. 1321, Vert.Bez.Kmdo III, Nr. 397, Fol. 10f.

121 K.u.k. Verteidigungsbezirkskommando III, 2.10.1914, in: ÖSTA/KA, NFA, Feste Plätze, Festungskommando Przemyśl, Kt. 1322, Vert.Bez.Kmdo III, Nr. 166, Fol. 311.

122 Holzer, Anton: Österreichische Kriegsfotografie im Ersten Weltkrieg (1914–1918). Phil. Diss. Wien 2005, 339.

123 Festungskommando Krakau betreffend Verhalten gegen verdächtige Personen, 4.8.1914, in: ÖSTA/KA, NFA, Feste Plätze, Festungskommando Krakau, Kt. 1450, Op. Nr. 44.

124 Holzer, Österreichische Kriegsfotografie, 339. Zu »schwarzen Listen« und Denunziationen am Beispiel der slowenischen Bevölkerung siehe: Moll, 208–229 und 257–261.

125 K.k. Ministerpräsident an Armee-Etappenoberkommando betreffend Abschiebung von Flüchtlingen und Sträflingen in das Hinterland, 19.11.1914, in: ÖSTA/KA, Archiv d. k.k. Min. f. LV., Präsidialakten, Justizwesen 1914, Kt. 547, Präs. Nr. 10745.

126 K.u.k. Verteidigungsbezirk VII, 27.9.1914, in: ÖSTA/KA, NFA, Feste Plätze, Festungskommando Przemyśl, Kt. 1322, Nr. 121, Fol. 299.

127 StPHA, XXII. Session, 247 der Beilagen, 9.

128 Zit. nach Wendland, Anna Veronika: Die Russophilen in Galizien. Ukrainische Konservative zwischen Österreich und Russland 1848–1915. Wien 2001, 544.

129 Ebd., 544.

130 StPHA, XXII. Session, 247 der Beilagen, 9f.

131 Dazu auch: Rauchensteiner, Der Erste Weltkrieg, 273.

132 Wendland, 545.

133 StPHA, XXII. Session, 69. Sitzung v. 6.3.1918, 2553/I, 2555/I und 2557.

134 Ebd. 2553/I.

135 Anfrage des Abgeordneten Stefan Onyszkewycz v. 30.11.1917, in: ÖSTA/KA, k.k. Min. f. LV., SR, Präsidialbüro, Interpellationen, XVIIa, Nr. 1856 v. 9.3.1918.

136 StPHA, XXII. Session, 60. Sitzung v. 19.2.1918, 2264/I.

137 Festungskommando Przemyśl betreffend Raschheit im Strafverfahren beziehungsweise Kriegsnotwehrrecht, 9.9.1914, in: ÖSTA/KA, NFA, Feste Plätze, Festungskommando Przemyśl, Kt. 1321, Op. Nr. 51, Fol. 846.

138 StPHA, XXII. Session, 23. Sitzung v. 26.9.1917, 797/I.

139 Leidinger, Hannes: »Der Einzug des Galgens und des Mordes«. Die parlamentarischen Stellungnahmen polnischer und ruthenischer Reichsratsabgeordneter zu den Massenhinrichtungen in Galizien 1914/15. In: Zeitgeschichte Nr. 5, 33. Jg., 2006, 235–260, hier 245.

140 Wendland, 546. Dazu auch Dornik, Wolfram: Conrad von Hötzendorf and the »Smoking Gun«: A Biographical Examination of Responsibility and Traditions of Violence against Civilians in the Habsburg Army. In: Bischof, Günter/Karlhofer, Ferdinand/Williamson, Samuel R. (Hg.): 1914: Austria-Hungary, the Origins, and the First Year of World War I. Contemporary Austrian Studies, Vol. 23. New Orleans 2014, 55–74, hier 67.

141 STPHA, XXII. Session, 7. Sitzung v. 15.6.1917, 305 und 247 der Beilagen, 5.

142 Festungskommando Przemyśl betreffend Geiseln aus Pozdziacz, Niedermachung, September 1914, in: ÖSTA/KA, NFA, Feste Plätze, Festungskommando Przemyśl, Kt. 1321, Op. Nr. 51, Fol. 844.

143 Etappenoberkommando an das k.k. Ministerium für Landesverteidigung betreffend Fälle der Niedermachung von Russophilen durch die Gendarmerie, 30.9.1914, in: ÖSTA/KA, Archiv d. k.k. Min. f. LV., Präsidialakten, Justizwesen 1914, Kt. 547, Präs. Nr. 8013 v. 5.10.1914.

144 Leidinger, »Der Einzug des Galgens und des Mordes«, 246.

145 Kusmanek betreffend Entfernung der ruthenischen Bevölkerung, 3.9.1914, in: ÖSTA/KA, NFA, Feste Plätze, Festungskommando Przemyśl, Kt. 1321, Op. Nr. 35, Fol. 347f.

146 Statthalter in Galizien an Ministerpräsident Graf Stürgkh, 6.9.1914, in: ÖSTA/KA, Militärkanzlei Seiner Majestät, SR, Tagesbericht des AOK 1914, Kt. 95, Zl. 30.

147 K.k. Ministerpräsident, 5.10.1914, in: ÖSTA/AVA, MdI, Präs., 22. Unruhen und Exzesse, Galizien 1914/15, Kt. 2116, Präs. Nr. 8570, Fol. 418.

148 Privatschreiber Seiner Exzellenz des Ministers an Grafen Thurn, 25.3.1915, in: ÖSTA/HHSTA PA I Liasse XLVII 2c, Kt. 498, Fol. 60.

149 Vgl. Broucek, Peter: Ein General im Zwielicht. Die Erinnerungen Edmund Glaises von Horstenau. Bd.1. Wien/Graz/Köln 1980, 30.

150 Leidinger, »Der Einzug des Galgens und des Mordes«, 248f.

151 STPHA, XXII. Session, 7. Sitzung v. 15.6.1917, 303.

152 Ebd., 247 der Beilagen, 9 sowie 21. Sitzung v. 15.7.1917, 1106.

153 Über ihn siehe u. a.: Prutsch, Ursula/Zeyringer, Klaus (Hg.): Leopold von Andrian (1875–1951). Korrespondenzen, Notizen, Essays, Berichte. Wien 2003. Über Andrians »binnenkolonisatorische Absichten« in Bezug auf Polen siehe: Lehnstaedt, Stephan: Das Militärgeneralgouvernement Lublin. Die »Nutzbarmachung« Polens durch Österreich-Ungarn im Ersten Weltkrieg. In: Zeitschrift für Ostmitteleuropa-Forschung. Jg. 61/2012. 1–26, hier 23f.

154 Bericht Andrian, 26.7.1915, in: ÖSTA/AVA, MdI, Präsidium, 22. Unruhen und Exzesse, Galizien 1914/15, Kt. 2116, Präs. Nr. 19.644/15.

155 K.k. Ministerium des Innern, 14.11.1914, in: ÖSTA/KA, Archiv d. k.k. Min. f. LV, Präsidialakten, Justizwesen 1914, Kt. 547. Präs. Nr. 10419.

156 StPHA, XXII. Session, 8. Sitzung v. 16.6.1917, 368.

157 Zit. nach Leidinger, »Der Einzug des Galgens und des Mordes«, 236 und 251.

158 Zit. nach Konakowitsch, Ted Peter: Österreichische Militärgerichtsbarkeit im Ersten Weltkrieg am Beispiel des Landwehrdivisionsgerichts Graz im Jahre 1914. Diplomarbeit. Graz 1993, 45.

159 Ronge, Max: Kriegs- und Industriespionage. Zürich/Leipzig/Wien 1930, 123.

160 Kommando der Balkanstreitkräfte K. Nr. 6950/26 an das operierende Oberkommando, 13.3.1915, in: ÖSTA/HHSTA PA I, Kt. 931, Liasse Krieg 13b Serbien, Fol. 74.

161 Urbański von Ostrymiecz, August: Spionitis. In: Die Weltkriegsspionage. München 1931, 332–338, hier 334f.

162 ÖSTA/KA NL B:6/1 Zanatoni: »Erinnerungen aus meinem Leben« (unveröffentlichtes Manuskript), 322.

163 Urbański von Ostrymiecz, August: Spionitis. In: Die Weltkriegsspionage. München 1931, 332–338, hier 334f.

164 Vgl. beispielsweise betreffende Korrespondenzen in: ÖSTA/HHSTA PA I, Kt. 931 und Kt. 932.

165 Vertreter des k.u.k. Ministerium des Äußern beim k.u.k. AOK in Teschen über »Missgriffe der Militärjustiz in Westgalizien«, in: ÖSTA/HHSTA PA I, Kt. 498, Liasse 2c, Fol. 39–57.

166 STPHA, XXII. Session, 21. Sitzung v. 15.7.1917, 1114.

167 Ebd., 1107.

GEFANGENSCHAFT

Der vorliegende Text ist unter Einbeziehung erster Ergebnisse von Recherchen im Rahmen eines FWF-Projekts über Kriegsgefangenschaft im Ersten Weltkrieg in Österreich-Ungarn (Projektleitung: Dr. Verena Moritz; Laufzeit: 2014–2017) entstanden. – Austrian Science Fund (FWF): P 25968-G16.

1 Zit. nach Hautmann, Hans: Princip in Theresienstadt. In: Mitteilungen der Alfred Klahr Gesellschaft, 20. Jg., Nr. 3, Sept. 2013, 1–9, hier 2.

2 Ebd., 3.

3 K.u.k. Kriegsministerium, Extrabogen für die Militärkanzlei Seiner Majestät des Kaisers und Königs betreffend die Aufhebung der in den Militärstrafanstalten in Möllersdorf und Theresienstadt untergebrachten, aus dem Sarajevoer Attentatsprozess hervorgegangenen Kerkersträflinge, 23.6.1917, in: ÖSTA/KA, MKSM 1917: 85-3/4.

4 Hautmann, 3–5. Dazu auch: Dedijer, Vladimir: Die Zeitbombe. Sarajevo 1914. Wien/Frankfurt/Zürich 1967.

5 Vgl. Pappenheim, Martin: Gavrilo Princips Bekenntnisse. Wien 1926; K.u.k. Kriegsministerium, Extrabogen für die Militärkanzlei Seiner Majestät des Kaisers und Königs betreffend die Aufhebung der in den Militärstrafanstalten in Möllersdorf und Theresienstadt untergebrachten, aus dem Sarajevoer Attentatsprozess hervorgegangenen Kerkersträflinge, 23.6.1917, in: ÖSTA/KA, MKSM 1917: 85-3/4.

6 Würthle, Friedrich: Die Spur führt nach Belgrad. Die Hintergründe des Dramas von Sarajewo 1914. Wien/München/Zürich 1975, 265.

7 K.u.k. Kriegsministerium, Extrabogen für die Militärkanzlei Seiner Majestät des Kaisers und Königs betreffend die Aufhebung der in den Militärstrafanstalten in Möllersdorf und Theresienstadt untergebrachten, aus dem Sarajevoer Attentatsprozess hervorgegangenen Kerkersträflinge, 23.6.1917, in: ÖSTA/KA, MKSM 1917: 85-3/4.

8 Hautmann, 7.

9 Siehe diesbezüglich auch: Chiffrentelegramm des Landeschefs FZM. Potiorek an den gemeinsamen Finanzminister Ritter von Biliński vom 30.7.1914, k.k. Minister des Innern an das k.u.k. Kriegsüberwachungsamt, 3.8.1914, k.k. Polizeidirektion Wien an das k.u.k. Kriegsüberwachungsamt beim k.u.k. Kriegsministerium am 9.8.1914, k.u.k. Festungskommando in Przemyśl an k.u.k. Kriegsministerium am 2.8.1914, in: ÖSTA/KA, KM, KÜA 1914, Kt. 1, Zl. 139, 285, 395 und 458/II.

10 Zit. nach Kuprian, Hermann J. W.: Zwangsmigration. In: Kuprian, Hermann J. W./Überegger, Oswald (Hg.): Katastrophenjahre. Der Erste Weltkrieg in Tirol. Innsbruck 2014, 217–240, hier 220.

11 K.u.k. Kriegsminister bezüglich Abschub von Häftlingen, 20.8.1914, in: ÖSTA/KA, Archiv des k.k. Ministeriums für Landesverteidigung, Präs., Justizwesen 1914, Kt. 547, Präs. 5645/IV v. 19.8.1914.

12 K.k. Ministerium für Landesverteidigung und Festungskommando Przemyśl bezüglich Abschub von Häftlingen, 25.8.1914, in: Ebd., Präs. 5832 v. 25.8.1914. Vgl. auch ÖSTA/KA, KM, KÜA 1914, Kt. 6, Zl. 3357.

13 Moll, Martin: Kein Burgfrieden. Der deutsch-slowenische Nationalitätenkonflikt in der Steiermark 1900–1918. Innsbruck/Wien/Bozen 2007, 445.

14 Vgl. Rauchensteiner, Manfried: Der Erste Weltkrieg und das Ende der Habsburgermonarchie 1914–1918. Wien/Köln/Weimar 2013, 42–44 und Moll, Kein Burgfrieden, 184–189.

15 Moll, Kein Burgfrieden, 186.

16 Ebd., 187.

17 Überegger, Oswald: Der andere Krieg. Die Tiroler Militärgerichtsbarkeit im Ersten Weltkrieg. Innsbruck 2002, 134–146.

18 Ebd., 145.

19 Zur Gründung des KÜA: Schreiben an die k.k. Oberstaatsanwaltschaft. In: ÖSTA/KA, KM, KÜA 1914, Kt. 1, Zl. 404. Außerdem: Tepperberg, Christoph: Totalisierung des Krieges und Militarisierung der Zivilgesellschaft. Militärbürokratie und Militärjustiz im Hinterland. Das Beispiel Wien. In: Pfoser, Alfred/Weigl, Andreas (Hg.): Im Epizentrum des Zusammenbruchs. Wien im Ersten Weltkrieg. Wien 2013, 264–273, hier 266. Siehe außerdem; Mundschütz, Reinhard: Internierung im Waldviertel. Die Internierungslager und -stationen der BH Waidhofen an der Thaya 1914–1918. Phil. Diss. Wien 2002, 28–36.

20 Im Rahmen des oben erwähnten Projektes wird der umfangreiche Bestand des KÜA derzeit systematisch untersucht. Diesbezügliche Eindrücke verweisen tatsächlich auf mehr oder weniger chaotische Verhältnisse – behördenintern ebenso wie ganz allgemein. Dieser Befund eignet sich nach bisherigen Ergebnissen und Einschätzungen nicht für eine Relativierung der entsprechenden Maßnahmen bzw. deren Umsetzung.

21 Rezension von Helmut Rumpler zum Buch von Tamara Scheer: Die Ringstraßenfront. Österreich-Ungarn, das Kriegsüberwachungsamt und der Ausnahmezustand während des Ersten Weltkrieges (= Schriften des Heeresgeschichtlichen Museums, Wien; 15), Wien: Heeresgeschichtliches Museum 2010. In: http://www.sehepunkte.de/2011/05/20015.html, 9.8.2014.

22 Telegramm des Kriegsüberwachungsamtes über moskalophile Galizianer, 2.1.1915, in: ÖSTA/AVA, MdI, Präs., 20. Öffentliche Sicherheit, Kt. 1877, Galizien 1900–1918, Präs. Nr. 6193/1915.

23 Moll, Martin: Die Steiermark im Ersten Weltkrieg. Der Kampf des Hinterlandes ums Überleben 1914–1918. Wien/Graz/Klagenfurt 2014, 45.

24 Vgl. Phonogramm des Statthalters in Galizien an den k.k. Ministerpräsidenten Karl Graf Stürgkh v. 6.9.1914, in: ÖSTA/KA, MKSM, Tagesbericht AOK 1914, Kt. 95, Zl. 30.

25 5. Feldkompanie des k.k. Landwehrinfanterieregiment Nr. 35 an das k.u.k. Verteidigungs-Bezirks-Kommando Ost-Zurawica, 15.1.1915, in: ÖSTA/KA, NFA, Feste Plätze, Festungskommando Przemyśl, Op. Akten 1915, Kt. 1323, Op. Nr. 169.

26 1. Feldbataillon des k.k. Landsturminfanterieregiments Złoczów Nr. 31 an das k.u.k. Kommando des Verteidigungs-Bezirkes Ost-Zurawica, 16.1.1915, In: ÖSTA/KA, NFA, Feste Plätze, Festungskommando Przemyśl, Op. Akten 1915, Kt. 1323, Op. Nr. 169.

27 Konfidentenbericht v. 7. und 8. Jänner 1915, in: ÖSTA/KA, NFA, Feste Plätze, Festungskommando Przemyśl, Op. Akten 1915, Kt. 1323, Op. Nr. 161. Diesbezüglich auch: K.u.k. Festungskommando in Przemyśl, 12.1.1915, in: ÖSTA/KA, NFA, Feste Plätze, Festungskommando Przemyśl, Kt. 1323, Res. Nr. 65.

28 K.u.k. Festungskommando in Przemyśl an k.u.k. Ministerium für Landesverteidigung, 21.8.1914, ÖSTA/KA, Archiv des k.k. Ministeriums für Landesverteidigung, Präs. Akten, Justizwesen 1914, Kt. 547, Präs. Nr. 5832.

29 Phonogramm des Statthalters in Galizien an den Ministerpräsidenten Karl Graf Stürgkh, 6.9.1914, in: ÖSTA/KA, MKSM, SR, Tagesberichte AOK 1914, Kt. 95, Zl. 30.

30 K.k. Statthalter Korytowski an den k.k. Minister des Innern, 21.8.1914, in: ÖSTA/KA, KM, KÜA 1914, Kt. 6, Zl. 3731.

31 KÜA 8896, 9.11.1914, in: ÖSTA/KA, Archiv des k.k. Ministeriums für Landesverteidigung, Präs., Justizwesen 1914, Kt. 547, Präs. Nr. 10419.

32 Antrag des Reichsratsabgeordneten Leo Lewickyj und Genossen betreffend die Lage der österreichischen Evakuierten aus Galizien und der Bukowina, 5.6.1916, in: ÖSTA/KA, Archiv des k.k. Ministeriums für Landesverteidigung, Präs., Justizwesen 1917, Präs. Nr. 1321/1917. Vgl. StPAH, XXII. Session, 250 der Beilage. Antrag der Abgeordneten Leo Lewickyj, Dr. Alexander Kolessa, Dr. Eugen Petruszewycz, Stefanyk und Genossen v. 5.6.1917, 2.

33 StPAH, XXII. Session, 250 der Beilage. Antrag der Abgeordneten Leo Lewickyj, Dr. Alexander Kolessa, Dr. Eugen Petruszewycz, Stefanyk und Genossen v. 5.6.1917, 2f.

34 Hoffmann, Georg/Goll, Nicole-Melanie/Lesiak, Philipp: Thalerhof 1914–1936. Die Geschichte eines vergessenen Lagers und seiner Opfer. Herne 2010, 34.

35 Stibbe, Matthew: Krieg und Brutalisierung: Die Internierung von Zivilisten bzw. »politisch Unzuverlässigen« in Österreich-Ungarn während des Ersten Weltkrieges. In: Eisfeld, Alfred/Hausmann, Guido/Neutatz, Dietmar (Hg.): Besetzt, interniert, deportiert. Der Erste Weltkrieg und die deutsche, jüdische, polnische und ukrainische Zivilbevölkerung im östlichen Europa. Essen 2013, 87–106, hier 95.

36 Mitrović, Andrej: Serbia's Great War 1914–1918. London 2007, 76.

37 Rauchensteiner, 851.

38 Mitrović, 76–79.

39 Vgl. Haller, Oswald: Das Internierungslager Katzenau bei Linz. Diplomarbeit Wien 1999.

40 Rauchensteiner, 851f.

41 Vgl.dazu Überegger, Der andere Krieg, 366–386.

42 Stibbe, Krieg und Brutalisierung, 90. In Bezug auf die Verdächtigungen, Verhaftungen, Internierungen und Massenhinrichtungen meinte in diesem Zusammenhang der polnische Abgeordnete zum Wiener Reichsrat, Thaddäus Tertil, während des Jahres 1917: »Wir sehen […], dass wir es mit zwei Kriegen zu tun haben, der eine ist der Krieg nach außen, der andere nach innen.« – Zit. nach Holzer, Anton: Das Lächeln der Henker. Der unbekannte Krieg gegen die Zivilbevölkerung 1914–1918. Darmstadt 2014, 9.

43 Rauchensteiner, 851.

44 Stibbe, Krieg und Brutalisierung, 90.

45 Dazu unter anderem: K.u.k. MGG in Serbien, Halbmonatsbericht für die Zeit vom 25. Juli bis zum 10. August 1916, K-Stelle Belgrad, in: AS, VGG u Srbiji, Section 17: Obaveštajno (Nachrichten-Abteilung), Nr. 6, 1. Vgl. k.u.k. MGG in Serbien, Halbmonatsbericht für die Zeit vom 15. September bis zum 1. Oktober 1916, K-Stelle Belgrad, in: AS, VGG u Srbiji, Section 17: Obaveštajno (Nachrichten-Abteilung), Nr. 33, 1.

46 Smederevo.

47 K.u.k. MGG in Serbien, Halbmonatsbericht für die Zeit vom 15. September bis zum 1. Oktober 1916, K-Stelle Semendria, in: AS, VGG u Srbiji, Section 17: Obaveštajno (Nachrichten-Abteilung), Nr. 33, 5.

48 K.u.k. MGG in Serbien, Halbmonatsbericht für die Zeit vom 15. September bis zum 1. Oktober 1916, K-Stelle Kruševac, in: AS, VGG u Srbiji, Section 17: Obaveštajno (Nachrichten-Abteilung), Nr. 33, 6.

49 K.u.k. MGG in Serbien, Halbmonatsbericht für die Zeit vom 15. September bis zum 1. Oktober 1916, K-Stelle Šabac, in: AS, VGG u Srbiji, Section 17: Obaveštajno (Nachrichten-Abteilung), Nr. 33., 2. Vgl. K.u.k. MGG in Serbien, Bericht über Abschub und Interniertenanzahl, Belgrad, 12.10.1918, in: AS, VGG u Srbiji, Section 14: Statističko, Nr. 14.

50 Die diesbezüglichen Zahlen betreffend die Herkunft der Internierten wurden von der statistischen Abteilung des k.u.k. Militär-General-Gouvernements in Serbien in Zweifel gezogen. Dennoch seien sie an dieser Stelle gemäß Bericht des MGG genannt: »Brückenkopfkommando Belgrad 1886, Belgrad Land 1227, Semendria 2173, Valjevo 1018, Šabac 265, Kruševac 2461, Kragujevac 5497.«

– K.u.k. MGG in Serbien, Bericht über Abschub und Interniertenanzahl, Belgrad, 12.10.1918, in: AS, VGG u Srbiji, Section 14: Statističko, Nr. 14.

51 K.u.k. MGG in Serbien, Bericht über Abschub und Interniertenanzahl, Belgrad, 12.10.1918, in: AS, VGG u Srbiji, Section 14: Statističko, Nr. 14.

52 In Feindeshand. Die Gefangenschaft im Weltkriege in Einzeldarstellungen. Herausgegeben von der Bundesvereinigung der ehemaligen österreichischen Kriegsgefangenen in Wien unter Mitwirkung der Kriegsgefangenen-Verbände des deutschen Sprachgebietes und der deutschen Kriegsgefangenen-Liga. 2 Bde. Wien 1931, hier Bd. 2, 109–131 beziehungsweise die beiliegende statistische Übersicht »Kriegsgefangene und Zivilinternierte in den wichtigsten kriegführenden Staaten«.

53 K.k. Minister des Innern an das k.u.k. KÜA betreffend Krain: Ausnahmeverfügungen und Verhaftungen, 3.8.1914 sowie Polizeidirektion in Wien an das k.u.k. KÜA betreffend Dimitrij Markow, Spionageverdacht, 9.8.1914, in: ÖSTA/KA, KM, KÜA 1914, Kt. 1, Zl. 285 und 458.

54 Überegger, Der andere Krieg, 347f.

55 Mitrović, 78f.

56 K.u.k. MGG in Serbien, Monatsbericht der K- und Passkontrollstellen Juni 1916, K-Stelle Valjevo, in: AS, VGG u Srbiji, Section 17: Obaveštajno (Nachrichten-Abteilung), Nr. 1435, 6.

57 Ebd., 6f.

58 K.u.k. MGG in Serbien betreffend Direktiven für das Schulwesen beziehungsweise Normalschulen und deren Errichtung, 14.1.1916 und 26.4.1916, in: AS, VGG u Srbiji, Section 8: Političko (Politisch-administrative Abteilung), Nr. 48 und Nr. 190.

59 Gumz, Jonathan E.: The Resurrection and Collapse of Empire in Habsburg Serbia, 1914–1918. Cambridge 2009, 75f.

60 K.u.k. MGG in Serbien betreffend Direktiven für das Schulwesen, 26.4.1916, in: AS, VGG u Srbiji, Section 8: Političko (Politisch-administrative Abteilung), Nr. 190.

61 K.u.k. MGG in Serbien, Halbmonatsbericht für die Zeit vom 25. Juli bis zum 10. August 1916, K-Stelle Grn. Milanovac, in: AS, VGG u Srbiji, Section 17: Obaveštajno (Nachrichten-Abteilung), Nr. 6, 7.

62 K.u.k. MGG in Serbien, Monatsbericht der K- und Passkontrollstellen Juni 1916, K-Stelle Palanka, in: AS, VGG u Srbiji, Section 17: Obaveštajno (Nachrichten-Abteilung), Nr. 1435, 8.

63 K.u.k. MGG in Serbien, Monatsbericht der K- und Passkontrollstellen Juni 1916, K-Stelle Grn. Milanovac, in: AS, VGG u Srbiji, Section 17: Obaveštajno (Nachrichten-Abteilung), Nr. 1435, 4.

64 Ebd., 3.

65 Ebd., 9.

66 K.u.k. MGG in Serbien betreffend Grundsätze der Internierung, Präs. Nr. 15467 v. 19.6.1917, in: AS, VGG u Srbiji, Section 17: Obaveštajno (Nachrichten-Abteilung), Nr. 61.

67 Ebd.

68 Ebd.

69 Zit. nach Hoffmann/Goll/Lesiak, 75.

70 Zit. nach ebd., 76f.

71 Zit. nach ebd., 108.

72 K.u.k. Militärkommando in Graz an k.k. Ministerium für Landesverteidigung betreffend Verminderung des Häftlingsstandes, 7.10.1914, in: ÖSTA/KA, Archiv des k.k. Ministeriums für Landesverteidigung, Präs., Justizwesen, Kt. 550, Präs. Nr. 9162.

73 StPHA, XXII. Session, 21. Sitzung v. 15.7.1917, 1105.

74 Zit. nach Hoffmann/Goll/Lesiak, 108. In Thalerhof befanden sich im Übrigen zu Beginn des Jahres 1916 2208 Internierte. – ÖSTA/KA, KM, HR Bücher 8853, Eintragungen zum Lager Thalerhof.

75 Zit. nach Hoffmann/Goll/Lesiak, 112.

76 Dr. Michael Nowakowskyj an k.k. Ministerium für Landesverteidigung, 10.9.1914, in: ÖSTA/KA, Archiv des k.k. Ministeriums für Landesverteidigung, Präsidialakten, Justizwesen, Kt. 547, Präs. Nr. 6773/V.

77 Hoffmann/Goll/Lesiak, 83.

78 Ebd., 85f.

79 Ebd., 47f.

80 Zit. nach ebd., 50.

81 Zit. nach ebd., 51.
82 Hoffmann/Goll/Lesiak, 114f. Matthew Stibbe spricht von 1767 Internierten, die in Thalerhof während des ersten Kriegswinters ums Leben kamen. – Stibbe, Matthew: »Ohne jede Ausnahme eine Schar von Feinden Österreichs«. Die Internierungspolitik des Habsburgerreiches im europäischen und globalen Kontext. In: Jubel & Elend. Leben mit dem Großen Krieg 1914–1918. Katalog zur Ausstellung. Schallaburg 2014, 338–343, hier 340.
83 Ebd., 103
84 Marković, Gordana Ilić (Hg.): Veliki Rat – Der Große Krieg. Der Erste Weltkrieg im Spiegel der serbischen Literatur und Presse, 223.
85 Mitrović, 76; vgl. Stibbe, Matthew: »Ohne jede Ausnahme eine Schar von Feinden Österreichs«, 340.
86 Über die Internierung des Belgrader Buchhändlers beziehungsweise Verlegers Geca Kon, des Universitätsprofessors Milutin Milanković und des Dichters Sima Pandurović in Neusiedl siehe: Marković, 222. Zudem hielt man einen der bedeutendsten serbischen Architekten, Jovan Ilkić, in Nezsider fest. Hier starb Ilkić 1917 im Alter von 60 Jahren.
87 Mannsberger, Eva Maria/Schäfer, Karl: Das Neusiedler Internierungslager 1914–1918. In: Neusiedler Jahrbuch. Hg. vom Verein zur Erforschung der Stadtgeschichte von Neusiedl am See, Bd. 11, 2008/9, 5–42, hier 30f.
88 Ebd., 19f.
89 Ebd., 27f.
90 Zit. nach ebd., 28f.
91 Anfragebeantwortung wegen angeblich schlechter Behandlung der serbischen Gefangenen im Flüchtlingslager Nezsider und Vasmegye/Ungarn, in: ÖSTA/HHSTA AR F 36, Kt. 573 Dep. 11, 28/2a, 3 Serbien.
92 In diesem Sinn sind nicht nur einzelne Übergriffe wie in Thalerhof oder das Unterbinden von Hilfeleistungen zugunsten der Internierten, beispielsweise in Nezsider/Neusiedl, festzuhalten. Überlebende des Lagers Arad »berichteten auch von Folter, Frauen erzählten von Vergewaltigungen«. – Marković, 223.
93 Vgl. Abschrift einer Note des Herrn k.k. Justizministers vom 5.11.1914 an das k.k. Ministerratspräsidium, in: ÖSTA/KA, Archiv des k.k. Ministeriums für Landesverteidigung, Präs., Justizwesen 1914, Kt. 547, Präs. Nr. 10.745.
94 Dazu auch: Stibbe, Krieg und Brutalisierung, 91–100.
95 Zit. nach Mundschütz, 79.
96 Ebd., 81.
97 Zit. nach Moritz, Verena: Zwischen allen Fronten. Die russischen Kriegsgefangenen in Österreich-Ungarn im Spannungsfeld von Nutzen und Bedrohung (1914–1918). Phil. Diss. Wien 2001, 208.
98 Über die bereits vor dem Krieg getroffenen Regelungen bezüglich Deportation eigener Staatsbürger vgl. Kuprian, Hermann J. W.: »Entheimatungen«. Flucht und Vertreibung in der Donaumonarchie während des Ersten Weltkriegs und ihre Konsequenzen. In: Kuprian, Hermann J. W./Überegger, Oswald (Hg.): Der Erste Weltkrieg im Alpenraum. Erfahrung, Deutung, Erinnerung. Innsbruck 2006, 289–305, hier 218–223.
99 Vgl. StPHA, XXII. Session, 437 der Beilagen zu den stenographischen Protokollen des Abgeordnetenhauses: Bericht des Flüchtlingsausschusses über die gesetzliche Regelung der staatlichen Flüchtlingsfürsorge vom 7. Juli 1917, 2.
100 Mentzel, Walter: Kriegsflüchtlinge in Cisleithanien im Ersten Weltkrieg. Phil. Diss. Wien 1997, 222.
101 Leidinger, Hannes/Moritz, Verena: Flüchtlingslager in Osteuropa im Ersten Weltkrieg. Erschließung, Positionierung und Skizzierung einer halb erkundeten Themenlandschaft. In: Jahr, Christoph/Thiel, Jens (Hg.): Lager vor Auschwitz. Gewalt und Integration im 20. Jahrhundert. Berlin 2013, 177–196, hier 190; Mentzel, Kriegsflüchtlinge in Cisleithanien, 213.
102 Kuprian, Entheimatungen, 296.
103 Leidinger/Moritz, Flüchtlingslager in Osteuropa, 193f. Vgl. dazu vor allem Mentzel, Kriegsflüchtlinge in Cisleithanien, 265f.
104 Kuprian, Hermann J. W.: »Frondienst redivivus im XX. Jahrhundert!« Arbeitszwang am Beispiel von Flucht, Vertreibung und Internierung in Österreich während des Ersten Weltkrieges. In: Geschichte und Region/Storia e regione, 12. Jg., Heft 1, 2003, 15–36, hier 33.

105 Zur Gesamtzahl der Flüchtlinge beziehungsweise »Heimatlosen«: Rauchensteiner, 845. Die »Statistischen Mitteilungen« vom Jahr 1918 geben im Übrigen für den 1. Oktober 1915 385.645 Kriegsflüchtlinge in der cisleithanischen, westlichen oder österreichischen Reichshälfte der Donaumonarchie an. – Die Habsburgermonarchie 1848–1918. Bd. XI: Die Habsburgermonarchie und der Erste Weltkrieg. 2. Teilband: Weltkriegsstatistik – Österreich-Ungarn 1914–1918. Bevölkerungsbewegung, Kriegstote, Kriegswirtschaft. Bearbeitet von Helmut Rumpler und Anatol Schmied-Kowarzik. Wien 2014, 138. Aufgrund starker Fluktuationen, früh einsetzender Heimkehrbewegungen einerseits und neuerlicher Fluchtwellen beziehungsweise Vertreibungen andererseits erscheinen Rauchensteiners Schätzungen über das Ausmaß der »Entwurzelung« auf österreichischem Territorium insgesamt grundsätzlich realistisch. Außerdem verweist auch Walter Mentzel darauf, dass allein 1915 wahrscheinlich mehr als eine Million Menschen der Habsburgermonarchie auf der Flucht waren. Das k.k. Ministerium des Innern ging damals von 600000 mittellosen und weiteren 300000–400000 »bemittelten« Flüchtlingen aus. – Mentzel, Walter: Kriegserfahrungen von Flüchtlingen aus dem Nordosten der Monarchie während des Ersten Weltkriegs. In: Bachinger, Bernhard/Dornik, Wolfram (Hg.): Jenseits des Schützengrabens. Der Erste Weltkrieg im Osten: Erfahrung – Wahrnehmung – Kontext. Innsbruck/Wien/Bozen 2014, 359–390, hier 360.

106 Mentzel, Kriegsflüchtlinge 382–384.

107 Ebd., 376–382; vgl. Hermann, Martina: Fremd im eigenen Staat? Zur Perzeption der Kriegsflüchtlinge und -evakuierten im Barackenlager Gmünd während des Ersten Weltkrieges. In: Karner, Stefan/Lesiak, Philipp (Hg.): Erster Weltkrieg. Globaler Konflikt – lokale Folgen. Neue Perspektiven. Innsbruck/Wien/Bozen 2014, 169–186.

108 Zit. nach Kuprian, Frondienst redivivus, 26.

109 Mentzel, Kriegserfahrungen, 373.

110 Überegger, Oswald: »Verbrannte Erde« und »baumelnde Gehenkte«, 273.

111 Ebd., 275.

112 StPHA, XXII. Session, 250 der Beilagen zu den stenographischen Protokollen v. 5.6.1917, 6.

113 Interpellationsbehandlung durch das k.k. Ministerium für Landesverteidigung, 22.8.1918, in: ÖSTA/KA, k.k. Min. f. LV., SR., Präsidialbüro, Interpellationen, Kt. 256, XVIIIa, Nr. 1518.

114 StPHA, XXII. Session, 8. Sitzung v. 16.6.1917, 370.

115 Ebd. sowie StPHA, XXII. Session, 46 v. 30.11.1917, 2416.

116 Zit. nach Mentzel, Kriegsflüchtlinge, 240

117 Ebd.

118 Jahr, Christoph: Keine Feriengäste. »Feindstaatenausländer« im südlichen Bayern während des Ersten Weltkrieges. In: Kuprian, Hermann J. W./Überegger, Oswald (Hg.): Der Erste Weltkrieg im Alpenraum. Erfahrung, Deutung, Erinnerung/La Grande Guerra nell'arco alpino. Esperienze e memoria. Innsbruck 2006, 231–245, hier 243.

119 Mentzel, Kriegsflüchtlinge in Cisleithanien, 26f.

120 Vgl. StPHA, XXII. Session, 18. Sitzung am 12. Juli 1917, 893.

121 Vgl. Petznek, Friedrich: Das kaiserlich-königliche Flüchtlingslager in Bruck an der Leitha 1914–1918. Bruck an der Leitha 1995.

122 Zur »Faszination« der Lager verweise ich auf einen in Vorbereitung befindlichen Artikel, der als Ergebnis eines Vortrags auf der Schallaburg im Juli 2014 zu betrachten ist. Vgl. dazu auch Mentzel, Kriegsflüchtlinge in Cisleithanien, 331f.

123 Mentzel, Kriegsflüchtlinge in Cisleithanien, 331.

124 Moritz, Verena/Leidinger, Hannes: Aspekte des »Totalen Lagers« als »Totale Institution« – Kriegsgefangenschaft in der Donaumonarchie 1914–1915, in: Wiener Zeitschrift zur Geschichte der Neuzeit, 8. Jg., Heft 2008, 86–101.

125 Mentzel, Walter: Fern der Heimat. Ursachen von Flucht und Vertreibung in der k.u.k. Monarchie. In: Jubel & Elend. Leben mit dem Großen Krieg 1914–1918. Katalog zur Ausstellung. Schallaburg 2014, 344–349, hier 347ff.

126 Kuprian, Hermann J. W.: Flüchtlinge und Vertriebene aus den österreichisch-italienischen Grenzgebieten während des Ersten Weltkrieges. In: Mazohl-Wallnig, Brigitte/Meriggi, Marco (Hg.): Österreichisches Italien – Italienisches Österreich? Interkulturelle Gemeinsamkeiten und nationale Differenzen vom 18. Jahrhundert bis zum Ende des Ersten Weltkrieges. Wien 1999, 737–751, hier 747.

127 Mentzel, Kriegsflüchtlinge, 276–290.
128 Ebd., 267.
129 Ebd., 263. Zur Situation in Wien: Hoffmann-Holter, Beatrix: »Abreisendmachung«. Jüdische Kriegsflüchtlinge in Wien 1914 bis 1923. Wien/Köln/Weimar 1995.
130 StPHA, XXII. Session, 250 der Beilagen zu den stenographischen Protokollen des Abgeordnetenhauses: Antrag Leo Lewickyj, Dr. Alexander Kolessa, Dr. Eugen Petruszewycz, Stefanyk und Genossen, 2.
131 Ebd., 3. Vgl. Antrag des Reichsratsabgeordneten Leo Lewickyj und Genossen betreffend die Lage der österreichischen Evakuierten aus Galizien und der Bukowina, 5.6.1917, in: ÖSTA/KA, Archiv des k.k. Ministeriums für Landesverteidigung, Sonderreihe, Präsidialbüro, XVIIIb, Nr. 1321/1917.
132 StPHA, XXII. Session, 362 der Beilagen zu den stenographischen Protokollen des Abgeordnetenhauses: Antrag Dr. von Halban, Gall, Graf Lasocki, Dr. Marek, Rauch und Genossen, 2. Vgl. Antrag des Reichsratsabgeordneten Dr. von Halban und Genossen in Sachen der Flüchtlingsfürsorge, 26.2.1917, in: ÖSTA/KA, Archiv des k.k. Ministeriums für Landesverteidigung, SR, Präsidialbüro, Interpellationen, XVIIIb, Nr. 1664/1917.
133 Mentzel, Kriegsflüchtlinge, 90.
134 StPHA, XXII. Session, 362 der Beilagen zu den stenographischen Protokollen des Abgeordnetenhauses: Antrag Dr. von Halban, Gall, Graf Lasocki, Dr. Marek, Rauch und Genossen, 2. Vgl. Antrag des Reichsratsabgeordneten Dr. von Halban und Genossen in Sachen der Flüchtlingsfürsorge, 26.2.1917, in: ÖSTA/KA, Archiv des k.k. Ministeriums für Landesverteidigung, SR, Präsidialbüro, Interpellationen, XVIIIb, Nr. 1664/1917.
135 StPHA, XXII. Session, 29. Sitzung am 16. Oktober 1917, 1484f.
136 Bericht über die Resultate der militärischen Okkupations-Verwaltung im besetzten Gebiete Italiens, Nr. 72 P, 5.10.1918, in: ÖSTA/HHSTA PA I Liasse 67b) Kt. 1050.
137 StPHA, XXII. Session, 18. Sitzung am 12. Juli 1917, 916f.
138 Ebd., 893.
139 Kuprian, Zwangsmigration, 234.
140 StPHA, XXII. Session, 18. Sitzung am 12. Juli 1917, 893.
141 Ich verweise hier auf die im Literaturverzeichnis angeführten Publikationen, u.a. von W. Mentzel, H. Kuprian, M. Moll, M. Stibbe, B. Hoffmann-Holter und O. Überegger. Hingewiesen sei u.a. auch auf die wachsende Zahl von Arbeiten italienischer Historikerinnen und Historiker, die das Schicksal italienischer Flüchtlinge und Internierte erforschen. Vgl. zudem: Dacho, Manfred/Drach, Franz/Winkler, Harald: Am Anfang war das Lager: Gmünd-Neustadt. Weitra 2014.
142 Vgl. Kraus, Karl: Die letzten Tage der Menschheit. Frankfurt am Main 1986, 592–598.
143 Moritz, Zwischen allen Fronten, 7.
144 Kern, Leopold: Das Russenlager in Bruck-Kiralyhida. In: In Feindeshand. Die Gefangenschaft im Weltkriege in Einzeldarstellungen. Bd. 2. Wien 1931, 227, Heeresgeschichtliches Museum Wien (HGM), Plennymuseum und Bibliothek, Streeruwitz, Ernst von: Kriegsgefangene im Weltkriege. 6 Bde., Bd. 1, 29f.
145 Zu dieser Problematik siehe auch: Walleczek-Fritz, Julia/Moritz, Verena: Zimmer frei! Das Zusammenspiel von Krieg und Tourismus am Beispiel der Unterbringung von Kriegsgefangenen in Österreich-Ungarn im Ersten Weltkrieg. In: Gasser, Patrick/Leonardi, Andrea/Barth-Scalmani, Gunda (Hg.): Krieg und Tourismus im Spannungsfeld des Ersten Weltkrieges/Guerra e turismo nell'area di tensione della prima guerra mondiale. Innsbruck/Wien/Bozen 2014, 293–312.
146 Dazu: Moritz, Zwischen allen Fronten, 125–141.
147 Vgl. dazu beispielsweise die Ausführungen bei Koch, Rudolf: Im Hinterhof des Krieges. Das Kriegsgefangenenlager Sigmundsherberg, Sigmundsherberg 2002, 50f.
148 Über den deutschen Fall siehe: Hankel, Gerd: Die Leipziger Prozesse. Deutsche Kriegsverbrechen und ihre strafrechtliche Verfolgung nach dem Ersten Weltkrieg. Hamburg 2003, 341–347.
149 Skizzenhaft über die Erinnerung an die Kriegsgefangenschaft in Österreich-Ungarn und die diesbezügliche Historiographie: Moritz, Zwischen allen Fronten, 11–44.
150 Jüngst veröffentlichte Statistiken über die Gefangenenverluste Österreich-Ungarns an der Ostfront, die allerdings als Momentaufnahmen gelten müssen und die vorhandenen Probleme der beteiligten Administrationen bei der Erfassung und Registrierung sowie intern geltende Richtlinien nicht wider-

spiegeln bzw. berücksichtigen, nennen niedrigere Zahlen als die vielen internationalen Auflistungen und aktuellen Forschungsberichte. – Die Habsburgermonarchie 1848–1918. Bd. XI: Die Habsburgermonarchie und der Erste Weltkrieg. 2. Teilband: Weltkriegsstatistik – Österreich-Ungarn 1914–1918, 162. Zu dieser Problematik auch: Leidinger, Hannes/Moritz, Verena: Gefangenschaft, Revolution, Heimkehr. Die Bedeutung der Kriegsgefangenenproblematik für die Geschichte des Kommunismus in Mittel- und Osteuropa 1917–1920. Wien/Köln/Weimar 2003, 159–161. Zur Zahlenproblematik insgesamt siehe u. a.: Nachtigal, Reinhard: Zur Anzahl der Kriegsgefangenen im Ersten Weltkrieg. In: MGZ, 67, 2008, 345–384.

151 Vgl. Leidinger, Hannes/Moritz, Verena: Kriegsgefangenschaft und Kriegswirtschaft. Vergleiche und Problembereiche unter besonderer Berücksichtigung Mittel- und Osteuropas im Ersten Weltkrieg. In: Dornik, Wolfram/Gießauf, Johannes/Iber, Walter M. (Hg.): Krieg und Wirtschaft. Von der Antike bis ins 21. Jahrhundert. Innsbruck/Wien/Bozen 2010, 461–479, hier 462.

152 Vgl. dazu beispielsweise: Moritz, Zwischen allen Fronten, 335–337.

153 Dazu und allgemein zu den Gefangenen in Deutschland: Hinz, Uta: Gefangen im Großen Krieg. Kriegsgefangenschaft in Deutschland 1914–1921. Essen 2006, 10 sowie Oltmer, Jochen: Arbeitszwang und Zwangsarbeit. Kriegsgefangene und ausländische Zivilarbeitskräfte im Ersten Weltkrieg. In: Spilker, Rolf/Ulrich, Bernd (Hg.): Der Tod als Maschinist. Der industrialisierte Krieg 1914–1918. Eine Ausstellung des Museums Industriekultur Osnabrück im Rahmen des Jubiläums »350 Jahre Westfälischer Friede«. Osnabrück 1998, 97–107, hier 103.

154 Leidinger/Moritz, Gefangenschaft, Revolution, Heimkehr, 169.

155 Hinsichtlich dessen auch: Walleczek-Fritz, Julia: Lagerwelten. Kriegsgefangene im Habsburgerreich 1914–1918. In: Jubel & Elend. Leben mit dem Großen Krieg 1914–1918. Katalog zur Ausstellung. Schallaburg 2014, 330–336, hier 330. Vgl. die Zahlenangaben bei: Österreichisches Bundesministerium für Heerwesen und Kriegsarchiv. Unter der Leitung von Edmund Glaise von Horstenau (Hg.): Österreich-Ungarns letzter Krieg. Bd. 7. Wien 1938, 45 und In Feindeshand. Die Gefangenschaft im Weltkriege in Einzeldarstellungen. Herausgegeben von der Bundesvereinigung der ehemaligen österreichischen Kriegsgefangenen in Wien unter Mitwirkung der Kriegsgefangenen-Verbände des deutschen Sprachgebietes und der deutschen Kriegsgefangenen-Liga. Bd. 2. Wien 1931, 214.

156 Rauchensteiner, 864. Zu den Kriegsgefangenen in Österreich-Ungarn insgesamt: Schätzungen der Gefangenenzahlen, in: ÖSTA/KA, NL Raabl-Werner, B/141:4, II. Teil.

157 Leidinger/Moritz, Gefangenschaft, Revolution, Heimkehr, 169; Rauchensteiner, 864.

158 Verwiesen wird dabei auf das oben erwähnte FWF-Forschungsprojekt.

159 Berichte des k.u.k. 5. Armeekommandos betreffend den Gesundheitszustand der rumänischen Kriegsgefangenen 1917, in: ÖSTA/KA, KM, 10. Abt./Kgf. 1917: 10-11/1777 beziehungsweise 10-11/1926.

160 Rauchensteiner, 864; Leidinger/Moritz, Gefangenschaft, Revolution, Heimkehr, 169.

161 Telegramm betr. Bericht des vom k.u.k. Militärattaché in Sofia nach Nisch entsendeten Rittmeisters Prinz Wilhelm Windisch-Grätz, 10.11.1915, in: ÖSTA/HHSTA PA I, Kt. 1064, Fol. 186.

162 Zum Beispiel: K.u.k. MGG in Serbien, Halbmonatsbericht für die Zeit vom 15. September bis zum 1. Oktober 1916, K-Stelle Belgrad, in: AS, VGG u Srbiji, Section 17: Obaveštajno (Nachrichten-Abteilung), Nr. 33, 1; k.u.k. MGG in Serbien, Halbmonatsbericht der K- und Passkontrollstellen, Juni 1916, K-Stellen Grn. Milanovac, Užice, Čačak, in: AS, VGG u Srbiji, Section 17: Obaveštajno (Nachrichten-Abteilung), Nr. 1435, 2, 12f.; k.u.k. MGG in Serbien, Halbmonatsbericht der K- und Passkontrollstellen, 20. Juni 1916, K-Stelle Šabac, in: AS, VGG u Srbiji, Section 17: Obaveštajno (Nachrichten-Abteilung), Nr. 1436, 3. Vgl. außerdem: ÖSTA/HHSTA AR F 36 Krieg 1914–1918 Dep. 7 Kriegsakten 1915 Kt. 349.

163 K. Nr. 6950/26, in: ÖSTA/HHSTA PA I Liasse 13 b Serbien, Kt. 931, Fol. 75.

164 Gumz, 45.

165 Zit. nach Moritz, Zwischen allen Fronten, 81.

166 Misshandlung unserer Kriegsgefangenen-Serbien-Retorsion, in: ÖSTA/HHSTA PA I Liasse Krieg 13 b Serbien, Kt. 931, Fol. 108–110.

167 Vgl. dazu u. a.: Kramer, Alan: Italienische Kriegsgefangene im Ersten Weltkrieg, in: Kuprian, Hermann J. W./Überegger, Oswald (Hg.): Der Erste Weltkrieg im Alpenraum. Erfahrung, Deutung, Erinnerung, Innsbruck 2006, 247–258.

168 Streeruwitz, Bd. 1, 35f.

169 K.u.k. Kriegsministerium betreffend Beschwerde des italienischen Roten Kreuzes, 1917, in: ÖSTA/KA, KM, 10. Abt./Kgf. 1917: 10-125/13. Dass die Kriegsgefangenen tote Soldaten und Pferde zu begraben hatten, berichtet beispielsweise auch der russische Kriegsgefangene V. Dmitriev: Dmitriev, V.: Dobrovolec. Vospominanija o vojne i plene. Moskva/Leningrad 1929, 22f.

170 Dazu auch: Schreiben von Ferdinand Skaret, 17.8.1918, in: Archiv und Dokumentationszentrum der österreichischen Arbeiterbewegung, Sozialdemokratische Parteistellen, Reichsparteisekretariat, Kt. 117, Mappe 702, fol. 491–494.

171 Vgl. Rot-Kreuz-Berichte über Beschwerden russischer Heimkehrer aus der Kriegsgefangenschaft 1915, in: ÖSTA/KA, KM, 10. Abt.1915: 10-20/148; Sergeev, Evgenij: Kriegsgefangenschaft und Mentalitäten. Zur Haltungsänderung russischer Offiziere und Mannschaftsangehöriger in der österreichisch-ungarischen und deutschen Gefangenschaft. In: Zeitgeschichte, 25. Jg. Heft 11/12, Nov./Dez. 1998, 357–365, hier 360; Gerstl, Hermine: »Eine furchtbar traurige Zeit schritt im Riesentempo vorwärts«. In: Hämmerle, Christa (Hg.): Kindheit im Ersten Weltkrieg. Wien/Köln/Weimar 1993, 119–142, hier 128. Dazu auch: Streeruwitz, Bd. 1, 40; Regele, Oskar: Gericht über Habsburgs Wehrmacht. Letzte Siege und Untergang unter dem Armee-Oberkommando Kaiser Karls I. Wien/München 1968, 119f.

172 Magistrat der kgl. Freistadt Esztergom an den k.u.k. Kriegsminister, 12.9.1914, in: ÖSTA/KA, KM, 10. Abt. 1914: 10-2/95.

173 Ebd.

174 Feldpostbrief von Dr. Koch, 2000 zur Verfügung gestellt von Ing. Johann Pirklbauer, Mauthausen.

175 Leidinger, Hannes/Moritz, Verena: Verwaltete Massen. Kriegsgefangene in der Donaumonarchie 1914–1918. In: Oltmer, Jochen (Hg.): Kriegsgefangene im Europa des Ersten Weltkriegs. Paderborn/München/Wien/Zürich 2006, 35–66, hier 35f. Vgl. außerdem: Walleczek, Julia: Hinter Stacheldraht. Die Kriegsgefangenenlager in den Kronländern Oberösterreich und Salzburg im Ersten Weltkrieg. Phil. Diss. Innsbruck, 113–133.

176 Moritz, Zwischen allen Fronten, 82.

177 Leidinger/Moritz, Verwaltete Massen, 37f. und 61f.

178 Dazu ausführlicher: Moritz, Verena/Leidinger, Hannes: Zwischen Nutzen und Bedrohung. Die russischen Kriegsgefangenen in Österreich (1914–1921). Bonn 2005, insbesondere 230–234.

179 Referat von Hermann Safir betreffend die schweren Klagen kriegsgefangener Offiziere über die schlechte Ernährung und grosse Sterblichkeit der russischen Mannschaften, 8.5.1917, in: ÖSTA/KA, KM, 10. Abt./Kgf. 1917: 10-18/311.

180 Ebd.

181 Bericht Heinrich von Raabl-Werner vom August 1917 und Stellungnahme der 14. Abteilung des k.u.k. Kriegsministeriums, in: ÖSTA/KA, KM, 10. Abt./Kgf. 1917: 10-35/274. Vgl. auch: Moritz, Verena: Die Revolutionen in Russland und die Kriegsgefangenen des Zarenreiches in Österreich-Ungarn 1917–1918. In: Karner, Stefan/Lesiak, Philipp (Hg.): Erster Weltkrieg. Globaler Konflikt – lokale Folgen. Neue Perspektiven. Innsbruck/Wien/Bozen 2014, 187–210.

182 Gemeinsames Zentralnachweise-Bureau des Roten Kreuzes an das k.u.k. Kriegsministerium, 10.5.1917, in: ÖSTA/KA, KM, 10. Abt./Kgf. 1917: 10–16.

183 14. Abteilung an 10. Kriegsgefangenenabteilung des k.u.k. Kriegsministeriums bezüglich Sterblichkeit im Lager Hart, März/April 1917, in: ÖSTA/KA, KM, 10. Abt./Kgf. 1917: 10-18/826; Wiesenhofer, Franz: Gefangen unter Habsburgs Krone. K.u.k. Kriegsgefangenenlager im Erlauftal. Purgstall 1997, 352.

184 Militärkommando Pozsony an die 10. Kriegsgefangenenabteilung des k.u.k. Kriegsministeriums, 12.2.1917, in: ÖSTA/KA, KM, 10. Abt./Kgf. 1918: 10-137/8.

185 10. Kriegsgefangenenabteilung des k.u.k. Kriegsministeriums an den Chef des Ersatzwesens betreffend Gefangenen-Austausch, 1918, in: ÖSTA/KA, Chef des Ersatzwesens 1918: 19-7/6-2.

186 Tätigkeitsbericht des Sekretärs der Kriegsgefangenenhilfe des »Christlichen Vereines Junger Männer« über das Lager Reichenberg, Mai/Juni 1918, in: ÖSTA/KA, KM, 10. Abt./Kgf. 1918: 10-68/2.

187 Moritz/Leidinger, Zwischen Nutzen und Bedrohung, 238.

188 Dazu unter anderem: K.u.k. Kriegsministerium bezüglich Ausgabe von minderarbeitsfähigen Kgf. zu landwirtschaftlichen Arbeiten, 13.2. und 1.3.1917, in: ÖSTA/KA, Chef des Ersatzwesens 1917: 19-2/9.

189 Inspektion Eisenerz, Juni 1917, in: ÖSTA/KA, KM, KÜA 1917: Zl. 111.193; vgl. k.k. Landsturm-Arbeiterabteilung Eisenerz an das Militärkommando Graz, 20.3.1917, in: ÖSTA/KA, KM, 10. Abt./Kgf. 1917: 10-125/63.

190 Inspektion FMLt. Prager, 1917, in: ÖSTA/KA, Chef des Ersatzwesens 1917: 19-20/1.

191 Zit. nach Moritz, Zwischen allen Fronten, 183.

192 Ebd.

193 Vgl. Leidinger, Hannes/Moritz, Verena: Verwaltete Massen. Kriegsgefangene in der Donaumonarchie. In: Oltmer, Jochen (Hg.): Kriegsgefangene im Europa des Ersten Weltkriegs. Paderborn/München/Wien/Zürich 2006, 35–66, hier 56.

194 Bericht über die Kriegsgefangenen-Arbeiter in der Pulverfabrik Trofaiach 1916/17, in: ÖSTA/KA, KM, 10. Abt./Kgf. 1917: 10-39/10.

195 Obduktion von in Oláhszentgyörgy verstorbenen Kriegsgefangenen, 1918, in: ÖSTA/KA, Chef des Ersatzwesens 1918: 19-19.

196 Moritz/Leidinger, Zwischen Nutzen und Bedrohung, 125.

197 Referat von Hermann Safir betreffend die schweren Klagen kriegsgefangener Offiziere über die schlechte Ernährung und grosse Sterblichkeit der russischen Mannschaften, 8.5.1917, in: ÖSTA/KA, KM, 10. Abt./Kgf. 1917: 10-18/311.

198 Ebd.

199 Über die katastrophale Lage der Heimkehrer aus österreichisch-ungarischer Gefangenschaft berichtet umgekehrt unter vielen anderen die Belgrader Ärztin Slavka Mihajlović in ihrem Tagebuch. Auszüge daraus finden sich in: Marković, 224f.

200 Praeg, Franz: Kriegsgefangen in asiatischen Steppen. Dornbirn 1926, 257.

201 Zit. nach Leidinger, Hannes/Moritz, Verena: Gefangenschaft, Revolution, Heimkehr. Die Bedeutung der Kriegsgefangenenproblematik für die Geschichte des Kommunismus in Mittel- und Osteuropa 1917–1920. Wien/Köln/Weimar 2003, 469.

202 K.u.k. Militärgeneralgouvernement Lublin an den Chef des Ersatzwesens betreffend Heimkehr 1918, in: ÖSTA/KA, Chef des Ersatzwesens 1918: 63-6/45.

203 Ebd.

204 Leidinger/Moritz, Gefangenschaft, Revolution, Heimkehr, 469 und 483.

205 Ebd., 465.

206 Ebd., 464–468.

207 Plaschka, Richard/Haselsteiner, Horst/Suppan, Arnold: Innere Front. Militärassistenz, Widerstand und Umsturz in der Donaumonarchie 1918. Bd. 1. Wien 1974, 288.

208 Stoß, Eduard: Flucht und Heimkehr über Orscha. In: In Feindeshand. Die Gefangenschaft im Weltkriege in Einzeldarstellungen. Bd. 1. Wien 1932, 342.

209 Walesch, Michael: Erinnerungen aus schwerer Zeit 1914–1918. Hermannstadt 1936, 53.

210 Vgl. die Einschätzung bei Moll, Die Steiermark, 146.

211 Leidinger/Moritz, Gefangenschaft, Revolution, Heimkehr, 483f.

212 Rauchensteiner, Der Erste Weltkrieg, 928.

213 Anton Holzer konnte nicht zuletzt anhand von Kriegsfotografien verstörende Stimmungsmomente bei Exekutionen festhalten. Dabei ging es seinen Ausführungen nach neben der abschreckenden Wirkung der Hinrichtungen unter anderem auch darum, Utensilien der Delinquenten als Fetische und Trophäen zu erstehen oder die Getöteten zu berühren, ihnen sozusagen – einer »Reliquie« entsprechend – nahe zu sein. Außerdem verraten die Aufnahmen »das Vergnügen und die Lust« am »abscheulichen Akt« der »Justifizierung«. Bisweilen verhöhnen die Anwesenden noch die Leichname der Gehängten, ja sogar »die sexuelle Stimulierung durch äußerste physische Gewalt« wird von Holzer thematisiert, ebenso wie eine »gemeinschaftsbildende Funktion« insbesondere öffentlicher kollektiver Gewalt beziehungsweise die »Verkündigung von Identität« infolge der Befreiung des »bedrohten ›Eigenen‹« vom »angeblich bedrohlichen ›Anderen‹ durch den Tötungsakt«. – Holzer, Das Lächeln der Henker, 87–105.

214 Plaschka/Haselsteiner/Suppan, Bd. 1, 367 und 384.

215 Zit. nach ebd., 397.

216 Moll, Die Steiermark, 146.

217 Kerchnawe, Hugo: Der Zusammenbruch der Donaumonarchie. In: Bley, Wulf (Hg.): Revolutionen der Weltgeschichte. Zwei Jahrtausende Revolutionen und Bürgerkriege. 2. Bd. München 1933, 5–30, hier 21. Vgl. Leidinger/Moritz, Gefangenschaft, Revolution, Heimkehr, 480f.

218 Kerchnawe, 19; Berichte über »revolutionäre Kriegsgefangene«, »kommunistische Rächer«, terroristische Attentate und Sabotageakte, 1918, in: ÖSTA/AVA, MdI/Präs. 22. Unruhen und Exzesse 1918: Fasz. 2077, 2078, 11.469, 18.119, 19.238, 20949, 20202

219 Rauchensteiner, Der Erste Weltkrieg, 928.

220 StPHA, XXII. Session, 81. Sitzung v. 24.7.1918, 28f.

221 Zit. nach Leidinger/Moritz, Gefangenschaft, Revolution, Heimkehr, 479.

ORDNUNG SCHAFFEN

1 K.k. Ministerratspräsidium betreffend »Allerhöchstes Befehlsschreiben« beziehungsweise Verhaftung politisch Verdächtiger und Unverlässlicher, 25.10.1914, in: ÖSTA/KA, Archiv d. k.k. Min. f. LV., Präsidialakten, Justizwesen 1914, Kt. 547, Präs. Nr. 9277/V. Vgl. Rauchensteiner, Manfried: Der Erste Weltkrieg und das Ende der Habsburgermonarchie. Wien/Köln/Weimar 2013, 274.

2 K.u.k. Armeeoberkommando/Etappenkommando betreffend Plünderungen und Anforderung ungesetzlicher Kriegsleistungen, 3.11.1914, in: ÖSTA/KA, Archiv d. k.k. Min. f. LV., SR, Präsidialbüro, Interpellationen, XVIIa, Präs. Nr. 6592.

3 K.k. Ministerium des Innern an den Herrn k.k. Statthalter für Galizien, 12.11.1914, in: ÖSTA/KA, Archiv d. k.k. Min. f. LV., Präsidialakten, Justizwesen 1914, Kt. 547, Präs. Nr. 10419.

4 StPHA, XXII. Session, 247 der Beilagen, 9.

5 Zit. nach Mentzel, Walter: Kriegserfahrungen von Flüchtlingen aus dem Nordosten der Monarchie während des Ersten Weltkriegs. In: Bachinger, Bernhard/Dornik, Wolfram (Hg.): Jenseits des Schützengrabens. Der Erste Weltkrieg im Osten: Erfahrung – Wahrnehmung – Kontext. Innsbruck/Wien/Bozen 2014, 359–390, hier 375.

6 Zit. nach Überegger, Oswald: Der andere Krieg. Die Tiroler Militärgerichtsbarkeit im Ersten Weltkrieg. Innsbruck 2002, 401.

7 K.k. Ministerium des Innern bezüglich Verhängung des Standrechtes im Hinterlande, 21.4.1915, in: ÖSTA/KA, Archiv d. k.k. Min. f. LV., Präsidialakten, Justizwesen 1915, Kt. 549, Präs. 6863.

8 Ronge, Max: Kriegs- und Industriespionage. Zürich/Leipzig/Wien 1930, 122.

9 K.u.k. Armeeoberkommando/Etappenkommando betreffend Plünderungen und Anforderung ungesetzlicher Kriegsleistungen, 3.11.1914, in: ÖSTA/KA, k.k. Min. f. LV., SR, Präsidialbüro, Interpellationen, XVIIa, Präs. Nr. 6592.

10 Vgl. dazu Führ, Christoph: Das k.u.k. Armeeoberkommando und die Innenpolitik in Österreich 1914–1917. Graz/Wien/Köln 1968, 22.

11 Rauchensteiner, 443–446.

12 Hautmann, Hans: Todesurteile in der Endphase der Habsburgermonarchie und im Ersten Weltkrieg. In: Kuretsidis-Haider, Claudia/Halbrainer, Heimo/Ebner, Elisabeth (Hg.): Mit dem Tode bestraft. Historische und rechtspolitische Aspekte zur Todesstrafe in Österreich im 20. Jahrhundert und der Kampf um ihre weltweite Abschaffung. Graz 2008, 15–37, hier 25.

13 StPHA, XXII. Session, 247 der Beilagen, 1f.

14 Reichsgesetzblätter 1914: Nr. 156 und Nr. 164.

15 Ebd., 1914: Nr. 153 und Nr. 186 sowie 1915: Nr. 133.

16 Überegger, Der andere Krieg, 85.

17 K.k. Ministerium für Landesverteidigung betreffend Militärgerichtsbarkeit und Schwurgerichte/Beschlüsse des Abgeordnetenhauses, 16.7.1917, in: ÖSTA/KA, Archiv d. k.k. Min. f. LV., Präsidialakten, Justizwesen 1917, Kt. 570, Präs. Nr. 16571/IV. Vgl. Tepperberg, Christoph: Totalisierung des Krieges und Militarisierung der Zivilgesellschaft. Militärbürokratie und Militärjustiz im Hinterland. Das Beispiel Wien. In: Pfoser, Alfred/Weigl, Andreas (Hg.): Im Epizentrum des Zusammenbruchs. Wien im Ersten Weltkrieg. Wien 2013, 264–273, hier speziell 270 und 272.

18 K.k. Ministerium für Landesverteidigung betreffend Militärgerichtsbarkeit und Schwurgerichte/Beschlüsse des Abgeordnetenhauses, 16.7.1917, in: ÖSTA/KA, Archiv d. k.k. Min. f. LV., Präsidialakten, Justizwesen 1917, Kt. 570, Präs. Nr. 16571/IV.

19 Hautmann, Todesurteile, 27.

20 K.k. Oberster Landwehrgerichtshof, Gutachten betreffend Feldverfahren im Etappenraume, 8.6.1915, in: ÖSTA/KA, Archiv d. k.k. Min. f. LV., Präsidialakten, Justizwesen 1915, Kt. 548, Präs. Nr. 3819/IV. Dazu auch: Lelewer, Georg: Viertes Kapitel. Einzelne Verbrechergruppen. In: Exner, Franz: Krieg und Kriminalität in Österreich, Wien 1927, 111–214, hier 113.

21 K.u.k. Armeeoberkommando an k.u.k. Kriegsministerium, 30.11.1917, in: ÖSTA/KA, KM, Abt. 4/G, Kt. 509, 1917: 4-14/3.

22 Siehe dazu auch: K.u.k. Kriegsministerium betreffend Standrecht im Hinterland, 14.2.1917, in: ÖSTA/KA, KM, Abt. 4/G, Kt. 509, 1917: 8-1/7.

23 Platzer, Karl: Standrechtliche Todesurteile im Ersten Weltkrieg. Berlin/Stuttgart 2004, 51. Vgl. Tepperberg, 270f.

24 Gumz, Jonathan E.: The Resurrection and Collapse of Empire in Habsburg Serbia, 1914–1918. Cambridge 2009, 112. Zum Procedere bei den Feld- und Standgerichten siehe auch: Überegger, Der andere Krieg, 75–82.

25 Gumz, 106, 109 und 124. Vgl. Gericht des Kreiskommandos Valjevo an das k.u.k. Armeeoberkommando, 7.10.1916, in: ÖSTA/KA, NFA, AOK-Qu.Abt., Kt. 2413, Zl. 100.677/S sowie Gericht des Kreiskommandos Šabac an das k.u.k. Armeeoberkommando, 5.5.1916, in: ÖSTA/KA, NFA, AOK-Qu.Abt., Kt. 2389, Zl. 29.455/S.

26 Platzer, 69, 71 und 74.

27 Platzer, 78.

28 Hautmann, 31f.

29 Gumz, 70.

30 Vgl. Überegger, Der andere Krieg, 135–146 und 346–350.

31 Vgl. ebd. die Hinweise auf diesbezüglich verfasste Denkschriften, 348f.

32 Dazu auch: Leidinger, Hannes: Die BeDeutung der SelbstAuslöschung. Aspekte der Suizidproblematik in Österreich von der Mitte des 19. Jahrhunderts bis zur Zweiten Republik. Innsbruck/Wien/Bozen 2012, 347–351.

33 Gumz, 71–89.

34 Urban, Otto: Die tschechische Gesellschaft 1848–1918. Wien/Köln/Weimar 1994, 841 und 849f.

35 Ebd., 849.

36 Rauchensteiner, 271. Maderthaner, Wolfgang/Hochedlinger, Michael: Untergang einer Welt. Der Große Krieg 1914–1918 in Photographien und Texten. Wien 2013, 23.

37 Zit. nach Schuster, Frank M.: Zwischen allen Fronten. Osteuropäische Juden während des Ersten Weltkrieges (1914–1919). Köln/Weimar/Wien 2004, 239f.

38 Zit. nach Schuster, Frank M.: »Was hat der Krieg zwischen Zar und Kaiser mit uns zu tun?« Osteuropäische Juden während des Ersten Weltkriegs. In: Eisfeld, Alfred/Hausmann, Guido/Neutatz, Dietmar (Hg.): Besetzt, interniert, deportiert. Der Erste Weltkrieg und die deutsche, jüdische, polnische und ukrainische Zivilbevölkerung im östlichen Europa. Essen 2013, 57–86, hier 64.

39 Ebd.

40 K.u.k. Armeeoberkommando an Militärkanzlei Seiner Majestät, 9. und 12.3.1915, in: ÖSTA/KA, Militärkanzlei Seiner Majestät (MKSM), Sonderreihe, Tageberichte des AOK 1915, Kt. 96, Nr. 219 und 222.

41 Zit. nach Mick, Christoph: Kriegserfahrungen in einer multiethnischen Stadt: Lemberg 1914–1947. Wiesbaden 2010, 149.

42 Zit. nach ebd., 147f.

43 K.k. Minister des Innern an das k.u.k. Kriegsministerium, 2.3.1915, in: ÖSTA/AVA, MdI, Präsidiale, 22., Russophile Propaganda in genere 1915–1918, Kt. 2088, Präs. Nr. 8612/15.

44 K.u.k. operierendes Oberkommando/Nachrichtenabteilung an das k.u.k. Etappenoberkommando, 14.5.1915, in: ÖSTA/KA, Archiv d. k.k. Min. f. LV., Präsidialakten, Kt. 550, Justizwesen 1915, Nr. 8130; K.k. Ministerium des Innern an den k.k. Statthalter in Galizien, 23.7.1915, in: ÖSTA/AVA, MdI, Präsidiale, 22., Russophile Propaganda in genere 1915–1918, Kt. 2088, Präs. Nr. 15016/15; K.k. Ministerium für Landesverteidigung betreffend Einsichtsaktes des KÜA, 13.11.1915, in: ÖSTA/AVA,

MdI, Präsidiale, 22., Russophile Propaganda in genere 1915–1918, Kt. 2088, Präs. Nr. 22477/15; K.k. Statthaltereipräsidium an k.k. Ministerium des Innern, 24.11.1915, in: ÖSTA/AVA, MdI, Präsidiale, 22., Galizien 1914/15, Kt. 2116, Präs. Nr. 25414/15; Abschrift des Memorandums des allgemeinen ukrainischen Nationalrats an den k.k. Justizminister betreffend Denunziationen, 11.10.1915, in: ÖSTA/AVA, MdI, Präsidiale, 22., Galizien 1914/15, Kt. 2116, Präs. Nr. 25414/15.

45 K.k. Ministerium für Landesverteidigung, Durch Russland und Rumänien betriebene monarchiefeindliche Propaganda, in: ÖSTA/KA, Archiv des k.k. Min. f. LV., Präsidialakten, Justizwesen 1915, Kt. 550, Präs. Nr. 8094/V.

46 Mitrović, Andrej: Serbia's Great War 1914–1918. London 2007, 228; Mick, 144.

47 Bericht des Legationsrates Baron Andrian über seine Informationsreise nach Ostgalizien, 26.7.1915, in: ÖSTA/AVA, MdI, Präsidiale, 22. Galizien 1914/15, Kt. 2116, Präs. Nr. 19644/15. Der Bericht ist auch enthalten in: ÖSTA/HHSTA PA I, Kt. 1064.

48 StPHA, XXII. Session, 11. Sitzung v. 27.6.1917, 318/I.

49 Vgl. dazu: Abschriften von Befehlen, in: ÖSTA/HHSTA PA I Liasse XLVII 2c Kt. 498, Fol. 42

50 »Bis über die Mitte des 19. Jahrhunderts waren Hinrichtungen Spektakel, die gut sichtbar an öffentlichen Orten stattfanden. Nicht selten lockten sie ein Massenpublikum von oft mehreren Tausend Menschen an. Ab den 1860er-Jahren verschwand der Akt der Hinrichtung im zivilen Bereich zunehmend aus der Öffentlichkeit. Im Ersten Weltkrieg kam es zu einem Wiederaufleben dieses öffentlichen Spektakels. Man könnte sagen: Unter den Bedingungen der Bedrohung und des Chaos im Krieg stieg der Wunsch, die ordnende Gewalt der Hinrichtung wieder öffentlich zu machen.« – Holzer, Anton, Das Lächeln der Henker. Der unbekannte Krieg gegen die Zivilbevölkerung 1914–1918. Darmstadt 2014, 100.

51 Leidinger, Hannes: »Der Einzug des Galgens und des Mordes«. Die parlamentarischen Stellungnahmen polnischer und ruthenischer Reichsratsabgeordneter zu den Massenhinrichtungen in Galizien 1914/15. In: Zeitgeschichte, 33. Jg., Heft 5, Sept./Okt. 2006, 235–260, hier 250. Allerdings wurden Hinrichtungsfotos in der deutschen und der österreichischen Presse grundsätzlich eher selten veröffentlicht. Nach 1915 finden sich dann derartige Abbildungen in den illustrierten Zeitungen nicht mehr. »Spätestens seit dem Fall Cesare Battisti, dessen massenwirksame Hinrichtung im Sommer 1916 zum medialen Bumerang geworden war, misstraute man dem fotografischen Triumph über die hingerichteten ›Verräter‹«. – Holzer, Das Lächeln der Henker, 109f.

52 Conrad von Hötzendorf an das k.u.k. Kriegsministerium, 15.8.1915, in: ÖSTA/KA, Archiv des k.k. Min. f. LV., Präsidialakten, Justizwesen 1915, Kt. 552, Präs. Nr. 15194/V.

53 Leidinger, Hannes: »Der Einzug des Galgens und des Mordes«, 250.

54 Kramař-Prozess, Urteilsbegründung 1, in: ÖSTA/KA, k.k. Min. f. LV., SR, Präsidialbüro, Kt. 11.

55 Zu anderen Prozessen – keineswegs nur gegen »russophile« Politiker beziehungsweise Kramař, sondern auch gegen weitere tschechische, aber auch südslawische Parlamentarier – siehe: Hautmann, Hans: Militärprozesse gegen Abgeordnete des österreichischen Parlaments im Ersten Weltkrieg. In: Mitteilungen der Alfred Klahr-Gesellschaft, 21. Jg., Nr. 2, Juni 1914, 1–11. Hautmann geht dabei – nicht zuletzt auch unter Berücksichtigung der bekannten Verurteilung und Justifizierung des italienischen Sozialisten Cesare Battisti – auf Ungereimtheiten und bedenkliche Begleiterscheinungen der Verfahren und der Urteilsvollstreckung sowie auf zweifelhafte, parteiliche und nicht selten absurde Anschuldigungen ein.

56 Ronge, Kriegs- und Industrie-Spionage, 123.

57 Leidinger, Hannes: »Der Einzug des Galgens und des Mordes«, 251.

58 Vgl. unter anderem: StPHA, XXII. Session, 7. Sitzung v. 15.6.1917, 321.

59 Vgl. dazu die Stellungnahmen der Militärs zu den Anschuldigungen von R. A. Reiss, in: ÖSTA/HHSTA PA I, Kt. 931 und Kt. 932.

60 StPHA, XXII. Session, Ad. Nr. 2386/I (770).

61 Leidinger, Hannes: »Der Einzug des Galgens und des Mordes«, 252.

62 Äußerung der Abteilung XVIIa des k.k. Ministeriums für Landesverteidigung, 2.6.1918, in: ÖSTA/KA, k.k. Min. f. LV., SR, Präsidialbüro, Interpellationen, XVIIIa, Präs. Nr. 1518.

63 Ebd.

64 Ebd.

65 Leidinger, Hannes: »Der Einzug des Galgens und des Mordes«, 253.

66 K.u.k. MGG in Serbien, Halbmonatsbericht der K- und Passkontrollstellen für die Zeit vom 25. Juli bis 10. August 1916, K-Stelle Šabac, in: AS, VGG u Srbiji, Section 17: Obaveštajno (Nachrichten-Abteilung), Nr. 6, 2.

67 K.u.k. MGG in Serbien, Halbmonatsbericht der K- und Passkontrollstellen für die Zeit vom 25. Juli bis 10. August 1916, K-Stelle Čačak, in: AS, VGG u Srbiji, Section 17: Obaveštajno (Nachrichten-Abteilung), Nr. 6, 6.

68 K.u.k. MGG in Serbien, Halbmonatsbericht der K- und Passkontrollstellen für die Zeit vom 25. Juli bis 10. August 1916, K-Stelle Grn. Milanovac, in: AS, VGG u Srbiji, Section 17: Obaveštajno (Nachrichten-Abteilung), Nr. 6, 6.

69 Dafür sprechen im Übrigen auch zahlreiche Fotografien aus dem Jahr 1916, die etwa Hinrichtungen seitens der Habsburgerarmee in den Balkangebieten zeigen. Dazu Holzer, Das Lächeln der Henker, 38, 54f., 70, 77, 79, 80, 86 und 88–91.

70 K.u.k. MGG in Serbien/Nachrichtenabteilung, Halbmonatsbericht für die Zeit vom 15. September bis 1. Oktober 1916, K-Stelle Šabac, in: AS, VGG u Srbiji, Section 17: Obaveštajno (Nachrichten-Abteilung), Nr. 33, 2.

71 K.u.k. MGG in Serbien/Nachrichtenabteilung, Bericht über die K-Tätigkeit vom 1. bis zum 15. November 1916, in: AS, VGG u Srbiji, Section 17: Obaveštajno (Nachrichten-Abteilung), Nr. 35, 1 und 3–5.

72 K.u.k. MGG in Serbien/Nachrichtenabteilung, Halbmonatsbericht für die Zeit vom 15. September bis 1. Oktober 1916, K-Stelle Kragujevac, in: AS, VGG u Srbiji, Section 17: Obaveštajno (Nachrichten-Abteilung), Nr. 33, 2f.

73 Ebd., 3.

74 K.u.k. MGG in Serbien, Halbmonatsbericht der K- und Passkontrollstellen für den Zeitraum vom 10. bis zum 25. Juli 1916, K-Stelle Kruševac, in: AS, VGG u Srbiji, Section 17: Obaveštajno (Nachrichten-Abteilung), Nr. 1439, 5.

75 K.u.k. MGG in Serbien/Nachrichtenabteilung, Halbmonatsbericht für die Zeit vom 15. September bis 1. Oktober 1916, K-Stelle Čačak, in: AS, VGG u Srbiji, Section 17: Obaveštajno (Nachrichten-Abteilung), Nr. 33, 8.

76 Ebd.

77 Smederevo.

78 K.u.k. MGG in Serbien, Bericht über die K-Tätigkeit vom 1. bis zum 15. November 1916, K-Stelle Semendria, in: AS, VGG u Srbiji, Section 17: Obaveštajno (Nachrichten-Abteilung), Nr. 35, 2.

79 K.u.k. MGG in Serbien, Halbmonatsbericht der K- und Passkontrollstellen für den Zeitraum vom 10. bis zum 25. Juli 1916, K-Stelle Belgrad, in: AS, VGG u Srbiji, Section 17: Obaveštajno (Nachrichten-Abteilung), Nr. 1439, 2.

80 Mitrović, 247 und 253–262. Über das Vorgehen der k.u.k. Truppen in diesem Zusammenhang siehe auch: ÖSTA/HHSTA PA I Liasse Krieg 32 i-k Serbien, Kt. 976.

81 Mitrović, 262.

82 Hautmann, Hans: Die österreichisch-ungarische Armee auf dem Balkan. In: Seidler, Franz W./Zayas, Alfred M. de (Hg.): Kriegsverbrechen in Europa und im Nahen Osten im 20. Jahrhundert. Hamburg/Berlin/Bonn 2002, 36–41, hier 41.

83 Gumz, 215f.

84 Ebd., 217–227.

85 Vgl. Leidinger, Hannes: Zeit der Wirren: Revolutionäre Umwälzungen und bewaffnete Auseinandersetzungen im ehemaligen Zarenreich 1917–22. In: Dornik, Wolfram/Kasianov, Georgiy/Leidinger, Hannes/Lieb, Peter/Miller, Alexey/Musial, Bogdan/Rasevyč, Vasyl': Die Ukraine zwischen Selbstbestimmung und Fremdherrschaft 1917–1922. Graz 2011, 29–60.

86 Rasevyč, Vasyl': Die Sicht von innen – Besatzungsalltag. In: Dornik, Wolfram/Kasianov, Georgiy/Leidinger, Hannes/Lieb, Peter/Miller, Alexey/Musial, Bogdan/Rasevyč, Vasyl': Die Ukraine zwischen Selbstbestimmung und Fremdherrschaft 1917–1922. Graz 2011, 325–341, hier 340.

87 Dornik, Wolfram/Lieb, Peter: Die militärischen Operationen. In: Dornik, Wolfram/Kasianov, Georgiy/Leidinger, Hannes/Lieb, Peter/Miller, Alexey/Musial, Bogdan/Rasevyč, Vasyl': Die Ukraine zwischen Selbstbestimmung und Fremdherrschaft 1917–1922. Graz 2011, 203–248, hier 219.

88 Zit. nach ebd., 219f.

89 Ebd., 220f.
90 Bericht über die Aufbringung der Lebensmittel durch den k.u.k. bevollmächtigten Generalstabsoffizier beim Oberkommando der Heeresgruppe Eichhorn-Kiew, 15.6.1918, in: ÖSTA/KA, Feldakten (FA), AOK, OpAbt., Kt. 472, Nr. 1707.
91 Dornik/Lieb, 222.
92 Dornik, Wolfram: Die Erfahrung der »Krieger«: Gewalt und Trauma, 29 (Unveröffentlichtes Typoskript). Dornik bezieht sich hier auf die Aufzeichnungen des Rittmeisters Gustav Gewinner, die im Burgenländischen Landesarchiv aufbewahrt werden.
93 Telegramm Czernins aus Brest-Litowsk an Flotow für Ministerpräsidenten Seidler, 17.1.1918, in: ÖSTA/HHSTA PA I Nachlass Czernin, Kt. 1092a.
94 Protokoll des Kronrates am 22.1.1918, in: ÖSTA/HHSTA PA I Nachlass Czernin, Kt. 1092a.
95 Schnell, Felix: Räume des Schreckens. Gewalt und Gruppenmilitanz in der Ukraine 1905–1933. Hamburg 2012, 173.
96 Handschreiben Kaiser Karls an Böhm-Ermolli, 31.3.1918, in: ÖSTA/KA, Feldakten, AOK, OpAbt, Kt. 468, Nr. 1372.
97 Rasevyč, 327.
98 Abendmeldungen v. 18., 20. und 21.5.1918, in: ÖSTA/KA, NFA, Höhere Heereskommanden (HHK), Armeekommando (AK)/Armee-Gruppen-Kommando (AGKdo), 2. Armee, OpAK, Kt. 308, 1918: Situations- und Tagesmeldungen, Nr. 4493/8, Nr. 4525/8 und 5778/8.
99 Dornik, Die Erfahrung der »Krieger«: Gewalt und Trauma, 17.
100 Zit. nach Dornik/Lieb, 234.
101 Abendmeldung v. 22.6.1918, in: ÖSTA/KA, NFA, HHK, Ak/AGKdo, 2. Armee, OpAK, Kt. 308, 1918: Situations- und Tagesmeldungen, Nr. 5901/8.
102 Dornik/Lieb, 235.
103 Telegramm des 4. Generalkommandos, 23.10.1918, in: ÖSTA/KA, NFA, HHK, AK/AGKdo, 2. Armee, OpAK, Kt. 308, 1918: Situations- und Tagesmeldungen, ohne Nr.

BESATZUNGSWIRKLICHKEIT(EN)

Der vorliegende Beitrag entstand im Rahmen von Forschungen zum Projekt »Beyond the Trenches« (P23070-G15), finanziert vom österreichischen Fonds zur Förderung der wissenschaftlichen Forschung (FWF/Austrian Science Fund). Das Projekt wurde am LBI für Kriegsfolgen-Forschung in Graz unter der Leitung von Dr. Wolfram Dornik zwischen September 2011 und Juni 2014 durchgeführt. Ich danke Mag. Bernhard Bachinger für kritisches Lektorat, Redaktion und Recherchen für diesen Beitrag sowie Mag. Dr. Verena Moritz für die Zurverfügungstellung von diversen themenrelevanten Materialien.

1 Allgemein zur Herausbildung und Veränderung einer Besatzungspraxis siehe die Überlegungen bei: Gumz, Jonathan E.: Losing Control. The Norm of Occupation in Eastern Europe during the First World War. In: Böhler, Jochen/Borodziej, Wołodzimierz/Puttkamer Joachim von: Legacies of Violence. Eastern Europe's First World War. München 2014, 70–87.
2 Für einen Überblick siehe: Scheer, Tamara: Zwischen Front und Heimat. Österreich-Ungarns Militärverwaltungen im Ersten Weltkrieg. Frankfurt/Main 2009.
3 Vgl. Rauchensteiner, Manfried: Der Erste Weltkrieg und das Ende der Habsburgermonarchie 1914–1918. Wien/Köln/Weimar 2013, 967.
4 Scheer, 55–61.
5 Dornik, Wolfram: Die wirtschaftliche Ausbeutung Osteuropas im Ersten Weltkrieg. Organisation und Ziele der Besatzungsregime in Ober Ost, Polen und der Ukraine. In: Erker, Linda/Salzmann, Alexander/Dreidemy, Lucile/Sabo, Klaudija (Hg.): Update! Perspektiven der Zeitgeschichte. Zeitgeschichtetage 2010. Innsbruck 2012, 85–93; Rauchensteiner, Der Erste Weltkrieg, 755–758.
6 Rauchensteiner, Der Erste Weltkrieg, 756f.
7 Lehnstaedt, Stephan: Das Militärgeneralgouvernement Lublin. Die »Nutzbarmachung« Polens durch Österreich-Ungarn im Ersten Weltkrieg. In: Zeitschrift für Ostmitteleuropa-Forschung. Jg. 61/2012, 1–26, hier 21–25.

8 Vgl. zur Propaganda den Aufruf »an das polnische Volk!«: »Durch den Willen Gottes, der die Schicksale der Völker lenkt, und durch die Macht unseres obersten Kriegsherrn überschreiten die Verbündeten österreichisch-ungarischen und deutschen Armeen die Grenze; hiermit bringen wir auch den Polen die Befreiung vom moskowitischen Joche. Begrüßt unsere Fahnen mit Vertrauen, sie bringen Euch Gerechtigkeit!«, in: Sammlung der Verordnungen für die unter k.u.k. Militärverwaltung stehenden Gebiete Polens. Eingeleitet und herausgegeben von Carl Junker und Dr. Rudolf Langrod. Wien 1916, XIV.

9 Siehe dazu im Detail: Westerhoff, Christian: Zwangsarbeit im Ersten Weltkrieg. Deutsche Arbeitskräftepolitik im besetzten Polen und Litauen 1914–1918. Paderborn 2012; Lehnstaedt, 21–25.

10 Lehnstaedt, 23.

11 Ebd., 25f.

12 Rauchensteiner, Der Erste Weltkrieg, 758.

13 Schritte zu einer Umsetzung dieses Geheimabkommens wurden nie gesetzt, nach längeren Verhandlungen zwischen den Kiewer, Wiener und Berliner Regierungen wurde es vernichtet. Siehe dazu ausführlicher: Dornik, Wolfram/Lieb, Peter: Die Ukrainepolitik der Mittelmächte während des Ersten Weltkrieges. In: Dornik, Wolfram/Kasianov, Georgiy/Leidinger, Hannes/Lieb, Peter/Miller, Alexey/Musial, Bogdan/Rasevyč, Vasyl': Die Ukraine zwischen Selbstbestimmung und Fremdherrschaft 1917–22. Graz 2011, 91–128, hier 114.

14 Dornik, Wirtschaftliche Ausbeutung, 87f.

15 Zu den Besatzungsterritorien in Serbien, Montenegro, Albanien und Griechenland siehe die Karte in: Brendel, Heiko/Debruyne, Emmanuel: Resistance and repression in occupied territories behind the Western and Balkan Fronts, 1914–1918. A comparative perspective. In: Dornik, Wolfram/Walleczek-Fritz, Julia/Wedrac, Stefan (Hg.): Frontwechsel. Österreich-Ungarns »Großer Krieg« im Vergleich. Unter Mitarbeit von Markus Wurzer. Wien/Köln/Weimar 2014, 235–258, hier 241.

16 Gumz, Jonathan E.: The Resurrection and Collapse of Empire in Habsburg Serbia. Cambridge 2009, 105–141; Ortner, M. Christian: Die Feldzüge gegen Serbien in den Jahren 1914 und 1915. In: Angelow, Jürgen (Hg.): Der Erste Weltkrieg auf dem Balkan. Perspektiven der Forschung. Berlin 2011, 123–142; Rauchensteiner, Der Erste Weltkrieg, 758–761; Scheer, 27–32.

17 Rauchensteiner, Der Erste Weltkrieg, 759.

18 Gumz, 142–192; Schanes, Daniela: Serbien im Ersten Weltkrieg. Feind- und Kriegsdarstellungen in österreichisch-ungarischen, deutschen und serbischen Selbstzeugnissen. Phil. Diss. Graz 2010, 192–196.

19 Kerchnawe, Hugo: Die k.u.k. Militärverwaltung in Serbien. In: Kerchnawe, Hugo/Mitzka, Rudolf/Sobotka, Felix/Leidl, Hermann/Krauss, Alfred: Die Militärverwaltung in den von den österreichisch-ungarischen Truppen besetzten Gebieten. Wien/New Haven 1928, 53–269, hier 136–149.

20 Rauchensteiner, Der Erste Weltkrieg, 760.

21 Kerchnawe, Die k.u.k. Militärverwaltung in Serbien, 100–107.

22 Brendel/Debruyne, 247; Stibbe, Matthew: Krieg und Brutalisierung: Die Internierung von Zivilisten bzw. »politisch Unzuverlässigen« in Österreich-Ungarn während des Ersten Weltkriegs. In: Eisfeld, Alfred/Hausmann, Guido/Neutatz, Dietmar (Hg.): Besetzt, interniert, deportiert. Der Erste Weltkrieg und die deutsche, jüdische, polnische und ukrainische Zivilbevölkerung im östlichen Europa. Essen 2013, 87–106, hier 90.

23 Zit. nach Schanes, 192f.

24 Rauchensteiner, Der Erste Weltkrieg, 761 und 1129 (Anm. 1688).

25 Brendel/Debruyne, 254f.

26 Siehe etwa ebd., 195–199.

27 Gumz, 192–230.

28 Brendel, Heiko: Der geostrategische Rahmen der österreichisch-ungarischen Besatzung Montenegros im Ersten Weltkrieg. In: Angelow, Jürgen (Hg.): Der Erste Weltkrieg auf dem Balkan. Perspektiven der Forschung. Berlin 2011, 159–177; Kerchnawe, Hugo: Die Militärverwaltung in Montenegro und Albanien. In: Kerchnawe, Hugo/Mitzka, Rudolf/Sobotka, Felix/Leidl, Hermann/Krauss, Alfred: Die Militärverwaltung in den von den österreichisch-ungarischen Truppen besetzten Gebieten. Wien/New Haven 1928, 270–304, hier 270–282; Rauchensteiner, Der Erste Weltkrieg, 761f. Der Grad der wissenschaftlichen Aufarbeitung der Besatzung Montenegros ist noch ausgesprochen gering; mit

großem Interesse erwarten wir die seit 2008 an der Universität Mainz entstehende Dissertation von Heiko Brendel.

29 Schanes, 167–174; Scheer, 35–38.

30 Brendel, 172–177.

31 Zit. nach ebd., 168.

32 Ebd., 170f.

33 Groß, Gerhard P.: Ein Nebenkriegsschauplatz. Die deutschen Operationen gegen Rumänien 1916. In: Angelow, Jürgen (Hg.): Der Erste Weltkrieg auf dem Balkan. Perspektiven der Forschung. Berlin 2011, 143–158; Dornik, Wolfram: Der Krieg in Osteuropa 1914–19. In: Dornik, Wolfram/Kasianov, Georgiy/Leidinger, Hannes/Lieb, Peter/Miller, Alexey/Musial, Bogdan/Rasevyč, Vasyl': Die Ukraine zwischen Selbstbestimmung und Fremdherrschaft 1917–22. Graz 2011, 61–90, hier 81–84.

34 Heppner, Harald: Im Schatten des »großen Bruders«. Österreich-Ungarn als Besatzungsmacht in Rumänien 1916–1918. In: Österreichische Militärische Zeitschrift, 3/2007, 317–322, hier 318–320. Noch weiter geht Lisa Mayerhofer, die in ihrem Buch über die Besatzung Rumäniens die Verbündeten nahezu vollständig ignoriert, was sie auch im Titel ihres Buches deutlich zum Ausdruck bringt: Mayerhofer, Lisa: Zwischen Freund und Feind – Deutsche Besatzung in Rumänien 1916–1918. München 2010.

35 Heppner, 319; Rauchensteiner, Der Erste Weltkrieg, 763f.

36 Heppner, 320f.

37 Rauchensteiner, Der Erste Weltkrieg, 764; Mayerhofer, Zwischen Freund und Feind, 206–210.

38 Mayerhofer, Zwischen Freund und Feind, 206–210.

39 Ebd., 218–225.

40 Rauchensteiner, Manfried (Hg.): Waffentreue. Die 12. Isonzoschlacht 1917. Begleitband zur Ausstellung des Österreichischen Staatsarchivs. 23. Oktober 2007 – 1. Februar 2008. Wien 2007.

41 Scheer, 55–61.

42 Sartorelli, Sandra: Provinz Belluno 1917/18. Besatzung und Militärverwaltung durch Österreich-Ungarn. In: Mazohl-Wallnig, Brigitte/Barth-Scalmani, Gunda/Kuprian, Hermann J. W. (Hg.): Ein Krieg – zwei Schützengräben. Österreich–Italien und der Erste Weltkrieg in den Dolomiten 1915–1918. Bozen 2005, 391–405; Scheer, 45–48; Leidl, Hermann: Die Verwaltung des besetzten Gebietes Italiens. In: Kerchnawe, Hugo/Mitzka, Rudolf/Sobotka, Felix/Leidl, Hermann/Krauss, Alfred: Die Militärverwaltung in den von den österreichisch-ungarischen Truppen besetzten Gebieten. Wien/New Haven 1928, 318–358, hier 352. Siehe außerdem: Mayerhofer, Christine: Die österreichisch-ungarische Militärverwaltung in den besetzten Gebieten Italiens. November 1917–Oktober 1918. Phil. Diss. Wien 1970.

43 Corni, Gustavo: Die Bevölkerung von Venetien unter der österreichisch-ungarischen Besatzung 1917/18. In: Zeitgeschichte, Jg. 17, H. 7/8/1989/90, 311–329, hier 320.

44 Leidl, 356.

45 Rauchensteiner, Der Erste Weltkrieg, 1043–1047.

46 Zur österreichisch-ungarischen Außenpolitik gegenüber Albanien bis 1908 siehe: Toleva, Teodora: Der Einfluss Österreich-Ungarns auf die Bildung der albanischen Nation 1896–1908. Klagenfurt/Ljubljana/Wien 2013.

47 Über die momentane Lage der Monarchie und deren etwaige nächste politische Richtung, 28.10.1912, in: ÖSTA/KA, NL Conrad von Hötzendorf, B/1450, Fasz. 75, Nr. 4.

48 Eh. Konzept: »Über die momentane Lage der Monarchie und deren etwaige nächste politische Richtung« und Zusatz, 29.10.1912, in: ÖSTA/KA, NL, Conrad von Hötzendorf, B/1450:75, Nr. 4–5.

49 Conrad von Hötzendorf, Franz: Aus meiner Dienstzeit 1906–1918. 3. Bd.: 1913 und das erste Halbjahr 1914: Der Ausgang des Balkankrieges und die Zeit bis zum Fürstenmord in Sarajevo. Wien/Leipzig/München 1922, 155–157. Siehe dazu auch: Dornik, Wolfram: Des Kaisers Falke. Wirken und Nach-Wirken von Franz Conrad von Hötzendorf. Innsbruck 2013, 100–105.

50 Brendel, 166–170; Etschmann, Wolfgang/Schmidl, Erwin A.: Albanien im Ersten Weltkrieg. Spielball von Machtinteressen. In: Österreichische Militärische Zeitschrift, 5/97, 545–554. Siehe außerdem: Schwanke, Helmut: Zur Geschichte der österreichisch-ungarischen Militärverwaltung in Albanien. Phil. Diss. Wien 1982.

51 Bachinger, Bernhard: Herausforderung Balkan. Erfahrungswelten deutsch-sprachiger Soldaten an der mazedonischen Front. In: Bachinger, Bernhard/Dornik, Wolfram (Hg.): Jenseits des Schützen-

grabens. Der Erste Weltkrieg im Osten: Erfahrung – Wahrnehmung – Kontext. Innsbruck/Wien/Bozen 2013, 285–304, hier 285–290; Etschmann/Schmidl, 545–554; Rauchensteiner, Der Erste Weltkrieg, 762.

52 Rauchensteiner, Der Erste Weltkrieg, 763.

53 Kerchnawe, Militärverwaltung in Montenegro und Albanien, 294.

54 Zit. nach Rauchensteiner, Der Erste Weltkrieg, 762.

55 Brendel, 170ff.

56 Etschmann/Schmidl, 545–554.

57 Dornik/Lieb, Ukrainepolitik, 105–113.

58 Das Gebiet verblieb jedoch weiterhin innerhalb des Aufbringungssystems der Mittelmächte: ÖSTA/KA, NFA AOK Qu. Abt., Ukraine Akten, Nr. 2616–2632. Siehe vor allem: Verteilungsschlüssel für Ukraine, Russland, Bessarabien von 16.8.–31.12.1918, 30.7.1918, in: ÖSTA/KA, NFA AOK Qu. Abt., Ukraine Akten, Nr. 2634.

59 Dornik/Lieb, Ukrainepolitik, 105–113. Ihre wahre Stärke erlangten sie aber erst 1919/20: Musial, Bogdan: Die Ukrainepolitik des bolschwikischen Russlands 1917–22. In: Dornik, Wolfram/Kasianov, Georgiy/Leidinger, Hannes/Lieb, Peter/Miller, Alexey/Musial, Bogdan/Rasevyč, Vasyl': Die Ukraine zwischen Selbstbestimmung und Fremdherrschaft 1917–22. Graz 2011, 367–390, hier 376–384; Felix Schnell, Räume des Schreckens. Gewalt und Gruppenmilitanz in der Ukraine 1905–1933. Hamburg 2012, 186–190; sowie die Schriften des Weggefährten und »Chef-Ideologen« der Machno-Bewegung, etwa: Peter A. Arschinoff, Geschichte der Machno-Bewegung. Münster 2009, 49–71, 83–92.

60 Zit. nach Dornik/Lieb, Ukrainepolitik, 121f.

61 Dornik, Wolfram/Lieb, Peter: Die militärischen Operationen. In: Dornik, Wolfram/Kasianov, Georgiy/Leidinger, Hannes/Lieb, Peter/Miller, Alexey/Musial, Bogdan/Rasevyč, Vasyl': Die Ukraine zwischen Selbstbestimmung und Fremdherrschaft 1917–22. Graz 2011, 203–249, hier 239–246.

62 Zit. nach Dornik, Wirtschaftliche Ausbeutung, hier 290–296.

63 Dornik, Wolfram: Schlussbetrachtungen. In: Dornik, Wolfram/Kasianov, Georgiy/Leidinger, Hannes/Lieb, Peter/Miller, Alexey/Musial, Bogdan/Rasevyč, Vasyl': Die Ukraine zwischen Selbstbestimmung und Fremdherrschaft 1917–22. Graz 2011, 489–495.

64 Übersicht über die bisherige wirtschaftliche Ausnutzung der okkupierten Gebiete von Polen, Serbien und Montenegro der Quartiermeisterabteilung des k.u.k. AOK, 22.12.1916, in: ÖSTA/KA, Allerhöchster Oberbefehl, Generalstab, Operationsbüro, Kt. 816.

65 Kerchnawe/Mitzka/Sobotka/Leidl/Krauss: Die Militärverwaltung in den von den österreichisch-ungarischen Truppen besetzten Gebieten. Wien/New Haven 1928, 1.

66 Siehe dazu auch die Einschätzung bei Brendel/Debruyne, 246f.

67 Dazu siehe u. a. Ruthner, Clemens: Kakaniens kleiner Orient. Post/koloniale Lesarten der Peripherie Bosnien-Herzegowina (1878–1918). In: Hárs, Endre/Müller-Funk, Wolfgang/Reber, Ursula/Ruthner, Clemes: Zentren, Peripherien und kollektive Identitäten in Österreich-Ungarn. Tübingen/Basel 2006, 255–284, hier 268.

68 Gumz, 244 f.; Stachel, Peter: Der koloniale Blick auf Bosnien-Herzegowina in der ethnographischen Populärliteratur der Habsburger Monarchie. In: Feichtinger, Johannes/Prutsch, Ursula, Csáky, Moritz (Hg.): Habsburg postcolonial. Machtstrukturen und kollektives Gedächtnis. Innsbruck/Wien/Bozen 2003, 259–288; Ruthner, Kakaniens kleiner Orient, 255–284; Ruthner, Clemens: Austria-Hungary's Only Colony: Bosnia-Herzegovina, 1878–1918. In: Healy, Róisín/Dal Lago, Enrico (Hg.): The Shadow of Colonialism on Europe's Modern Past, 1860s to 1960s. London 2014 (in Druck), [14].

69 Über die momentane Lage der Monarchie und deren etwaige nächste politische Richtung, 28.10.1912, in: ÖSTA/KA, NL Conrad von Hötzendorf, B/1450, Fasz. 75, Nr. 4; Zusatz zu meinem Essay vom 28. Oktober 1912, 8.11.1912, in: Ibid., Nr. 5; Zweiter Nachtrag zu meinem Essay, 16.11.1912, in: Ibid., Nr. 15; Essay, 19.11.1912, in: Ibid., Nr. 15.

70 Dornik, Des Kaisers Falke, 27–33 bzw. 113–122.

71 Vgl. dazu u. a. Lehnstaedt, Stephan: Der koloniale Blick? Polen und Juden in der Wahrnehmung der Mittelmächte. In: Bachinger, Bernhard/Dornik, Wolfram (Hg.), Jenseits des Schützengrabens. Der Erste Weltkrieg im Osten: Erfahrung – Wahrnehmung – Kontext. Innsbruck/Wien/Bozen 2013, 391–410, hier 410. Zu den Merkmalen von Imperien und Nationalstaaten im Vergleich siehe Osterhammel, Jürgen: Die Verwandlung der Welt. Eine Geschichte des 19. Jahrhunderts. München 2009,

565–672. Speziell hinsichtlich Deutschlands siehe auch Conrad, Sebastian/Osterhammel, Jürgen (Hg.): Das Kaiserreich transnational. Deutschland in der Welt 1871–1914. Göttingen 2004.

72 Siehe zur Ukrainepolitik der Mittelmächte während des Ersten Weltkrieges: Dornik/Lieb, Ukrainepolitik, 91–128.

73 Zit. nach Rauchensteiner, Der Erste Weltkrieg, 299f.

74 In der polnischen Historiographie wird die Besatzungszeit bis heute nicht als Teil der »polnischen Geschichte« verstanden. Siehe dazu beispielsweise: Musial, Bogdan: Die Ukrainepolitik Polens von 1918–22. In: Dornik, Wolfram/Kasianov, Georgiy/Leidinger, Hannes/Lieb, Peter/Miller, Alexey/Musial, Bogdan/Rasevyč, Vasyl': Die Ukraine zwischen Selbstbestimmung und Fremdherrschaft 1917–22. Graz 2011, 449–463, hier 449. Zusammenfassend über die Positionen des Habsburgerreiches gegenüber Serbien während der Okkupation siehe u. a.: Einax, Rajk: Rezension: Jonathan E. Gumz: The Resurrection and Collapse of Empire in Habsburg Serbia, 1914–1918, Cambridge: Cambridge University Press 2009. In: sehepunkte 10 (2010), Nr. 5 [15.05.2010], http://www.sehepunkte.de/2010/05/16550.html, 29.7.2014.

75 Im Kontext eines »kolonialen Blickes« vgl. übrigens auch die Problematik der anthropologischen Untersuchungen an Kriegsgefangenen in Lagern der Donaumonarchie während des Weltkriegs. Dazu u. a.: Lange, Britta: Die Wiener Forschungen an Kriegsgefangenen 1915–1918. Anthropologische und ethnografische Verfahren im Lager. Wien 2013, 102f.; Moritz, Verena: Zwischen allen Fronten. Die russischen Kriegsgefangenen in Österreich im Spannungsfeld von Nutzen und Bedrohung (1914–1921). Phil. Diss. Wien 2001, 166–170; Evans, Andrew D.: Capturing race: Anthropology and photography in German and Austrian prisoner-of-war camps during World War I. In: Hight, Eleanor M./Sampson, Gary D. (Hg.): Colonialist Photography. Imag(in)ing race and place. London/New York 2002, 226–256; Berner, Margit: Forschungs-»Material« Kriegsgefangene: Die Massenuntersuchungen der Wiener Anthropologen an gefangenen Soldaten 1915–1918. In: Gabriel, Hein Eberhard/Neugebauer, Wolfgang (Hg.): Vorreiter der Vernichtung? Eugenik, Rassenhygiene und Euthanasie in der österreichischen Diskussion vor 1938. Wien/Köln/Weimar 2005, 167–198.

76 Über die österreichisch-ungarischen Kriegsziele siehe u. a.: Hekele, Martin: Die Kriegszielpolitik der österreichisch-ungarischen Monarchie im Ersten Weltkrieg. Phil. Diss. Wien 1996. Vgl. außerdem die Ausführungen bei Rauchensteiner über die österreichisch-ungarischen Kriegsziele: Rauchensteiner, Der Erste Weltkrieg, 294–306, 487–516.

77 Protokoll des zu Baden am 12. Jänner 1917 abgehaltenen Ministerrates für gemeinsame Angelegenheiten, in: ÖSTA/HHSTA PA I Nachlass Czernin, Kt. 1092a.

78 Czernin an Kaiser Karl, 16.10.1917 (nicht abgegangen), in: ÖSTA/HHSTA PA I Nachlass Czernin, Kt. 1092a.

79 Vgl. Schanes, 174–177.

80 Zit. nach ebd., 175.

81 Kerchnawe, Militärverwaltung in Montenegro und Albanien, 304.

WELCHES RECHT?

1 Segesser, Daniel Marc: Recht statt Rache oder Rache durch Recht? Die Ahndung von Kriegsverbrechen in der internationalen wissenschaftlichen Debatte 1872–1945. Paderborn/München/Wien/Zürich 2010, 49 und 76f.

2 Dazu auch: Segesser, Daniel Marc: Zwischen Misstrauen und humanitärem Engagement. Völkerrecht, das Recht im Krieg und das Internationale Komitee vom Roten Kreuz. In: Jubel & Elend. Leben mit dem Großen Krieg 1914–1918. Katalog zur Ausstellung. Schallaburg 2014, 322–329, hier 322.

3 Leidinger, Hannes: »Der Einzug des Galgens und des Mordes«. Die parlamentarischen Stellungnahmen polnischer und ruthenischer Reichsratsabgeordneter zu den Massenhinrichtungen in Galizien 1914/15. In: Zeitgeschichte, 33. Jg., Heft 5, Sept./Okt. 2006, 235–260, hier 239; Segesser, Recht statt Rache oder Rache durch Recht?, 408.

4 Verbrechen der Wehrmacht. Dimensionen des Vernichtungskrieges 1914–1944. Hrsg. vom Hamburger Institut für Sozialforschung. Ausstellungskatalog. Hamburg 2002, 28.

5 Segesser, Recht statt Rache oder Rache durch Recht?, 78.

6 Obwohl der Schweizer Völkerrechtsexperte Johann Caspar Bluntschli schon 1872 den »Begriff Kriegsverbrechen als zusammenfassende Kategorie für einen Teil der während eines Krieges begangenen Vergehen und Verbrechen« benutzte, wurde erst der deutsch-britische Völkerrechtler Lassa Oppenheim zu Beginn des 20. Jahrhunderts zum »eigentlichen Vater« dieses Ausdrucks. – Segesser, Recht statt Rache durch Recht?, 50f; vgl. Segesser, Daniel Marc/Gessler, Myriam: Raphael Lemkin and the international debate on the punishment of war crimes (1919–1948). In: Journal of Genocide Research 7(4), December 2005, 453–468, hier 453. Winston Churchill gebrauchte im August 1914 die Bezeichnung »crimes against civilization«, als er sich mit den Minenoperationen der deutschen Marine befasste. – Schwengler, Walter: Völkerrecht, Versailler Vertrag und Auslieferungsfrage. Die Strafverfolgung wegen Kriegsverbrechen als Problem des Friedensschlusses 1919/20. Stuttgart 1982, 56.

7 Segesser, Recht statt Rache oder Rache durch Recht?, 50–58; Schwengler, 71.

8 Dazu u. a.: Wette, Wolfram/Ueberschär, Gerd R. (Hg.): Kriegsverbrechen im 20. Jahrhundert. Darmstadt 2001, 1.

9 Segesser, Recht statt Rache oder Rache durch Recht?, 57. Vgl. Ball, Howard: War Crimes and Justice: A Reference Handbook. St. Barbara 2002, 5–10.

10 Kramer, Alan: Kriegsrecht und Kriegsverbrechen. In: Hirschfeld, Gerhard/Krumeich, Gerd/Renz, Irina (Hg.): Enzyklopädie Erster Weltkrieg. Aktualisierte und erweiterte Studienausgabe. Paderborn/München/Wien/Zürich 2009, 281–292, hier 282; Dülffer, Jost: Regeln im Krieg? Kriegsverbrechen und die Haager Friedenskonferenzen. In: Wette, Wolfram/Ueberschär, Gerd R. (Hg.): Kriegsverbrechen im 20. Jahrhundert. Darmstadt 2001, 39.

11 Der auf deutschen Vorschlag in das Haager Abkommen von 1907 eingefügte Artikel 3, »der die Schadensersatzpflicht des Staates für alle rechtswidrigen Handlungen der zu seiner Kriegsmacht gehörenden Personen festlegt«, scheint gleichfalls die »Lehre zu bestätigen, dass das Völkerrecht ausschließlich Rechtsbeziehungen zwischen Staaten regelt«. – Schwengler, 50.

12 K.u.k. Armeeoberkommando an das k.k. Ministerium für Landesverteidigung, 15.11.1917, in: ÖSTA/KA, k.k. Ministerium für Landesverteidigung, SR, Präsidialbüro, Interpellationen, XVIIa, Nr. 880/1918.

13 StPHA, XXII. Session, 74. Sitzung v. 15.3.1918, 3775 und 57. Sitzung v. 5.2.1918, 3688.

14 StPHA, XXII. Session, 247 der Beilagen, 1f.

15 Segesser, Daniel Marc: Kriegsverbrechen auf dem Balkan und in Anatolien in der internationalen juristischen Debatte während der Balkankriege und des Ersten Weltkriegs. In: Angelow, Jürgen (Hg.): Der Erste Weltkrieg auf dem Balkan. Perspektiven der Forschung. Berlin 2011, 193–209, hier 203–205; vgl. Holzer, Anton: Das Lächeln der Henker. Der unbekannte Krieg gegen die Zivilbevölkerung 1914–1918. Darmstadt 2014, 87ff. und 123f., beziehungsweise: ÖSTA/HHSTA PA I Liasse Krieg 13, Kt. 932.

16 R.-A. Reiss: Wie die Österreicher und Ungarn in Serbien Krieg führten. Persönliche Beobachtungen eines Neutralen. Lausanne 1915, in: ÖSTA/HHSTA PA I Liasse Krieg 13, Kt. 932, Fol. 78f.

17 Segesser, Recht statt Rache oder Rache durch Recht?, 102f., 126f., 136f. und 147.

18 Ebd., 149.

19 Zit. nach ebd., 167.

20 Horne, John/Kramer, Alan: Deutsche Kriegsgreuel 1914. Die umstrittene Wahrheit. Hamburg 2004, 618f.

21 Segesser, Kriegsverbrechen auf dem Balkan, 204.

22 Broschüre: Die Lügen über die österreichisch-ungarische Kriegsführung in Serbien, in: ÖSTA/HHSTA PA I Liasse Krieg 13c (Reiss) Kt. 931, Fol. 37–75.

23 ÖSTA/HHSTA PA I, Kt. 1064, Bericht über monarchiefeindliche Agitation in Rumänien, April 1915, Fol. 35–43.

24 Segesser, Kriegsverbrechen auf dem Balkan, 203 und 205.

25 »Eine Verordnung des serbischen Armeeoberkommandos vom 4. August 1914 richtete insgesamt vier Komitas-Formationen mit einer Gesamtstärke von rund 1000 Mann ein«. – Überegger, Oswald: »Man mache diese Leute, wenn sie halbwegs verdächtig erscheinen, nieder«. Militärische Normübertretungen, Guerillakrieg und Widerstand an der Balkanfront 1914. In: Chiari, Bernhard/Groß, Gerhard P. (Hg.): Am Rande Europas? Der Balkan – Raum und Bevölkerung als Wirkungsfelder militärischer Gewalt. München 2009, 121–136, hier 125.

26 Leidinger, »Der Einzug des Galgens und des Mordes«, 247–249 und 253.
27 Sammlung von Nachweisen für die Verletzungen des Völkerrechtes durch die mit Österreich-Ungarn kriegführenden Staaten. II. Nachtrag. Abgeschlossen mit 30. November 1915. Wien 1916. Einleitende Bemerkungen zur ersten, mit 31. Jänner 1915 abgeschlossenen Ausgabe dieser Sammlung, VIIf.
28 Quantitative Auswertung des Verfassers von: Sammlung von Nachweisen für die Verletzungen des Völkerrechtes durch die mit Österreich-Ungarn kriegführenden Staaten. Abgeschlossen mit 15. Jänner 1915. Wien 1915; Sammlung von Nachweisen für die Verletzungen des Völkerrechtes durch die mit Österreich-Ungarn kriegführenden Staaten. I. Nachtrag. Abgeschlossen mit 30. April 1915. Wien 1915; Sammlung von Nachweisen für die Verletzungen des Völkerrechtes durch die mit Österreich-Ungarn kriegführenden Staaten. II. Nachtrag. Abgeschlossen mit 30. November 1915. Wien 1916; Sammlung von Nachweisen für die Verletzungen des Völkerrechtes durch die mit Österreich-Ungarn kriegführenden Staaten. III. Nachtrag. Abgeschlossen mit 30. Juni 1916. Wien 1916.
29 Vgl. Sammlung von Nachweisen für die Verletzungen des Völkerrechtes durch die mit Österreich-Ungarn kriegführenden Staaten. II. Nachtrag. Abgeschlossen mit 30. November 1915. Wien 1916; Sammlung von Nachweisen für die Verletzungen des Völkerrechtes durch die mit Österreich-Ungarn kriegführenden Staaten. III. Nachtrag. Abgeschlossen mit 30. Juni 1916. Wien 1916.
30 Sammlung von Nachweisen für die Verletzungen des Völkerrechtes durch die mit Österreich-Ungarn kriegführenden Staaten. Abgeschlossen mit 15. Jänner 1915. Wien 1915, VIII.
31 Sammlung von Nachweisen für die Verletzungen des Völkerrechtes durch die mit Österreich-Ungarn kriegführenden Staaten. II. Nachtrag. Abgeschlossen mit 30. November 1915. Wien 1916. Einleitende Bemerkungen zur ersten, mit 31. Jänner 1915 abgeschlossenen Ausgabe dieser Sammlung, VIIIf.
32 Heeresgeschichtliches Museum Wien (HGM), Plennymuseum und Bibliothek, Streeruwitz, Ernst von: Kriegsgefangene im Weltkriege. 6 Bde., Bd. 1, 35f.
33 Leidinger, Hannes/Moritz, Verena: Verwaltete Massen. Kriegsgefangene in der Donaumonarchie. In: Oltmer, Jochen (Hg.): Kriegsgefangene im Europa des Ersten Weltkriegs. Paderborn/München/Wien/Zürich 2006, 35–66, hier 56.
34 K.k. Ministerium des Innern an k.u.k. Kriegsministerium, Herbst 1915, in: ÖSTA/KA, KM/KÜA, 1916: Zl. 63695.
35 Moritz, Verena: Zwischen allen Fronten. Die russischen Kriegsgefangenen in Österreich im Spannungsfeld von Nutzen und Bedrohung (1914–1921). Phil. Diss. Wien 2001, 122.
36 Walleczek, Julia: Hinter Stacheldraht. Die Kriegsgefangenenlager in den Kronländern Oberösterreich und Salzburg im Ersten Weltkrieg. Phil. Diss. Innsbruck, 311.
37 Moritz, Zwischen allen Fronten, 122.
38 Seidler, Franz W./Zayas, Alfred M. de (Hg.): Kriegsverbrechen in Europa und im Nahen Osten im 20. Jahrhundert. Hamburg/Berlin/Bonn 2002, 25.
39 Dazu aktuell unter anderem: Dornik, Wolfram/Kasianov, Georgiy/Leidinger, Hannes/Lieb, Peter/Miller, Alexey/Musial, Bogdan/Rasevyč, Vasyl': Die Ukraine zwischen Selbstbestimmung und Fremdherrschaft 1917–1922. Graz 2011; Schnell, Felix: Räume des Schreckens. Gewalt und Gruppenmilitanz in der Ukraine 1905–1933. Hamburg 2012.
40 Rauchensteiner, Manfried: Der Erste Weltkrieg und das Ende der Habsburgermonarchie 1914–1918. Wien/Köln/Weimar 2013, 478–480, 491 und 504–506.
41 Vgl. Überegger, »Man mache diese Leute, wenn sie halbwegs verdächtig erscheinen, nieder«, 132f.
42 Vgl. Stibbe, Matthew: »Ohne jede Ausnahme eine Schar von Feinden Österreichs«. Die Internierungspolitik des Habsburgerreiches im europäischen und globalen Kontext. In: Jubel & Elend. Leben mit dem Großen Krieg 1914–1918. Katalog zur Ausstellung. Schallaburg 2014, 338–343, hier 342f; Kramer, Alan: Ethnische Säuberungen vom Ersten Weltkrieg bis zum Nationalsozialismus. In: Krumeich, Gerd in Verbindung mit Hoffstadt, Anke und Weinrich, Arndt (Hg.): Nationalsozialismus und Erster Weltkrieg. Essen 2010, 323–346.
43 Siehe hinsichtlich dessen auch die Einschätzungen in: Janz, Oliver: 14. Der große Krieg. Frankfurt am Main 2013, 123; Münkler, Herfried: Der Große Krieg. Die Welt 1914 bis 1918. 2. Aufl., Berlin 2013, 766.
44 Atilgan, Inanc: Das Kriegsjahr 1915: Reaktion Österreich-Ungarns auf die Umsiedlung der Armenier innerhalb des Osmanischen Reiches anhand von Primärquellen. Phil. Diss. Wien 2003, 190–192.

45 Ohandjanian, Artem: Armenien 1915. Österreichisch-Ungarische Botschaftsberichte beweisen den Genozid. Wien 2007, 211 und 228. Der Wortlaut der Pressebenachrichtigung in leicht abgewandelter Form findet sich auch auf Seite 259.
46 Ohandjanian, 213, 238f. und 241. Die Information der Nachrichtenabteilung des AOK ist auf Seite 295 zu finden. Dazu auch: Segesser, Recht statt Rache oder Rache durch Recht?, 454.
47 Segesser, Kriegsverbrechen auf dem Balkan, 208f.
48 In der deutschen Reichswehr wollte man das Anfang 1920 mit »allen zur Verfügung stehenden Mitteln« verhindern. Tatsächlich gingen höchste Offizierskreise daran, einen Kriegsplan auszuarbeiten und sich dabei gegen die Westmächte durch ein Bündnis mit Sowjetrussland zu stärken. – Schwengler, 315.
49 Segesser/Gessler, Raphael Lemkin and the international debate on the punishment of war crimes, 453; Segesser, Recht statt Rache oder Rache durch Recht?, 218; Kramer, Kriegsrecht und Kriegsverbrechen, 291. Über deutsche Reaktionen insbesondere auf die Auslieferungsforderungen siehe: Schwengler, 283 und 291.
50 Vgl. unter anderem: Wiener Mittags-Post v. 9.2.1920, in: ÖSTA/Archiv der Republik (AdR), Bundespressedienst (BPD), 1. Republik, Kt. 219; Holzer, Das Lächeln der Henker, 138f.
51 Wiener Mittags-Post v. 9.2.1920, in: ÖSTA/Archiv der Republik (AdR), Bundespressedienst (BPD), 1. Republik, Kt. 219.
52 Deutscherseits registrierte man nicht ohne Zufriedenheit, dass das »kleine Holland« bei »seiner Ablehnung der Auslieferung Wilhelms II. die Zustimmung der ganzen Welt gefunden« habe. – Schwengler, 300. Diesbezüglich siehe auch: Hankel, Gerd: Die Leipziger Prozesse. Deutsche Kriegsverbrechen und ihre strafrechtliche Verfolgung nach dem Ersten Weltkrieg. Hamburg 2003, 74–88.
53 Segesser, Recht statt Rache oder Rache durch Recht?, 213 und 225f.
54 Zit. nach Kramer, Kriegsrecht und Kriegsverbrechen, 291.
55 Schwengler, 316f.
56 Das Bestreben, Wilhelm und andere führende deutsche Politiker auch und gerade für »die Auslösung des Krieges zur Rechenschaft zu ziehen«, wirft die nicht bloß kontrafaktische, sondern historiographisch durchaus relevante Frage auf, wie das Verhalten von Kaiser Franz Joseph im Sommer 1914 zu beurteilen ist. In Bezug auf Wilhelm sei allerdings auf die Zurückhaltung und auf unterschiedliche Fachkommentare selbst in den alliierten Siegerstaaten hingewiesen. – Segesser, Recht statt Rache oder Rache durch Recht?, 218f.
57 Diplomatische Aktenstücke zur Vorgeschichte des Krieges 1914 (28. Juni bis 27. August). Hrsg. vom Staatsamt für Äußeres. 3 Teile. Erstdruck: Wien 1919. Neudruck des »Rotbuches«: Berlin 1922.
58 Holländische Blätter, 1.10.1919: Tijd v. 22.9.1919, in: ÖSTA/AdR, BPD, 1. Republik, Kt. 219. Mindestens aus dieser Perspektive ergibt sich ein gewisser Widerspruch zu Günther Kronenbitters Auffassung, Roderich Gooß habe schon 1919 die Vorstellung von der »Kriegsschuld« der Mittelmächte zu widerlegen versucht. – Kronenbitter, Günther: Amnesia and Rememberance – Count Berchtold on 1914. In: Bischof, Günter/Karlhofer, Ferdinand/Williamson, Samuel R. (Hg.): 1914: Austria-Hungary, the Origins, and the First Year of World War I. Contemporary Austrian Studies, Vol. 23. New Orleans 2014, 77–90, hier 87.
59 Blätter d. Deutschen Reiches, 23.10.1919: Freiheit v. 30.10.1919, in: ÖSTA/AdR, BPD, 1. Republik, Kt. 219.
60 Ebd.
61 Französische Blätter, 29.10.1919: Temps v. 24.10.1919, in: ÖSTA/AdR, BPD, 1. Republik, Kt. 219.
62 Französische Blätter, 1.10.1919, Temps v. 25.9.1919, in: ÖSTA/AdR, BPD, Erste Republik, Kt. 219.
63 Gooß, Roderich: Das Wiener Kabinett und die Entstehung des Weltkrieges. Mit Ermächtigung des Leiters des Deutsch-österreichischen Staatsamtes für Äußeres auf Grund aktenmäßiger Forschung dargestellt. Wien 1919.
64 Burz, Ulfried: Die Kriegsschuldfrage in Österreich (1918–1938). Zwischen Selbstverleugnung und Identitätssuche. In: Burz, Ulfried/Derndarsky, Michael/Drobesch, Werner (Hg.): Brennpunkt Mitteleuropa. Klagenfurt 2000, 97–115, hier 108.
65 Zit. nach ebd., 108f.
66 Zeitungsnotiz v. 16.10.1919, in: ÖSTA/AdR, BPD, Erste Republik, Kt. 219.
67 Vgl. Zeitungsnotiz v. 18.10.1919 bzw. Blätter des Deutschen Reiches, 9. und 11.10.1919, in: ÖSTA/AdR, BPD, Erste Republik, Kt. 219.

68 Národní Listy, Abendblatt v. 29.9.1919, in: ÖSTA/AdR, BPD, Erste Republik, Kt. 219.
69 Das Recht, Krieg zu führen. Interview mit Isabel V. Hull, auf: http://science.orf.at/stories/1736306, 7.4.2014.
70 Kramer, Kriegsrecht und Kriegsverbrechen, 286 und 289.
71 Ebd., 284f.
72 Segesser, Recht statt Rache oder Rache durch Recht?, 232.
73 Segesser/Gessler, Raphael Lemkin and the international debate on the punishment of war crimes, 454. Dazu auch: Holzer, Das Lächeln der Henker, 139.
74 Endgültig beendeten Reichsanwaltschaft und Reichsgericht ihre Tätigkeit hinsichtlich der »Kriegsbeschuldigten«-Verfahren nach der Machtergreifung der Nationalsozialisten. – Schwengler, 359. Hier auch genauere Zahlenangaben bezüglich Verfahren und Urteilssprüche, die teilweise voneinander abweichen. Umfassend zum gesamten Themenkomplex außerdem die Publikation von Hankel.
75 Schwengler, 291ff.; Segesser, Recht statt Rache oder Rache durch Recht?, 227ff.
76 Moritz, Verena/Leidinger, Hannes/Jagschitz, Gerhard: Im Zentrum der Macht. Die vielen Gesichter des Geheimdienstchefs Maximilian Ronge. St. Pölten/Salzburg 2007, 181.
77 Zit. nach Doppelbauer, Wolfgang: Zum Elend noch die Schande. Das altösterreichische Offizierskorps am Beginn der Republik. Wien 1988, 36ff.
78 Die Feldgerichte und das Volksgericht. Wien 1919, 6f.
79 Ebd., 8f.
80 Ebd., 24.
81 Vgl. ÖSTA/KA, NL Kövess B/1000: 64 und 65.
82 Doppelbauer 106, 116–121 und 139ff.
83 Privater Nachlass Maximilian Ronge, Gerhard Jagschitz, Wien, Tagebuch, Eintragung v. 1.9.1919; Doppelbauer, 220ff. und 283. Über den Lütgendorf-Prozess auch ausführlich: Holzer, Das Lächeln der Henker, 133–140. Anton Holzer betont im Übrigen auch die Verantwortung Lütgendorfs für das Massaker in Šabac. – Holzer, Das Lächeln der Henker, 120f.
84 Moritz/Leidinger/Jagschitz, 182. Dazu Anton Holzer: »›Die überwiegende Zahl (325) der Erhebungen […] endete mit der Einstellung. Die Gründe waren verschieden; teils Unzuständigkeit der Kommission, teils Mangel an Beweisen oder Mangel groben Verschuldens‹. Von den insgesamt 484 untersuchten Fällen wurde also der überwiegende Anteil nicht geahndet. 40 Fälle wurden an den Generalstaatsanwalt abgetreten, 52 an die Staatsanwaltschaft, 55 an den Militäranwalt. In 12 Fällen wurde eine ›grobe Pflichtverletzung‹ festgestellt, ohne dass die Fälle an die Strafbehörde übergeben wurden. Verhältnismäßig wenige Verfahren wurden eingeleitet, verurteilt wurden nur einige wenige Personen.« – Holzer, Das Lächeln der Henker, 138f.
85 Vgl. die Situation in Deutschland bez. der Definition von »Kriegsverbrechen« bei Hankel, 91–97.
86 Zeitungsberichte, Vorwürfe, Geheimsitzung des österreichischen Abgeordnetenhauses v. Juli 1918 sowie Eingaben des Allgemeinen Schutzbundes für Kriegsteilnehmer, 1918/19, in: ÖSTA/KA, Kommission zur Erhebung militärischer Pflichtverletzungen, Kt. 3, 1919: A 1-180.
87 Staatssekretär für Heerwesen Julius Deutsch an das Feldgerichtsarchiv, 16.6.1919, in: ÖSTA/KA, Kommission zur Erhebung militärischer Pflichtverletzungen, Kt. 3, Sign. A 82/19. Zum Feldgerichtsarchiv, das 1916 angesichts des exorbitanten Anstiegs der Militärgerichtsfälle »als eigene Abgabestelle« eingerichtet wurde, siehe auch: Tepperberg, Christoph: Totalisierung des Krieges und Militarisierung der Zivilgesellschaft. Militärbürokratie und Militärjustiz im Hinterland. Das Beispiel Wien. In: Pfoser, Alfred/Weigl, Andreas (Hg.): Im Epizentrum des Zusammenbruchs. Wien im Ersten Weltkrieg. Wien 2013, 264–273, hier 270.
88 Deutschösterreichisches Staatsamt für Heerwesen/Feldgerichtsarchivkommission betreffend die Aufgaben und Tätigkeit der Feldgerichtsarchivkommission, ohne Datum, in: ÖSTA/KA, Kommission zur Erhebung militärischer Pflichtverletzungen, Kt. 3, Sign. A 82/19.
89 Oswald Überegger ist zuzustimmen, wenn er meint: Vielfach werden überhöhte Opferzahlen »unzutreffenderweise mit ›standrechtlichen‹ Hinrichtungen in Verbindung gebracht«. – Überegger, Oswald: »Verbrannte Erde« und »baumelnde Gehenkte«. Zur europäischen Dimension militärischer Normübertretungen im Ersten Weltkrieg. In: Neitzel, Sönke/Hohrath, Daniel (Hg.): Kriegsgreuel. Die Entgrenzung der Gewalt in kriegerischen Konflikten vom Mittelalter bis ins 20. Jahrhundert. Paderborn/München/Wien/Zürich 2008, 241–278, hier 268.

90 Zit. nach Ohandjanian, 213. Diese Aussagen finden sich im selben Wortlaut auch in der Broschüre, die gegen die Anschuldigungen von R. Reiss angefertigt worden war. Vgl. Broschüre: Die Lügen über die österreichisch-ungarische Kriegsführung in Serbien, in: ÖSTA/HHSTA PA I Liasse Krieg 13c (Reiss) Kt. 931.
91 Gutachten des Herrn Prof. Dr. Leo Strisower, in: ÖSTA/KA, Kommission zur Erhebung militärischer Pflichtverletzungen, Kt. 3, Sign. A 66/19, 3–7.
92 Segesser, Recht statt Rache oder Rache durch Recht?, 318–322.
93 Das Kriegsnotwehrrecht. Gutachten, erstattet über Auftrag der Kommission zur Erhebung militärischer Pflichtverletzungen (A 66/19/1 vom 21. Mai 1919) von Georg Lelewer, in: ÖSTA/KA, Kommission zur Erhebung militärischer Pflichtverletzungen, Kt. 3, Sign. A 66/19, 7–9.
94 Ebd., 10–13.
95 Ebd., 10 und 17.
96 Anton Holzers Ansicht, dass sich Leo Strisower »strikt ablehnend gegenüber der Berechtigung des sogenannten ›Kriegsnotwehrrechts‹« äußerte, kann nach nochmaliger Durchsicht der Gutachten nicht geteilt werden. Die Ausführungen sowohl Strisowers als auch Lelewers boten daher nur bedingt eine Argumentationsbasis für den Vorsitzenden der »Pflichtverletzungskommission«, Alexander Löffler, der am 19. September 1919 schrieb: »Sollte es [...] vorgekommen sein, dass gegen die feindliche Bevölkerung auf Grund ganz unsicherer Verdachtsgründe mit massenhaften ›Justifizierungen‹ vorgegangen wurde, so widerspricht das jeder modernen Gesittung und somit auch dem Rechte, mag auch der dafür verantwortliche Kommandant der Meinung gewesen sein, dass eine dicht mit Gehängten besetzte Allee das beste Mittel sei, die Armee vor Verrat zu schützen.« – Zit. nach Holzer, Das Lächeln der Henker, 187. Löffler hält übrigens fest, dass gewisse Praktiken wie das Ausheben von Geiseln, die Tötung ergriffener Spione, die Zerstörung von Häusern sowie »Repressalien gegen die feindliche Bevölkerung« keinesfalls unter »Notwehr« fallen.
97 StPHA, XXII. Session, 21. Sitzung v. 15.7.1917, 1114.
98 Ebd., 1107.
99 Fellner, Fritz: Der Vertrag von St. Germain. In: Weinzierl, Erika/Skalnik, Kurt (Hg.): Österreich 1918–1938. Geschichte der Ersten Republik. Bd. 1. Graz/Wien/Köln 1983, 85–106, hier: 89.
100 Zit. nach: Das Kriegsnotwehrrecht. Gutachten, erstattet über Auftrag der Kommission zur Erhebung militärischer Pflichtverletzungen (A 66/19/1 vom 21. Mai 1919) von Georg Lelewer, in: ÖSTA/KA, Kommission zur Erhebung militärischer Pflichtverletzungen, Kt. 3, Sign. A 66/19, 9.

VERZERRUNG UND AUSBLENDUNG

1 Leidinger, Hannes/Moritz, Verena: Der Erste Weltkrieg. Wien/Köln/Weimar 2011, 11.
2 Leopold Graf Berchtold, Einige Bemerkungen zu den Julitagen 1914, Zeitungsausschnitt v. 15.10.1919, in: ÖSTA/AdR, Bundespressedienst, 1. Republik, Kt. 219. Vgl. u. a.: ÖSTA/HHSTA PA I Liasse Krieg 65 »Spezielles über die Schuld am Kriege« 1917–1918, Kt. 1050 oder ÖSTA/HHSTA PA I Österr.ungar. Rotbücher, Kt. 1115.
3 Leopold Graf Berchtold, Einige Bemerkungen zu den Julitagen 1914, Zeitungsausschnitt v. 15.10.1919, in: ÖSTA/AdR, Bundespressedienst, 1. Republik, Kt. 219. Zu Berchtolds Haltung aktuell auch: Kronenbitter, Günther: Amnesia and Rememberance – Count Berchtold on 1914. In: Bischof, Günter/Karlhofer, Ferdinand/Williamson, Samuel R. (Hg.): 1914: Austria-Hungary, the Origins, and the First Year of World War I. Contemporary Austrian Studies, Vol. 23. New Orleans 2014, 77–90.
4 Leidinger/Moritz, Der Erste Weltkrieg, 12.
5 Zit. nach: Burz, Ulfried: Die Kriegsschuldfrage in Österreich (1918–1938). Zwischen Selbstverleugnung und Identitätssuche. In: Burz, Ulfried/Derndarsky, Michael/Drobesch, Werner (Hg.): Brennpunkt Mitteleuropa. Klagenfurt 2000, 97–115, hier 107.
6 Moritz, Verena/Leidinger, Hannes/Jagschitz, Gerhard: Im Zentrum der Macht. Die vielen Gesichter des Geheimdienstchefs Maximilian Ronge. St. Pölten/Salzburg 2007, 181f. Siehe dazu auch das Kapitel »Welches Recht?« beziehungsweise Holzer, Anton: Das Lächeln der Henker. Der unbekannte Krieg gegen die Zivilbevölkerung 1914–1918. Darmstadt 2014, 163. Holzer an dieser Stelle: »Die

Kriegsverbrechen wurden weder in Deutschland noch in Österreich ernsthaft aufgeklärt. Es gab zwar einige wenige halbherzige Urteile, kein einziges aber bezog sich auf Gewalttaten, die an der Zivilbevölkerung begangen wurden.«

7 Leidinger, Hannes/Moritz, Verena: Die Republik Österreich 1918/2008. Überblick, Zwischenbilanz, Neubewertung 2008, 46f. Vgl. Uhl, Heidemarie: Der Erste Weltkrieg im Gedächtnis Österreichs und (Zentral-)Europas – Gedächtnistraditionen in (trans)nationaler Perspektive. In: 1914–2014. Gedenken 1. Weltkrieg. Grundlagenpapier österreichischer Wissenschaftlerinnen und Wissenschaftler aus Anlass des Gedenkens des Ausbruchs des Ersten Weltkriegs vor 100 Jahren. Wien 2014, 30–32, hier 30.

8 Überegger, Oswald: Erinnerungskriege. Der Erste Weltkrieg, Österreich und die Tiroler Kriegserinnerung in der Zwischenkriegszeit. Innsbruck 2011, 90f.; Moritz/Leidinger/Jagschitz, 216f.

9 Überegger, Erinnerungskriege, 91–109.

10 Zit. nach Suppanz, Werner: Österreichische Geschichtsbilder. Historische Legitimationen in Ständestaat und Zweiter Republik. Köln/Weimar/Wien 1998, 228. Vgl. Überegger, Erinnerungskriege, 108f.

11 Zit. nach Suppanz, Österreichische Geschichtsbilder, 226f.

12 Pók, Attila: Radical Democratic Criticism of the Dualist Monarchy: A Present Day Perspective. In: Gerö, András (Hg.): The Austro-Hungarian Monarchy Revisited. New York 2009, 113–133, hier 117f. Vgl. Jászi, Oszkár: The Dissolution of the Habsburg Monarchy. Chicago 1929; Litván, György: A Twentieth-Century Prophet: Oscar Jászi. Budapest 2006.

13 Procacci, Giovanna: Die italienische Forschung über den Ersten Weltkrieg. Die »patriotische Deutung« des Krieges und die Kontroversen über die Legitimations- und Delegitimationsprozesse. In: Überegger, Oswald (Hg.): Zwischen Nation und Region. Weltkriegsforschung im internationalen Vergleich. Ergebnisse und Perspektiven. Innsbruck 2004, 33–61, hier 37ff., 40–52 und 54–57.

14 Stegmann, Natali (Hg.): Die Weltkriege als symbolische Bezugspunkte: Polen, die Tschechoslowakei und Deutschland nach dem Ersten und Zweiten Weltkrieg. Prag 2009, 57, 69f., 90 und 126. Diesbezüglich unter anderem: Roja, Boleslaw: Legjonisci w Karpatach w 1914–1915 roku. Warzawa 1933; Papoušek, Jaroslaw: Proc doslo k bojum legií de sovety. Diss. Praha 1931; Mick, Christoph: Der vergessene Krieg. Die schwierige Erinnerung an den Ersten Weltkrieg in Osteuropa. In: Rother, Rainer (Hg.): Der Weltkrieg 1914–1918. Ereignis und Erinnerung. Wolfratshausen 2004, 74–81.

15 Zückert, Martin: Der Erste Weltkrieg in der tschechischen Geschichtsschreibung 1918–1938. In: Brenner, Christiane/Franzen, K. Erik/Haslinger, Peter/Luft, Robert (Hg.): Geschichtsschreibung zu den böhmischen Ländern im 20. Jahrhundert. München 2006, 61–75, hier 62f.

16 Ebd., 64.

17 Burz, 114.

18 Gumz, Jonathan E.: The Resurrection and Collapse of Empire in Habsburg Serbia, 1914–1918. Cambridge 2009, 6–8.

19 Ivanicková, Edita: Zur Tätigkeit der gemeinsamen Historikerkommission der Tschechoslowakei und der DDR 1955–1989. In: Brenner, Christiane/Franzen, K. Erik/Haslinger, Peter/Luft, Robert (Hg.): Geschichtsschreibung zu den böhmischen Ländern im 20. Jahrhundert. München 2006, 445–454, hier 448 und 453f.

20 Zum Beispiel: Galántai, Jozsef: A Habsburg-monarchia alkonya. Osztrak-magyar dualizmus, 1867–1918. Budapest 1985; Ders.: Magyarorszag az elsö vilaghaboruban 1914–1918. Budapest 1964; Hanák, Péter (Hg.): Die nationale Frage in der Österreichisch-Ungarischen Monarchie 1900–1918. Budapest 1966; Ranki, György: Economy and foreign policy. The struggle of the great powers for hegemony in the Danube valley, 1919–1939. Boulder 1983.

21 Suppanz, Werner: Der »überschriebene« Krieg. Die Präsenz des Ersten Weltkriegs in der österreichischen Zeitgeschichte. In: Erker, Linda/Salzmann, Alexander/Dreidemy, Lucile/Sabo, Klaudija (Hg.): Update! Perspektiven der Zeitgeschichte. Innsbruck 2012, 208–216, hier 212.

22 Leidinger/Moritz, Der Erste Weltkrieg, 14f.

23 Ebd., 17.

24 Leidinger, Hannes/Moritz, Verena/Schippler, Berndt: Schwarzbuch der Habsburger. Die unrühmliche Geschichte eines Herrscherhauses. Innsbruck/Wien 2010, 198ff.; Suppanz, Der »überschriebene« Krieg, 208; Leidinger/Moritz, Die Republik Österreich, 53.

25 Calic, Marie-Janine: Kriegstreiber Serbien? Die Südslawen und der Erste Weltkrieg: eine Richtigstellung. In: Osteuropa, 64. Jg., H. 2–4, Februar–April 2014. Totentanz. Der Erste Weltkrieg im Osten Europas, 43–58, hier 44–46.
26 Leopold Graf Berchtold, Einige Bemerkungen zu den Julitagen 1914, Zeitungsausschnitt v. 15.10.1919, in: ÖSTA/AdR, Bundespressedienst, 1. Republik, Kt. 219.
27 Ebd.
28 Leidinger/Moritz, Die Republik Österreich, 47 und 269f.
29 Ebd., 270. Vor diesem Hintergrund muss festgehalten werden, dass es kritischen Darstellungen des Ersten Weltkrieges und der Donaumonarchie, etwa bei Joseph Roth, Georg Trakl und vor allem Karl Kraus, nicht gelang, eine überwiegend positive Haltung der Alpenrepublik zur »altösterreichischen Vergangenheit« grundlegend in Frage zu stellen. – Holzer, Das Lächeln der Henker, 68f.
30 Suppanz, Der »überschriebene« Krieg, 210.
31 Uhl, Der Erste Weltkrieg im Gedächtnis Österreichs und (Zentral-)Europas, 30.
32 Verstärkt wurde diese Tendenz durch die Haltung der Großparteien. ÖVP-nahe Autoren wiesen den Deutschen die Hauptverantwortung für die Fehlentwicklungen seit 1914 zu, die SPÖ äußerte sich kaum zur Thematik. Kreiskys grundsätzlich wohlwollende Einstellung zur Monarchie verdrängte Ansätze der parteiinternen Habsburgkritik. Der »aufrichtige Friedenswille« von Kaiser Karl wurde bisweilen über die »Lagergrenzen« hinweg konstatiert. – Suppanz, Österreichische Geschichtsbilder, 231f.
33 Suppanz, Der »überschriebene« Krieg, 213.
34 Ebd., 210.
35 Amann, Klaus/Lengauer, Hubert (Hg.): Österreich und der Große Krieg. Die andere Seite der Geschichte. Wien 1989, Klappentext 1. Vgl. auch: Suppanz, Der »überschriebene« Krieg, 211.
36 Vgl. http://orf.at/stories/2229622/2229636/, 6.8.2014.

»VISUELLES ERINNERN«

Der vorliegende Text ist unter Einbeziehung von Teilergebnissen erster Recherchen im Rahmen des FWF-Einzelprojekts »›Bewegte‹ Bilder zu Habsburgs letztem Krieg« (Projektleitung: Doz. Dr. Hannes Leidinger; Laufzeit: 2013–2016) entstanden. – Austrian Science Fund (FWF): P 25685-G23.

1 »Vorschrift für die bildliche Berichterstattung im Kriege«, 1916, Präs. Nr.: 46, 15/3-2, E.-Nr. 4992 (AOK). In: ÖSTA/KA, KM Präs., Kt. 1890.
2 Zahlreiche Arbeiten verweisen mittlerweile auf die bereits vor dem Ersten Weltkrieg via Film transportierte Propaganda. Vgl. z.B. für die Situation in Deutschland: Petzold, Dominik: Der Kaiser und das Kino. Herrschaftsinszenierung, Populärkultur und Filmpropaganda im Wilhelminischen Zeitalter. Paderborn/München/Wien 2012.
3 Schmölzer, Hildegund: Die Propaganda des Kriegspressequartiers im Ersten Weltkrieg 1914–1918. Phil. Diss. Wien 1965, 28.
4 Mayer, Klaus: Die Organisation des Kriegspressequartiers beim k.u.k. AOK im Ersten Weltkrieg 1914–1918. Phil. Diss. Wien 1963, 84f.
5 Schmölzer, Propaganda des Kriegspressequartiers, 28.
6 Filmstelle 1917, »Referat für die kommissionelle Besprechung der Auslandspropaganda«, Exh. Nr.: 1988b, E.Nr. 2243, 1917, in: ÖSTA/KA, AOK, KPQ, Kt. 58.
7 Bono, Francesco: Bemerkungen zur österreichischen Filmwirtschaft und Produktion zur Zeit des Stummfilms, in: Bono, Francesco/Caneppele, Paolo/Krenn, Günter: Elektrische Schatten. Beiträge zur österreichischen Stummfilmgeschichte. Wien 1999, 47–76, hier 60.
8 Die Auseinandersetzung mit der Kriegsfilmpropaganda beziehungsweise mit dem Kino in Deutschland 1914–1918 hat bereits eine Reihe wissenschaftlicher Publikationen hervorgebracht. Siehe unter vielen anderen etwa: Jung, Uli/Loiperdinger, Martin (Hg.): Geschichte des dokumentarischen Films in Deutschland. Bd. 1: Kaiserreich 1895–1918. Stuttgart 2005; Mühl-Benninghaus, Wolfgang: Vom Augusterlebnis zur Ufa-Gründung. Der deutsche Film im Ersten Weltkrieg. Berlin 2004; Elsaesser, Thomas/Wedel, Michael (Hg.): Kino der Kaiserzeit: Zwischen Tradition und Moderne. München 2002.

9 Siehe z. B. die Produktionen »Bei den Tiroler Kriegsadlern im Winter« (A ca. 1916), »Mit Herz und Hand fürs Vaterland« (A 1915), »Kriegsgefangenenlager und Betriebe der Bauleitung Feldbach« (A 1915), »Erholungsfürsorge der Gemeinde Wien im Flüchtlingslager Oberhollabrunn« (A ca. 1916), »Das Statthaltereispital für Kriegsverwundete im Hause des Flottenvereins-Kino in Wien VI, Mariahilferstrasse 85–87« (A ca. 1916).

10 Vgl. etwa die Filme »Der Vormarsch der Mittelmächte ins Hauptquartier Cadornas« (A 1917), »Die zwölfte Isonzo-Schlacht« (A 1917), »Unser Kaiser« (A 1917).

11 Siehe auch: Leidinger, Hannes/Moser, Karin: Visuelle Fronten. Eine Filmgeschichte des Ersten Weltkrieges und eine neue Edition des Filmarchiv Austria, in: Jubel & Elend. Leben mit dem Grossen Krieg 1914–1918, Katalog zur gleichnamigen Ausstellung auf der Schallaburg. Schallaburg 2014, 356–359, hier 356f.

12 Moser, Karin/Ballhausen, Thomas/Leidinger, Hannes/Moritz, Verena: Fiktion und Realität. Das österreichisch-ungarische Filmschaffen 1914–1918, Booklet 3, DVD 3, in: Ballhausen, Thomas/ Kaindlstorfer, Günter/Kieninger, Ernst/Leidinger, Hannes/Moritz, Verena/Moser, Karin/Wostry, Nikolaus (Hg.): Krieg der Bilder. Filmdokumente zur Habsburgermonarchie im Ersten Weltkrieg, 3-teilige DVD-Edition, Wien 2014.

13 Hinsichtlich einer umfassenden Darstellung dazu siehe: Thaller, Anton (Hg.): Österreichische Filmografie. Band 1. Spielfilme 1906–1918. Wien 2010.

14 Ballhausen, Thomas/Krenn, Günter: Schnitzlers Tote schweigen nicht. Propagandastrategien des Ersten Weltkriegs zwischen Täuschung und Aufklärung, in: Ballhausen, Thomas/Eichinger, Barbara/ Moser, Karin/Stern, Frank (Hg.): Die Tatsachen der Seele. Arthur Schnitzler und der Film. Wien 2006, 97–114, hier 111f.

15 Vgl. hierzu: Ballhausen, Thomas: Trauma, Hysterie, Archiv. Ein Versuch über Orlac's Hände, in: Loacker, Armin/Ballhausen, Thomas (Hg.): Gothic Crime. Essays und Materialien zu Orlac's Hände. Wien 2013, 143–171, hier 154f; Kaes, Anton: Schlachtfelder im Kino und die Krise der Repräsentation, in: Martus, Steffen/Münkler, Marina/Röcke, Werner (Hg.): Schlachtfelder. Codierung von Gewalt im medialen Wandel. Berlin 2003, 117–128, hier 128.

16 Der österreichische Regisseur Richard Oswald widmete sich in der deutschen Produktion »1914. Die letzten Tage vor dem Weltbrand« (D 1930) gleichfalls der Schuldfrage. Tendenziell schien auch hier die Hauptverantwortung bei Russland zu liegen, Österreich-Ungarn wurde eine geringere Mitschuld zugeschrieben, der Rest der Unfähigkeit der Kabinette angelastet. Vgl. Moritz, Verena: Krieg. In: Moritz, Verena/Moser, Karin/Leidinger, Hannes: Kampfzone Kino. Film in Österreich 1918–1938. Wien 2008, 255–276, hier 260ff.

17 Moser, Karin: Der »gute« Film, in: Moritz, Verena/Moser, Karin/Leidinger, Hannes: Kampfzone Kino. Film in Österreich 1918–1938. Wien 2008, 367–371.

18 »Schulter an Schulter«, Illustrierter Film-Kurier, Nr. 1455.

19 Moser, Der »gute« Film, 383–386.

20 Moritz, Krieg, 263–269.

21 Siehe dazu u. a. Rathkolb, Oliver: Die paradoxe Republik. Österreich 1945 bis 2005. Wien 2005, 52–54 und Moritz, Verena: Selbstfindungen. Vom Beginn des Kalten Krieges bis zur Europäischen Union, in: Leidinger, Hannes/Moritz, Verena/Moser, Karin: Streitbare Brüder. Österreich : Deutschland. Kurze Geschichte einer schwierigen Nachbarschaft. St. Pölten/Salzburg 2010, 253–275.

22 Z. B. »Die Deutschmeister« (A 1955), »Der Kongreß tanzt« (A 1955), »Die Försterchristl« (D 1952), »Erzherzog Johanns große Liebe« (A 1950). Auch in der »Sissi-Trilogie« (A 1955–1957) wird die spätere Kaiserin Elisabeth als ungezwungenes, naturverbundenes Mädchen eingeführt, das aufgrund seines so gezeichneten Wesens Kaiser Franz Joseph für sich gewinnt.

23 »Schwejks Flegeljahre« (A 1964), »Die Abenteuer des braven Soldaten Schwejk« (A 1977), »Der brave Soldat Schwejk« (BRD 1960).

24 »Mikosch, der Stolz der Kompanie« (BRD 1958), »Mikosch im Geheimdienst« (A 1959).

25 Marksteiner, Franz: Where is the War? Some Aspects of the Effects of World War One on Austrian Cinema, in: Paris, Michael: The First World War and the Popular Cinema. 1914 to the Present. New Brunswick/New Jersey 2000, 247–260.

26 Zu den geheimen Friedensverhandlungen Österreich-Ungarns mit der Entente, welche von den Brüdern Kaiserin Zitas, Sixtus von Bourbon-Parma und Xavier von Bourbon-Parma, vermittelt wur-

den, siehe: Rauchensteiner, Manfried: Der Erste Weltkrieg und das Ende der Habsburgermonarchie 1914–1918, Wien/Köln/Weimar 2013, 931–941.

27 »Das Dorf an der Grenze« (Teil 1–4, A 1982–1992) beginnt 1920 mit der Volksabstimmung im slowenisch-österreichischen Grenzgebiet, welche über die Zugehörigkeit zu »Deutsch-Österreich« entscheidet.

28 »Ich habe mit der Spitzhacke hineingeschlagen, alles war Stein«. Peter Patzak im Gespräch mit Andreas Ungerböck, Karin Moser, Roman Scheiber, in: Moser, Karin/Ungerböck, Andreas (Hg.): Peter Patzak. Filmemacher, Autor, Maler. Wien 2009, 14–41, hier 34.

29 Peter Patzak, Hommage der Österreichischen Film-Tage 1992. Wien 1992, 24; Moritz, Verena/Leidinger, Hannes: Geschichten um und über den Krieg. Julius Tandler, Camillo Castiglioni und Gavre Princip, in: Moser, Karin/Ungerböck, Andreas (Hg.): Peter Patzak. Filmemacher, Autor, Maler. Wien 2009, 280–297, hier 292f.

30 Vgl. dazu ebd., 293.

31 Die Presse, 8.10.1990.

32 »Ich habe mit der Spitzhacke hineingeschlagen«, 34.

33 Die Frage, inwieweit die in diesem Film kolportierten Verschwörungstheorien mit einer sich gerade im Gedenkjahr 2014 aufdrängenden »historischen Verantwortung« kompatibel sind, hat auch kritische Reaktionen hervorgerufen: http://www.spiegel.de/kultur/tv/das-attentat-sarajevo-1914-zdf-film-ueber-anschlag-auf-franz-ferdinand-a-966106.html, 4.8.2014.

34 Siehe dazu auch die DVD-Edition: »Der österreichische Film. Edition Der Standard«. Nr. 37. »Radetzkymarsch«.

35 Neitzel, Sönke: Der Erste Weltkrieg in den Geschichtsdokumentationen des ZDF, in: Rother, Rainer/Herbst-Meßlinger, Karin: Der Erste Weltkrieg im Film. München 2009, 219–235, hier 224.

36 Zu den Schwerpunkten betreffend den Ersten Weltkrieg im Rahmen des ORF siehe: http://www.ots.at/presseaussendung/OTS_20130729_OTS0108/gedenkjahr-2014-100-jahre-erster-weltkrieg-umfassender-orf-programmschwerpunkt-in-fernsehen-radio-und-internet, 19.6.2014.

37 In diesem Sinne äußerte sich etwa der Historiker Christopher Clark. Vgl. http://www.salzburg.com/nachrichten/oesterreich/politik/sn/artikel/1914-nationaler-blick-auf-krieg-dominiert-95878/, 27.7.2014.

QUELLEN- UND LITERATURVERZEICHNIS

I. ARCHIVALISCHE QUELLEN

Österreich

ÖSTA (Österreichisches Staatsarchiv)/KA (Kriegsarchiv), Wien

Allerhöchster Oberbefehl, Generalstab, Operationsbüro
Archiv des k.k. Ministeriums für Landesverteidigung, Präsidialakten, Justizwesen 1914–1917
Archiv des k.k. Ministeriums für Landesverteidigung, SR, Präsidialbüro
Chef des Ersatzwesens 1917–1918
KM (Kriegsministerium), Präsidium
KM, Abt. 4/G
KM, 10. Abt. bzw. 10. Abt./Kgf. 1914–1918
KM, KÜA (Kriegsüberwachungsamt) bzw. Ministerialkommission 1914–1918
KM HR Bücher
KPQ (Kriegspressequartier), Filmstelle 1917–1918
MKSM (Militärkanzlei Seiner Majestät)
MKSM, Sonderreihe
NFA (Neue Feldakten), AOK (Armeeoberkommando), Op.Abt
NFA, AOK Qu. Abt., Ukraine Akten
NFA, Höhere Heereskommanden, Armeekommando/Armee-Gruppen-Kommando, 2. Armee, Op.AK
NFA, 6. Armee, Op. Akten
NFA, Feste Plätze, Festungskommando Przemyśl
NFA, Feste Plätze, Festungskommando Krakau
NL (Nachlässe)
Kommission zur Erhebung militärischer Pflichtverletzungen

ÖSTA/AVA (Allgemeines Verwaltungsarchiv), Wien

MdI (Ministerium des Innern), Präsidium, 20. Sicherheit, Gendarmerie 1900–1918
MdI, Präsidium, 22., Aufstand, Revolutionen, Exzesse, Standgerichte, Zustände in Bosnien, Volksstimmung in Tirol, Politische Flüchtlinge, Emissäre 1914–1918

ÖSTA/HHStA (Haus-, Hof- und Staatsarchiv), Wien

PA (Politisches Archiv)
AR (Administrative Registratur)

ÖSTA/AdR (Archiv der Republik), Wien

BPD (Bundespressedienst), 1. Republik

Verein für Geschichte der Arbeiterbewegung (VGA), Wien
Sozialdemokratische Parteistellen, Reichsparteisekretariat

Serbien
AS (Arhiv Srbije), VGG (Vojni Generalni Guverneman) u Srbiji, Belgrad
Odeljenje/Section 8: Političko
Odeljenje/Section 14: Statističko
Odeljenje/Section 17: Obaveštajno
Odeljenje/Section 18: Okružne sreske komande
Odeljenje/Section 19: Spiskovi interniraca

Frankreich
SHD (Service Historique de la Défense)/AAT (Archives de l'armée de terre), Paris
Etat-major de l'armée de terre. Attaché militaire, Autriche-Hongrie, Rapports 1911–1913, 7 N 1131
Etat-major de l'armée de terre. Attaché militaire, Autriche-Hongrie, Rapports 1913–1914, 7 N 1132

England
TNA (The National Archives), London
FO (Foreign Office) 371/1898, 371/1900

II. GEDRUCKTE QUELLEN (DENKSCHRIFTEN, MEMOIREN, PROTOKOLLE, QUELLENSAMMLUNGEN, ZEITUNGEN ETC.)

Agstner, Rudolf (Hg.): 1914. Das andere Lesebuch zum 1. Weltkrieg. Unbekannte Dokumente der österreichisch-ungarischen Diplomatie. Wien/Berlin 2013.
Arbeiter-Zeitung.
Bell, Johannes (Hg.): Völkerrecht im Weltkrieg. Im Auftrage des Dritten Untersuchungsausschusses unter Mitwirkung von Eugen Fischer und Berthold Widmann. Berlin 1927.
Conrad von Hötzendorf, Franz: Aus meiner Dienstzeit 1906–1918. 3. Bd.: 1913 und das erste Halbjahr 1914: Der Ausgang des Balkankrieges und die Zeit bis zum Fürstenmord in Sarajevo. Wien/Leipzig/München 1922.
Cramon, August von: Unser österreichisch-ungarischer Bundesgenosse im Weltkriege. Erinnerungen aus meiner vierjährigen Tätigkeit als bevollmächtigter deutscher General beim k.u.k. Armeeoberkommando. Berlin 1922.
Czernin, Ottokar: Im Weltkriege. Berlin/Wien 1919.
Denkschrift über die von der k.k. Regierung aus Anlaß des Krieges getroffenen Maßnahmen. 3 Bde. Wien 1915–1917.
Die Feldgerichte und das Volksgericht. Wien 1919.

Die Habsburgermonarchie 1848–1918. Bd. XI: Die Habsburgermonarchie und der Erste Weltkrieg. 2. Teilband: Weltkriegsstatistik – Österreich-Ungarn 1914–1918. Bevölkerungsbewegung, Kriegstote, Kriegswirtschaft. Bearbeitet von Helmut Rumpler und Anatol Schmied-Kowarzik. Wien 2014.

Die Österreichisch-Ungarischen Dokumente zum Kriegsausbruch. Diplomatische Aktenstücke zur Vorgeschichte des Krieges 1914. Erster Teil: 28. Juni bis 23. Juli 1914, Zweiter Teil: 24. Juli bis 28. Juli 1914, Dritter Teil: 29. Juli bis 27. August 1914. Hrsg. vom Staatsamt für Äußeres in Wien. Berlin 1923.

Die Presse.

Dienstbuch J-35. Kriegsgefangenenwesen (Kgf. W.). Sammlung und Sichtung der ergangenen Erlässe. Wien 1915.

Dmitriev, V.: Dobrovolec. Vospominanija o vojne i plene. Moskva/Leningrad 1929.

Gooß, Roderich: Das Wiener Kabinett und die Entstehung des Weltkrieges. Mit Ermächtigung des Leiters des Deutsch-österreichischen Staatsamtes für Äußeres auf Grund aktenmäßiger Forschung dargestellt. Wien 1919.

Gust, Wolfgang: Der Völkermord an den Armeniern 1915/16. Dokumente aus dem Politischen Archiv des deutschen Auswärtigen Amtes. Springe 2005.

Illustrierter Film-Kurier.

In Feindeshand. Die Gefangenschaft im Weltkriege in Einzeldarstellungen. Herausgegeben von der Bundesvereinigung der ehemaligen österreichischen Kriegsgefangenen in Wien unter Mitwirkung der Kriegsgefangenen-Verbände des deutschen Sprachgebietes und der deutschen Kriegsgefangenen-Liga. 2 Bde. Wien 1931.

K.u.k. Ministerium des Äußern: Die 2. Haager Friedenskonferenz 1907. Wien 1908.

Neue Freie Presse.

Lelewer, Georg: Die Militärstrafprozeßordnungen Österreich-Ungarns. Wien 1912.

Österreichisches Bundesministerium für Heerwesen und Kriegsarchiv. Unter der Leitung von Edmund Glaise von Horstenau (Hg.): Österreich-Ungarns letzter Krieg. 7 Bde. Wien 1930–1938.

Pappenheim, Martin: Gavrilo Princips Bekenntnisse. Wien 1926.

Praeg, Franz: Kriegsgefangen in asiatischen Steppen. Dornbirn 1926.

Protokolle des Gemeinsamen Ministerrates der Österreichisch-Ungarischen Monarchie (1914–1918). Eingeleitet und zusammengestellt von Miklós Komjáthy. Budapest 1966.

Redlich, Josef: Österreichische Regierung und Verwaltung im Weltkriege. Wien 1925.

Reichsgesetzblätter 1914.

Reichspost.

Reiss, R. A.: Report upon the Atrocities Committed by the Austro-Hungarian Army during the First Invasion of Serbia. London 1916.

Reiss, R. A.: Wie die Österreicher und Ungarn in Serbien Krieg führten. Persönliche Beobachtungen eines Neutralen. Lausanne 1915.

Republik Österreich. Staatsamt für Äußeres: Diplomatische Aktenstücke zur Vorgeschichte des Krieges 1914. Ergänzungen und Nachtrag zum Österreichisch-Ungarischen Rotbuch. Wien 1919.

Ronge, Max: Kriegs- und Industriespionage. Zürich/Leipzig/Wien 1930.

Sammlung der Verordnungen für die unter k.u.k. Militärverwaltung stehenden Gebiete Polens. Eingeleitet und herausgegeben von Carl Junker und Dr. Rudolf Langrod. Wien 1916.

Sammlung von Nachweisen für die Verletzungen des Völkerrechtes durch die mit Österreich-Ungarn kriegführenden Staaten. Abgeschlossen mit 15. Jänner 1915. Wien 1915.

Sammlung von Nachweisen für die Verletzungen des Völkerrechtes durch die mit Österreich-Ungarn kriegführenden Staaten. I. Nachtrag. Abgeschlossen mit 30. April 1915. Wien 1915.

Sammlung von Nachweisen für die Verletzungen des Völkerrechtes durch die mit Österreich-Ungarn kriegführenden Staaten. II. Nachtrag. Abgeschlossen mit 30. November 1915. Wien 1916.

Sammlung von Nachweisen für die Verletzungen des Völkerrechtes durch die mit Österreich-Ungarn kriegführenden Staaten. III. Nachtrag. Abgeschlossen mit 30. Juni 1916. Wien 1916.

Stenographische Protokolle des Abgeordnetenhauses des Reichsrates, XII. Legislaturperiode: XXI. Session (17.7.1911–25.7.1914) und XXII. Session (30.5.1917–12.11.1918) sowie geheime Sitzungen 80, 81, 82 vom 23.–25. Juli 1918.

Schager, Albin: Die Verhandlungen vor den Militärgerichten. Als Behelf für die Vorsitzenden und Beisitzer des Soldatenstandes im Auftrage des k.u.k. Kriegsministeriums dargestellt. Wien 1914.

Schager, Albin: Entscheidungen des k.u.k. Obersten Militärgerichtshofes. Bde. I und II. Wien/Leipzig 1915/16.

Schager, Albin: Das Militärstrafverfahren im Felde. Wien 1916.

Stoß, Eduard: Flucht und Heimkehr über Orscha. In: In Feindeshand. Die Gefangenschaft im Weltkriege in Einzeldarstellungen. Bd. 1. Wien 1932, 342.

Talergofskij Al'manach. Propamatnaja knyha avstrijskych žestokostej, yzuvirstv y nasylij nad karpato-russkym narodom vo vremja vsemyrnoj vojny 1914–1917 hh. 4 Bde. L'vov 1924–1932.

Walesch, Michael: Erinnerungen aus schwerer Zeit 1914–1918. Hermannstadt 1936.

Weisl, Ernst Franz: Kommentar zu den Militär-Strafprozeßordnungen. Wien 1913.

Wiener Bilder.

Wieser, Friedrich Ritter: Staatliche Kulturarbeit für Flüchtlinge. In: Österreichische Rundschau, Bd. 45, Heft 5. Wien/Leipzig 1915.

III. INTERNET

»Eine Zeit, in der der Kaiser noch lebte«. In: http://orf.at/stories/2229622/2229636/, 6.8.2014.

1914: »Nationaler Blick auf Krieg 1914 dominiert«: http://www.salzburg.com/nachrichten/oesterreich/politik/sn/artikel/1914-nationaler-blick-auf-krieg-dominiert-95878/, 25.7.2014.

Das Recht, Krieg zu führen. Interview mit Isabel V. Hull, auf: http://science.orf.at/stories/1736306, 7.4.2014.

Einax, Rajk: Rezension: Jonathan E. Gumz: The Resurrection and Collapse of Empire in Habsburg Serbia, 1914–1918, Cambridge: Cambridge University Press 2009. In: sehepunkte 10 (2010), Nr. 5 [15.05.2010]. http://www.sehepunkte.de/2010/05/16550.html, 29.7.2014.

Gedenkjahr 2014 im ORF: http://www.ots.at/presseaussendung/OTS_20130729_OTS0108/gedenkjahr-2014-100-jahre-erster-weltkrieg-umfassender-orf-programmschwerpunkt-in-fernsehen-radio-und-internet, 19.6.2014.

http://www.wien.gv.at/kultur/abteilung/pdf/strassennamenbericht.pdf, 17.7.2014.

Rose, Andreas: Sammelrezension zu: Krumeich, Gerd: Juli 1914. Eine Bilanz. Paderborn: Ferdinand Schöningh Verlag 2014; McMeekin, Sean: July 1914. Countdown to War. New York: Perseus Book Group 2013; MacMillan, Margaret: The War That Ended Peace. The Road to 1914. London: Random House 2013; Clark, Christopher: Die Schlafwandler. Wie Europa in den Ersten Weltkrieg zog [Aus dem Englischen von Norbert Juraschitz]. München: Deutsche Verlags-Anstalt 2013; Otte, Thomas: July Crisis. The World's Descent into War, Summer 1914. Cambridge: Cambridge University Press 2014. In: H-Soz-u-Kult, 30.07.2014, http://hsozkult.geschichte.hu-berlin.de/rezensionen/2014-3-074, 1.8.2014.

Staudinger, Martin: Mein Großvater, der Mörder. Der Historiker Gerhard Jagschitz auf den Spuren seines Großvaters, dem Geheimdienstler und Chefspion Max Ronge. In: http://www.zeit.de/2007/13/OE-Jagschitz, 1.8.2014.

Vowinckel, Annette, Rez. GA: H. Lethen: Der Schatten des Fotografen. In: http://hsozkult.geschichte.hu-berlin.de/rezensionen/2014-2-073, 29.4.2014.

ZDF-Film über Franz Ferdinand: Weltgeschichte als Kaiserschmarrn: http://www.spiegel.de/kultur/tv/das-attentat-sarajevo-1914-zdf-film-ueber-anschlag-auf-franz-ferdinand-a-966106.html, 28.7.2014.

IV. LITERATUR

Afflerbach, Holger: Der Dreibund. Europäische Großmacht- und Allianzpolitik. Wien/Köln/Weimar 1992.

Alexander, Martin S./Keiger, John F. V.: France and the Algerian War, 1954–1962. Strategy, Operations and Diplomacy. London u. a. 2002.

Amann, Klaus/Lengauer, Hubert (Hg.): Österreich und der Große Krieg. Die andere Seite der Geschichte. Wien 1989.

Angelow, Jürgen: Der »Kriegsfall Serbien« als Willenstherapie. Operative Planung, politische Mentalitäten und Visionen vor und zu Beginn des Ersten Weltkrieges. In: Militärgeschichtliche Zeitschrift, 61/2 (2002), 315–336.

Angermeier, Heinz: Der österreichische Imperialismus des Conrad von Hötzendorf. In: Albrecht, Dieter/Kraus, Andreas/Reindel, Kurt (Hg.): Festschrift für Max Spindler zum 75. Geburtstag, München 1969, 777–792.

Anzberger, Werner/Halbrainer, Heino/Stieber, Gabriela: Konflikt und Integration. Die Lager Trofaiach/Gai 1915–1960. Graz 2003.

Atilgan, Inanc: Das Kriegsjahr 1915: Reaktion Österreich-Ungarns auf die Umsiedlung der Armenier innerhalb des Osmanischen Reiches anhand von Primärquellen. Phil. Diss. Wien 2003.

Baberowski, Jörg: Einleitung: Ermöglichungsräume exzessiver Gewalt. In: Ders./ Metzler, Gabriele (Hg.): Gewalträume. Soziale Ordnungen im Ausnahmezustand. Frankfurt/New York 2012, 7–27.

Bachinger, Bernhard: Herausforderung Balkan. Erfahrungswelten deutsch-sprachiger Soldaten an der mazedonischen Front. In: Bachinger, Bernhard/Dornik, Wolfram (Hg.): Jenseits des Schützengrabens. Der Erste Weltkrieg im Osten: Erfahrung – Wahrnehmung – Kontext. Innsbruck/Wien/Bozen 2013, 285–304.

Ball, Howard: War Crimes and Justice: A Reference Handbook. St. Barbara 2002.

Ballhausen, Thomas/Krenn, Günter: Schnitzlers Tote schweigen nicht. Propagandastrategien des Ersten Weltkriegs zwischen Täuschung und Aufklärung. In: Ballhausen, Thomas/Eichinger, Barbara/Moser, Karin/Stern, Frank (Hg.): Die Tatsachen der Seele. Arthur Schnitzler und der Film. Wien 2006, 97–114.

Ballhausen, Thomas: Trauma, Hysterie, Archiv. Ein Versuch über Orlac's Hände. In: Loacker, Armin/Ballhausen, Thomas (Hg.): Gothic Crime. Essays und Materialien zu Orlac's Hände. Wien 2013, 143–171.

Berner, Margit: Die »rassenkundlichen« Untersuchungen der Wiener Anthropologen in Kriegsgefangenenlagern 1915–1918. In: Zeitgeschichte, 30/Heft 3 (2003), 124–136.

Berner, Margit: Forschungs-»Material« Kriegsgefangene: Die Massenuntersuchungen der Wiener Anthropologen an gefangenen Soldaten 1915–1918. In: Gabriel, Hein Eberhard/Neugebauer, Wolfgang (Hg.): Vorreiter der Vernichtung? Eugenik, Rassenhygiene und Euthanasie in der österreichischen Diskussion vor 1938. Wien/Köln/Weimar 2005, 167–198.

Beyrau, Dietrich/Hochgeschwender, Michael/Langewiesche, Dieter: Einführung: Zur Klassifikation von Kriegen. In: Dies. (Hg.): Formen des Krieges. Von der Antike bis zur Gegenwart. Paderborn/München/Wien/Zürich 2007, 9–15, hier 13.

Biondich, Mark: The Balkans. Revolution, War, and Political Violence since 1878. Oxford 2011.

Biwald, Brigitte: Von Helden und Krüppeln. Das österreichisch-ungarische Militärsanitätswesen im Ersten Weltkrieg. Wien 2002.

Bjelajac, Mile: Serbien im Ersten Weltkrieg. In: Marković, Gordana Ilić (Hg.): Veliki Rat – Der Große Krieg. Der Erste Weltkrieg im Spiegel der serbischen Literatur und Presse. Wien 2014, 47–70.

Bloxham, Donald: The Great Game of Genocide: Imperialism, Nationalism, and the Destruction of the Ottoman Armenians. Oxford 2005.

Bono, Francesco: Bemerkungen zur österreichischen Filmwirtschaft und Produktion zur Zeit des Stummfilms. In: Bono, Francesco/Caneppele, Paolo/Krenn, Günter: Elektrische Schatten. Beiträge zur österreichischen Stummfilmgeschichte. Wien 1999, 47–76.

Borodziej, Włodzimierz/Górny, Maciej: Nasza wojna. Tom I: Imperia 1912–1916. Warszawa 2014.

Branche, Raphaelle (Hg.): Rape in Wartime. Basingstoke 2012.

Brandt, Susanne: Vom Kriegsschauplatz zum Gedächtnisraum. Die Westfront 1914–1940. Baden-Baden 2000.

Brendel, Heiko/Debruyne, Emmanuel: Resistance and repression in occupied territories behind the Western and Balkan Fronts, 1914–1918. A comparative perspective. In: Dornik, Wolfram/Walleczek-Fritz, Julia/Wedrac, Stefan (Hg.): Frontwechsel. Österreich-Ungarns »Großer Krieg« im Vergleich. Unter Mitarbeit von Markus Wurzer. Wien/Köln/Weimar 2014, 235–258.

Brendel, Heiko: Der geostrategische Rahmen der österreichisch-ungarischen Besatzung Montenegros im Ersten Weltkrieg. In: Angelow, Jürgen (Hg.): Der Erste Weltkrieg auf dem Balkan. Perspektiven der Forschung. Berlin 2011, 159–177.

Broucek, Peter: Ein General im Zwielicht. Die Erinnerungen Edmund Glaises von Horstenau. Bd. 1. Wien/Graz/Köln 1980.

Burz, Ulfried: Die Kriegsschuldfrage in Österreich (1918–1938). Zwischen Selbstverleugnung und Identitätssuche. In: Burz, Ulfried/Derndarsky, Michael/Drobesch, Werner (Hg.): Brennpunkt Mitteleuropa. Klagenfurt 2000, 97–115.

Čalić, Marie-Janine: Kriegstreiber Serbien? Die Südslawen und der Erste Weltkrieg: eine Richtigstellung. In: Osteuropa, 02–04/2014, Themenheft: Totentanz. Der Erste Weltkrieg im Osten Europas, 43–58.

Chiari, B./Groß, G. P. (Hg.): Am Rande Europas? Der Balkan – Raum und Bevölkerung als Wirkungsfelder militärischer Gewalt. München 2009.

Clark, Christopher: Die Schlafwandler. Wie Europa in den Ersten Weltkrieg zog. München 2013.

Clark, Christopher: The Sleepwalkers. How Europe went to war 1914. London 2013.

Conrad, Sebastian/Osterhammel, Jürgen (Hg.): Das Kaiserreich transnational. Deutschland in der Welt 1871–1914. Göttingen 2004.

Corni, Gustavo: Die Bevölkerung von Venetien unter der österreichisch-ungarischen Besatzung 1917/18. In: Zeitgeschichte, Jg. 17, H. 7/8/1989/90, 311–329.

Dacho, Manfred/Drach, Franz/Winkler, Harald: Am Anfang war das Lager: Gmünd-Neustadt. Weitra 2014.

Dadrian, Vahakn N.: The History of the Armenian Genocide. New York 2004.

Darwin, John: Der imperiale Traum. Die Globalgeschichte großer Reiche 1400–2000. Frankfurt/Main 2010.

Dedijer, Vladimir: Die Zeitbombe. Sarajevo 1914. Wien/Frankfurt/Zürich 1967.

Dekel-Chen, Jonathan/Gaunt, David/Meir, Natan M./Bartal, Israel (Hg.): Anti-Jewish Violence. Rethinking the Pogrom in East European History. Bloomington/Indianapolis 2011.

Dillon, Martin: The Dirty War. Covert Strategies and Tactics Used in Political Conflicts. Routlegde 1999.

Doppelbauer, Wolfgang: Zum Elend noch die Schande. Das altösterreichische Offizierskorps am Beginn der Republik. Wien 1988.

Dornik, Wolfram/Lieb, Peter: Die militärischen Operationen. In: Dornik, Wolfram/Kasianov, Georgiy/Leidinger, Hannes/Lieb, Peter/Miller, Alexey/Musial, Bogdan/Rasevyč, Vasyl': Die Ukraine zwischen Selbstbestimmung und Fremdherrschaft 1917–1922. Graz 2011, 203–248.

Dornik, Wolfram/Lieb, Peter: Die Ukrainepolitik der Mittelmächte während des Ersten Weltkrieges. In: Dornik, Wolfram/Kasianov, Georgiy/Leidinger, Hannes/Lieb, Peter/Miller, Alexey/Musial, Bogdan/Rasevyč, Vasyl': Die Ukraine zwischen Selbstbestimmung und Fremdherrschaft 1917–1922. Graz 2011, 91–128.

Dornik, Wolfram: Des Kaisers Falke. Wirken und Nach-Wirken von Franz Conrad von Hötzendorf. Innsbruck/Wien/Bozen 2013.

Dornik, Wolfram: Die Erfahrung der »Krieger«: Gewalt und Trauma (Unveröffentlichtes Typoskript).

Dornik, Wolfram: Die wirtschaftliche Ausbeutung Osteuropas im Ersten Weltkrieg. Organisation und Ziele der Besatzungsregime in Ober Ost, Polen und der Ukraine. In: Erker, Linda/Salzmann, Alexander/Dreidemy, Lucile/Sabo, Klaudija (Hg.): Update! Perspektiven der Zeitgeschichte. Zeitgeschichtetage 2010. Innsbruck 2012, 85–93.

Dornik, Wolfram/Karner, Stefan (Hg.): Die Besatzung der Ukraine 1918. Historischer Kontext – Forschungsstand – wirtschaftliche und soziale Folgen. Graz/Wien/Klagenfurt 2008.

Dornik, Wolfram: Conrad von Hötzendorf and the »Smoking Gun«: A Biographical Examination of Responsibility and Traditions of Violence against Civilians in the Habsburg Army. In: Bischof, Günter/Karlhofer, Ferdinand/Williamson, Samuel R. (Hg.): 1914: Austria-Hungary, the Origins, and the First Year of World War I. Contemporary Austrian Studies, Vol. 23. New Orleans 2014, 55–74.

Duby, Georges/Lardreau, Guy: Geschichte und Geschichtswissenschaft. Dialoge. Frankfurt am Main 1982.

Dülffer, Jost: Regeln gegen den Krieg? Die Haager Friedenskonferenzen 1899 und 1907 in der internationalen Politik. Frankfurt am Main u. a. 1981.

Dülffer, Jost: Regeln im Krieg? Kriegsverbrechen und die Haager Friedenskonferenzen. In: Wette, Wolfram/Ueberschär, Gerd R. (Hg.): Kriegsverbrechen im 20. Jahrhundert. Darmstadt 2001, 35–49.

Ehrenpreis, Petronilla: Kriegs- und Friedensziele im Diskurs. Regierung und deutschsprachige Öffentlichkeit Österreich-Ungarns während des Ersten Weltkriegs. Innsbruck/Wien/Bozen 2005.

Eichta, Mario: Braunau–Katzenau–Mitterndorf 1915–1918. Il recordo die profughi e degli internati del Trentino. Erinnerung an die Flüchtlinge und Internierten des Trentino. Cremona 1999.

Eisfeld, Alfred/Hausmann, Guido/Neutatz, Dietmar (Hg.): Besetzt, interniert, deportiert. Der Erste Weltkrieg und die deutsche, jüdische, polnische und ukrainische Zivilbevölkerung im östlichen Europa. Essen 2013.

Elsaesser, Thomas/Wedel, Michael (Hg.): Kino der Kaiserzeit: Zwischen Tradition und Moderne. München 2002.

Etschmann, Wolfgang/Schmidl, Erwin A.: Albanien im Ersten Weltkrieg. Spielball von Machtinteressen. In: Österreichische Militärische Zeitschrift, 5/97, 545–554.

Evans, Andrew D.: Capturing race: Anthropology and photography in German and Austrian prisoner-of-war camps during World War I. In: Hight, Eleanor M./Sampson, Gary D. (Hg.): Colonialist Photography. Imag(in)ing race and place. London/New York 2002, 226–256.

Feichtinger, Johannes: Wissenschaft als reflexives Projekt. Von Bolzano über Freud zu Kelsen: Österreichische Wissenschaftsgeschichte 1848–1938. Bielefeld 2010.

Fellner, Fritz: Die »Mission Hoyos«. In: Les grandes puissances et la Serbie à la veille de la Première guerre mondiale. Assise scientifique de l'Académie serbe des sciences et des arts v. IV, Classe des sciences historiques Nr. 1. Beograd 1976, 387–418.

Ferguson, Niall: Der falsche Krieg. Der Erste Weltkrieg und das 20. Jahrhundert. München 2001.

Förster, Stig (Hg.): An der Schwelle zum totalen Krieg. Die militärische Debatte über den Krieg der Zukunft 1919–1939. Paderborn 2002.

Förster, Stig: Im Reich des Absurden: Die Ursachen des Ersten Weltkrieges. In: Wegner, Bernd (Hg.): Wie Kriege entstehen. Zum historischen Hintergrund von Staatenkonflikten. Paderborn/München/Wien/Zürich 2000, 211–252.

Förster, Stig: Wochen der Entscheidung. In: Damals. Das Magazin für Geschichte und Kultur, Nr. 5/2004. Titelthema: Die Juli-Krise, 14–19.

Führ, Christoph: Das k.u.k. Armeeoberkommando und die Innenpolitik in Österreich 1914–1917. Graz/Wien/Köln 1968.

Gammerl, Benno: Staatsbürger, Untertanen und Andere. Der Umgang mit ethnischer Heterogenität im Britischen Weltreich und im Habsburgerreich 1867–1918. Göttingen 2010.

Galántai, Jozsef: A Habsburg-monarchia alkonya. Osztrak-magyar dualizmus, 1867–1918. Budapest 1985.

Geiss, Immanuel: Deutschland und Österreich-Ungarn beim Kriegsausbruch 1914. Eine machthistorische Analyse. In: Gehler, Michael/Schmidt, Rainer F./ Brandt, Harm-Hinrich/Steininger, Rolf (Hg.): Ungleiche Partner? Österreich und Deutschland in ihrer gegenseitigen Wahrnehmung. Historische Analysen und Vergleiche aus dem 19. Jahrhundert. Stuttgart 1996, 375–395.

Gerstl, Hermine: »Eine furchtbar traurige Zeit schritt im Riesentempo vorwärts«. In: Hämmerle, Christa (Hg.): Kindheit im Ersten Weltkrieg. Wien/Köln/Weimar 1993, 119–142.

Geyer, Michael: Urkatastrophe, Europäischer Bürgerkrieg, Menschenschlachthaus – Wie Historiker dem Epochenbruch des Ersten Weltkrieges Sinn geben. In: Rother, Rainer (Hg.): Der Weltkrieg 1914–1918. Ereignis und Erinnerung. Berlin/Wolfratshausen 2004, 24–33.

Goll, Nicole-Melanie: »Russophile« Zivilinternierte aus Galizien im Lager Thalerhof bei Graz. In: Erker, Linda/Salzmann, Alexander/Dreidemy, Lucile/Sabo, Klaudija (Hg.): Update! Perspektiven der Zeitgeschichte. Zeitgeschichtetage 2010. Innsbruck 2012, 29–33.

Groß, Gerhard P.: Ein Nebenkriegsschauplatz. Die deutschen Operationen gegen Rumänien 1916. In: Angelow, Jürgen (Hg.): Der Erste Weltkrieg auf dem Balkan. Perspektiven der Forschung. Berlin 2011, 143–158.

Gumz, Jonathan E.: Losing Control. The Norm of Occupation in Eastern Europe during the First World War. In: Böhler, Jochen/Borodziej, Włodzimierz/ Puttkamer, Joachim von: Legacies of Violence. Eastern Europe's First World War. München 2014, 70–87.

Gumz, Jonathan E.: The Resurrection and Collapse of Empire in Habsburg Serbia, 1914–1918. Cambridge/New York 2009.

Hagemann, Karen/Schüler-Springorum, Stefanie (Hg.): Heimat-Front. Militär und Geschlechterverhältnisse im Zeitalter der Weltkriege. Frankfurt am Main u. a. 2002.

Hagen, Mark von: War in a European Borderland: Occupations and Occupation Plans in Galicia and Ukraine, 1914–1918. Seattle 2007.

Hämmerle, Christa: Geschlechtergeschichte(n) des Ersten Weltkriegs in Österreich-Ungarn. Wien/Köln/Graz 2013.

Hanák, Péter (Hg.): Die nationale Frage in der Österreichisch-Ungarischen Monarchie 1900–1918. Budapest 1966.

Hanisch, Ernst: Männlichkeiten. Eine andere Geschichte des 20. Jahrhunderts, Wien/Köln/Weimar 2005.

Hankel, Gerd: Die Leipziger Prozesse. Deutsche Kriegsverbrechen und ihre strafrechtliche Verfolgung nach dem Ersten Weltkrieg. Hamburg 2003.

Hannig, Alma: Das Attentat, die Julikrise und der Krieg. In: Truppendienst Spezial, Nr. 22, 2/2014: Der Erste Weltkrieg in Europa 1914/15, 47–53.

Hansak, Peter: Das Kriegsgefangenenwesen während des Ersten Weltkriegs im Gebiet der heutigen Steiermark. Phil. Diss. Graz 1991.

Hautmann, Hans: Bemerkungen zu den Kriegs- und Ausnahmegesetzen in Österreich-Ungarn und deren Anwendung 1914–1918. In: Zeitgeschichte, Nr. 3 (1975/76) 31–37.

Hautmann, Hans: Die österreichisch-ungarische Armee auf dem Balkan. In: Seidler, Franz W./Zayas, Alfred M. de (Hg.): Kriegsverbrechen in Europa und im Nahen Osten im 20. Jahrhundert. Hamburg/Berlin/Bonn 2002, 36–41.

Hautmann, Hans: Kriegsgesetze und Militärjustiz in der österreichischen Reichshälfte 1914–1918. In: Weinzierl, Erika/Stadler, Karl R. (Hg.): Justiz und Zeitgeschichte. Wien 1977, 101–122.

Hautmann, Hans: Princip in Theresienstadt. In: Mitteilungen der Alfred Klahr Gesellschaft, 20. Jg., Nr. 3, September 2013, 1–9.

Hautmann, Hans: Todesurteile in der Endphase der Habsburgermonarchie und im Ersten Weltkrieg. In: Kuretsidis-Haider, Claudia/Halbrainer, Heimo/Ebner, Elisabeth (Hg.): Mit dem Tode bestraft. Historische und rechtspolitische Aspekte zur Todesstrafe in Österreich im 20. Jahrhundert und der Kampf um ihre weltweite Abschaffung. Graz 2008, 15–37.

Hekele, Martin: Die Kriegszielpolitik der österreichisch-ungarischen Monarchie im Ersten Weltkrieg. Phil. Diss. Wien 1996.

Heppner, Harald: Im Schatten des »großen Bruders«. Österreich-Ungarn als Besatzungsmacht in Rumänien 1916–1918. In: Österreichische Militärische Zeitschrift, 3/2007, 317–322.

Hermann, Martina: Fremd im eigenen Staat? Zur Perzeption der Kriegsflüchtlinge und -evakuierten im Barackenlager Gmünd während des Ersten Weltkrieges. In: Karner, Stefan/Lesiak, Philipp (Hg.): Erster Weltkrieg. Globaler Konflikt – lokale Folgen. Neue Perspektiven. Innsbruck/Wien/Bozen 2014, 169–186.

Hinz, Uta: Gefangen im Großen Krieg. Kriegsgefangenschaft in Deutschland 1914–1921. Essen 2006.

Höbelt, Lothar: »So wie wir haben nicht einmal die Japaner angegriffen«. Österreich-Ungarns Nordfront 1914/15. In: Groß, Gerhard P. (Hg.): Die vergessene Front. Der Osten 1914/15. Ereignis, Wirkung, Nachwirkung. Paderborn/München/Wien/Zürich 2006, 87–118.

Hoen, Max Ritter von (Hg.): Geschichte des ehemaligen Egerländer Infanterie-Regiments Nr. 73. Wien 1939.

Hoeres, Peter: Die Slawen. Perzeptionen des Kriegsgegners bei den Mittelmächten. Selbst- und Fremdbild. In: Groß, Gerhard (Hg.): Die vergessene Front. Der Osten 1914/15. Ereignis, Wirkung, Nachwirkung. Paderborn/München/Wien/Zürich 2006, 179–200.

Hoffmann, Dieter: Der Sprung ins Dunkle. Oder wie der 1. Weltkrieg entfesselt wurde. Leipzig 2010.

Hoffmann, Georg/Goll, Nicole-Melanie/Lesiak, Philipp: Thalerhof 1914–1936. Die Geschichte eines vergessenen Lagers und seiner Opfer. Herne 2010.

Hoffmann-Holter, Beatrix: »Abreisendmachung«. Jüdische Kriegsflüchtlinge in Wien 1914 bis 1923. Wien/Köln/Weimar 1995.

Hohrath, Daniel/Neitzel, Sönke: Entfesselter Kampf oder gezähmte Kriegführung? Gedanken zur regelwidrigen Gewalt im Krieg. In: Dies. (Hg.): Kriegsgreuel. Die Entgrenzung der Gewalt in kriegerischen Konflikten vom Mittelalter bis ins 20. Jahrhundert. Paderborn/München/Wien/Zürich 2008.

Holquist, Peter: Making War, Forging Revolution: Russia's Continuum of Crisis, 1914–1921. Cambridge, Mass. 2002.

Holzer, Anton: Das Lächeln der Henker. Der unbekannte Krieg gegen die Zivilbevölkerung 1914–1918. Darmstadt 2014.

Holzer, Anton: Die andere Front. Fotografie und Propaganda im Ersten Weltkrieg. Darmstadt 2007.

Holzer, Anton: Österreichische Kriegsfotografie im Ersten Weltkrieg (1914–1918). Phil. Diss. Wien 2005.

Holzer, Anton: Schüsse in Šabac. Die Massaker an der Zivilbevölkerung 1914. In: Marković, Gordana Ilić (Hg.): Veliki Rat – Der Große Krieg. Der Erste Weltkrieg im Spiegel der serbischen Literatur und Presse. Wien 2014, 71–84.

Horne, John/Kramer, Alan: Deutsche Kriegsgreuel 1914. Die umstrittene Wahrheit. Hamburg 2004.

Ivanicková, Edita: Zur Tätigkeit der gemeinsamen Historikerkommission der Tschechoslowakei und der DDR 1955–1989. In: Brenner, Christiane/Franzen, K. Erik/Haslinger, Peter/Luft, Robert (Hg.): Geschichtsschreibung zu den böhmischen Ländern im 20. Jahrhundert. München 2006.

Jahr, Christoph: Keine Feriengäste. »Feindstaatenausländer« im südlichen Bayern während des Ersten Weltkrieges. In: Kuprian, Hermann J. W./Überegger, Oswald (Hg.): Der Erste Weltkrieg im Alpenraum. Erfahrung, Deutung, Erinnerung/La Grande Guerra nell'arco alpino. Esperienze e memoria. Innsbruck 2006, 231–245.

Janz, Oliver: 14. Der große Krieg. Frankfurt am Main 2013.

Jasser, Heidelinde: Das Flüchtlingslager Landegg in Niederösterreich 1915–1918. Pottendorf 2002.

Jászi, Oszkár: The Dissolution of the Habsburg Monarchy. Chicago 1929.

Jelavich, Barbara: Russia's Balkan entanglements 1806–1914. Cambridge 1991.

Jeřábek, Rudolf: Potiorek. General im Schatten von Sarajewo. Graz/Wien/Köln 1991.

John, Michael: Hausherrenmacht und Mieterelend. Wohnverhältnisse und Wohnerfahrungen der Unterschichten in Wien 1890–1923. Wien 1982.

Jones, Heather: Violence against Prisoners of War in the First World War: Britain, France and Germany, 1914–1920. Cambridge 2011.

Jung, Uli/Loiperdinger, Martin (Hg.): Geschichte des dokumentarischen Films in Deutschland. Bd. 1: Kaiserreich 1895–1918. Stuttgart 2005.

Kaes, Anton: Schlachtfelder im Kino und die Krise der Repräsentation. In: Martus, Steffen/Münkler, Marina/Röcke, Werner (Hg.): Schlachtfelder. Codierung von Gewalt im medialen Wandel. Berlin 2003, 117–128.

Kanner, Heinrich: Kaiserliche Katastrophen-Politik. Ein Stück zeitgenössischer Geschichte. Leipzig 1922.

Kerchnawe, Hugo: Der Zusammenbruch der Donaumonarchie. In: Bley, Wulf (Hg.): Revolutionen der Weltgeschichte. Zwei Jahrtausende Revolutionen und Bürgerkriege. 2. Bd. München 1933, 5–30.

Kerchnawe, Hugo: Die k.u.k. Militärverwaltung in Serbien. In: Kerchnawe, Hugo/Mitzka, Rudolf/Sobotka, Felix/Leidl, Hermann/Krauss, Alfred: Die Militärverwaltung in den von den österreichisch-ungarischen Truppen besetzten Gebieten. Wien/New Haven 1928, 53–269.

Kerchnawe, Hugo: Die Militärverwaltung in Montenegro und Albanien. In: Kerchnawe, Hugo/Mitzka, Rudolf/Sobotka, Felix/Leidl, Hermann/Krauss, Alfred: Die Militärverwaltung in den von den österreichisch-ungarischen Truppen besetzten Gebieten. Wien/New Haven 1928, 270–304.

Kern, Leopold: Das Russenlager in Bruck-Kiralyhida. In: In Feindeshand. Die Gefangenschaft im Weltkriege in Einzeldarstellungen. Bd. 2. Wien 1931, 227.

Knezevic, Jovana Lazic: The Austro-Hungarian Occupation of Belgrade During the First World War. Battles at the homefront. New Haven 2006.

Koch, Rudolf: Im Hinterhof des Krieges. Das Kriegsgefangenenlager Sigmundsherberg. Sigmundsherberg 2002.

Kohlbauer-Fritz, Gabriele: »Elend, überall wohin man schaut«. Kriegsflüchtlinge in Wien. In: Pfoser, Alfred/Weigl, Andreas (Hg.): Im Epizentrum des Zusammenbruchs. Wien im Ersten Weltkrieg. Wien 2013, 96–103.

Konakowitsch, Ted Peter: Österreichische Militärgerichtsbarkeit im Ersten Weltkrieg am Beispiel des Landwehrdivisionsgerichts Graz im Jahre 1914. Diplomarbeit Graz 1993.

Konrad, Helmut (Hg.): Krieg, Medizin und Politik. Der Erste Weltkrieg und die österreichische Moderne. Wien 2000.

Kramer, Alan: Dynamic of Destruction. Culture and Mass Killing in the First World War. Oxford 2007.

Kramer, Alan: Ethnische Säuberungen vom Ersten Weltkrieg bis zum Nationalsozialismus. In: Krumeich, Gerd in Verbindung mit Hoffstadt, Anke und Weinrich, Arndt (Hg.): Nationalsozialismus und Erster Weltkrieg. Essen 2010, 323–346.

Kramer, Alan: Italienische Kriegsgefangene im Ersten Weltkrieg. In: Kuprian, Hermann J. W./Überegger, Oswald (Hg.): Der Erste Weltkrieg im Alpenraum. Erfahrung, Deutung, Erinnerung. Innsbruck 2006, 247–258.

Kramer, Alan: Kriegsgräuel 1914/1941: Gewaltgeschichte und das Zeitalter der Weltkriege. In: Echternkamp, Jörg (Hg.): Perspektiven der Militärgeschichte.

Raum, Gewalt und Repräsentation in historischer Forschung und Bildung. München 2010, 173–186.

Kramer, Alan: Kriegsrecht und Kriegsverbrechen. In: Hirschfeld, Gerhard/Krumeich, Gerd/Renz, Irina (Hg.): Enzyklopädie Erster Weltkrieg. Aktualisierte und erweiterte Studienausgabe. Paderborn/München/Wien/Zürich 2009, 281–292.

Kramer, Alan: Versailles, deutsche Kriegsverbrechen und das Auslieferungsbegehren der Alliierten 1919/20. In: Wette, Wolfram/Ueberschär, Gerd R. (Hg.): Kriegsverbrechen im 20. Jahrhundert. Darmstadt 2001, 72–84.

Kramer, Helmut: Die zivilen Falken. In: Die Presse/Spectrum v. 29.3.2014, VII.

Kraus, Karl: Die letzten Tage der Menschheit. Frankfurt am Main 1986.

Kronenbitter, Günther: »Krieg im Frieden«. Die Führung der k.u.k. Armee und die Großmachtpolitik Österreich-Ungarns 1906–1914. München 2003.

Kronenbitter, Günther: »Nur los lassen«. Österreich-Ungarn und der Wille zum Krieg. In: Burkhardt, Johannes/Becker, Josef/Förster, Stig/Kronenbitter, Günther (Hg.): Lange und kurze Wege in den Ersten Weltkrieg. Vier Augsburger Beiträge zur Kriegsursachenforschung. München 1996, 159–187.

Kronenbitter, Günther: Amnesia and Rememberance – Count Berchtold on 1914. In: Bischof, Günter/Karlhofer, Ferdinand/Williamson, Samuel R. (Hg.): 1914: Austria-Hungary, the Origins, and the First Year of World War I. Contemporary Austrian Studies, Vol. 23. New Orleans 2014, 77–90.

Kučera, Rudolf: Entbehrung und Nationalismus. Die Erfahrung tschechischer Soldaten der österreichisch-ungarischen Armee 1914–1918. In: Bachinger, Bernhard/Dornik, Wolfram (Hg.): Jenseits des Schützengrabens. Der Erste Weltkrieg im Osten: Erfahrung – Wahrnehmung – Kontext. Innsbruck/Wien/Bozen 2013, 121–137.

Kuprian, Hermann J. W.: »Entheimatungen«. Flucht und Vertreibung in der Donaumonarchie während des Ersten Weltkriegs und ihre Konsequenzen. In: Kuprian, Hermann J. W./Überegger, Oswald (Hg.): Der Erste Weltkrieg im Alpenraum. Erfahrung, Deutung, Erinnerung. Innsbruck 2006, 289–305.

Kuprian, Hermann J. W.: Zwangsmigration. In: Kuprian, Hermann J. W./Überegger, Oswald (Hg.): Katastrophenjahre. Der Erste Weltkrieg in Tirol. Innsbruck 2014, 217–240.

Kuprian, Hermann J. W.: »Frondienst redivivus im XX. Jahrhundert!« Arbeitszwang am Beispiel von Flucht, Vertreibung und Internierung in Österreich während des Ersten Weltkrieges. In: Geschichte und Region/Storia e regione, 12. Jg., Heft 1, 2003, 15–36.

Kuprian, Hermann J. W.: Flüchtlinge und Vertriebene aus den österreichisch-italienischen Grenzgebieten während des Ersten Weltkrieges. In: Mazohl-Wallnig, Brigitte/Meriggi, Marco (Hg.): Österreichisches Italien – Italienisches Österreich? Interkulturelle Gemeinsamkeiten und nationale Differenzen vom 18. Jahrhundert bis zum Ende des Ersten Weltkrieges. Wien 1999, 737–751.

Lange, Britta: Die Wiener Forschungen an Kriegsgefangenen 1915–1918. Anthropologische und ethnografische Verfahren im Lager. Wien 2013.

Le Moal, Frédéric: La Serbie du martyre à la victoire 1914–1918. Paris 2008.

Le Rider, Jacques: Der Fall Otto Weininger. Wien/München 1985.

Lehnstaedt, Stephan: Das Militärgeneralgouvernement Lublin. Die »Nutzbarmachung« Polens durch Österreich-Ungarn im Ersten Weltkrieg. In: Zeitschrift für Ostmitteleuropa-Forschung. Jg. 61/2012, 1–26.

Lehnstaedt, Stephan: Der koloniale Blick? Polen und Juden in der Wahrnehmung der Mittelmächte. In: Bachinger, Bernhard/Dornik, Wolfram (Hg.): Jenseits des Schützengrabens. Der Erste Weltkrieg im Osten: Erfahrung – Wahrnehmung – Kontext. Innsbruck/Wien/Bozen 2013, 391–410.

Leidinger, Hannes: Die BeDeutung der SelbstAuslöschung. Aspekte der Suizidproblematik in Österreich von der Mitte des 19. Jahrhunderts bis zur Zweiten Republik. Innsbruck/Wien/Bozen 2012.

Leidinger, Hannes: »Der Einzug des Galgens und des Mordes«. Die parlamentarischen Stellungnahmen polnischer und ruthenischer Reichsratsabgeordneter zu den Massenhinrichtungen in Galizien 1914/15. In: Zeitgeschichte, Nr. 5, 33. Jg., 2006, 235–260.

Leidinger, Hannes: Zeit der Wirren: Revolutionäre Umwälzungen und bewaffnete Auseinandersetzungen im ehemaligen Zarenreich 1917–22. In: Dornik, Wolfram/Kasianov, Georgiy/Leidinger, Hannes/Lieb, Peter/Miller, Alexey/Musial, Bogdan/Rasevyč, Vasyl': Die Ukraine zwischen Selbstbestimmung und Fremdherrschaft 1917–1922. Graz 2011, 29–60.

Leidinger, Hannes/Moritz, Verena: Der Erste Weltkrieg. Wien/Köln/Weimar 2011.

Leidinger, Hannes/Moritz, Verena: Die Republik Österreich 1918/2008. Überblick, Zwischenbilanz, Neubewertung 2008.

Leidinger, Hannes/Moritz, Verena: Flüchtlingslager in Osteuropa im Ersten Weltkrieg. Erschließung, Positionierung und Skizzierung einer halb erkundeten Themenlandschaft. In: Jahr, Christoph/Thiel, Jens (Hg.): Lager vor Auschwitz. Gewalt und Integration im 20. Jahrhundert. Berlin 2013, 177–196.

Leidinger, Hannes/Moritz, Verena: Gefangenschaft, Revolution, Heimkehr. Die Bedeutung der Kriegsgefangenenproblematik für die Geschichte des Kommunismus in Mittel- und Osteuropa 1917–1920. Wien/Köln/Weimar 2003.

Leidinger, Hannes/Moritz, Verena: Kriegsgefangenschaft und Kriegswirtschaft. Vergleiche und Problembereiche unter besonderer Berücksichtigung Mittel- und Osteuropas im Ersten Weltkrieg. In: Dornik, Wolfram/Gießauf, Johannes/Iber, Walter M. (Hg.): Krieg und Wirtschaft. Von der Antike bis ins 21. Jahrhundert. Innsbruck/Wien/Bozen 2010, 461–479.

Leidinger, Hannes/Moritz, Verena: Verwaltete Massen. Kriegsgefangene in der Donaumonarchie. In: Oltmer, Jochen (Hg.): Kriegsgefangene im Europa des Ersten Weltkriegs. Paderborn/München/Wien/Zürich 2006, 35–66.

Leidinger, Hannes/Moritz, Verena: Verwaltete Massen. Kriegsgefangene in der Donaumonarchie 1914–1918. In: Oltmer, Jochen (Hg.): Kriegsgefangene im Europa des Ersten Weltkriegs. Paderborn/München/Wien/Zürich 2006, 35–66.

Leidinger, Hannes/Moser, Karin: Visuelle Fronten. Eine Filmgeschichte des Ersten Weltkrieges und eine neue Edition des Filmarchiv Austria. In: Jubel & Elend. Leben mit dem Großen Krieg 1914–1918, Katalog zur gleichnamigen Ausstellung auf der Schallaburg. Schallaburg 2014, 356–359.

Leidl, Hermann: Die Verwaltung des besetzten Gebietes Italiens. In: Kerchnawe, Hugo/Mitzka, Rudolf/Sobotka, Felix/Leidl, Hermann/Krauss, Alfred: Die Militärverwaltung in den von den österreichisch-ungarischen Truppen besetzten Gebieten. Wien/New Haven 1928, 318–358.

Lein, Richard: Pflichterfüllung oder Hochverrat? Die tschechischen Soldaten Österreich-Ungarns im Ersten Weltkrieg, Wien/Berlin 2011.

Lelewer, Georg: Viertes Kapitel. Einzelne Verbrechergruppen. In: Exner, Franz: Krieg und Kriminalität in Österreich. Wien 1927, 111–214.

Lieven, D. C. B.: Russia and the Origins of the First World War. London 1983.

Lipkes, Jeff: Rehearsals. The German Army in Belgium, August 1914. Leuven 2007.

Litván, György: A Twentieth-Century Prophet: Oscar Jászi. Budapest 2006.

Liulevicius, Vejas Gabriel: Kriegsland im Osten. Eroberung, Kolonialisierung und Militärherrschaft im Ersten Weltkrieg. Hamburg 2002.

Liulevicius, Vejas Gabriel: Von »Ober Ost« nach »Ostland«? In: Groß, Gerhard P. (Hg.): Die vergessene Front. Der Osten 1914/15. Ereignis, Wirkung, Nachwirkung. Paderborn/München/Wien/Zürich 2006.

Lohr, Eric: Nationalizing the Russian Empire: The Campaign against Enemy Aliens during World War I. Cambridge 2003.

Maderthaner, Wolfgang/Hochedlinger, Michael: Untergang einer Welt. Der Große Krieg 1914–1918 in Photographien und Texten. Wien 2013.

Mannsberger, Eva Maria/Schäfer, Karl: Das Neusiedler Internierungslager 1914–1918. In: Neusiedler Jahrbuch. Hg. vom Verein zur Erforschung der Stadtgeschichte von Neusiedl am See, Bd. 11, 2008/9, 5–42.

Marković, Gordana Ilić (Hg.): Veliki Rat – Der Große Krieg. Der Erste Weltkrieg im Spiegel der serbischen Literatur und Presse. Wien 2014.

Marksteiner, Franz: Where is the War? Some Aspects of the Effects of World War One on Austrian Cinema. In: Paris, Michael: The First World War and the Popular Cinema. 1914 to the Present. New Brunswick/New Jersey 2000.

Mayer, Klaus: Die Organisation des Kriegspressequartiers beim k.u.k. AOK im Ersten Weltkrieg 1914–1918. Phil. Diss. Wien 1963.

Mayerhofer, Christine: Die österreichisch-ungarische Militärverwaltung in den besetzten Gebieten Italiens. November 1917–Oktober 1918. Phil. Diss. Wien 1970.

Mayerhofer, Lisa: Zwischen Freund und Feind – Deutsche Besatzung in Rumänien 1916–1918. München 2010.

McMeekin, Sean: Juli 1914. Der Countdown in den Krieg. Berlin 2014.
McMeekin, Sean: July 1914. Countdown to war. London 2013.
McMeekin, Sean: The Russian Origins of the First World War. Cambridge/London 2011.
Menning, Bruce W.: War Planning and Initial Operations in the Russian Context. In: Hamilton, Richard F./Herwig, Holger H. (Hg.): War Planning 1914. Cambridge 2010, 80–142.
Menning, Bruce: Nasledie Agenta Nr. 25. In: Rodina 2014 (in Druck).
Mentzel, Walter: Fern der Heimat. Ursachen von Flucht und Vertreibung in der k.u.k. Monarchie. In: Jubel & Elend. Leben mit dem Großen Krieg 1914–1918. Katalog zur Ausstellung. Schallaburg 2014, 344–349.
Mentzel, Walter: Kriegserfahrungen von Flüchtlingen aus dem Nordosten der Monarchie während des Ersten Weltkriegs. In: Bachinger, Bernhard/Dornik, Wolfram (Hg.): Jenseits des Schützengrabens. Der Erste Weltkrieg im Osten: Erfahrung – Wahrnehmung – Kontext. Innsbruck/Wien/Bozen 2014, 359–390.
Mentzel, Walter: Kriegsflüchtlinge in Cisleithanien im Ersten Weltkrieg. Phil. Diss. Wien 1997.
Mick, Christoph: Der vergessene Krieg. Die schwierige Erinnerung an den Ersten Weltkrieg in Osteuropa. In: Rother, Rainer (Hg.): Der Weltkrieg 1914–1918. Ereignis und Erinnerung. Wolfratshausen 2004, 74–81.
Mick, Christoph: Kriegserfahrungen in einer multiethnischen Stadt: Lemberg 1914–1947. Wiesbaden 2010.
Mihalkovits, Ernst: Das Kriegsgefangenen- und Interniertenlager des Ersten Weltkriegs in Neckenmarkt mittleres Burgenland 1915–1919. Phil. Diss. Wien 2003.
Miodragović, Jovan: Dreizehntägige Besatzung von Belgrad 1914. In: Marković, Gordana Ilić (Hg.): Veliki Rat – Der Große Krieg. Der Erste Weltkrieg im Spiegel der serbischen Literatur und Presse. Wien 2014, 136–140.
Mitrović, Andrej: Serbia's Great War 1914–1918. London 2007.
Moll, Martin: »Verräter und Spione überall«. Vorkriegs- und Kriegshysterie in Graz im Sommer 1914. In: Historisches Jahrbuch der Stadt Graz, Nr. 31 (2001), 309–330.
Moll, Martin: Der innere Feind. Die Jagd auf »Hochverräter« am Beispiel der Steiermark, Sommer und Herbst 1914. In: Historicum, Nr. 69/2001, 25–31.
Moll, Martin: Die Steiermark im Ersten Weltkrieg. Der Kampf des Hinterlandes ums Überleben 1914–1918. Wien/Graz/Klagenfurt 2014.
Moll, Martin: Kein Burgfrieden. Der deutsch-slowenische Nationalitätenkonflikt in der Steiermark 1900–1918. Innsbruck/Wien/Bozen 2007.
Moll, Martin: Vom Mitbürger zum Staatsfeind. Die Behandlung der Kärntner und steirischen Slowenen im Ersten Weltkrieg. In: Hellwig, Valentin/Haiden, Susanne/Maier, Barbara (Hg.): Die Kärntner Volksabstimmung 1920 und die

Geschichtsforschung. Leistungen, Defizite, Perspektiven. Klagenfurt 2002, 275–294.

Moritz, Verena: Zwischen allen Fronten. Die russischen Kriegsgefangenen in Österreich im Spannungsfeld von Nutzen und Bedrohung (1914–1921). Phil. Diss. Wien 2001.

Moritz, Verena: »Wir sind also noch fähig zu wollen!«. In: Moritz, Verena/Leidinger, Hannes: Die Nacht des Kirpitschnikow. Eine andere Geschichte des Ersten Weltkrieges. München 2008, 66–96.

Moritz, Verena: Die Revolutionen in Russland und die Kriegsgefangenen des Zarenreiches in Österreich-Ungarn 1917–1918. In: Karner, Stefan/Lesiak, Philipp (Hg.): Erster Weltkrieg. Globaler Konflikt – lokale Folgen. Neue Perspektiven. Innsbruck/Wien/Bozen 2014, 187–210.

Moritz, Verena: Krieg. In: Moritz, Verena/Moser, Karin/Leidinger, Hannes: Kampfzone Kino. Film in Österreich 1918–1938. Wien 2008, 255–276.

Moritz, Verena: Kriegsgefangenschaft als Erfahrung. Am Beispiel der Deutschösterreicher in russischem Gewahrsam. In: Bachinger, Bernhard/Dornik, Wolfram (Hg.): Jenseits des Schützengrabens. Der Erste Weltkrieg im Osten: Erfahrung – Wahrnehmung – Kontext. Innsbruck/Wien/Bozen 2013, 197–220.

Moritz, Verena: Selbstfindungen. Vom Beginn des Kalten Krieges bis zur Europäischen Union. In: Leidinger, Hannes/Moritz, Verena/Moser, Karin: Streitbare Brüder. Österreich : Deutschland. Kurze Geschichte einer schwierigen Nachbarschaft. St. Pölten/Salzburg 2010, 253–275.

Moritz, Verena/Leidinger, Hannes: Zwischen Nutzen und Bedrohung. Die russischen Kriegsgefangenen in Österreich 1914–1921. Bonn 2005.

Moritz, Verena/Leidinger, Hannes/Jagschitz, Gerhard: Im Zentrum der Macht. Die vielen Gesichter des Geheimdienstchefs Maximilian Ronge. St. Pölten/Salzburg 2007.

Moritz, Verena/Leidinger, Hannes: Aspekte des »Totalen Lagers« als »Totale Institution« – Kriegsgefangenschaft in der Donaumonarchie 1914–1915. In: Wiener Zeitschrift zur Geschichte der Neuzeit, 8. Jg., Heft 2008, 86–101.

Moritz, Verena/Leidinger, Hannes: Die Nacht des Kirpitschnikow. Eine andere Geschichte des Ersten Weltkrieges. München 2008.

Moritz, Verena/Leidinger, Hannes: Geschichten um und über den Krieg. Julius Tandler, Camillo Castiglioni und Gavre Princip. In: Moser, Karin/Ungerböck, Andreas (Hg.): Peter Patzak. Filmemacher, Autor, Maler. Wien 2009, 280–297.

Moritz, Verena/Leidinger, Hannes: Oberst Redl. Der Spionagefall, der Skandal, die Fakten. St. Pölten/Salzburg/Wien 2012.

Morton, Frederic: Wetterleuchten 1913/1914. Wien 1990.

Moser, Karin/Ballhausen, Thomas/Leidinger, Hannes/Moritz, Verena: Fiktion und Realität. Das österreichisch-ungarische Filmschaffen 1914–1918, Booklet 3. DVD 3. In: Ballhausen, Thomas/Kaindlstorfer, Günter/Kieninger,

Ernst/Leidinger, Hannes/Moritz,Verena/Moser, Karin/Wostry, Nikolaus (Hg.): Krieg der Bilder. Filmdokumente zur Habsburgermonarchie im Ersten Weltkrieg. 3-teilige DVD-Edition. Wien 2014.

Moser, Karin: Der »gute« Film. In: Moritz, Verena/Moser, Karin/Leidinger, Hannes: Kampfzone Kino. Film in Österreich 1918–1938. Wien 2008, 367–371.

Mühl-Benninghaus, Wolfgang: Vom Augusterlebnis zur Ufa-Gründung. Der deutsche Film im Ersten Weltkrieg. Berlin 2004.

Münkler, Herfried: Der Große Krieg. Die Welt 1914 bis 1918. Berlin 2013.

Mundschütz, Reinhard: Internierung im Waldviertel. Die Internierungslager und -stationen der BH Waidhofen an der Thaya 1914–1918. Phil. Diss. Wien 2002.

Musial, Bogdan: Die Ukrainepolitik des bolschewikischen Russlands, 1917–22. In: Dornik, Wolfram/Kasianov, Georgiy/Leidinger, Hannes/Lieb, Peter/Miller, Alexey/Musial, Bogdan/Rasevyč, Vasyl': Die Ukraine zwischen Selbstbestimmung und Fremdherrschaft 1917–1922. Graz 2011, 367–390.

Musial, Bogdan: Die Ukrainepolitik Polens von 1918–22. In: Dornik, Wolfram/Kasianov, Georgiy/Leidinger, Hannes/Lieb, Peter/Miller, Alexey/Musial, Bogdan/Rasevyč, Vasyl': Die Ukraine zwischen Selbstbestimmung und Fremdherrschaft 1917–1922. Graz 2011, 449–463.

Nachtigal, Reinhard: Zur Anzahl der Kriegsgefangenen im Ersten Weltkrieg. In: Militärgeschichtliche Zeitschrift, 67, 2008, 345–384.

Neitzel, Sönke: Der Erste Weltkrieg in den Geschichtsdokumentationen des ZDF. In: Rother, Rainer/Herbst-Meßlinger, Karin: Der Erste Weltkrieg im Film. München 2009, 219–235.

Oberkofler, Gerhard/Rabofsky, Eduard: Hans Kelsen im Kriegseinsatz der k.u.k. Wehrmacht. Frankfurt/M. 1988.

Oberkofler, Gerhard/Rabofsky, Eduard: Tiroler Kaiserjäger in Galizien. In: Weiss, Sabine (Hg.): Historische Blickpunkte. Festschrift für Johann Rainer. Innsbruck 1988, 505–527.

Ogris, Werner: Die Rechtsentwicklung in Cisleithanien 1848–1918. In: Wandruszka, Adam/Urbanitsch, Peter (Hg.): Die Habsburgermonarchie 1848–1918, Bd. II: Verwaltung und Rechtswesen. Wien 1975, 538–662.

Ohandjanian, Artem: Armenien 1915. Österreichisch-Ungarische Botschaftsberichte beweisen das Genozid. Wien 2007.

Oltmer, Jochen: Arbeitszwang und Zwangsarbeit. Kriegsgefangene und ausländische Zivilarbeitskräfte im Ersten Weltkrieg. In: Spilker, Rolf/Ulrich, Bernd (Hg.): Der Tod als Maschinist. Der industrialisierte Krieg 1914–1918. Eine Ausstellung des Museums Industriekultur Osnabrück im Rahmen des Jubiläums »350 Jahre Westfälischer Friede«. Osnabrück 1998, 97–107.

Ortner, M. Christian: Die Feldzüge gegen Serbien in den Jahren 1914 und 1915. In: Angelow, Jürgen (Hg.): Der Erste Weltkrieg auf dem Balkan. Perspektiven der Forschung. Berlin 2011, 123–142.

Osterhammel, Jürgen: Die Verwandlung der Welt. Eine Geschichte des 19. Jahrhunderts. München 2009.
Overmans, Rüdiger (Hg.): In der Hand des Feindes. Kriegsgefangenschaft von der Antike bis zum Zweiten Weltkrieg. Köln u. a. 1999.
Pandurović, Vladislav: Srpska pisma iz svetskog rata 1914–1918. Osijek 1923.
Pesendorfer, Michael: Die Militärjustiz Österreich-Ungarns im 1. Weltkrieg. Salzburg 1994.
Petzold, Dominik: Der Kaiser und das Kino. Herrschaftsinszenierung, Populärkultur und Filmpropaganda im Wilhelminischen Zeitalter. Paderborn/München/Wien 2012.
Pfoser, Alfred: Wohin der Krieg führt. Eine Chronologie des Zusammenbruchs. In: Ders./Weigl, Andreas (Hg.): Im Epizentrum des Zusammenbruchs. Wien im Ersten Weltkrieg. Wien 2013, 580–586.
Pircher, Gerd: Militär, Verwaltung und Politik im Ersten Weltkrieg. Innsbruck 1995.
Plaschka, Richard/Haselsteiner, Horst/Suppan, Arnold: Innere Front. Militärassistenz, Widerstand und Umsturz in der Donaumonarchie 1918. Bd. 1. Wien 1974.
Platzer, Karl: Standrechtliche Todesurteile im Ersten Weltkrieg. Berlin/Stuttgart 2004.
Pók, Attila: Radical Democratic Criticism of the Dualist Monarchy: A Present Day Perspective. In: Gerö, András (Hg.): The Austro-Hungarian Monarchy Revisited. New York 2009, 113–133.
Procacci, Giovanna: Die italienische Forschung über den Ersten Weltkrieg. Die »patriotische Deutung« des Krieges und die Kontroversen über die Legitimations- und Delegitimationsprozesse. In: Überegger, Oswald (Hg.): Zwischen Nation und Region. Weltkriegsforschung im internationalen Vergleich. Ergebnisse und Perspektiven. Innsbruck 2004, 33–61.
Prusin, Alexander Victor: Nationalizing a Borderland: War, Ethnicity, and Anti-Jewish Violence in East Galicia, 1914–1920. Tuscaloosa 2005.
Prusin, Alexander Victor: The Lands Between. Conflict in the East European Borderlands, 1870–1992. Oxford 2010, 47–49 und 53–58;
Prutsch, Ursula/Zeyringer, Klaus (Hg.): Leopold von Andrian (1875–1951). Korrespondenzen, Notizen, Essays, Berichte. Wien 2003.
Ranki, György: Economy and foreign policy. The struggle of the great powers for hegemony in the Danube valley, 1919–1939. Boulder 1983.
Rappersberger, Petra: Das Kriegsgefangenenlager Freistadt 1914–1918. Diplomarbeit Universität Wien 1989.
Rasevyč, Vasyl': Die Sicht von innen – Besatzungsalltag. In: Dornik, Wolfram/Kasianov, Georgiy/Leidinger, Hannes/Lieb, Peter/Miller, Alexey/Musial, Bogdan/Rasevyc, Vasyl': Die Ukraine zwischen Selbstbestimmung und Fremdherrschaft 1917–1922. Graz 2011, 325–341.

Rathkolb, Oliver: Die paradoxe Republik. Österreich 1945 bis 2005. Wien 2005.
Rauchensteiner, Manfried (Hg.): Waffentreue. Die 12. Isonzoschlacht 1917. Begleitband zur Ausstellung des Österreichischen Staatsarchivs. 23. Oktober 2007 – 1. Februar 2008. Wien 2007.
Rauchensteiner, Manfried: Der Erste Weltkrieg und das Ende der Habsburgermonarchie 1914–1918. Wien/Köln/Weimar 2013.
Rauchensteiner, Manfried: Entfesselung in Wien? Österreich-Ungarns Beitrag zum Ausbruch des Ersten Weltkrieges. In: Gehler, Michael/Schmidt, Rainer F./ Brandt, Harm-Hinrich/Steininger, Rolf (Hg.): Ungleiche Partner? Österreich und Deutschland in ihrer gegenseitigen Wahrnehmung. Historische Analysen und Vergleiche aus dem 19. und 20. Jahrhundert. Stuttgart 1996, 355–374.
Regele, Oskar: Gericht über Habsburgs Wehrmacht. Letzte Siege und Untergang unter dem Armee-Oberkommando Kaiser Karls I. Wien/München 1968.
Robinson, Donald (Hg.): The Dirty Wars. Guerrilla Actions Around the World from WWII to the Present. New York 1968.
Rose, Andreas: Zwischen Empire und Kontinent. Britische Außenpolitik vor dem Ersten Weltkrieg. München 2011.
Rumpler, Helmut: Eine Chance für Mitteleuropa. Bürgerliche Emanzipation und Staatsverfall in der Habsburgermonarchie. Wien 1997.
Ruthner, Clemens: Austria-Hungary's Only Colony: Bosnia-Herzegovina, 1878–1918. In: Healy, Róisín/Dal Lago, Enrico (Hg.): The Shadow of Colonialism on Europe's Modern Past, 1860s to 1960s. London 2014 (in Druck).
Ruthner, Clemens: Kakaniens kleiner Orient. Post/koloniale Lesarten der Peripherie Bosnien-Herzegowina (1878–1918). In: Hárs, Endre/Müller-Funk, Wolfgang/Reber, Ursula/Ruthner, Clemes: Zentren, Peripherien und kollektive Identitäten in Österreich-Ungarn. Tübingen/Basel 2006, 255–284.
Sartorelli, Sandra: Provinz Belluno 1917/18. Besatzung und Militärverwaltung durch Österreich-Ungarn. In: Mazohl-Wallnig, Brigitte/Barth-Scalmani, Gunda/ Kuprian, Hermann J. W. (Hg.): Ein Krieg – zwei Schützengräben. Österreich–Italien und der Erste Weltkrieg in den Dolomiten 1915–1918. Bozen 2005, 391–405.
Scahill, Jeremy: Schmutzige Kriege: Amerikas geheime Kommandoaktionen. München 2013.
Schanes, Daniela: Serbien im Ersten Weltkrieg. Feind- und Kriegsdarstellungen in österreichisch-ungarischen, deutschen und serbischen Selbstzeugnissen. Phil. Diss. Graz 2010.
Scheer, Tamara: Zwischen Front und Heimat. Österreich-Ungarns Militärverwaltungen im Ersten Weltkrieg. Frankfurt/Main 2009.
Scheer, Tamara: Die Ringstraßenfront. Österreich-Ungarn, das Kriegsüberwachungsamt und der Ausnahmezustand während des Ersten Weltkrieges. Wien 2010.
Schiavon, Max: L'Autriche-Hongrie dans la Première Guerre mondiale. La fin d'un Empire. Paris 2011.

Schleich, Johann: Der Erste Weltkrieg. 100 Jahre Kriegsgefangenenlager Feldbach-Mühldorf 1914–1918. Graz 2013.

Schmidt, Stefan: Frankreichs Außenpolitik in der Julikrise 1914. Ein Beitrag zur Geschichte des Ausbruchs des Ersten Weltkrieges. München 2009.

Schmölzer, Hildegund: Die Propaganda des Kriegspressequartiers im Ersten Weltkrieg 1914–1918. Phil. Diss. Wien 1965.

Schnell, Felix: Räume des Schreckens. Gewalt und Gruppenmilitanz in der Ukraine, 1905–1933. Hamburg 2012.

Schöttler, Peter (Hg.): Geschichtsschreibung als Legitimationswissenschaft. 1918–1945. Frankfurt am Main 1997.

Schuster, Frank M.: »Was hat der Krieg zwischen Zar und Kaiser mit uns zu tun?« Osteuropäische Juden während des Ersten Weltkriegs. In: Eisfeld, Alfred/Hausmann, Guido/Neutatz, Dietmar (Hg.): Besetzt, interniert, deportiert. Der Erste Weltkrieg und die deutsche, jüdische, polnische und ukrainische Zivilbevölkerung im östlichen Europa. Essen 2013, 57–86.

Schuster, Frank M.: Zwischen allen Fronten. Osteuropäische Juden während des Ersten Weltkrieges (1914–1919). Köln/Weimar/Wien 2004.

Schwanke, Helmut: Zur Geschichte der österreichisch-ungarischen Militärverwaltung in Albanien. Phil. Diss. Wien 1982.

Schwengler, Walter: Völkerrecht, Versailler Vertrag und Auslieferungsfrage. Die Strafverfolgung wegen Kriegsverbrechen als Problem des Friedensschlusses 1919/20. Stuttgart 1982.

Segesser, Daniel Marc/Gessler, Myriam: Raphael Lemkin and the international debate on the punishment of war crimes (1919–1948). In: Journal of Genocide Research 7(4), December 2005, 453–468.

Segesser, Daniel Marc: Kriegsverbrechen auf dem Balkan und in Anatolien in der internationalen juristischen Debatte während der Balkankriege und des Ersten Weltkriegs. In: Angelow, Jürgen (Hg.): Der Erste Weltkrieg auf dem Balkan. Perspektiven der Forschung. Berlin 2011, 193–209.

Segesser, Daniel Marc: Kriegsverbrechen? Die österreichisch-ungarischen Operationen des August 1914 in Serbien in Wahrnehmung und Vergleich. In: Dornik, Wolfram/Walleczek-Fritz, Julia/Wedrac, Stefan (Hg.): Frontwechsel. Österreich-Ungarns »Großer Krieg« im Vergleich. Wien/Köln/Weimar 2014, 213–233.

Segesser, Daniel Marc: Recht statt Rache oder Rache durch Recht? Die Ahndung von Kriegsverbrechen in der internationalen wissenschaftlichen Debatte 1872–1945. Paderborn/München/Wien/Zürich 2010.

Segesser, Daniel Marc: Zwischen Misstrauen und humanitärem Engagement. Völkerrecht, das Recht im Krieg und das Internationale Komitee vom Roten Kreuz. In: Jubel & Elend. Leben mit dem Großen Krieg 1914–1918. Katalog zur Ausstellung. Schallaburg 2014, 322–329.

Seledec, Walter: 1914 …… und heute? In: Truppendienst 6/2013, 533.

Sondhaus, L.: Franz Conrad von Hötzendorf. Architekt der Apokalypse. Wien/Graz 2003.
Stachel, Peter: Der koloniale Blick auf Bosnien-Herzegowina in der ethnographischen Populärliteratur der Habsburger Monarchie. In: Feichtinger, Johannes/Prutsch, Ursula/Csáky, Moritz (Hg.): Habsburg postcolonial. Machtstrukturen und kollektives Gedächtnis. Innsbruck/Wien/Bozen 2003, 259–288.
Stegmann, Natali (Hg.): Die Weltkriege als symbolische Bezugspunkte: Polen, die Tschechoslowakei und Deutschland nach dem Ersten und Zweiten Weltkrieg. Prag 2009.
Stibbe, Matthew: »Ohne jede Ausnahme eine Schar von Feinden Österreichs«. Die Internierungspolitik des Habsburgerreiches im europäischen und globalen Kontext. In: Jubel & Elend. Leben mit dem Großen Krieg 1914–1918. Katalog zur Ausstellung. Schallaburg 2014, 338–343.
Stibbe, Matthew: Krieg und Brutalisierung: Die Internierung von Zivilisten bzw. »politisch Unzuverlässigen« in Österreich-Ungarn während des Ersten Weltkriegs. In: Eisfeld, Alfred/Hausmann, Guido/Neutatz, Dietmar (Hg.): Besetzt, interniert, deportiert. Der Erste Weltkrieg und die deutsche, jüdische, polnische und ukrainische Zivilbevölkerung im östlichen Europa. Essen 2013, 87–106.
Stolleis, Michael (Hg.): Juristische Zeitgeschichte – Ein neues Fach? Baden-Baden 1993.
Suppanz, Werner: Der »überschriebene« Krieg. Die Präsenz des Ersten Weltkriegs in der österreichischen Zeitgeschichte. In: Erker, Linda/Salzmann, Alexander/Dreidemy, Lucile/Sabo, Klaudija (Hg.): Update! Perspektiven der Zeitgeschichte. Innsbruck 2012, 208–216.
Suppanz, Werner: Österreichische Geschichtsbilder. Historische Legitimationen in Ständestaat und Zweiter Republik. Köln/Weimar/Wien 1998.
Tepperberg, Christoph: Totalisierung des Krieges und Militarisierung der Zivilgesellschaft. Militärbürokratie und Militärjustiz im Hinterland. Das Beispiel Wien. In: Pfoser, Alfred/Weigl, Andreas (Hg.): Im Epizentrum des Zusammenbruchs. Wien im Ersten Weltkrieg. Wien 2013, 264–273.
Thaller, Anton (Hg.): Österreichische Filmografie. Band 1. Spielfilme 1906–1918. Wien 2010.
Thiel, Jens: »Menschenbassin Belgien«. Anwerbung, Deportation und Zwangsarbeit im Ersten Weltkrieg. Essen 2007.
Thoß, B./Volkmann, H. (Hg.): Erster Weltkrieg – Zweiter Weltkrieg. Ein Vergleich. Krieg, Kriegserlebnis, Kriegserfahrung in Deutschland. Paderborn/München/Wien/Zürich 2002.
Tomić, Vladimir/Šarenac, Danilo/Leidinger, Hannes: Bewegte Beziehungen. Österreichisch-serbische Beziehungen von 1836 bis 1914. Belgrad 2014.
Trees, Pascal: Russland und die deutsche Zivilbevölkerung im Königreich Polen während des ersten Weltkriegsjahres 1914/15. In: Eisfeld, Alfred/Hausmann,

Guido/Neutatz, Dietmar (Hg.): Besetzt, interniert, deportiert. Der Erste Weltkrieg und die deutsche, jüdische, polnische und ukrainische Zivilbevölkerung im östlichen Europa. Essen 2013, 199–230.

Truppendienst Spezial, Nr. 22, 2/2014: Der Erste Weltkrieg in Europa 1914/15.

Überegger, Oswald: »Man mache diese Leute, wenn sie halbwegs verdächtig erscheinen, nieder«. Militärische Normübertretungen, Guerillakrieg und ziviler Widerstand an der Balkanfront. In: Chiari, Bernhard/Groß, Gerhard P. (Hg.): Am Rande Europas? Der Balkan – Raum und Bevölkerung als Wirkungsfelder militärischer Gewalt. München 2009, 121–136.

Überegger, Oswald: »Verbrannte Erde« und »baumelnde Gehenkte«. Zur europäischen Dimension militärischer Normübertretungen im Ersten Weltkrieg. In: Neitzel, Sönke/Hohrath, Daniel (Hg.): Kriegsgreuel. Die Entgrenzung der Gewalt in kriegerischen Konflikten vom Mittelalter bis ins 20. Jahrhundert. Paderborn/München/Wien/Zürich 2008, 241–278.

Überegger, Oswald: Erinnerungskriege. Der Erste Weltkrieg, Österreich und die Tiroler Kriegserinnerung in der Zwischenkriegszeit. Innsbruck 2011.

Überegger, Oswald: Der andere Krieg. Die Tiroler Militärgerichtsbarkeit im Ersten Weltkrieg. Innsbruck 2002.

Uhl, Heidemarie: Der Erste Weltkrieg im Gedächtnis Österreichs und (Zentral-)Europas – Gedächtnistraditionen in (trans)nationaler Perspektive. In: 1914–2014. Gedenken 1. Weltkrieg. Grundlagenpapier österreichischer Wissenschaftlerinnen und Wissenschaftler aus Anlass des Gedenkens des Ausbruchs des Ersten Weltkriegs vor 100 Jahren. Hg. vom Bundesministerium für europäische und internationale Angelegenheiten. Wien 2014, 30ff.

Urban, Otto: Die tschechische Gesellschaft 1848–1918. Wien/Köln/Weimar 1994.

Urbański von Ostrymiecz, August: Spionitis. In: Die Weltkriegsspionage. München 1931, 332–338.

Verbrechen der Wehrmacht. Dimensionen des Vernichtungskrieges 1914–1944. Hrsg. vom Hamburger Institut für Sozialforschung. Ausstellungskatalog. Hamburg 2002.

Walleczek, Julia: Das Kriegsgefangenenlager Grödig bei Salzburg während des Ersten Weltkriegs. Diplomarbeit Innsbruck 2005.

Walleczek, Julia: Hinter Stacheldraht. Die Kriegsgefangenenlager in den Kronländern Oberösterreich und Salzburg im Ersten Weltkrieg. Phil. Diss. Innsbruck 2012.

Walleczek-Fritz, Julia: Lagerwelten. Kriegsgefangene im Habsburgerreich 1914–1918. In: Jubel & Elend. Leben mit dem Großen Krieg 1914–1918. Katalog zur Ausstellung. Schallaburg 2014, 330–336.

Walleczek-Fritz, Julia/Moritz, Verena: Zimmer frei! Das Zusammenspiel von Krieg und Tourismus am Beispiel der Unterbringung von Kriegsgefangenen in Österreich-Ungarn im Ersten Weltkrieg. In: Gasser, Patrick/Leonardi, Andrea/

Barth-Scalmani, Gunda (Hg.): Krieg und Tourismus im Spannungsfeld des Ersten Weltkrieges/Guerra e turismo nell'area di tensione della prima guerra mondiale. Innsbruck/Wien/Bozen 2014, 293–312.

Watson, Alexander: Ring of Steel: Germany and Austria-Hungary at War, 1914–1918 (in Druck).

Weinzierl, Erika/Skalnik, Kurt (Hg.): Österreich 1918–1938. Geschichte der Ersten Republik. Bd. 1. Graz/Wien/Köln 1983.

Weissensteiner, Friedrich: Franz Ferdinand. Der verhinderte Herrscher. 2. Aufl. München/Zürich 1999.

Weitz, Petra: Der Begriff des Nichtkombattanten in historischen Dokumenten, Entwürfen und völkerrechtlichen Verträgen. Berlin 1999.

Wendland, Anna Veronika: Die Russophilen in Galizien. Ukrainische Konservative zwischen Österreich und Russland 1848–1915. Wien 2001.

Westerhoff, Christian: Zwangsarbeit im Ersten Weltkrieg. Deutsche Arbeitskräftepolitik im besetzten Polen und Litauen 1914–1918. Paderborn 2012.

Wette, Wolfram/Ueberschär, Gerd R. (Hg.): Kriegsverbrechen im 20. Jahrhundert. Darmstadt 2001.

Wiesenhofer, Franz: Gefangen unter Habsburgs Krone. K.u.k. Kriegsgefangenenlager im Erlauftal. Purgstall 1997.

Wiggenhorn, Harald: Verliererjustiz. Die Leipziger Kriegsverbrecherprozesse nach dem Ersten Weltkrieg. Baden-Baden 2005.

Woodworth, Paddy: Dirty War, Clean Hands. ETA, the GAL and Spanish Democracy. Yale 2003.

Würthle, Friedrich: Die Spur führt nach Belgrad. Die Hintergründe des Dramas von Sarajevo 1914. Wien/München 1975.

Zielinski, Konrad: The Shtetl in Poland, 1914–1918. In: Katz, Steven T. (Hg.): The Shtetl. New Evaluations. New York/London 2007, 102–120.

Ziemann, Benjamin: Gewalt im Ersten Weltkrieg. Töten – Überleben – Verweigern. Essen 2013.

Zückert, Martin: Antimilitarismus und soldatische Resistenz. Politischer Protest und armeefeindliches Verhalten in der tschechischen Gesellschaft bis 1918. In: Cole, Laurence/Hämmerle, Christa/Scheutz, Martin: Glanz – Gewalt – Gehorsam. Militär und Gesellschaft in der Habsburgermonarchie 1800–1918. Essen 2011.

Zückert, Martin: Der Erste Weltkrieg in der tschechischen Geschichtsschreibung 1918–1938. In: Brenner, Christiane/Franzen, K. Erik/Haslinger, Peter/Luft, Robert (Hg.): Geschichtsschreibung zu den böhmischen Ländern im 20. Jahrhundert. München 2006, 61–75.

PERSONENREGISTER

VERENA MORITZ
HANNES LEIDINGER

OBERST REDL

Der Spionagefall, der Skandal, die Fakten

Sensationelle Aktenfunde zum größten Spionagefall der Donaumonarchie.

Alfred Redl, Offizier des Generalstabs und im Geheimdienst Seiner Majestät Franz Josephs I., verkaufte brisante militärische Geheimnisse des Habsburgerreiches an Russland, Italien und Frankreich. Mit dem Lohn für den Verrat finanzierte er sein Luxus- und Liebesleben. Doch Redls Selbstmord verhinderte die vollständige Aufklärung eines Skandals von europäischer Tragweite – und lieferte Stoff für Mythen und Legenden.

100 Jahre danach begeben sich Verena Moritz und Hannes Leidinger auf eine spannende Spurensuche: Welche Daten wechselten den Besitzer? Stand Redl an der Spitze eines feindlichen Agentennetzes? Was waren seine Motive? Welche Auswirkungen hatte sein Verrat auf den Verlauf des Ersten Weltkrieges? Die beiden Historiker bringen sensationelles Archivmaterial zum Sprechen und lassen eines der rätselhaftesten Kapitel der österreichischen Geschichte in neuem Licht erscheinen.

Wissenschaftsbuch des Jahres 2013
Kategorie Geistes-/Sozial-/Kulturwissenschaften

Österreichs spektakulärster Spitzelskandal ist endgültig geklärt.
PROFIL

Verena Moritz' und Hannes Leidingers Redl-Buch ist kein gschmackiger Sachbuch-Thriller mit Unterhaltungsmehrwert, kein James-Bond-Reißer im k.u.k-Kostüm. Die beiden Historiker haben eine penible spionagegeschichtliche Ermittlung vorgelegt, ein materialreiches und profund recherchiertes Buch. Der »Fall Redl« darf nach den Recherchen der beiden wohl endgültig zu den Akten gelegt werden.
Günter Kaindlstorfer, Ö1 KONTEXT

GREGOR MAYER

VERSCHWÖRUNG IN SARAJEVO

Triumph und Tod des Attentäters Gavrilo Princip

Sarajevo, 28. Juni 1914: Der serbische Gymnasiast Gavrilo Princip erschießt den österreichischen Thronfolger Franz Ferdinand und dessen Gattin. Das Attentat dient der Habsburgermonarchie als Anlass, um Serbien anzugreifen – und führt damit geradewegs in den Ersten Weltkrieg. Was trieb den Todesschützen von Sarajevo an, was radikalisierte ihn und ließ ihn zum Attentäter werden? Im Mittelpunkt stehen Phänomene mit verblüffendem Aktualitätsgehalt: Okkupation, gescheiterte Staaten, Terrorismus.

Gregor Mayer zieht Parallelen zwischen der damaligen weltpolitischen Unübersichtlichkeit – ihren dramatischen Umbrüchen und Modernisierungsängsten – und der heutigen Zeit.

... ein schmales, kluges, analytisch scharfes Büchlein, das dem historisch Interessierten mehr Aufklärung verschafft als so mancher dicke Wälzer. (...) Gregor Mayers Buch ist glänzend geschrieben, satt erzählt und sicher im Urteil. Dass der weite Bildungshorizont des Autors und sein gründliches Studium der Forschungsliteratur immer nur im Hintergrund leuchten und sich nie in den Vordergrund drängen, macht die Lektüre zum Vergnügen.
Norbert Mappes-Niedeck, FRANKFURTER RUNDSCHAU/FALTER

Mayer schreibt so lebendig, als wäre er dabeigewesen.
Stefan Rammer, PASSAUER NEUE PRESSE